BIGDATA 2024

빅데이터
분석기사 필기

일진사

최근 전 세계적으로 인공지능 기술이 발전함에 따라 다양한 산업 분야에서 인공지능과 관련된 직군에 대한 수요가 높아지고 있습니다. 하지만 높아지는 인공지능 전문가에 대한 수요 대비 전문 인력 공급이 부족한 상황입니다.

빅데이터를 기반으로 분석되는 인공지능 기술의 특성상 다양한 데이터를 수집, 분석, 활용할 수 있는 능력이 필요한 상황에서 이러한 역량을 검증할 수 있는 국가기술자격증인 빅데이터분석기사 취득은 인공지능 분야로 진입함에 있어 경쟁력을 갖출 수 있는 요인이 됩니다.

이 책은 다음과 같은 특징으로 구성하였습니다.

첫째, 최신 기출문제를 복원하였습니다.
수험생들이 시험 문제에 대한 흐름을 파악할 수 있도록 2회(2021년 4월 17일) 시험부터 6회(2023년 4월 8일) 시험 문제까지 총 5회 필기 문제 전체를 복원하였습니다.

둘째, 쉬운 용어 설명과 요약정리 형식으로 설명하였습니다.
전공과 무관한 다양한 수험생들의 입장에서 이해하기 쉬운 용어로 설명하였고, 최신 기출문제의 이론 내용을 반영하여 내용을 탄탄하게 구성하였습니다.

셋째, 다양하고 충분한 내용의 920문제를 담고 있습니다.
모의고사 3회, 최신 기출 복원문제 5회, 단원 마무리문제 등 최근 출제 경향을 반영한 920문항을 통해 수험생들에게 내용 정리는 물론 합격에 도움이 될 수 있도록 구성하였습니다.

본 책이 많은 수험생들에게 최단기간에 합격할 수 있는 지침서가 되기를 진심으로 기원합니다.

저자 장은진

빅데이터분석기사 시험 가이드

■ 개요

- 빅데이터분석기사는 국가기술자격 시험으로 국가기술자격법 및 동법 시행령을 관련근거로 한다.
- 빅데이터 분석기사는 빅데이터 이해를 기반으로 빅데이터 분석 기획, 빅데이터 수집 · 저장 · 처리, 빅데이터 분석 및 시각화를 수행하는 실무자를 말한다.

■ 빅데이터분석기사의 필요성

- 전 세계적으로 빅데이터가 미래성장동력으로 인식돼, 각국 정부에서는 관련 기업투자를 끌어내는 등 국가 · 기업의 주요 전략 분야로 부상하고 있다.
- 국가와 기업의 경쟁력 확보를 위해 빅데이터 분석 전문가의 수요는 증가하고 있으나, 수요 대비 공급 부족으로 인력 확보에 어려움이 높은 실정이다.
- 이에 정부 차원에서 빅데이터 분석 전문가 양성과 함께 체계적으로 역량을 검증할 수 있는 국가기술자격 수요가 높은 편이다.

■ 시험일정

회차	필기시험 원서접수	필기시험	필기시험 합격예정자 발표	실기시험 원서접수	실기시험	최종 합격자 발표
6회	23.3.6~10	23.4.8	23.4.28	23.5.22~26	23.6.24	23.7.14
7회	23.8.21~25	23.9.23	23.10.13	23.10.30~11.3	23.12.2	23.12.22

*상기 시험일정은 2023년도 일정으로 자세한 일정은 홈페이지(www.dataq.or.kr)에서 확인하시기 바랍니다.

■ 응시료

- 필기 : 17,800원, 실기 : 40,800원
- 단, 필기 합격자는 합격자 발표일로부터 2년의 유효기간을 가지며, 2년 이내에 시행되는(시행일 기준) 실기시험에 응시하실 수 있다.

■ 시험과목

• 필기

필기 과목명	주요 항목
빅데이터 분석 기획	빅데이터의 이해
	데이터 분석 계획
	데이터 수집 및 저장 계획
빅데이터 탐색	데이터 전처리
	데이터 탐색
	통계기법 이해
빅데이터 모델링	분석 모형 설계
	분석기법 적용
빅데이터 결과 해석	분석 모형 평가 및 개선
	분석 결과 해석 및 활용

• 실기

실기 과목명	주요 항목
빅데이터 분석 실무	데이터 수집 작업
	데이터 전처리 작업
	데이터 모형 구축 작업
	데이터 모형 평가 작업

■ 검정 방법 및 합격 기준

• 필기

검정 방법	문항 수	시험시간	합격 기준
객관식	80문항 (과목별 20문항씩)	120분	과목당 100점 만점 (전 과목 40점 이상, 전 과목 평균 60점 이상)

• 실기

검정 방법	문항 수	시험시간	합격 기준
통합형 (필답형, 작업형)	14문항 (필답형 10문항, 작업형 1유형 3문항, 작업형 2유형 1문항)	180분	100점을 만점으로 60점 이상

■ 응시 자격

다음 중 하나에 해당하는 사람은 시험에 응시할 수 있다.

1. 대학졸업자 등 또는 졸업예정자(전공 무관)
2. 3년제 전문대학 졸업자 등으로서 졸업 후 1년 이상 직장경력이 있는 사람(전공, 직무 분야 무관)
3. 2년제 전문대학 졸업자 등으로서 졸업 후 2년 이상 직장경력이 있는 사람(전공, 직무 분야 무관)
4. 기사 등급 이상의 자격을 취득한 사람(종목 무관)
5. 기사 수준 기술훈련과정 이수자 또는 그 이수 예정자(종목 무관)
6. 산업기사 등급 이상의 자격을 취득한 후 1년 이상 직장경력이 있는 사람(종목, 직무 분야 무관)
7. 산업기사 수준 기술훈련과정 이수자로서 이수 후 2년 이상 직장경력이 있는 사람(종목, 직무 분야 무관)
8. 기능사 등급 이상의 자격을 취득한 후 3년 이상 직장경력이 있는 사람(종목, 직무 분야 무관)
9. 4년 이상 직장경력이 있는 사람(직무 분야 무관)

※ 졸업증명서 및 경력증명서 제출 필요

1과목 빅데이터 분석 기획

4과목

빅데이터 결과 해석

부록 1 모의고사

부록 2 기출 복원문제

1과목

빅데이터 분석 기획

1-1 빅데이터 개요 및 활용

1 빅데이터(Big Data)

(1) 빅데이터의 정의

- 빅데이터는 많은 양(수십 TB)의 정형 및 비정형 데이터를 의미한다.
- 이 방대한 양의 데이터 분석을 통해 데이터는 일정한 가치를 갖게 된다.

(2) DIKW 피라미드

빅데이터는 DIKW 피라미드로 설명할 수 있다.

명칭	설명
데이터 (Data)	측정된 값으로 다른 데이터와 상관관계가 없는 가공 전 원본 데이터 예 딸기가 5월에는 100원, 10월에는 150원에 판매됨
정보 (Information)	사용자의 분석으로 데이터간의 연관 관계 및 의미가 생성된 데이터 예 5월에 판매되는 딸기가 더 저렴함
기출 지식 (Knowledge)	다양한 정보를 체계화하여 유의미한 정보로 분류시킨 대상 예 5월 판매되는 딸기가 저렴하므로 5월에 딸기 구입 예정
지혜 (Wisdom)	데이터에 대한 누적된 이해를 바탕으로 도출되는 창의적 판단 예 5월에 딸기 말고 다른 과일도 저렴할 것으로 예상

(3) 데이터 크기

데이터 크기의 단위는 다음과 같다.

◀ 십진법과 이진법 수치 모두 알아둘 수 있도록 한다.

명칭	십진법	이진법
KB(킬로바이트)	$1KB = 10^3 \text{ bytes}$	$2^{10} = 1024^1$
MB(메가바이트)	$1MB = 10^3 KB = 10^6 \text{ bytes}$	$2^{20} = 1024^2$
GB(기가바이트)	$1GB = 10^3 MB = 10^9 \text{ bytes}$	$2^{30} = 1024^3$
TB(테라바이트)	$1TB = 10^3 GB = 10^{12} \text{ bytes}$	$2^{40} = 1024^4$
PB(페타바이트)	$1PB = 10^3 TB = 10^{15} \text{ bytes}$	$2^{50} = 1024^5$
EB(엑사바이트)	$1EB = 10^3 PB = 10^{18} \text{ bytes}$	$2^{60} = 1024^6$
ZB(제타바이트)	$1ZB = 10^3 EB = 10^{21} \text{ bytes}$	$2^{70} = 1024^7$ 기출
YB(요타바이트)	$1YB = 10^3 ZB = 10^{24} \text{ bytes}$	$2^{80} = 1024^8$

(4) 빅데이터의 특징 기출

빅데이터의 특징은 3V에서 점차 그 의미가 확대되어 현재 7V까지 규정되고 있다.

◀ 특징의 명칭과 구성 요소를 한글과 영문 명칭 모두 함께 외울 수 있도록 한다.

명칭	구성 요소
3V 기출	Volume(규모), Variety(다양성), Velocity(속도)
4V	3V + Value(가치)
5V	4V + Veracity(신뢰성)
7V	5V + Validity(정확성), Volatility(휘발성)

(5) 빅데이터의 구분

빅데이터는 정량적 데이터와 정성적 데이터로 구분된다.

① 정량적 데이터(Quantitative Data) : 숫자로 이루어진 데이터로 통계분석이 용이한 특징이 있다.

　예 15,000원, 2023년

② 정성적 데이터(Qualitative Data) : 문자 혹은 텍스트로 구성된 데이터로 통계분석이 어려운 특징이 있다.

　예 A서점에서 B도서를 판매한다.

(6) 데이터 지식경영 기출

데이터 기반 지식경영의 핵심 작업은 암묵지와 형식지의 상호작용에 있다.

① 암묵지 : 일정 시간 학습을 통해 개인이 익히게 되는 지식으로 다른 사람에게 공유하기 어렵다.

  📗 축구, 보석 세공기술

② 형식지 : 문서화된 지식으로 전달과 공유가 용이하다.

  📗 제품 사용 설명서, 음식 레시피

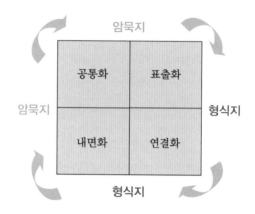

명칭	설명
공통화	개인이 암묵지 경험을 공유함으로써 타인이 암묵지를 습득하는 과정
표출화	암묵지를 문서화 혹은 정형화하여 형식지로 만드는 과정
연결화	형식지의 경험이 공유되어 새로운 지식이 생기는 과정
내면화	형식지를 스스로 학습하여 개인의 암묵지로 만드는 과정

2 빅데이터의 가치

• 많은 양의 빅데이터를 분석하여 유의미한 결과를 도출한 경우 기업 혹은 조직에서는 이를 활용한 새로운 가치 활동이 가능하게 되며, 향후 예측되는 문제요소를 미연에 방지할 수 있게 된다.

• 또한, 자사 및 타사 제품에 대한 연령대별 분석을 통해 제품의 경쟁력을 확보할 수 있으며, 다양한 분야로의 융합이 가능하다.

(1) 분석 가치 에스컬레이터 기출

분석 가치 에스컬레이터는 가트너가 빅데이터의 가치를 묘사(Descriptive)

분석, 진단(Diagnostic) 분석, 예측(Predictive) 분석, 처방(Prescriptive) 분석의 4단계로 정의한 기법이다.

단계	명칭	구성 요소
1	묘사 분석	현재 무슨 일이 일어나고 있는지에 대한 분석 (What?)
2	진단 분석	묘사 분석에서 확인한 분석의 원인을 이해하는 과정 (Why?)
3	예측 분석	향후 무슨 일이 일어날 것인지 예측 (What will be?)
4	처방 분석	예측 분석을 바탕으로 무엇을 해야 할 것인지 확인 (What can we do?)

(2) 빅데이터 가치 산정의 어려움

빅데이터는 데이터 활용방식, 새로운 가치 창출, 분석 기술 발전 등의 이유로 정확한 가치를 산정하기에는 어려움이 있다.

(3) 빅데이터의 영향

기업, 정부, 개인은 빅데이터의 영향을 받고 있다.

① 기업 : 기업은 트렌드와 소비자의 소비 패턴을 분석하여 새로운 비즈니스 모델을 제안할 수 있다.

② 정부 : 다양한 분야의 데이터 분석을 통해 데이터 기반 서비스 제공이 가능하다(날씨, 범죄, 교통 등).

③ 개인 : 데이터 분석을 통해 개인에게 필요한 합리적인 의사결정이 가능하다.

(4) 빅데이터 위기 요인

빅데이터는 다양한 정보를 포함하고 있기 때문에 다음과 같은 문제점을 야기할 수 있다.

① 사생활 침해 : 목적 외로 사용된 데이터

> 예 SNS에 올린 사진을 확대하여 타인의 지문 정보를 도용하는 사례

② 책임 원칙 훼손기출 : 데이터를 기반으로 대상을 미리 예측하는 경우 (잠재적 위험)

> 예 범죄 예측을 통해 범행 전 출국금지 조치

③ 데이터 오용 : 분석된 데이터가 항상 맞는 것은 아님

> 예 부동산 가격 예측 프로그램의 데이터가 항상 맞는 것은 아님

(5) 빅데이터 위기 요인에 대한 통제 방안

① 사생활 침해에 대해서는 데이터 사용자에게 책임제를 적용하여 무분별한 데이터 사용을 막는다.

② 책임 원칙 훼손에 대해서는 명확한 결과 기반의 책임을 적용하여 불이익 발생의 가능성을 최소화 한다.

③ 데이터 오용에 대해서는 분석 알고리즘에 대한 접근을 허용하여 예측 알고리즘의 부당함을 반증할 수 있는 권한을 부여한다.

③ 빅데이터 산업의 이해

(1) 빅데이터 산업의 개요

• 국내외 데이터 산업 시장의 규모는 꾸준히 증가하고 있다.

• 클라우드 컴퓨팅 기술의 발전으로 데이터 처리 비용이 크게 절감되면서 빅데이터 산업이 발전하게 되었다.

(2) 산업별 빅데이터 활용

산업 분야	설명
농업	농작물 수확량 및 소득액 예측
제조	제조 공장 내 제품 불량 상황 분석
정보통신	ChatGPT를 활용한 대화형 프로그램 개발
법률	법률 자문이 가능한 프로그램 구현
의료	주요 암 진단 및 처방이 가능한 프로그램 구현

④ 빅데이터 조직 및 인력

(1) 빅데이터 업무 프로세스

① 빅데이터 도입 단계 : 빅데이터 서비스를 사용하기 위한 빅데이터 도입 기획, 기술 검토, 도입 조직 구성, 예산 확보 등을 수행한다.

② 빅데이터 구축 단계 : 빅데이터 플랫폼 구축을 위해 요구사항 분석, 설계, 구현, 테스트를 진행한다.

③ 빅데이터 운영 단계 : 빅데이터 플랫폼 구축이 끝난 뒤 이를 활용한 운영 계획을 수립한다.

(2) 빅데이터 조직 구조 유형 기출

① 집중 구조

- 전사의 분석 업무를 별도의 분석 전담 조직에서 담당한다.
- 중요도에 따라 우선순위를 정해서 진행 가능하다.
- 일반 업무 부서의 분석 업무와 중복 혹은 이원화될 가능성이 높다.

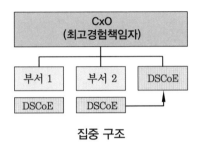

집중 구조

CxO
(Chief Experience
Officer)
최고 경험 책임자

DSCoE
(Data Science Center of
Excellence)
데이터 분석 조직

② 기능 구조

- 일반적인 형태로 별도의 분석 조직이 존재하지 않고, 해당 부서에서 분석 수행한다.
- 전사적 핵심 분석이 어려우며, 과거에 국한된 분석 수행 가능성이 높다.

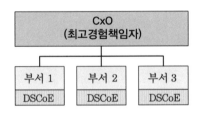

기능 구조

③ 분산 구조

- 분석 조직 인력들을 현업 부서로 직접 배치하여 분석 업무를 수행한다.
- 전사 차원의 우선순위를 수행한다.
- 분석 결과에 따라 신속한 피드백이 나오고, Best Practice(성공적 해결책) 공유가 가능하다.
- 업무 과다, 이원화 가능성이 존재할 수 있기 때문에 부서 분석 업무와 역할 분담이 명확해야 한다.

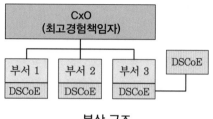

분산 구조

(3) 데이터 사이언티스트 요구 역량 기출

- 데이터 사이언티스트는 통계, 머신러닝, 최적화 등 다양한 기술을 활용하여 데이터에 기반한 서비스를 개발하거나 수익 향상을 위한 의사결정을 돕는 전문가를 말한다.
- 업무 예시 : 과거 기계 고장 데이터를 기반으로 향후 기계 고장 시점 예측 모델 개발 및 수리 일정을 반영한다.

구분	스킬	설명
소프트 스킬 (Soft Skill)	• 다양한 분야의 협업 능력 • 통찰력 있는 분석 능력 • 설득력 있는 전달력	• 원활한 커뮤니케이션 스킬 • 논리적 사고 및 지적 호기심 • 스토리텔링 능력, 시각화 능력
하드 스킬 (Hard Skill)	• 분석 기술의 숙련 정도 • 빅데이터 관련 이론 지식	• 목적에 맞는 최적의 분석 방법 설계 • 빅데이터 관련 기법 및 다양한 이론 지식 습득

(4) 빅데이터 관련 직업군 기출

빅데이터 관련 직업군에는 데이터 분석가, 데이터 사이언티스트, 데이터 엔지니어, 데이터 아키텍트, 머신러닝 엔지니어가 있다.

① 데이터 분석가(Data Analyst)
- 데이터 분석을 기반으로 비즈니스에서 최적의 의사결정을 내릴 수 있는 인사이트(insight)를 분석하여 제공하는 업무
- 유관 부서들과 업무적 연계를 통한 데이터 수집 및 분석 업무
- 비즈니스 도메인 지식, 데이터 시각화 역량, 데이터 분석을 위한 언어(Python, R 등) 활용 능력 및 통계 지식 능력, SQL 활용 능력 필요

② 데이터 사이언티스트(Data Scientist)
- 머신러닝, AI에 대한 지식을 활용하여 데이터 내의 인사이트(insight)를 발견하는 업무
- 예측 모델링, 추천 시스템 등을 개발하여 비즈니스 의사결정에 대한

유의미한 결정을 제공하는 업무
- 머신러닝 모델 구축을 위한 기본적인 코딩 스킬, 데이터 분석을 위한 통계적 지식, SQL 활용 능력 필요

③ 데이터 엔지니어(Data Engineer)
- 데이터 플랫폼과 파이프라인(데이터가 적절한 시기에 적절한 방법으로 직원들에게 흘러갈 수 있도록 해주는 시스템) 아키텍처를 개발하고 운영하는 업무
- 비즈니스를 이해하고 대량의 데이터 세트를 가공하고 대용량 데이터 분산 처리 시스템을 개발하는 업무
- 주요 언어를 활용한 코딩 스킬, 빅데이터 분산처리 시스템 구조에 대한 이해 능력 필요

④ 데이터 아키텍트(Data Architect)
- 전사 데이터 관리 시스템을 위한 데이터 구조 및 관리 체계를 설계하는 업무
- 회사의 잠재적인 데이터 소스(내부 및 외부)를 평가한 후 통합하고 중앙 집중화하며, 보호 및 관리하는 계획을 설계하는 업무
- 데이터 요건분석, 데이터 표준화, 데이터 모델링, 데이터베이스 설계와 이용에 대한 전문지식 및 실무적 수행 능력 필요

⑤ 머신러닝 엔지니어(Machine Learning Engineer)
- 머신러닝 세부 기술(음성 인식, 영상 인식, 자연어 처리)과 서비스를 개발하는 업무
- 데이터를 활용하여 현실 문제를 머신러닝 모델로 해결하는 업무
- 기업이 머신러닝 기술을 활용하여 보다 효율적인 서비스를 제공할 수 있도록 해당 서비스를 개발하는 업무
- 수학 및 통계분석 능력, 주요 언어를 활용한 프로그램 구현 능력, 딥러닝 알고리즘 이해 및 구현 능력 필요

(5) 데이터 거버넌스(Data Governance) 기출
- 기업에서 사용하는 데이터의 가용성, 유용성, 통합성, 보안성을 관리하기 위한 정책과 프로세스를 다루며 프라이버시 보안성, 데이터 품질, 관리 규정 준수를 강조하는 모델을 의미한다.
- 데이터 거버넌스의 구성 요소는 원칙, 조직, 프로세스이다.

구조적 질의 언어 (SQL: Structured Query Language)
관계형 데이터베이스에 정보를 저장하고, 처리하기 위한 프로그래밍 언어

구성 요소	설명
원칙 (Principle)	데이터를 관리하기 위한 규칙
조직 (Organization)	데이터를 관리할 수 있는 조직의 역할과 책임
프로세스 (Process)	데이터 관리를 위한 활동 과정

(6) 데이터 분석 수준 진단

- 데이터 분석 수준 진단을 통해 데이터 분석의 유형 및 분석의 방향성을 결정한다.
- 데이터 분석 수준 진단의 목표는 현재 분석 수준을 이해하고, 진단 결과를 바탕으로 미래 목표 수준을 정의하는 것이다.
- 데이터 분석 수준을 진단하는 방법에는 분석 준비도와 분석 성숙도가 있다.

① 조직평가를 위한 분석 준비도(Readiness) 기출
- 분석 준비도는 데이터 분석 도입의 수준을 파악하기 위한 진단 방법이다.
- 분석 준비도에는 분석 업무 파악, 인력 및 조직, 분석 기법, 분석 데이터, 분석 문화, IT인프라가 있다.

분석 업무 파악	인력 및 조직	분석 기법
• 발생한 사실 분석 업무 • 예측 분석 업무 • 시뮬레이션 분석 업무 • 최적화 분석 업무 • 분석 업무 정기성 개선	• 분석 전문가 직무 존재 • 전문가 교육훈련 프로그램 • 관리자 기본 분석 능력 • 전사 총괄 조직 • 경영진 분석 업무 이해	• 업무별 적합한 분석 기법 • 분석 업무 도입 방법론 • 분석기법 라이브러리 • 분석기법 효과성 평가 • 분석기법 정기적 개선
분석 데이터	**분석 문화**	**IT 인프라**
• 분석 업무를 위한 데이터 충분성, 적시성, 신뢰성 • 비구조적 데이터 관리 • 외부 데이터 활용 체계 • 기준 데이터 관리(MDM)	• 사실에 근거한 의사결정 • 관리자의 데이터 중심 • 회의 등에서 데이터 활용 • 경영진 직관보다 데이터 활용 • 데이터 공유 및 협업문화	• 운영 시스템 데이터 통합 • EAI, ETL 등 데이터 유통체제 • 분석 전용 서버 및 스토리지 • 빅데이터, 통계, 비주얼 분석 환경

② 조직 평가를 위한 분석 성숙도(Maturity) 기출

- 분석 성숙도는 분석 능력 및 분석 결과 활용에 대한 조직의 성숙도 수준을 평가하여 현재 상태를 점검한다.
- 능력 성숙도 통합 모델(CMMI: Capability Maturity Model Integration)은 소프트웨어 개발 및 전산장비 운영 업체들의 업무 능력 및 조직의 성숙도를 평가하기 위한 모델이다.
- 능력 성숙도 통합 모델은 1~5단계까지 있고, 5단계가 가장 높은 수준이다.
- 능력 성숙도 통합 모델의 프로세스 영역은 프로세스 관리(Process Management), 프로젝트 관리(Project Management), 공학(Engineering), 지원(Support)의 4가지로 분류된다.
- 조직 평가를 위한 성숙도 단계는 도입 단계, 활용 단계, 확산 단계, 최적화 단계인 4단계로 되어 있고, 분석 수준은 성숙 단계에 따라 점차 진화한다.

조직평가를 위한 성숙도 단계

단계	설명
도입 단계	분석을 시작하여 환경과 시스템을 구축
활용 단계	분석한 결과를 실제 업무에 적용
확산 단계	전사 차원에서 분석된 내용을 관리 및 공유
최적화 단계	분석 내용을 발전시켜 성과 향상에 기여

(7) 데이터 분석 수준 진단 결과 기출

분석 준비도와 분석 성숙도 진단에 따른 데이터 분석 수준 진단 결과는 준비형, 정착형, 도입형, 확산형의 4가지로 나뉜다.

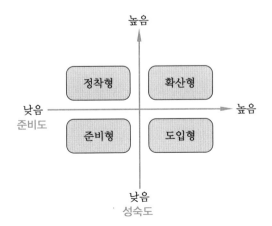

준비형	정착형	도입형	확산형
• 낮은 준비도 • 낮은 성숙도 • 사전 준비 필요	• 낮은 준비도 • 높은 성숙도 • 분석의 정착 필요	• 높은 준비도 • 낮은 성숙도 • 데이터 분석 도입 가능	• 높은 준비도 • 높은 성숙도 • 지속적 확산 가능

1-2 빅데이터 기술 및 제도

1 빅데이터 플랫폼

빅데이터 플랫폼은 빅데이터에서 가치를 찾아내기 위한 과정을 규격화한 기술이다.

(1) 빅데이터 플랫폼 계층 구조 기출

빅데이터 플랫폼은 소프트웨어 계층, 플랫폼 계층, 인프라 스트럭처 계층 구조로 구성된다.

① 소프트웨어 계층(Software Layer)
• 빅데이터 처리 및 분석과 이를 위한 데이터 수집 및 정제 등을 수행한다.
• 데이터 처리 및 분석 엔진, 데이터 수집 및 정제 모듈, 서비스 관리 모듈, 사용자 관리 모듈, 모니터링 모듈, 보안 모듈로 구성된다.

② 플랫폼 계층(Platform Layer)
• 빅데이터를 응용하는 기반을 제공하며, 데이터 처리 및 분석과 이를 위한 데이터 수집 및 정제 등을 수행한다.
• 작업 스케줄링 모듈, 데이터 자원 및 할당 모듈, 프로파일링 모듈, 데이터 관리 모듈, 자원 관리 모듈, 서비스 관리 모듈, 사용자 관리 모듈, 모니터링 모듈, 보안 모듈로 구성된다.

③ 인프라 스트럭처 계층(Infrastructure Layer)
• 빅데이터 처리 및 분석에 필요한 자원을 제공한다.

- 자원 배치 모듈, 노드 관리 모듈, 데이터 관리 모듈, 자원 관리 모듈, 서비스 관리 모듈, 사용자 관리 모듈, 모니터링 모듈, 보안 모듈로 구성된다.

(2) 빅데이터 플랫폼 구성 요소

구성 요소	주요 기능
데이터 수집	원천 데이터의 정형, 반정형, 비정형 데이터의 수집 기술 예 ETL, 크롤러 등
데이터 저장	정형 데이터, 반정형 데이터, 비정형 데이터의 저장 기술 예 RDBMS, NoSQL 등
데이터 분석	텍스트 분석, 머신러닝, 통계, 데이터 마이닝 기술 예 자연어 처리, 예측 분석 등
데이터 활용	데이터 가시화 및 Open API 연계 예 박스플롯, 인포그래픽 등

(3) 아파치 하둡(Apache Hadoop)

- 아파치 하둡은 고가용성 분산형 객체 지향적 플랫폼(High Availability Distributed Object Oriented Platform)의 약자로 대용량의 데이터를 적은 비용으로 빠르게 분석할 수 있는 플랫폼을 의미한다.
- 객체 지향적 작업을 병렬 분산하여 고가용성을 확보할 수 있고, 구조적, 비구조적 데이터를 처리할 수 있다.

(4) 하둡 에코 시스템 (Hadoop Eco system)

- 하둡 프레임워크를 이루고 있는 다양한 서브 프로젝트들의 모임이다.
- 데이터 수집, 저장, 처리, 가공, 리소스 관리, 실시간 SQL 질의 등의 기능을 갖는다.
- 하둡의 코어 프로젝트는 분산 데이터 저장(HDFS)과 분산 데이터 처리(MapReduce)이고, 서브 프로젝트는 이를 제외한 워크플로우 관리, 데이터 마이닝, 분석, 수집, 직렬화 등이다.

분산 데이터 처리
(DDP: Distributed Data Processing)
다수의 컴퓨터를 네트워크로 연결하여 사용자가 여러 컴퓨터에 있는 데이터를 한 대의 컴퓨터 시스템에 저장된 것처럼 데이터를 처리하는 기술

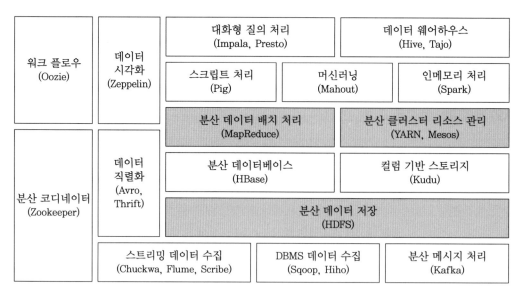

(5) 하둡 에코 시스템 기술 ^{기출}

① 비정형 데이터 수집

  ㉮ 척와(Chuckwa)

   • 분산된 환경에서 생성되는 데이터를 HDFS에 안정적으로 저장시키는 플랫폼이다.

   • 분산된 각 서버에서 에이전트(agent)를 실행하고, 콜렉터(collector)가 에이전트로부터 데이터를 받은 뒤, HDFS에 저장한다.

  ㉯ 플럼(Flume)

   척와와 비슷하지만 전체 데이터의 흐름을 관리하는 마스터 서버가 존재하여 데이터 수집 방식 및 저장 위치에 대한 효율적 작업이 가능한 플랫폼이다.

  ㉰ 스크라이브(Scribe)

   • 페이스북에서 개발한 대용량 실시간 로그 수집 플랫폼으로 척와와 달리 데이터를 중앙 집중 서버로 전송하는 방식이다.

   • 최종 데이터는 HDFS 외에 다양한 저장소를 활용할 수 있고, 설치와 구성이 쉬우며 다양한 프로그램 언어를 지원한다.

② 정형 데이터 수집

 ㉮ 스쿱(Sqoop)

  • 대용량 데이터 전송 솔루션이다.

  • HDFS, RDBMS 등 다양한 저장소에 대용량 데이터를 신속하게 전송할 수 있는 방법을 제공한다.

 ㉯ 히호(Hiho)

  • 대용량 데이터 전송 솔루션이다.

  • 하둡에서 데이터를 가져오기 위한 SQL을 지정할 수 있고, JDBC 인터페이스를 지원한다.

③ 분산 데이터 저장

 HDFS(Hadoop Distributed File System)^{기출}

 • 대용량 파일들을 분산된 서버에 저장하고, 그 저장된 데이터를 빠르게 처리할 수 있도록 설계된 하둡 분산 파일 시스템이다.

 • 네임노드(Master)와, 데이터노드(Slave)로 구성된다.

 • 네임노드(NameNode)는 HDFS의 메타데이터를 관리하고 클라이언트가 HDFS에 저장된 파일에 접근할 수 있도록 한다.

 • 데이터노드(DataNode)는 주기적으로 네임노드에게 하트 비트(Heart beat) 블록의 목록 리포트(Blcok Report)를 보낸다.

하트 비트(Heart beat)
데이터노드가 네임노드에게 3초마다 보내는 정보로 하트 비트에는 디스트 가용 공간정보, 데이터 이동, 적재량 등의 정보가 들어 있다.

④ 분산 데이터 처리

 맵리듀스(MapReduce) ^{실기기출}

 • 구글에서 대용량 데이터 처리를 분산 병렬 컴퓨팅에서 처리하기 위한 목적으로 제작하여 2004년 발표한 소프트웨어 프레임워크이다.

 • 맵리듀스는 맵(Map) 작업과 리듀스(Reduce) 작업의 결합이다.

 • 맵(Map)작업은 여러 데이터를 Key-Value의 형태로 연관성 있는 데이터로 분류하여 묶는 작업이다.

 • 리듀스(Reduce) 작업은 맵 작업한 데이터 중 중복 데이터를 제거하고 원하는 데이터를 추출하는 작업이다.

 • 과정 : Input → Splitting → Mapping → Shuffling → Reducing → Final Result

⑤ 분산 데이터베이스

 HBase

 • HDFS의 분산 컬럼 기반 데이터베이스이다.

· 실시간 랜덤 조회 및 업데이트를 할 수 있으며, 각각의 프로세스는 개인의 데이터를 비동기적으로 업데이트 할 수 있다.

⑥ 리소스 관리

얀(Yet Another Resource Negotiator)

· 리소스 관리와 컴포넌트 처리를 분리한 아파치 소프트웨어 재단의 서브 프로젝트이다.

· 맵리듀스의 확장성과 속도 문제를 해소하기 위해 새롭게 만든 자원 관리 플랫폼이다.

· 얀의 구성 요소에는 리소스 매니저, 노드 매니저, 애플리케이션 마스터, 컨테이너가 있다.

구성 요소	설명
리소스 매니저	모든 시스템 자원을 관리하고, 효율적으로 자원 분배
노드 매니저	노드의 자원 관리 및 리소스 매니저에게 현재 자원 상태 보고
애플리케이션 마스터	컨테이너를 사용하여 작업 모니터링 및 실행 관리
컨테이너	프로그램 구동을 위한 다양한 시스템 자원

⑦ 인메모리 처리

아파치 스파크(Apache Spark)

· SQL, 스트리밍, 머신러닝 및 그래프 처리를 위한 기본 제공 모듈이 있는 대규모 데이터 처리용 통합 분석 엔진이다.

· 하둡 기반 대규모 데이터 분산처리 시스템이다.

· 스트리밍 데이터, 온라인 머신러닝 등 실시간 데이터 처리를 한다.

· 스칼라, 자바, 파이썬, R 등에 사용 가능하다.

⑧ 데이터 가공

㉮ 피그(Pig)

· 대용량 데이터를 고차원으로 분석하기 위한 플랫폼이다.

· 맵리듀스의 API를 단순화시켜, SQL과 유사한 형태로 설계된다.

· JOIN 연산 지원

㉯ 하이브(Hive)

· 하둡 기반의 DW(데이터 웨어하우스) 솔루션이다.

· SQL과 매우 유사한 HiveQL 쿼리를 제공한다.

데이터 웨어하우스
여러 소스에서 가져온 구조화된 데이터와 반구조화된 데이터를 분석하고 보고하는 데 사용되는 엔터프라이즈 시스템

엔터프라이즈 시스템
(Enterprise System)
대규모 조직의 각기 다른 기능과 조직 수준, 비즈니스 프로세스를 대상으로 개발된 다양한 정보 시스템을 연결해 상호간에 정보 교환이 수월해지고, 조직의 효율성과 경영성과를 증진시킬 수 있게 하는 시스템

⑨ 데이터 마이닝

머하웃(Mahout)

- 하둡 기반의 데이터 마이닝 알고리즘을 구현한 오픈소스이다.
- 분류, 클러스터링, 추천 및 협업 필터링, 패턴 마이닝, 회귀 분석, 진화 알고리즘 등 주요한 알고리즘 자원이다.

⑩ 실시간 SQL 질의

㉮ **임팔라(Impala)**

- 하둡 기반의 실시간 SQL 질의 시스템이다.
- 데이터 조회 시 HiveQL를 사용한다.
- 맵리듀스를 사용하지 않고, 자체 개발한 엔진을 사용해 빠른 성능을 가진다.

㉯ **타조(Tajo)**

- 하둡파일시스템(HDFS)의 데이터에 SQL 형태의 명령을 통해 분산 분석 작업을 지원하는 대용량 데이터 웨어하우스(DW)이다.
- 2010년 고려대학교 컴퓨터학과 데이터베이스 연구실에서 처음 개발되어 2014년 3월에 아파치 재단의 최상위 프로젝트로 승격되었다.
- 기존 하둡 빅데이터 처리 엔진인 하이브(Hive)와 기능이 유사하나 하이브보다 데이터 처리 속도가 빠르다.

⑪ 워크플로우 관리

우지(Oozie)

- 하둡 작업을 관리하는 워크플로우 및 코디네이터 시스템이다.
- 자바 서블릿 컨테이너에서 실행되는 자바 웹 애플리케이션 서버로 맵리듀스 혹은 피그와 같은 특화된 액션들로 구성된 워크플로우를 제어한다.

⑫ 분산 코디네이션

주키퍼(Zookeeper)

- 분산 애플리케이션을 위한 코디네이션 시스템이다.
- 분산 애플리케이션이 안정적인 서비스를 할 수 있도록 분산되어 있는 각 애플리케이션의 정보를 중앙에 집중하여 구성 관리, 그룹 관리 네이밍, 동기화 등의 서비스를 제공한다.

② 빅데이터와 인공지능

(1) 인공지능의 정의

- 인공지능이란 인간의 학습능력, 인지능력을 인공적으로 학습시켜 일정 수준의 능력을 갖출 수 있도록 만든 소프트웨어이다.
- 인간과 비슷한 수준의 지능을 구사하기 위해서는 많은 양의 데이터가 수집, 분석, 학습되어야 한다.

(2) 인공지능의 범위 기출

- 인공지능의 범위는 작은 범위를 기준으로 딥러닝, 머신러닝(기계학습), 인공지능 순이다.
- 이는 범위를 표현하기 위한 도식화로 단순히 분야별 크기가 크고 작음을 의미하는 것이 아니라는 점을 기억할 수 있도록 한다.
- 각 단계별 기술은 지속적인 상호작용을 통해 최종적인 인공지능 기술을 구현할 수 있기 때문이다.

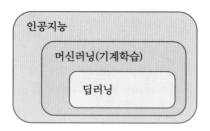

구성 요소	설명
인공지능	사고나 학습 등 인간이 가진 지적 능력을 컴퓨터를 통해 구현하는 기술
머신러닝	컴퓨터가 스스로 학습하여 인공지능의 성능을 향상시키는 기술
딥러닝	인간의 뉴런과 비슷한 인공신경망 방식으로 정보를 처리하는 기술

③ 개인정보 법·제도

(1) 개인정보보호의 정의

개인정보 자기결정권
자신에 대한 정보가 언제, 어떻게, 어떠한 범위까지 사용될 수 있는지를 정보주체자가 스스로 결정할 수 있는 권리

개인정보보호는 정보주체자의 개인정보 자기결정권을 철저히 보장하는 활동을 의미한다.

(2) 개인정보보호의 필요성

개인을 식별할 수 있는 정보가 대부분 개인정보로 구분되어 활용되기 때문에 개인정보가 유출되면 그 피해가 막심하다.

(3) 빅데이터 개인정보보호 가이드라인 기출

- 2014년 12월 23일 한국방송통신위원회, 한국인터넷진흥원에서 제정하였다.
- 빅데이터 개인정보보호 가이드라인은 공개된 또는 이용내역정보 등을 전자적으로 설정된 체계에 의해 수집·저장·조합·분석 등을 처리하여 새로운 정보를 생성함에 있어서 이용자의 프라이버시 등을 보호하고, 안전한 이용환경을 조성하는 것을 목적으로 한다.
- 빅데이터 개인정보보호 가이드라인의 주요 내용은 다음과 같다.

구성 요소	설명
개인정보 비식별화 조치	개인정보가 포함된 공개된 정보 및 이용내역정보는 비식별화 조치를 취한 후 수집·저장·조합·분석 및 제 3자 제공 등 가능
투명성 확보	개인정보 취급 방침을 통해 비식별화 조치 후 빅데이터 처리 사실·목적·수집·출처 및 정보 활용 거부권 행사 방법 등을 이용자에게 투명하게 공개 • (개인정보 취급 방침) 비식별화 조치 후 빅데이터 처리 사실·목적 등을 이용자 등에게 공개하고 '정보 활용 거부 페이지 링크'를 제공하여 이용자가 거부권을 행사할 수 있도록 조치 • (수집 출처 고지) 이용자 이외의 자로부터 수집한 개인정보 처리 시 '수집 출처·목적, 개인정보 처리 정지 요구권'을 이용자에게 고지
개인정보 재식별 조치	빅데이터 처리 과정 및 생성정보에 개인정보가 재식별 될 경우, 즉시 파기하거나 추가적인 비식별화 조치토록 함
민감정보 처리	• 특정 개인의 사상·신념, 정치적 견해 등 민감정보의 생성을 목적으로 정보의 수집·이용·저장·조합·분석 등 처리 금지 • 이메일, 문자 메시지 등 통신 내용의 수집·이용·저장·조합·분석 등 처리 금지
수집정보 보호조치	비식별화 조치가 취해진 정보를 저장·관리하고 있는 정보 처리 시스템에 대한 기술적·관리적 보호조치 적용 ※ (보호조치) 침입차단시스템 등 접근 통제장치 설치, 접속 기록에 대한 위·변조 방지 조치, 백신 소프트웨어 실치·운영 등 악성 프로그램에 의한 침해 방지 조치

(4) 데이터 3법 기출

개인정보보호법, 정보통신망 이용 촉진 및 정보보호 등에 관한 법률(정보통신망법), 신용정보의 이용 및 보호에 관한 법률(신용정보법)을 일컫는다.

(5) 개인정보보호법[개인정보의 수집·이용(제15조)] 기출

① 개인정보처리자는 다음 각 호의 어느 하나에 해당하는 경우에는 개인정보를 수집할 수 있으며 그 수집 목적의 범위에서 이용할 수 있다. 〈개정 2023. 3. 14.〉

1. 정보주체의 동의를 받은 경우
2. 법률에 특별한 규정이 있거나 법령상 의무를 준수하기 위하여 불가피한 경우
3. 공공기관이 법령 등에서 정하는 소관 업무의 수행을 위하여 불가피한 경우
4. 정보주체와 체결한 계약을 이행하거나 계약을 체결하는 과정에서 정보주체의 요청에 따른 조치를 이행하기 위하여 필요한 경우
5. 명백히 정보주체 또는 제3자의 급박한 생명, 신체, 재산의 이익을 위하여 필요하다고 인정되는 경우
6. 개인정보처리자의 정당한 이익을 달성하기 위하여 필요한 경우로서 명백하게 정보주체의 권리보다 우선하는 경우. 이 경우 개인정보처리자의 정당한 이익과 상당한 관련이 있고 합리적인 범위를 초과하지 아니하는 경우에 한한다.
7. 공중위생 등 공공의 안전과 안녕을 위하여 긴급히 필요한 경우

② 개인정보처리자는 제1항 제1호에 따른 동의를 받을 때에는 다음 각 호의 사항을 정보주체에게 알려야 한다. 다음 각 호의 어느 하나의 사항을 변경하는 경우에도 이를 알리고 동의를 받아야 한다.

1. 개인정보의 수집·이용 목적
2. 수집하려는 개인정보의 항목
3. 개인정보의 보유 및 이용 기간
4. 동의를 거부할 권리가 있다는 사실 및 동의 거부에 따른 불이익이 있는 경우에는 그 불이익의 내용

(6) 개인정보보호법[개인정보 유출 통지 등(제 34조)] _{기출}

①항 개인정보처리자는 개인정보가 유출되었음을 알게 되었을 때에는 지체 없이 해당 정보주체에게 다음의 사실을 알려야 한다.

1. 유출된 개인정보의 항목
2. 유출된 시점과 그 경위
3. 유출로 인하여 발생할 수 있는 피해를 최소화하기 위하여 정보주체가 할 수 있는 방법 등에 관한 정보
4. 개인정보처리자의 대응조치 및 피해 구제절차
5. 정보주체에게 피해가 발생한 경우 신고 등을 접수할 수 있는 담당부서 및 연락처

(7) 개인정보보호법[개인정보보호원칙(제3조)] _{기출}

① 개인정보처리자는 개인정보의 처리 목적을 명확하게 하여야 하고, 그 목적에 필요한 범위에서 최소한의 개인정보만을 적법하고 정당하게 수집하여야 한다.
② 개인정보처리자는 개인정보의 처리 목적에 필요한 범위에서 적합하게 개인정보를 처리하여야 하며, 그 목적 외의 용도로 활용하여서는 아니 된다.
③ 개인정보처리자는 개인정보의 처리 목적에 필요한 범위에서 개인정보의 정확성, 완전성 및 최신성이 보장되도록 하여야 한다.
④ 개인정보처리자는 개인정보의 처리 방법 및 종류 등에 따라 정보주체의 권리가 침해받을 가능성과 그 위험 정도를 고려하여 개인정보를 안전하게 관리하여야 한다.
⑤ 개인정보처리자는 제30조에 따른 개인정보 처리방침 등 개인정보의 처리에 관한 사항을 공개하여야 하며, 열람청구권 등 정보주체의 권리를 보장하여야 한다. 〈개정 2023. 3. 14.〉
⑥ 개인정보처리자는 정보주체의 사생활 침해를 최소화하는 방법으로 개인정보를 처리하여야 한다.
⑦ 개인정보처리자는 개인정보를 익명 또는 가명으로 처리하여도 개인정보 수집목적을 달성할 수 있는 경우 익명처리가 가능한 경우에는 익명에 의하여, 익명처리로 목적을 달성할 수 없는 경우에는 가명에 의하여 처리될 수 있도록 하여야 한다. 〈개정 2020. 2. 4.〉

⑧ 개인정보처리자는 이 법 및 관계 법령에서 규정하고 있는 책임과 의무를 준수하고 실천함으로써 정보주체의 신뢰를 얻기 위하여 노력하여야 한다.

[시행일 : 2023. 9. 15.] 제3조

(8) GDPR(General Data Protection Regulation) 유럽 연합 일반 데이터 보호규칙 기출

2018년 5월 25일부터 시행된 EU(유럽연합)의 개인정보보호 법령으로 정보주체의 권리, 기업의 책임성 강화, 개인정보의 EU 역외이전(onward transfer) 요건을 명확화한 규칙이다.

역외이전
개인정보가 EU경계를 넘어 제3국이나 국제기구로 이전되는 경우

4 개인정보 활용

(1) 가명정보 활용 범위

• 가명정보는 특정인을 식별할 수 없도록 조치한 정보이다.
• 가명정보는 통계작성(상업적 목적 포함, 시장조사), 연구(산업적 연구 포함), 공익적 기록 보존 목적 등에 사용 가능하다.
• 가명정보 처리 절차는 사전준비 → 가명처리 → 적정성 검토 및 추가처리 → 사후관리 순이다.

(2) 프라이버시 보호 모델 기출

① k-익명성(k-Anonymity)
• 주어진 데이터 집합에서 같은 값이 적어도 k개 이상 존재하도록 하여 쉽게 다른 정보와 결합할 수 없도록 한 모델
• 공개된 데이터의 연결공격 취약점을 보완하기 위한 모델

② l-다양성(l-Diversity)
• 주어진 데이터 집합에서 함께 비식별되는 레코드들은 동질 집합에서 적어도 l개의 서로 다른 민감한 정보를 가져야 하는 모델
• k-익명성에 대한 두 가지 취약점 공격인 동질성 공격, 배경지식에 의한 공격을 방어하기 위한 모델

③ t-근접성(t-Closeness)
- 동질 집합에서 특정 정보의 분포와 전체 데이터 집합에서 정보의 분포가 t 이하의 차이를 보여야 하는 모델
- l-다양성의 쏠림 공격, 유사성 공격을 보완하기 위한 모델

④ m-유일성(m-Uniqueness)
- 원본 데이터와 동일한 속성의 값 조합이 비식별 결과 데이터에 최소 m개 이상 존재하도록 만들어 재식별 가능성의 위험을 낮춘 모델

(3) 마이 데이터(My data) 기출

- 마이 데이터란 개인이 데이터를 주체적으로 관리하는 것을 넘어 능동적으로 활용하는 일련의 과정을 의미한다.
- 2020년 8월부터 신용정보법 개정안을 비롯한 데이터 3법이 시행되면서 개인 데이터의 주인은 본인이라는 주장이 가능해졌다.
- 개인의 데이터 주권인 자기 정보결정권으로 개인 데이터의 활용과 관리에 대한 통제권을 개인이 갖는다는 것이 핵심이다.
- 마이 데이터 활용 예시 : 금융 정보 통합 관리 가능, 신용 및 자산 분석 가능
- 마이 데이터 원칙 : 데이터 권한, 데이터 제공, 데이터 활용

1. 다음 중 DIKW 피라미드에 속하지 않는 것은?

① 데이터 ② 정보
③ 분석 ④ 지혜

> **해설** DIKW에 속하는 요소는 데이터, 정보, 지식, 지혜다.

2. 다음 중 빅데이터 특징 4V에 속하지 않는 것은?

① Volume ② Veracity
③ Value ④ Variety

> **해설** 빅데이터 특징 4V에 속하는 요소는 Volume(규모), Variety(다양성), Velocity(속도), Value(가치)이다. Veracity(신뢰성)는 5V에 속한다.

3. 다음 중 데이터 크기의 순서가 올바르게 짝지어진 것은?

① MB<GB<EB<ZB
② KB<MB<TB<PB
③ MB<TB<PB<EB
④ GB<TB<YB<ZB

> **해설** 데이터의 크기 순서는 KB<MB<GB<TB<PB<EB<ZB<YB 이다.

4. 다음 중 빅데이터의 정의로 옳지 않은 것은?

① 빅데이터는 막대한 양의 정형 및 비정형 데이터를 의미한다.
② 빅데이터는 데이터로부터 가치를 얻고, 결과를 분석하는 기술을 의미하기도 한다.

③ 클라우드 컴퓨팅 기술로 데이터 처리 비용이 절감되어, 빅데이터 기술이 발전하고 있다.
④ 빅데이터는 DIKE 피라미드로 설명될 수 있다.

> **해설** 빅데이터는 DIKW 피라미드로 설명될 수 있다.

5. 다음 중 지식의 예시로 올바른 것은?

① 5월 판매되는 딸기가 저렴하므로 5월에 딸기 구입 예정
② 딸기가 5월에는 100원, 10월에는 150원에 판매됨
③ 5월에 딸기 말고 다른 과일도 저렴할 것으로 예상
④ 5월에 판매되는 딸기가 더 저렴함

> **해설** 지식의 예시에 대한 올바른 설명은 ①번이다.
> ① 지식 ② 데이터 ③ 지혜 ④ 정보

6. 다음 중 빅데이터의 가치에 대한 설명으로 옳지 않은 것은?

① 빅데이터는 많은 양의 데이터를 수집 및 분석하여 새로운 가치를 창출할 수 있다.
② 빅데이터는 농업, 의료, 정보통신, 항공 등 다양한 분야로의 융합이 가능하다.
③ 빅데이터는 과거에 국한된 데이터를 기반으로 분석되어 미래를 분석한다.
④ 빅데이터는 개인, 정부, 기업에서 모두 효율적으로 사용될 수 있다.

> **해설** 빅데이터는 과거에 국한된 데이터만을 사용하는 것이 아니라 현재의 데이터 또한 사용하여 분석에 활용한다.

정답 1. ③ 2. ② 3. ④ 4. ④ 5. ① 6. ③

7. DIKW 피라미드 중 다양한 정보를 체계화하여 유의미한 정보로 분류시킨 대상을 의미하는 것은?

① 데이터　　　　② 지식
③ 정보　　　　　④ 지혜

해설 다양한 정보를 체계화하여 유의미한 정보로 분류시킨 대상은 지식이다.

8. 다음 중 데이터 지식경영 상호작용에 속하지 않는 것은?

① 공통화　　　　② 연결화
③ 내면화　　　　④ 분리화

해설 데이터 지식경영 상호작용에 속하는 요소는 공통화, 표출화, 연결화, 내면화이다.

9. 다음 중 빅데이터 조직 구조 유형이 아닌 것은?

① 집중 구조　　　② 기능 구조
③ 분석 구조　　　④ 분산 구조

해설 빅데이터 조직 구조 유형에는 집중 구조, 기능 구조, 분산 구조가 있다.

10. 다음 설명에 해당하는 빅데이터 위기 요인은?

사용자가 SNS에 업로드한 사진을 확대하여 개인정보를 도용하는 사례

① 사생활 침해
② 책임 원칙 훼손
③ 데이터 남용
④ 데이터 오용

해설 목적 외로 사용된 데이터로 사생활 침해에 대한 내용이다.

11. 다음 설명에 해당하는 분석 가치 에스컬레이터 단계는?

향후 무슨 일이 일어날 것인지에 대한 내용을 분석하는 단계

① 묘사 분석　　　② 예측 분석
③ 진단 분석　　　④ 처방 분석

해설 예측 분석에 대한 내용이다.

12. 다음 중 통계, 머신러닝, 최적화 등 다양한 기술을 활용하여 데이터에 기반한 서비스를 개발하거나 수익 향상을 위한 의사결정을 돕는 전문가를 뜻하는 것은?

① 데이터 사이언티스트
② 데이터 엔지니어
③ 데이터 분석가
④ 프로그래머

해설 ① 데이터 사이언티스트 : 통계, 머신러닝, 최적화 등 다양한 기술을 활용하여 데이터에 기반한 서비스를 개발하거나 수익 향상을 위한 의사결정을 돕는 직군
② 데이터 엔지니어 : 데이터 플랫폼 및 데이터 파이프라인 구조를 개발하고 운영하는 직군
③ 데이터 분석가 : 데이터 분석 보고서 및 시각화 자료를 통해 인사이트를 도출하고, 비즈니스 결정을 돕는 직군
④ 프로그래머 : 프로그램을 개발하는 직군

13. 다음 중 가트너가 제시한 데이터 사이언티스트가 갖추어야 할 역량이 아닌 것은?

① 분석 모델링　　② 하드 스킬
③ 데이터 관리　　④ 비즈니스 분석

해설 가트너가 제안한 데이터 사이언티스트가 갖추어야 할 역량은 분석 모델링, 데이터 관리, 소프트 스킬, 비즈니스 분석이다.

정답　7. ②　8. ④　9. ③　10. ①　11. ②　12. ①　13. ②

14. 다음 중 비정형 데이터의 수집 기술이 아닌 것은?

① 척와   ② 플럼
③ 스쿱   ④ 스크라이브

> **해설** 비정형 데이터 수집 기술은 척와, 플럼, 스크라이브가 있다. 스쿱은 정형 데이터 수집 기술이다.

15. 다음 설명에 해당하는 하둡 에코 시스템 기술은?

구글에서 대용량 데이터 처리를 분산 병렬 컴퓨팅에서 처리하기 위한 목적으로 제작하여 2004년 발표한 소프트웨어 프레임워크이다.

① 스크라이브   ② 피그
③ 히호   ④ 맵리듀스

> **해설** 맵리듀스에 대한 내용이다.

16. 다음 빈칸에 해당하는 것은 어느 것인가?

개인정보보호는 정보주체자의 (   )을(를) 철저히 보장하는 활동을 의미한다.

① 이익
② 개인정보 자기결정권
③ 개인정보 공유
④ 개인정보 처리

> **해설** 개인정보보호는 정보주체자의 개인정보 자기결정권을 철저히 보장하는 활동을 의미한다.

17. 다음 중 데이터 3법에 포함되지 않는 것은?

① 공공 데이터법

② 개인정보보호법
③ 정보통신망법
④ 신용정보법

> **해설** 데이터 3법은 개인정보보호법, 정보통신망법, 신용정보법을 말한다.

18. 다음 중 프라이버시 보호 모델이 아닌 것은?

① k-익명성
② l-보안성
③ t-근접성
④ m-유일성

> **해설** 프리이버시 보호 모델은 k-익명성(k-Anonymity), l-다양성(l-Diversity), t-근접성(t-Closeness), m-유일성(m-Uniqueness)이다.

19. 다음 중 데이터 거버넌스의 구성 요소로 옳지 않은 것은?

① 원칙   ② 조직
③ 관리   ④ 프로세스

> **해설** 데이터 거버넌스의 구성 요소는 원칙, 조직, 프로세스이다.

20. 조직평가를 위한 성숙도 단계 중 전사 차원에서 분석된 내용을 관리 및 공유하는 단계는?

① 도입 단계
② 활용 단계
③ 확산 단계
④ 최적화 단계

> **해설** 조직평가를 위한 성숙도 단계 중 전사 차원에서 분석된 내용을 관리 및 공유하는 단계는 확산 단계이다.

정답   14. ③   15. ④   16. ②   17. ①   18. ②   19. ③   20. ③

2-1 분석 방안 수립

1 분석 로드맵 설정

(1) 분석 마스터플랜 기출

- 지속적으로 분석이 주는 가치를 체계적으로 관리하고 분석 역량을 내재화하려면 단기적인 과제 수행뿐만 아니라 중/장기적 관점의 마스터플랜 수립이 필요하다.
- 분석 마스터플랜 과정에서는 전략적 중요도, 비즈니스 성과 및 ROI, 분석 과제의 실행 용이성을 고려하여 우선순위를 설정한다.
- 분석 마스터플랜 과정에서는 업무 내재화 적용 수준, 분석 데이터 적용 수준, 기술 적용 수준을 고려하여 분석 구현 로드맵을 수립한다.
- 정보 전략 계획(ISP: Information Strategy Planning)은 정보기술 및 정보 시스템을 전략적으로 활용하기 위해 중장기 마스터플랜을 수립하는 절차이다.

우선순위 고려요소

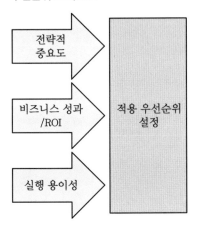

적용범위 / 방식 고려요소

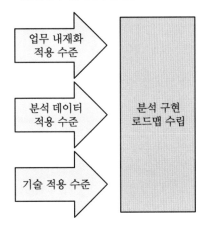

(2) 수행 과제 도출 및 우선순위 평가

① 일반적인 IT 프로젝트의 우선순위 평가

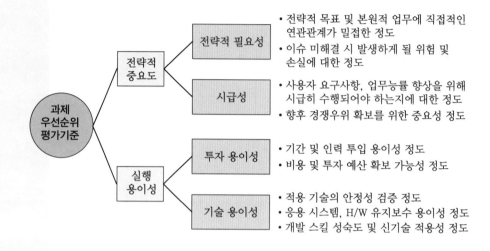

② 투자회수율(ROI) 관점에서 빅데이터의 핵심 특징

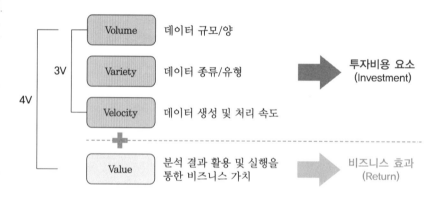

③ 투자회수율(ROI) 요소를 고려한 데이터 분석 과제 우선순위 평가기준

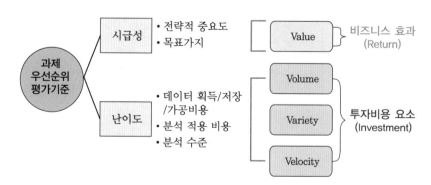

④ 분석 과제 우선순위 선정 매트릭스

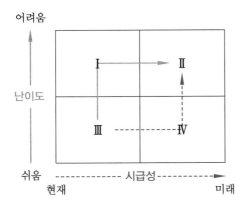

- 우선순위 기준을 바탕으로 난이도 또는 시급성을 고려하여 분석 과제 를 4가지로 분류한다.
- Ⅲ은 가장 우선적인 분석 과제 적용이 필요한 영역이고, Ⅱ는 우선순 위가 가장 낮은 영역이다.
- 시급성 기준의 우선순위는 Ⅲ → Ⅳ → Ⅱ이고, 난이도 기준 우선순위 는 Ⅲ → Ⅰ → Ⅱ이다.

(3) 분석 로드맵 기출

- 분석 로드맵은 단계별로 추진하고자 하는 목표를 정확히 정의하고, 선·후행 단계를 고려해 단계별 추진 계획을 수립하는 것이다.
- 분석 로드맵 단계 : 데이터 분석 체계 도입 → 데이터 분석 유효성 검 증 → 데이터 분석 확산 및 고도화

데이터 분석체계 도입	데이터 분석 유효성 검증	데이터 분석 확산 및 고도화
• 분석 기회 발굴 • 분석 과제 정의 • 비즈니스 약점 식별	• 분석 알고리즘 및 아키텍처 설계 • 분석 과제의 파일럿 분석 • 분석 과제 유효성 검증	• 분석 시스템 구축 및 관련 시스템 고도화 • 검증한 분석 과제를 관련 업무 프로세스에 내재화 • 업무 변화 관리

2 분석 문제 정의

분석 문제란 기대치와 현재 상황을 동일한 수준으로 맞추기 위해 데이터 를 기반으로 해결할 수 있는 과제로 만든 것을 의미한다.

비즈니스 모델 캔버스 (BMC)
기업 내·외부 환경을 포괄하고 있는 비즈니스 모델

디자인 사고
창의적 문제 해결방법

프로토타이핑 접근법
문제를 명확히 정의할 수 없는 경우 우선 분석을 시도하고, 이에 대한 결과를 기반으로 반복적으로 개선해 나가는 방식

(1) 분석 문제 접근 방식

분석 문제는 접근 방식에 따라 하향식 접근 방식과 상향식 접근 방식으로 나뉜다.

명칭	설명
하향식 접근 방식 (Top Down Approach)	• 분석 문제가 정의되어 주어지고, 이에 대한 해법을 찾기 위해 체계적으로 분석하는 방법 • 비즈니스 모델 캔버스(BMC) 사용 **[하향식 접근 방식 절차]** 문제 탐색 → 문제 정의 → 해결방안 탐색 → 타당성 검토 → 선택
상향식 접근 방식 (Bottom Up Approach)	• 문제를 정의할 수 없는 경우 데이터를 기반으로 문제를 지속적으로 개선하는 방식 • 디자인 사고 접근법 사용, 비지도 학습 방법 사용, 프로토타이핑(Prototyping) 접근법 사용 **[상향식 접근 방식 절차]** 기출 프로세스 분류 → 프로세스 흐름 분석 → 분석 요건 식별 → 분석 요건 정의

(2) 대상별 분석 기획 유형 기출

빅데이터 분석은 분석 방법과 대상에 따라 다음과 같이 4가지로 구분된다.

		분석대상(What)	
		Known	Un-Known
분석방법(How)	Known	Optimization (최적화)	Insight (통찰)
	Un-Known	Solution (솔루션)	Discovery (발견)

유형	설명
최적화 (Optimization)	• 분석 대상과 분석 방법을 모두 알고 있는 경우 • 개선을 통해 최적화 형태로 분석함
솔루션 (Solution)	• 분석 대상은 알지만 분석 방법은 모르는 경우 • 해당 주제에 대한 솔루션 탐색
통찰 (Insight)	• 분석 대상은 모르지만 분석 방법은 아는 경우 • 기존 분석 방법을 응용하여 새로운 통찰 도출
발견 (Discovery)	• 분석 대상과 분석 방법을 모두 모르는 경우 • 분석 대상을 새롭게 발견

❸ 데이터 분석 방안

(1) 빅데이터 분석 방법론

- 빅데이터 분석 방법론은 빅데이터를 분석하기 위한 계층적 프로세스 모델이다.
- 빅데이터 분석 방법론의 구성 요소는 절차, 방법, 도구와 기법, 템플릿과 산출물이다.
- 빅데이터 분석 방법론의 계층은 단계(Phase), 테스크(Task), 스텝(Step)으로 구성된다.

(2) 빅데이터 분석 방법론 분석 절차 기출

> 분석 기획 → 데이터 준비 → 데이터 분석 → 시스템 구현 →
> 평가 및 전개

① 분석 기획 : 비즈니스 이해 및 범위 설정, 프로젝트 정의, 프로젝트 수행계획 수립, 프로젝트 위험계획 수립
② 데이터 준비 : 분석 데이터 정의, 데이터 저장 구조 설계, 데이터 수집 및 정합성 검증
③ 데이터 분석 : 분석 데이터 준비, 텍스트 분석, 탐색적 분석(EDA), 모델링, 모델 평가 및 검증, 모델 적용 및 운영 방안 수립
④ 시스템 구현 : 설계 및 구현, 시스템 테스트 및 운영
⑤ 평가 및 전개 : 모델 발전 계획 수립, 프로젝트 평가 보고

(3) 빅데이터 분석 방법론 유형

대표적인 빅데이터 분석 방법론 유형은 다음과 같다.

① KDD 분석 방법론(Knowledge Discovery in Database)
1996년 Fayyad가 프로파일링 기술을 기반으로 통계적 패턴이나 지식을 찾기 위해 체계적으로 정리한 방법론이다.

[분석 절차]

> 데이터 세트 선택 → 데이터 전처리 → 데이터 변환 → 데이터 마이닝
> → 데이터 마이닝 결과 평가

② CRISP–DM 분석 방법론(Cross Industry Standard Process for Data Mining) 기출

비즈니스 이해를 바탕으로 데이터 분석 목적의 6단계로 진행되는 데이터 마이닝 방법론이다.

[분석 절차]

> 업무 이해 → 데이터 이해 → 데이터 준비 → 모델링 → 평가 → 전개

③ SEMMA 분석 방법론(Sampling Exploration Modification Modeling Assessment)

분석 솔루션 업체 SAS사가 주도한 통계 중심의 분석 방법론

[분석 절차]

> 샘플링 → 탐색 → 수정 → 모델링 → 검증

2-2 / 분석 작업 계획

1 데이터 확보 계획

(1) 분석 작업 개요

- 분석 작업 계획을 수립하기 위해서 데이터 처리 과정 전체를 이해해야 한다.
- 데이터 처리 과정은 데이터 처리 영역과 데이터 분석 영역으로 나뉜다.

데이터 소스	데이터 수집	데이터 저장	데이터 처리	데이터 분석	데이터 표현
내부 데이터	입력	정형 데이터	배치 처리	전처리	시간 시각화
외부 데이터	로그 수집기	비정형 데이터	실시간 처리	분석 방법	관계 시각화
미디어 정보	크롤링	저장 장치	분산 처리	머신러닝	공간 시각화
	센싱			딥러닝	분포 시각화
데이터 처리 영역				데이터 분석 영역	

데이터 처리 과정

① 데이터 처리 영역

데이터 분석을 위한 기초 데이터를 정의, 수집, 저장하고 데이터 분석을 위한 물리적 환경을 제공한다.

② 데이터 분석 영역 기출

- 저장된 데이터를 추출하여 분석 목적과 방법에 맞게 가공하여 데이터 분석을 수행하고 결과를 표현하는 영역이다.
- 국가직무능력표준(NCS) 데이터 분석은 다음과 같이 구분된다.

구분	내용
도메인 이슈 도출	• 분석 대상 과제 현황 파악 및 개선 과제 정의 • 문제의 주요 이슈별로 개선 방향 도출, 개선 방안 수립, 빅데이터 요건 정의서 작성
분석 목표 수립	• 빅데이터 요건 정의서 기반 현실적인 분석 목표 수립 • 데이터 관련 정보, 분석 타당성 검토, 성과 측정 방법 등을 포함한 분석 목표 정의서 작성
프로젝트 계획 수립	• 사전에 책정된 자원과 예산, 기간 등을 고려하여 분석 프로젝트 계획 수립 • 분석목표정의서, 프로젝트 소요 비용, 배분 계획을 바탕으로 작업분할구조도(WBS) 작성
보유 데이터 자산 확인	• 분석 목표와 프로젝트 계획을 기반으로 현재 보유 중인 데이터의 품질이나 규모, 유형 등을 확인하고 법률적 이슈 혹은 제약사항 검토

(2) 데이터 확보 계획

- 빅데이터를 목적에 맞게 효율적으로 활용하기 위해서는 데이터의 특징에 맞는 수집 방법을 선택해야 한다.
- 데이터는 저장 위치에 따라 내부 데이터와 외부 데이터로 나눌 수 있고, 데이터의 형태에 따라 정형, 반정형, 비정형 데이터로 나뉜다.

[데이터 확보 수립 절차]

목표 정의 → 요구사항 도출 → 예산안 수립 → 계획 수립

저장 위치에 따른 데이터 구분

구분	설명
내부 데이터	• 부서 간 업무 협조와 개인정보보호 및 정보보안 관련된 문제점을 사전에 점검하여 수집 • 데이터 제공자와 상호 협약에 의한 의사소통이 가능 • 주로 수집이 용이한 정형 데이터의 형태
외부 데이터	• 시스템 간 다양한 인터페이스 및 법적인 문제점을 고려하여 상세한 데이터 수집 계획 수립 • 데이터 제공자와 협약된 관계가 아닐 경우 상호 의사소통이 불가능 • 주로 수집이 어려운 비정형 데이터의 형태

형태에 따른 데이터 구분

구분	설명
정형 데이터	정해진 형식과 구조에 따라 저장된 데이터 📌 Excel, 스프레드시트, 관계형 데이터베이스 테이블
반정형 데이터	데이터의 구조 정보를 데이터와 함께 제공하는 형식의 데이터 📌 JSON, XML, HTML 등 • JSON(JavaScript Object Notation) : 사람이 읽을 수 있는 데이터 교환용으로 설계된 경량 텍스트 기반 개방형 표준 포맷으로 '키(key)−값(value)'으로 구성된다. • XML(Extensible Markup Language) : 데이터를 정의하는 규칙을 제공하는 마크업 언어 • HTML(Hyper Text Markup Language) : 웹페이지 표시를 위해 개발된 마크업 언어
비정형 데이터	정의된 구조가 없는 형태의 정형화되지 않은 데이터 📌 동영상 파일, 오디오 파일, 사진, 보고서, 이메일 등

마크업 언어
(markup language)
태그(tag) 등을 이용해 문서나 데이터의 구조를 명기하는 언어

순서	이름	반	전공
1	박나래	3	문과
2	김철수	2	이과
3	나영희	2	이과
4	고나라	3	문과
5	이기쁨	3	문과

```
{
"기업명": "데이터 분석회사",
"사원수": 10,
"부서명": ["개발팀", "분석팀"],
"매출액": 500,000,000
}
```

AVI WAV DOC

정형 데이터	반정형 데이터	비정형 데이터

🔁 분석 절차 및 작업 계획

(1) 빅데이터 분석 절차 기출

> 문제 인식 → 연구 조사 → 모형화 → 데이터 수집 → 데이터 분석 →
> 분석 결과 공유

① 문제 인식 : 비즈니스 문제를 인식하고, 분석 목적을 정의
② 연구 조사 : 분석을 위한 자료 조사
③ 모형화 : 복잡한 문제를 단순화하여 변수간의 관계로 정의하는 작업
④ 데이터 수집 : 필요한 데이터 수집 및 전처리
⑤ 데이터 분석 : 수집된 데이터 분석 및 모형 개발
⑥ 분석 결과 공유 : 분석 결과를 비즈니스에 적용 및 분석 결과 가시화

(2) 빅데이터 작업 계획

분석 절차에 맞게 수행되어야 하는 작업의 경우 작업을 세분화하여 일정
및 결과물을 WBS(Work Breakdown Structure)로 정리한다.

(3) WBS(Work Breakdown Structure) 기출

- WBS(작업 분류 체계, 업무 분할 구조도)는 프로젝트 계획을 시각적
  형태로 표현한 것을 의미한다.
- WBS는 프로젝트에 필요한 모든 작업을 계층 형태로 표현하고, 완료
  해야 하는 작업에 대한 진척률과 소요기간 등을 산정하는 용도로 활용
  할 수 있다.
- WBS 구성 요소에는 프로젝트 목적 및 요구사항 정의, 환경 분석
  Level Component, 현황 분석 Level Component, To-Be 분석, 프
  로젝트 예상 기간, 조직별 개인별 업무 소요시간, 필요 기술 정의 등
  이 있다.

[WBS의 절차]

> 데이터 분석 과제 정의 → 데이터 준비 및 탐색 → 데이터 분석 모델링
> 및 검증 → 산출물 정리

① 데이터 분석 과제 정의 : 분석 과제 정의서를 기준으로 프로젝트 전체 일정에 맞는 사전 준비를 하는 단계

② 데이터 준비 및 탐색 : 데이터 분석가와 데이터 엔지니어의 역할을 구분하여 세부 일정을 만드는 단계, 분석 과제 정의서를 기준으로 필요한 데이터 수집

③ 데이터 분석 모델링 및 검증 : 분석된 데이터를 기준으로 데이터 분석 모델링을 진행하는 단계

④ 산출물 정리 : 데이터 분석 단계별로 산출물을 정리하여 최종 산출물을 정리하는 단계

1. 다음 중 분석 로드맵의 단계가 올바른 것은?

① 데이터 분석체계 도입 → 데이터 분석 유효성 검증 → 데이터 분석 확산 및 고도화
② 데이터 분석 유효성 검증 → 데이터 분석 체계 도입 → 데이터 분석 확산 및 고도화
③ 데이터 분석 확산 및 고도화 → 데이터 분석 유효성 검증 → 데이터 분석체계 도입
④ 데이터 분석 확산 및 고도화 → 데이터 분석체계 도입 → 데이터 분석 유효성 검증

해설 분석 로드맵 단계는 데이터 분석체계 도입 → 데이터 분석 유효성 검증 → 데이터 분석 확산 및 고도화 순이다.

2. 다음 중 하향식 접근 방식의 절차로 올바른 것은?

① 문제 정의 → 문제 탐색 → 해결방안 탐색 → 선택 → 타당성 검토
② 문제 탐색 → 문제 정의 → 해결방안 탐색 → 타당성 검토 → 선택
③ 문제 탐색 → 해결방안 탐색 → 문제 정의 → 선택 → 타당성 검토
④ 문제 정의 → 해결방안 탐색 → 문제 탐색 → 타당성 검토 → 선택

해설 하향식 접근 방식의 절차는 문제 탐색 → 문제 정의 → 해결방안 탐색 → 타당성 검토 → 선택 순이다.

3. 다음 중 상향식 접근 방식과 하향식 접근 방식에 대한 설명으로 틀린 것은?

① 하향식 접근 방식은 문제가 주어진 상태에서 이에 대한 해결 방법을 찾는 분석 방법이다.

② 하향식 접근 방식은 비즈니스 모델 캔버스를 사용한다.
③ 상향식 접근 방식은 문제가 명확히 확인된 상황에서 이에 대한 문제를 해결하는 분석 방법이다.
④ 상향식 접근 방식은 디자인 사고 접근법을 사용한다.

해설 상향식 접근 방식은 문제를 정의할 수 없는 경우 사용되는 문제 해결 방식이다.

4. 다음 중 대상별 분석 기획 유형이 아닌 것은?

① Optimization   ② Solution
③ Insight   ④ Development

해설 대상별 분석 기획 유형은 최적화(Optimization), 솔루션(Solution), 통찰(Insight), 발견(Discovery)이다.

5. 빅데이터 분석 시 분석 대상은 알지만 분석 방법은 모르는 경우 사용할 수 있는 해결 방안은?

① 솔루션   ② 최적화
③ 발견   ④ 통찰

해설 분석 대상은 알지만 분석 방법은 모르는 경우 사용할 수 있는 해결방안은 솔루션이다.

6. 다음 중 빅데이터 분석 방법론의 구성 요소가 아닌 것은?

① 절차   ② 방법
③ 단계   ④ 도구와 기법

해설 빅데이터 분석 방법론의 구성 요소는 절차, 방법, 도구와 기법, 템플릿과 산출물이다.

7. 다음과 같은 분석 과제 우선순위 선정 매트릭스에서 시급성을 기준으로 둘 경우 과제별 우선순위로 올바른 것은?

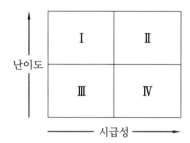

① Ⅲ → Ⅰ → Ⅱ
② Ⅰ → Ⅱ → Ⅳ
③ Ⅳ → Ⅱ → Ⅰ
④ Ⅲ → Ⅳ → Ⅱ

> **해설** 그림과 같은 분석 과제 우선순위 선정 매트릭스에서 시급성을 기준으로 둘 경우 과제별 우선순위는 Ⅲ → Ⅳ → Ⅱ이다.

8. 다음 중 빅데이터 분석 방법론의 계층이 아닌 것은?

① 단계   ② 절차
③ 테스크   ④ 스텝

> **해설** 빅데이터 분석 방법론의 계층은 단계, 테스크, 스텝이다.

9. 다음 설명하는 빅데이터 분석 방법론 유형은 어느 것인가?

> 1996년 Fayyad가 프로파일링 기술을 기반으로 통계적 패턴이나 지식을 찾기 위해 체계적으로 정리한 방법론이다.

① KDD
② CRISP-DM
③ SEMMA
④ WBS

> **해설** KDD(Knowledge Discovery in Database) 분석 방법론에 대한 설명이다.

10. 다음 중 데이터 확보 수립 절차가 올바른 것은?

① 계획 수립 → 예산안 수립 → 요구사항 도출 → 목표 정의
② 목표 정의 → 요구사항 도출 → 예산안 수립 → 계획 수립
③ 요구사항 도출 → 계획 수립 → 예산안 수립 → 목표 정의
④ 예산안 수립 → 계획 수립 → 목표 정의 → 요구사항 도출

> **해설** 데이터 확보 수립 절차는 목표 정의 → 요구사항 도출 → 예산안 수립 → 계획 수립 순이다.

11. 다음 중 내부 데이터와 외부 데이터에 대한 설명으로 틀린 것은?

① 외부 데이터는 주로 비정형 데이터의 형식을 갖는다.
② 외부 데이터는 시스템 간의 다양한 인터페이스 및 법적인 문제점들을 고려하여 상세한 데이터 수집 계획을 세워야 한다.
③ 내부 데이터는 주로 반정형 데이터의 형식을 갖는다.
④ 내부 데이터는 부서 간 업무 협조와 개인정보보호 및 정보보안과 관련된 문제점을 사전에 잘 점검해서 수집해야 한다.

> **해설** 내부 데이터는 주로 정형 데이터의 형식을 갖는다.

12. 다음 중 데이터의 형식에 대한 명칭으로 옳지 않은 것은?

① 정형 데이터
② 반정형 데이터

③ 비정형 데이터

④ 완정형 데이터

> **해설** 데이터 형식은 정형, 반정형, 비정형 데이터
> 가 있다.

13. 다음 중 비관계형 데이터베이스(NoSQL)에 대한 설명으로 <u>틀린</u> 것은?

① 고정된 테이블 스키마가 없고, 조인 (JOIN) 연산을 사용할 수 없다.

② 대규모 데이터를 저장하기 위한 DBMS이다.

③ 대표적으로 HBase, Cassandra, MongoDB 등이 있다.

④ 수직적 확장이 가능하다.

> **해설** 비관계형 데이터베이스는 수평적 확장이 가능
> 하다.

14. 다음과 같은 형태를 갖는 데이터는 어느 것인가?

```
〈?xml version="1.0"
  encoding="UTF-8" ?〉
〈foods〉
 〈food〉
  〈name〉포도〈/name〉
  〈color〉보라〈/color〉
 〈/food〉
 〈food〉
  〈name〉레몬〈/name〉
  〈color〉노랑〈/color〉
 〈/food〉
〈/foods〉
```

① 반정형 데이터

② 비정형 데이터

③ 정형 데이터

④ 응용 데이터

> **해설** 주어진 데이터는 XML형식의 데이터로 이는
> 반정형 데이터이다.

15. 다음 중 빅데이터 분석 방법론 분석 절차에 속하지 않은 단계는?

① 데이터 준비

② 데이터 분석

③ 분석 예측

④ 평가 및 전개

> **해설** 빅데이터 분석 방법론 분석 절차는 분석 기획
> → 데이터 준비 → 데이터 분석 → 시스템 구현
> → 평가 및 전개 순이다.

16. 다음 중 SEMMA 분석 방법론의 분석 절차로 옳은 것은?

① 탐색 → 샘플링 → 모델링 → 검증 → 수정

② 샘플링 → 탐색 → 수정 → 모델링 → 검증

③ 탐색 → 모델링 → 샘플링 → 수정 → 검증

④ 샘플링 → 탐색 → 수정 → 검증 → 모델링

> **해설** SEMMA 분석 방법론의 분석 절차는 샘플링
> → 탐색 → 수정 → 모델링 → 검증 순이다.

17. 다음 설명하는 빅데이터 분석 방법론 유형은 어느 것인가?

> 비즈니스 이해를 바탕으로 데이터 분석 목적의 6단계로 진행되는 데이터 마이닝 방법론이다.

① CRISP-DM

② KDD

③ HBase

④ SEMMA

> **해설** CRISP-DM 분석 방법론에 대한 내용이다.

18. 분석 대상과 분석 방법을 모두 모르는 경우 문제 해결 방법은?

① Optimization

② Solution

③ Insight

④ Discovery

> **해설** 분석 대상과 분석 방법을 모두 모르는 경우 문제 해결 방법은 Discovery(발견)이다.

19. 다음 중 빅데이터 분석 절차에 속하지 않는 단계는?

① 연구 조사

② 모형화

③ 평가

④ 데이터 수집

> **해설** 빅데이터 분석 절차는 문제 인식, 연구 조사, 모형화, 데이터 수집, 데이터 분석, 분석 결과 공유이다.

20. 다음 중 WBS(Work Breakdown Structure)의 3번째 절차는?

① 데이터 분석 과제 정의

② 데이터 분석 모델링 및 검증

③ 데이터 준비 및 탐색

④ 산출물 정리

> **해설** WBS(Work Breakdown Structure)의 절차는 데이터 분석 과제 정의 → 데이터 준비 및 탐색 → 데이터 분석 모델링 및 검증 → 산출물 정리 순이다. 따라서 3번째 단계는 "데이터 분석 모델링 및 검증"이다.

3장 데이터 수집 및 저장 계획

3-1 데이터 수집 및 전환

1 데이터 수집

(1) 데이터 수집 과정

> 수집 데이터 도출 → 수집 데이터 목록화 → 데이터 소유 기관 확인 및
> 협의 → 데이터 유형 확인 및 분류 → 데이터 수집 기술 선정 → 수집
> 계획서 작성 → 수집 주기 정의 → 데이터 수집

① 수집 데이터 도출 및 목록화 : 수집할 데이터를 찾고, 이를 목록화한다.
② 데이터 소유 기관 확인 및 협의 : 데이터를 소유하고 있는 기관과 데
   이터 사용에 대한 업무 협의를 진행한다.
③ 데이터 유형 확인 및 분류 : 데이터를 유형별로 확인하여 분류한다.
④ 데이터 수집 기술 선정 : 데이터의 특징(내부 및 외부 데이터, 정형,
   반정형, 비정형 데이터 등)을 파악하여 수집 기술을 선정한다.
⑤ 수집 계획서 작성 및 수집 주기 정의 : 수집 대상 데이터 범위 및 수집
   기술을 선정한 뒤, 데이터를 수집하기 위한 세부 계획을 수립하고,
   수집 주기를 정의한다.
⑥ 데이터 수집 : 선정된 데이터 범위와 데이터 수집 계획을 기반으로
   목적 데이터를 수집한다.

(2) 데이터 수집 기술

① ETL(Extract Transform Load) 기출
분석을 위한 데이터를 데이터 저장소인 DW(Data Warehouse) 및
DM(Data Mart)으로 이동시키기 위해 다양한 소스 시스템으로부터 필
요한 원본 데이터를 추출(Extract)하고, 변환(Transform)하여 적재
(Load)하는 작업 및 기술이다.

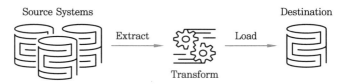

출처 : https://www.databricks.com/kr/glossary/extract-transform-load

② FTP(File Transfer Protocol)기출

TCP/IP 프로토콜을 기반으로 서버, 클라이언트 사이에서 파일을 송수신하기 위한 프로토콜이다.

③ 스쿱(Sqoop)

커넥터를 사용하여 MySQL 또는 Oracle, 메인 프레임과 같은 관계형 데이터베이스 시스템(RDBMS)에서 하둡 파일 시스템(HDFS)으로 데이터를 수집하거나 하둡 파일 시스템에서 관계형 데이터베이스로 데이터를 보낼 수 있는 기술이다.

④ 스크래피 (Scrapy)

파이썬 언어 기반의 비정형 데이터 수집 기술로 웹 데이터를 수집하는 것을 목표로 설계되었다.

⑤ 아파치 카프카(Apache Kafka)기출

대용량 실시간 로그 처리를 위한 분산 스트리밍 플랫폼이다.

⑥ 플럼(Flume)

이벤트(Event)
에이전트에 의해 옮겨지는 데이터의 기본 단위

많은 양의 로그 데이터를 효율적으로 수집, 집계, 이용하기 위해 이벤트(Event)와 에이전트(Agent)를 활용하는 기술이다.

에이전트(Agent)
자바 가상 머신(JVM) 프로세스로 소스, 채널, 싱크로 구성되며 외부에서 전달된 이벤트를 다른 목적지로 이동하는 역할을 담당

⑦ 스크라이브(Scribe)

다수의 서버로부터 실시간으로 스트리밍되는 로그 데이터를 수집하여 분산 시스템에 데이터를 저장하는 대용량 실시간 로그 수집 기술이다.

⑧ 척와(Chukwa)

분산된 각 서버에서 에이전트를 실행하고, 컬렉터가 에이전트로부터 데이터를 수집하여 하둡 파일 시스템에 저장하고, 저장된 데이터에 대한 실시간 분석 기능을 제공하는 기술이다.

⑨ CEP(Complex Event Processing)

직역하면 "복잡한 이벤트 처리"로서 여러 이벤트를 저장 전에 지속적으로 처리하여 미리 정의된 규칙에 따라 유의미한 이벤트를 식별해낼 수 있는 기술이다.

⑩ 크롤링(Crawling)^{기출}

인터넷상에서 제공되는 다양한 웹 사이트로부터 소셜 정보, 뉴스, 게시판 등의 웹 문서 및 콘텐츠 수집 기술이다.

☑ 데이터 유형 및 속성 파악 ^{기출}

데이터 유형은 구조적 관점에서는 정형, 반정형, 비정형 데이터로 나누고, 시간적 관점으로는 실시간, 비실시간 데이터로 나뉜다. 또한, 저장 형태의 기준으로는 파일 데이터, 데이터베이스 데이터, 콘텐츠 데이터, 스트림 데이터로 나뉜다.

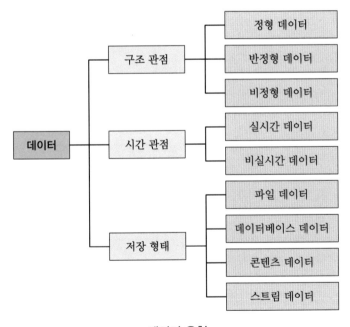

데이터 유형

(1) 구조 관점의 데이터 유형 기출

명칭	설명
정형 데이터	정형화된 스키마(schema, 형태) 구조 기반의 형태를 갖고, 고정된 필드에 저장되며 형식의 일관성을 갖는 데이터로 컬럼(column, 열)과 로우(row, 행) 구조를 가진다. 예 관계형 데이터베이스(RDBMS), 스프레드시트
반정형 데이터 기출	스키마(schema, 형태) 구조 형태를 갖고 메타데이터를 포함하며, 값과 형식에서 일관성을 갖지 않는 데이터이다. 예 XML, HTML, 웹 로그, 알람, 시스템 로그, JSON, RSS, 센서 데이터
비정형 데이터	스키마(schema, 형태) 구조를 가지지 않고, 고정된 필드에 저장되지 않은 데이터 예 SNS, 웹 게시판, 텍스트·이미지·오디오·비디오 데이터

메타데이터
데이터에 관한 구조화된 데이터로 다른 데이터를 설명해주는 데이터

(2) 시간 관점에서의 데이터 유형

명칭	설명
실시간 데이터	생성된 이후 수 초 ~ 수 분 이내에 처리되어야 유의미한 데이터 예 센서 데이터, 시스템 로그, 네트워크 장비 로그, 알람 등
비실시간 데이터	생성된 데이터가 수 시간 또는 수 주 이후에 처리되어야 유의미한 결과를 얻을 수 있는 데이터 예 통계, 웹 로그, 구매 정보, 서비스 로그, 디지털 헬스 케어 정보

(3) 저장 형태 관점에서의 데이터 유형

명칭	설명
파일 데이터	시스템 로그, 스프레드시트 등 파일 형식으로 저장되는 데이터
데이터베이스 데이터	관계형 데이터베이스, NoSQL 등에 의해 데이터베이스 테이블에 저장된 데이터
콘텐츠 데이터	텍스트, 이미지, 오디오, 비디오 등과 같이 개별적으로 데이터 객체로 구분되는 미디어 데이터
스트림 데이터	센서 데이터, HTTP 트랜잭션(transaction) 등과 같이 네트워크를 통해 실시간으로 전송되는 데이터

트랜잭션(transaction)
데이터베이스의 상태를 변화시키기 위해 수행하는 작업의 단위

③ 데이터 변환

- 데이터 변환은 데이터를 특정 규칙에 맞게 바꾸어 주는 작업을 의미한다.
- 대표적인 데이터 변환 기술에는 평활화, 집계, 일반화, 정규화, 속성 생성이 있다.

데이터 변환 기술 기출

명칭	설명
평활화 (smoothing)	데이터의 노이즈를 구간과 군집화 등으로 다듬는 기법
집계 (Aggregation)	다양한 차원으로 데이터를 요약하는 기법
일반화 (Generalization)	특정 구간으로 값을 스케일링하는 기법
정규화 (Normalization)	데이터를 정해진 구간(0~1)으로 전환하는 기법
속성 생성 (Feature Construction)	여러 데이터를 대표할 수 있는 새로운 속성값을 생성하는 기법

④ 데이터 비식별화

- 데이터 비식별화는 개인을 특정할 수 없도록 개인정보의 일부 혹은 전체를 변환하는 기술을 의미한다.
- 데이터 비식별화 기술을 통해 민감 데이터 활용에 대한 보안성이 향상될 수 있다.

(1) 개인정보 비식별 조치 가이드라인 기출

2016년 7월 행정자치부와 관계부처의 합동으로 발표한 개인정보보호를 위한 개인정보 비식별 조치에 대한 가이드라인이다. 이는 데이터 처리 과정에서 개인을 특정할 수 없도록 하는 관리 지침이다.

① 추진 배경
- 정부 3.0 및 빅데이터 활용 확산에 따른 데이터 활용가치 증대
- 개인정보보호 강화에 대한 사회적 요구 지속

• '보호와 활용'을 동시에 모색하는 세계적 정책변화에 적극 대응

② 단계

> 사전 검토 → 비식별 조치 → 적정성 평가 → 사후관리

• **사전 검토** : 개인정보보호에 해당하는지 여부를 검토 후, 개인정보가 아닌 것이 명백한 경우 법적 규제 없이 자유롭게 활용한다.
• **비식별 조치** : 정보집합물(데이터셋)에서 개인을 식별할 수 있는 요소를 전부 또는 일부 삭제하거나 대체하는 등의 방법을 활용, 개인을 알아볼 수 없도록 하는 조치이다.
• **적정성 평가** : 다른 정보와 쉽게 결합하여 개인을 식별할 수 있는지를 「비식별조치 적정성 평가단」을 통해 평가한다.
• **사후관리** : 비식별 정보 안전조치, 재식별 가능성 모니터링 등 비식별 정보 활용 과정에서 재식별 방지를 위해 필요한 조치를 수행한다.

③ 비식별 조치방법기출

비식별 조치방법으로는 가명처리, 총계처리, 데이터 삭제, 데이터 범주화, 데이터 마스킹(특이화 ×)이 있다.

처리기법	설명
가명처리 (Pseudony mization)	• 개인정보의 일부를 삭제하거나 일부 또는 전부를 대체하는 등의 방법으로 추가 정보 없이는 특정 개인을 알아볼 수 없도록 처리하는 방법 • 세부 기술 : 휴리스틱 가명화, 암호화, 교환방법 예 김나나, 27세, 서울 거주, A대 재학 　　└ 이연이, 20대, 서울 거주, B대 재학
총계처리 (Aggregation)	• 통계값을 적용하여 특정 개인을 식별할 수 없도록 하는 방법 • 세부 기술 : 총계처리, 부분총계, 라운딩, 재배열 예 김나나 170cm, 이나리 165cm, 김철수 180cm, 박철우 175cm 　　└ 통계학과 학생 키 합 : 690cm, 평균 키 : 172.5cm
데이터 삭제 (Date Reduction)	• 민감 데이터 일부 혹은 전체를 삭제하여 개인을 식별할 수 없도록 하는 방법 • 세부 기술 : 식별자 삭제, 식별자 부분 삭제, 레코드 삭제, 식별 요소 전부 삭제 예 주민등록번호 800510-2111111 　　└ 80년대생 여자

데이터 범주화 (Data Suppression)	• 특정 정보를 해당 그룹의 대푯값으로 변환하거나 구간값으로 변환하여 특정 개인을 식별할 수 없도록 하는 방법 • 세부 기술 : 감추기, 랜덤 라운딩, 범위 방법, 제어 라운딩 예 김나나, 27세 ➡ 김씨, 20~30세
데이터 마스킹 (Data Masking)	• 민감 정보 일부를 * 와 같은 기호로 표기하는 방법 • 세부 기술 : 임의 잡음 추가, 공백화 대체 예 김나나, 27세, 서울 거주, A대 재학 ↳ 김○○, 27세, 서울 거주, ○○대 재학

④ 적정성 평가

• 비식별 조치가 충분하지 않은 경우 공개 정보 등 다른 정보와의 결합, 다양한 추론 기법 등을 통해 개인이 식별될 우려가 있다.
• 개인정보보호책임자 책임 하에 외부전문가가 참여하는 「비식별조치 적정성 평가단」을 구성, 개인식별 가능성에 대한 엄격한 평가가 필요하다.
• 적정성 평가 시 프라이버시 보호 모델 중 k-익명성을 활용한다.

[적정성 평가 절차]

> 기초자료 작성 → 평가단 구성 → 평가 수행 → 추가 비식별 조치 → 데이터 활용

⑤ 사후관리
• 비식별 정보 안전조치
• 재식별 가능성 모니터링
• 비식별 정보 제공 및 위탁계약 시 준수사항
• 재식별 조치요령

(2) 재현 데이터(Synthetic Data) 기출

• 재현 데이터는 실제 데이터와 특성이 유사하여 실제 데이터를 분석한 결과와 유사한 결과를 얻을 수 있도록 인공적으로 재현하여 생성한 가상의 데이터이다.
• 재현 데이터는 개인정보보호 등을 이유로 실제 데이터에 접근하기 어려운 경우 혹은 학습에 사용될 실제 데이터가 현저히 적은 경우 사용한다.
• 재현 데이터는 재구성된 가상의 데이터이기 때문에 실제 데이터와 달리 법적인 제약에서 자유롭고 다양한 형태로 데이터를 재구성할 수 있다.

- 재현 데이터의 유형에는 완전 재현 데이터, 부분 재현 데이터, 복합 재현 데이터가 있다.

재현 데이터 유형

명칭	설명
완전 재현 데이터 (Fully Synthetic Data)	원본 데이터 중 전체 데이터를 재현 데이터로 대체한 데이터로 정보보호 측면에서 가장 강력한 보안성을 가진다.
부분 재현 데이터 (Partially Synthetic Data)	원본 데이터 중 일부 데이터(민감 데이터)만 재현 데이터로 대체한 데이터
복합 재현 데이터 (Hybrid Synthetic Data)	일부 변수들의 값을 재현 데이터로 생성하고, 생성된 재현 데이터를 실제 데이터 모두 이용하여 또 다른 일부 변수들의 값을 다시 도출하는 방식으로 생성한 데이터

(3) 개인정보 익명처리 기법 기출

대표적인 개인정보 익명처리 기법에는 가명, 일반화, 섭동, 치환 등이 있다.

개인정보 익명처리 기법

명칭	설명
가명 (Pseudonym)	개인을 식별할 수 있는 값을 다른 값으로 대체하는 기법
일반화 (Generalization)	구체적인 값을 일반화된 값으로 대체하는 기법
섭동 (Perturbation)	동일한 확률적 정보를 가지는 변형된 값을 원래 데이터로 대체하는 기법
치환(순열) (Permutation)	분석 시 가치가 적고 식별성이 높은 열 항목에 대해 대상 열 항목의 모든 값을 열 항목 내에서 무작위로 순서를 변경하여 식별성을 낮추는 기법

5 데이터 품질 검증

(1) 데이터 품질 특성

- 양질의 데이터 분석 결과를 얻기 위해서는 수집되는 데이터의 품질이 보장되어야 한다.

- 고품질 데이터의 품질 요소는 정확성, 완전성, 적시성, 일관성이 있다.

고품질 데이터 품질 요소 기출

지표	설명
정확성 (Accuracy)	제공되는 데이터는 사용 목적에 맞게 정확해야 한다.
완전성 (Completeness)	제공되는 데이터의 완전한 형태로 제공되야 한다.
적시성 (Timeliness, 시의성)	제공되는 데이터는 사용되는 목적에 맞게 활용 시점이 자유로워야 한다.
일관성 (Consistency)	데이터 사용 목적에 따라 일관된 데이터 활용 기준이 제시되어야 한다.

- 데이터의 형태(정형 데이터, 비정형 데이터)에 따라 품질 기준이 다르다.

① 정형 데이터의 품질 기준

정형 데이터의 품질 기준에는 완전성, 유일성, 유효성, 일관성, 정확성이 있다.

정형 데이터의 품질 기준

품질 기준	설명
완전성 (Completeness)	필수 데이터 누락 없이 완전한 형태로 데이터가 존재해야 한다. 예 쇼핑몰 회원 데이터에서 고객 주소지 정보가 누락되면 안 된다.
유일성 (Uniqueness)	데이터 항목은 유일하게 존재해야 하고 중복되면 안 된다. 예 입력된 고객의 핸드폰 번호는 유일해야 한다.
유효성 (Validity)	데이터 항목은 유효 범위 및 도메인을 충족해야 한다. 예 주민번호 형식은 000000-0000000 형식을 맞춰야 한다.
일관성 (Consistency)	데이터가 지켜야 할 구조, 값, 표현되는 형태가 일관되게 정의되며 서로 일치해야 한다. 예 고객의 주문번호와 해당 주문 고객 아이디는 일치해야 한다.
정확성 (Accuracy)	데이터는 실세계에 존재하는 객체의 표현값을 정확히 반영해야 한다. 예 주문 부분 취소로 수정된 고객 주문 정보와 입력된 구매 정보가 동일해야 한다.

② 비정형 데이터의 품질 기준

비정형 데이터의 품질 기준에는 기능성, 신뢰성, 사용성, 효율성, 이식성이 있다.

비정형 데이터의 품질 기준

품질 기준	설명
기능성 (Functionality)	해당 콘텐츠가 특정 조건에서 사용될 때 명시된 요구와 내재된 요구를 만족하는 기능을 제공하는 성질 [품질 세부 기준] 적절성, 정확성, 상호 운용성, 기능 순응성
신뢰성 (Reliability)	해당 콘텐츠가 규정된 조건에서 사용될 때 규정된 신뢰 수준을 유지하거나 사용자로 하여금 오류를 방지할 수 있도록 하는 성질 [품질 세부 기준] 성숙성, 신뢰 순응성
사용성 (Usability)	해당 콘텐츠가 규정된 조건에서 사용될 때, 사용자에 의해 이해되고 선호될 수 있게 하는 성질 [품질 세부 기준] 이해성, 친밀성, 사용 순응성
효율성 (Efficiency)	해당 콘텐츠가 규정된 조건에서 사용되는 자원의 양에 따라 요구된 성능을 제공하는 성질 [품질 세부 기준] 시간 효율성, 자원 효율성, 효율 순응성
이식성 (Portability)	해당 콘텐츠가 다양한 환경과 상황에서 실행될 가능성 [품질 세부 기준] 적응성, 공존성, 이식 순응성

(2) 데이터 변환 후 품질 검증

① 메타데이터 활용 : 메타데이터는 구조화된 데이터로 다른 데이터를 설명해주는 데이터이다.

[메타데이터를 통한 유효성 분석 과정]

메타데이터 수집 → 메타데이터 분석 → 데이터 속성 분석

② 정규 표현식 활용 : 정규 표현식은 일정한 규칙을 갖는 문자열의 집합을 표현하는 데 사용되는 언어이다.
  예 ₩ : 특수문자 표기, | : OR(또는), $: 종료 문자열

③ 데이터 프로파일링 활용^{기출} : 데이터 프로파일링은 데이터 현황 분석을 위한 자료 수집을 통해 잠재적 오류 징후를 발견하는 방법이다.

[데이터 프로파일링 절차]

> 메타데이터 수집 및 분석 → 대상 및 유형 선정 → 프로파일링 수행 → 프로파일링 결과 리뷰 → 프로파일링 결과 총합

(3) 데이터 품질 진단 절차 ^{기출}

> 품질 진단 계획수립 → 품질 기준 및 진단 대상 정의 → 데이터 품질 측정 → 품질 측정 결과분석 → 데이터 품질 개선

① 품질 진단 계획수립 : 프로젝트 정의, 조직 정의 및 편성, 품질 진단 절차 정의, 세부시행 계획 확정, 품질 기준 및 진단 대상 정의 순으로 품질 진단 계획을 수립한다.

② 품질 기준 및 진단 대상 정의 : 품질 기준 선정, 품질 이슈 조사, 데이터 관리 문서 수집, 진단 대상 중요도 평가, 진단 대상 선정, 핵심 데이터 항목 정의, 데이터 프로파일링, 업무규칙 정의 순으로 품질 기준 및 진단 대상을 정의한다.

③ 데이터 품질 측정 : 품질 측정 계획수립, 품질 측정 체크리스트 준비, 데이터 품질 측정 수행, 데이터 품질 측정 결과 보고 순으로 데이터 품질을 측정한다.

④ 품질 측정 결과분석

• 오류가 발견된 컬럼 또는 측정항목에 대해 품질 기준별, 발생 유형별 오류 원인을 분석하고, 주요 발생 사례를 정리한다.

• 주요 오류 원인별 개선방안을 도출한다.

⑤ 데이터 품질 개선

• 도출된 개선안과 우선순위에 따라 세부 수행 일정과 책임 소재, 관련 조직 및 업무 관련자에 대한 공지 계획 등이 포함된 품질 개선을 계획 수립한다.

• 수립된 품질 개선 계획에 따라 개선 활동을 수행하며, 품질담당자는 개선 진행 상황을 모니터링하여 전체적인 조율 및 진행률을 관리한다.

데이터 적재 및 저장

1 데이터 적재

- 데이터가 수집되면 데이터의 <u>전처리 작업 전에</u> 해당 데이터를 빅데이터 시스템에 적재(Load)해야 한다.
- 수집된 데이터를 기반으로 데이터를 추출(Extract), 변환(Transform), 적재(Load)의 과정을 거치는 작업이 ETL이다.

데이터 적재 도구

종류	설명
플루언티드 (Fluented)	트레저 데이터(Treasure Data)에서 개발된 크로스 플랫폼 오픈소스 데이터 수집 소프트웨어
플럼 (Flume)	많은 양의 로그 데이터를 효율적으로 수집, 집계, 이용하기 위해 이벤트(Event)와 에이전트(Agent)를 활용하는 기술
스크라이브 (Scribe)	다수의 서버로부터 실시간으로 스트리밍되는 로그 데이터를 수집하여 분산 시스템에 데이터를 저장하는 대용량 실시간 로그 수집 기술
로그스태시 (Logstash)	실시간 파이프라인 기능을 갖는 오픈소스 데이터 수집 엔진

파이프라인(pipeline)
데이터 처리 단계의 출력이 다음 단계의 입력으로 이어지는 형태로 연결된 구조

2 데이터 저장기출

- 데이터가 수집되면 데이터 <u>전처리 작업 후에</u> 해당 데이터를 활용할 수 있도록 저장해야 한다.
- 정형 데이터는 관계형 데이터베이스(RDBMS), 반정형 데이터는 NoSQL, 비정형 데이터는 분산 파일 시스템(DFS)에 저장된다.

① 관계형 데이터베이스(RDBMS)
전형적인 데이터베이스 형태의 테이블로 이루어져 있고, 테이블은 키(key)와 값(value)의 관계를 나타낸다.

② 비관계형 데이터베이스(NoSQL, Not Only SQL)

- 대부분의 전형적인 데이터베이스 시스템에서 찾을 수 있는 행과 열로 이루어진 테이블 형식 스키마를 사용하지 않은 데이터베이스이다.
- 대규모 데이터를 저장하기 위한 DBMS(Database Management System, 데이터베이스 관리 시스템)이다.
- 고정된 테이블 스키마가 없고, 조인(JOIN) 연산을 사용할 수 없으며, 수평적 확장이 가능하다.
- NoSQL유형에는 Key-Value Store, Column Family Data Store, Document Store, Graph Store가 있다.
- NoSQL은 CAP 이론을 기반으로 한다.

CAP 이론
분산 컴퓨팅 환경은 Availability, Consistency, Partition Tolerance 3가지 특징을 갖고 있고, 이 중 두 가지만 만족할 수 있다는 이론

NoSQL 유형

유형	설명
Key-Value Store	유일한 key와 하나의 value를 갖는 데이터베이스 예 DynamoDB, Redis
Column Family Data Store	key 안에 (Column, Value) 조합으로 된 여러 개의 필드를 갖는 데이터베이스 예 Cassandra, HBase
Document Store	Value의 데이터 타입이 Document 타입을 사용하는 데이터베이스 예 Couchbase, MongoDB
Graph Store	시맨틱 웹(Sementic Web)과 온톨로지(Ontology) 분야에서 활용되는 그래프로 데이터를 표현하는 데이터베이스 예 AllegroGraph, Neo4j

③ 분산 파일 시스템(DFS)

네트워크를 기반으로 파일을 수집, 저장, 공유할 수 있는 시스템이다.

시맨틱 웹
인터넷과 같은 분산환경에서 리소스에 대한 정보와 자원 사이의 관계-의미 정보를 기계가 처리할 수 있는 온톨로지 형태로 표현하고, 이를 자동화된 기계가 처리하도록 하는 기술

온톨로지
사람들이 세상에 대하여 보고 듣고 느끼고 생각하는 것에 대하여 서로 간의 토론을 통하여 합의를 이룬 바를 개념적이고 컴퓨터에서 다룰 수 있는 형태로 표현한 모델

데이터 저장 기술 기출

명칭	설명
데이터 웨어하우스 (DW, Data Warehouse)	• 사용자의 의사결정에 도움을 주기 위해 다양한 소스(Source)에서 수집된 대량의 원시 데이터를 주제별로 공통의 형식으로 변환하여 장기간 저장하는 데이터 저장소 • 보통의 경우 구조화된 정형 데이터를 보관 • 데이터 웨어하우스(DW)의 데이터는 향후 데이터 마트(DM)에 제공된다.
데이터 마트 (DM, Data Mart)	• 특정 부서가 필요로 하는 분석 목적에 맞는 데이터를 다루기 위해 구축된 데이터 저장소 • 데이터 웨어하우스(DW)보다 적은 소스(source)로부터 데이터를 수집
데이터 레이크 (Data Lake)	• 가공되지 않은 다양한 종류의 데이터(Raw Data)를 저장할 수 있는 데이터 저장소 • 데이터 레이크는 데이터를 기본 형식으로 저장할 수 있고, 스키마(schema)와 상관없이 저장 가능
데이터 댐 (Data Dam)	• 데이터 수집 기술을 활용하여 다양한 산업 분야의 방대한 원시 데이터(Raw Data)들을 한 곳에 모아둔 댐(Dam)과 같은 데이터 저장소 • 수집된 데이터들은 향후 목적에 맞게 사용할 수 있도록 가공되어 네트워크 기술을 활용하여 다양한 산업 분야로 제공될 수 있다.

스키마(schema)
데이터베이스의 구조와 제약 조건에 관한 전반적인 명세를 기술한 메타데이터(다른 데이터를 설명해주는 데이터)의 집합

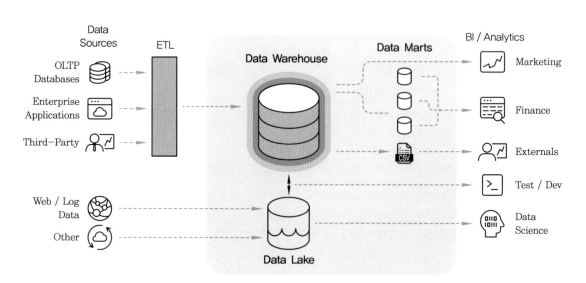

데이터 웨어하우스, 데이터 마트, 데이터 레이크 구현도

출처 : https://www.snowflake.com/blog/beyond-modern-data-architecture/

1. 다음 중 데이터 수집 순서로 옳은 것은?

① 수집 데이터 도출 → 수집 데이터 목록화 → 데이터 소유 기관 확인 및 협의 → 데이터 유형 확인 및 분류 → 데이터 수집 기술 선정 → 수집 계획서 작성 → 수집 주기 정의 → 데이터 수집

② 수집 데이터 목록화 → 데이터 소유 기관 확인 및 협의 → 데이터 유형 확인 및 분류 → 데이터 수집 기술 선정 → 수집 계획서 작성 → 수집 주기 정의 → 수집 데이터 도출 → 데이터 수집

③ 데이터 수집 → 수집 데이터 도출 → 수집 데이터 목록화 → 데이터 소유 기관 확인 및 협의 → 데이터 유형 확인 및 분류 → 데이터 수집 기술 선정 → 수집 계획서 작성 → 수집 주기 정의

④ 수집 주기 정의 → 수집 데이터 도출 → 수집 데이터 목록화 → 데이터 소유 기관 확인 및 협의 → 데이터 유형 확인 및 분류 → 데이터 수집 기술 선정 → 수집 계획서 작성 → 데이터 수집

> 해설 데이터 수집 순서는 수집 데이터 도출 → 수집 데이터 목록화 → 데이터 소유 기관 확인 및 협의 → 데이터 유형 확인 및 분류 → 데이터 수집 기술 선정 → 수집 계획서 작성 → 수집 주기 정의 → 데이터 수집이다.

2. 다음 중 데이터 수집 기술이 아닌 것은?

① FTP
② Scrapy
③ Flume
④ DW

> 해설 데이터 수집 기술에는 ETL, FTP, Sqoop, Scrapy, Flume, Scribe 등이 있다. DW는 데이터 저장 기술 중 하나인 DataWarehous의 약자이다.

3. 다음 중 ETL에 속하지 않는 작업은?

① Extract
② Transform
③ Trade
④ Load

> 해설 ETL은 대표적인 데이터 수집 기술 중 하나로 Extract(추출), Transform(변환), Load(적재)의 약자이다.

4. 데이터 수집 기술 중 하나로 파이썬 언어 기반의 비정형 데이터 수집 기술로 웹 데이터를 수집하는 것을 목표로 설계된 기술은?

① CEP
② Apache Kafka
③ FTP
④ Scrapy

> 해설 파이썬 언어 기반의 비정형 데이터 수집 기술로 웹 데이터를 수집하는 것을 목표로 설계된 데이터 수집 기술은 스크래파이(Scrapy)다.

5. 인터넷상에서 제공되는 다양한 웹 사이트로부터 소셜 정보, 뉴스, 게시판 등의 웹 문서 및 콘텐츠를 수집하는 기술은?

① Chukwa
② Crawling
③ Sqoop
④ TCP/IP

> 해설 인터넷상에서 제공되는 다양한 웹 사이트로부터 소셜 정보, 뉴스, 게시판 등의 웹 문서 및 콘텐츠를 수집하는 기술은 크롤링(Crawling)이다.

6. 다음 중 구조 관점의 데이터 유형이 아닌 것은?

① 정형 데이터
② 마이 데이터
③ 반정형 데이터
④ 비정형 데이터

> 해설 구조 관점의 데이터 유형은 정형 데이터, 반정형 데이터, 비정형 데이터이다.

7. 데이터 유형 중 저장 형태의 관점으로 분류되는 데이터 유형이 <u>아닌</u> 것은?

① 스트림 데이터   ② 콘텐츠 데이터
③ 파일 데이터   ④ 실시간 데이터

해설 데이터 유형 중 저장 형태의 관점으로 분류되는 데이터 유형은 파일 데이터, 데이터베이스 데이터, 콘텐츠 데이터, 스트림 데이터이다.

8. 다음과 같은 특징을 갖는 데이터는?

> – 정형화된 스키마의 구조를 갖고, 고정된 필드에 데이터가 저장된다.
> – 데이터가 형식의 일관성을 갖고 컬럼(Column)과 로우(Row)의 구조를 갖는다.
> – 대표적인 예로 관계형 데이터 베이스, 스트레드 시트가 있다.

① 정형 데이터   ② 반정형 데이터
③ 비정형 데이터   ④ 비실시간 데이터

해설 정형 데이터에 대한 설명이다.

9. 구조 관점의 데이터 유형에 대한 설명 중 <u>틀린</u> 것은?

① 구조 관점의 데이터는 정형, 반정형, 비정형 데이터로 나뉜다.
② 정형 데이터는 형식의 일관성을 갖고, 열과 행의 구조를 갖는다.
③ 반정형 데이터는 스키마 구조를 갖지 않는다.
④ 비정형 데이터의 예로는 텍스트, 이미지, 오디오 데이터가 있다.

해설 반정형 데이터는 스키마 구조 형태를 갖고, 메타데이터를 포함하며 값과 형식에서 일관성을 갖지 않는 데이터이다.

10. 다음 중 생성된 데이터가 수 시간 또는 수 주 이후에 처리되어야 유의미한 결과를 얻을 수 있는 데이터는?

① 실시간 데이터   ② 비실시간 데이터
③ 파일 데이터   ④ 공유 데이터

해설 생성된 데이터가 수 시간 또는 수 주 이후에 처리되어야 유의미한 결과를 얻을 수 있는 데이터는 비실시간 데이터이다.

11. 다음 중 텍스트, 이미지, 오디오, 비디오 등과 같이 개별적으로 데이터 객체로 구분되는 미디어 데이터는?

① 파일 데이터
② 데이터베이스 데이터
③ 콘텐츠 데이터
④ 스트림 데이터

해설 텍스트, 이미지, 오디오, 비디오 등과 같이 개별적으로 데이터 객체로 구분되는 미디어 데이터는 콘텐츠 데이터이다.

12. 데이터에 관한 구조화된 데이터로서 다른 데이터를 설명해주는 데이터는?

① 메타 데이터   ② 마이 데이터
③ 공유 데이터   ④ 분석 데이터

해설 데이터에 관한 구조화된 데이터로서 다른 데이터를 설명해주는 데이터는 메타 데이터이다.

13. 다음 중 데이터 변환 기술에 속하지 <u>않는</u> 것은?

① 섭동   ② 평활화
③ 집계   ④ 정규화

해설 데이터 변환 기술은 평활화, 집계, 일반화, 정규화, 속성 생성이 있다. 섭동은 개인정보 익명 처리 기법 중 하나이다.

14. 데이터 변환 기술 중 하나로 특정 구간의 값을 스케일링하는 기법은?

① 평활화   ② 정규화
③ 속성 생성   ④ 일반화

해설 데이터 변환 기술 중 하나로 특정 구간의 값을 스케일링하는 기법은 일반화이다.

15. 다음 중 개인정보 비식별 조치 가이드라인 단계의 순서로 옳은 것은?

① 비식별 조치 → 사전 검토 → 사후관리 → 적정성 평가
② 적정성 평가 → 사전 검토 → 비식별 조치 → 사후관리
③ 사전 검토 → 비식별 조치 → 적정성 평가 → 사후관리
④ 사전 검토 → 사후관리 → 비식별 조치 → 적정성 평가

해설 개인정보 비식별 조치 가이드라인 단계는 사전 검토 → 비식별 조치 → 적정성 평가 → 사후관리 순이다.

16. 다음과 같은 개인정보 비식별 조치 방법은?

> 주민등록번호 950305-2345678
> → 95년생 여자

① 가명처리   ② 총계처리
③ 데이터 범주화   ④ 데이터 삭제

해설 개인정보 비식별 조치 방법 중 데이터 삭제에 대한 내용이다.

17. 다음 중 개인정보 비식별 조치에 대한 적정성 평가 절차에 속하지 않는 것은?

① 데이터 응용   ② 기초자료 작성
③ 평가단 구성   ④ 추가 비식별 조치

해설 개인정보 비식별 조치에 대한 적정성 평가 절차 : 기초자료 작성 → 평가단 구성 → 평가 수행 → 추가 비식별 조치 → 데이터 활용

18. 다음 중 개인정보 비식별 조치 가이드라인의 사후관리에 포함되지 않는 것은?

① 재식별 가능성 모니터링
② 비식별 정보 안전조치
③ 데이터 활용
④ 비식별 정보 제공 및 위탁계약 시 준수사항

해설 개인정보 비식별 조치 가이드라인의 사후관리는 비식별 정보 안전조치, 재식별 가능성 모니터링, 비식별 정보 제공 및 위탁계약 시 준수사항, 재식별 조치 요령이 있다.

19. 개인정보 익명 처리 기법 중 하나로 개인을 식별할 수 없는 다른 값으로 대체하는 기법은?

① 가명   ② 일반화   ③ 섭동   ④ 치환

해설 개인정보 익명 처리 기법 중 하나로 개인을 식별할 수 없는 다른 값으로 대체하는 기법은 가명(Pseudonym)이다.

20. 다음과 같은 특징을 갖는 데이터 저장 기술은?

> - 다양한 자원에서 수집된 대량의 데이터를 주제별로 장기간 저장하는 데이터 저장소
> - 보통의 경우 구조화된 정형 데이터를 보관

① 데이터 마트   ② 데이터 웨어하우스
③ 데이터 레이크   ④ 데이터 스토어

해설 데이터 웨어하우스(DW: Data Warehouse)에 대한 설명이다.

마무리 문제

1. 다음 설명 중 성질이 <u>다른</u> 것은?

① 작년 한국의 출산율은 0.81이다.

② A 회사의 개발팀 직원 수는 30명이고, B 회사의 개발팀 직원 수는 40명이다.

③ C 서점에서 판매되는 Apple책은 10,000원이다.

④ D 회사가 제공하는 웹 서비스는 총 5개이다.

[해설] ①은 데이터를 가공, 처리하여 데이터의 의미가 도출된 정보(information)에 대한 설명이다. ②,③,④는 가공 전의 순수한 데이터(Data)에 대한 설명이다.

2. 다음 중 3V에 해당하는 요소를 고른 것은?

| ⓐ Value | ⓑ Veracity | ⓒ Volume |
| ⓓ Variety | ⓔ Velocity | |

① ⓐ, ⓑ, ⓒ

② ⓒ, ⓓ, ⓔ

③ ⓐ, ⓒ, ⓓ

④ ⓑ, ⓒ, ⓓ

[해설] 3V는 Volume(규모), Variety(다양성), Velocity(속도)이다.

3. 다음 중 PB의 크기는?

① 2^{40}Bytes

② 2^{50}Bytes

③ 2^{60}Bytes

④ 2^{70}Bytes

해설 • PB의 크기는 2^{50}Bytes이다.

4. 다음 중 빅데이터 분석기술이 경제적 효율성을 갖고 발전할 수 있었던 주된 요인은?

① 정보통신 기술의 발달

② 4차 산업 시대의 시작

③ 클라우드 컴퓨팅

④ 머신러닝

[해설] 빅데이터 분석기술이 경제적 효율성을 갖고 발전할 수 있었던 주된 요인은 클라우드 컴퓨팅 기술이다.

5. 다음 내용에 해당하는 용어는?

- DIKW 피라미드의 가장 상위 단계에 속한다.
- 데이터에 대한 누적된 이해를 바탕으로 도출되는 창의적인 판단이다.

① 지식

② 데이터

③ 정보

④ 지혜

[해설] DIKW 피라미드의 가장 상위 단계에 속하는 지혜(Wisdom)에 대한 설명이다.

6. 데이터 지식경영의 상호작용에서 개인이 암묵지 경험을 공유함으로써 타인이 암묵지를 습득하는 과정을 일컫는 말은?

① 공통화

② 표출화

③ 연결화

④ 내면화

[해설] 데이터 지식경영의 상호작용에서 개인이 암묵지 경험을 공유함으로써 타인이 암묵지를 습득하는 과정은 공통화이다.

7. 다음 중 빅데이터에 대한 설명으로 **틀린** 것은?

① 빅데이터는 많은 양(수십 TB)의 정형 및 비정형 데이터를 의미한다.
② 빅데이터는 수집되고 분석되는 과정을 통해 유의미한 가치를 얻게 된다.
③ 빅데이터는 개인, 기업, 정부 등 다양한 곳에서 활용이 가능하다.
④ 빅데이터의 가치를 산정하는 것은 비교적 쉽다.

해설 빅데이터는 데이터 활용방식, 새로운 가치 창출, 분석기술 발전 등의 이유로 정확한 가치를 산정하기에는 어려움이 있다.

8. 다음 중 빅데이터 위기 요인에 속하지 않는 것은?

① 사생활 침해
② 책임 원칙 훼손
③ 데이터 남용
④ 데이터 오용

해설 빅데이터 위기 요인에는 사생활 침해, 책임 원칙 훼손, 데이터 오용이 있다.

9. 분석 가치 에스컬레이터에서 현재 무슨 일이 일어나고 있는지에 대한 분석을 하는 단계는?

① 묘사 분석
② 진단 분석
③ 예측 분석
④ 처방 분석

해설 분석 가치 에스컬레이터에서 현재 무슨 일이 일어나고 있는지에 대한 분석을 하는 단계는 묘사 분석 단계이다.

10. 다음 중 빅데이터 산업에 대한 설명으로 **틀린** 것은?

① 국내외 빅데이터 산업 시장의 규모는 꾸준히 증가하고 있다.
② 빅데이터는 다양한 산업 분야에서 활용 가능하다.
③ 법률 분야에서 빅데이터에 기반한 법률자문 서비스를 이용할 수 있다.
④ 의료 분야에서는 아직 빅데이터 기술을 활용하기 어렵다.

해설 빅데이터는 다양한 산업분야에서 활용이 가능하고, 의료 분야 역시 빅데이터 기술을 활용한 의료 서비스를 제공하고 있다.

11. 빅데이터 조직 구조 유형 중 다음과 같은 특징을 갖는 구조는?

> – 분산조직 인력들을 현업 부서로 직접 배치하여 분석 업무를 수행한다.
> – 분석 결과에 따라 신속한 피드백이 나오고 Best Practice 공유가 가능하다
> – 업무 과다, 이원화의 가능성이 존재할 수 있기 때문에 부서 분석 업무와 역할 분담이 명확해야 한다.

① 분산 구조
② 집중 구조
③ 분리 구조
④ 기능 구조

해설 빅데이터 조직 구조 유형 중 분산 구조에 대한 설명이다.

정답 7. ④　8. ③　9. ①　10. ④　11. ①

12. 다음 중 소프트 스킬(Soft Skill)에 속하지 않는 것은?

① 통찰력 있는 분석 능력
② 빅데이터 관련 이론 지식
③ 설득력 있는 전달력
④ 협업 능력

> **해설** 빅데이터 관련 이론지식은 하드 스킬(Hard Skill)에 대한 내용이다.

13. 다음 중 조직평가를 위한 성숙도 단계에 속하지 않는 것은?

① 최적화 단계
② 확산 단계
③ 활용 단계
④ 응용 단계

> **해설** 조직평가를 위한 성숙도 단계는 도입 단계, 활용 단계, 확산 단계, 최적화 단계이다.

14. 다음 중 빅데이터 플랫폼 구성 요소에 대한 설명으로 틀린 것은?

① 데이터 수집의 대표적인 예시로 ETL, 크롤러 등이 있다.
② 데이터 저장의 대표적인 예시로 Sqoop, Hiho 등이 있다.
③ 데이터 분석의 대표적인 예시로 자연어처리, 예측, 분석 등이 있다.
④ 데이터 활용의 대표적인 예시로 박스플롯, 인포그래픽 등이 있다.

> **해설** 데이터 저장의 대표적인 예시로는 RDBMS, NoSQL 등이 있다. Sqoop, Hiho는 정형 데이터 수집 기술이다.

15. 다음 중 맵리듀스의 과정으로 옳은 것은?

① Input → Splitting → Mapping → Shuffling → Reducing → Final Result
② Input → Mapping → Shuffling → Splitting → Reducing → Final Result
③ Input → Reducing → Mapping → Shuffling → Splitting → Final Result
④ Input → Shuffling → Splitting → Mapping → Reducing → Final Result

> **해설** 맵리듀스의 과정은 Input → Splitting → Mapping → Shuffling → Reducing → Final Result 순이다.

16. 하둡 에코 시스템 기술에 대한 설명 중 틀린 것은?

① HDFS : 대용량 파일들을 분산된 서버에 저장하고, 그 저장된 데이터를 빠르게 처리할 수 있도록 설계된 하둡 분산 파일 시스템
② Apache Spark : SQL, 스트리밍, 머신러닝 및 그래프 처리를 위한 기본 제공 모듈이 있는 대규모 데이터 처리용 통합 분석 엔진
③ HBase : 리소스 관리와 컴포넌트 처리를 분리한 아파치 소프트웨어 재단의 서브 프로젝트
④ Pig : 대용량 데이터를 고차원으로 분석하기 위한 플랫폼

> **해설** HBase는 HDFS의 분산 컬럼 기반 데이터베이스로 실시간 랜덤 조회 및 업데이트를 할 수 있으며, 각각의 프로세스는 개인의 데이터를 비동기적으로 업데이트 할 수 있다. 리소스 관리와 컴포넌트 처리를 분리한 아파치 소프트웨어 재단의 서브 프로젝트는 얀(Yet Another Resource Manager)에 대한 설명이다.

17. 다음 중 인공지능에 대한 설명으로 옳지 <u>않은</u> 것은?

① 인공지능이란 인간의 학습능력, 인지능력을 인공적으로 학습시켜 일정 수준의 능력을 갖출 수 있도록 만든 소프트웨어이다.

② 인간과 비슷한 수준의 지능을 구사하기 위해서는 많은 양의 데이터가 수집, 분석, 학습되어야 한다.

③ 인공지능 관련 기술로 머신러닝, 딥러닝이 있다.

④ 인공지능 분석용 데이터로 유료 데이터가 선호된다.

> **해설** 인공지능 분석용 데이터로 유료 데이터가 선호되지 않는다. 이는 많은 양의 양질의 데이터를 활용해서 유의미한 결과를 얻게 되는 인공지능의 특성과 맞지 않는다.

18. 다음 중 개인정보보호에 대한 설명으로 옳지 <u>않은</u> 것은?

① 개인정보보호는 정보주체자의 개인정보 자기결정권을 철저히 보장하는 활동을 의미한다.

② 개인정보보호는 정보주체자만이 직접 보호 활동을 할 수 있다.

③ 개인을 식별할 수 있는 정보가 대부분 개인정보로 구분되어 활용되기 때문에 개인정보가 유출되면 그 피해가 막심하다.

④ 개인정보보호와 관련된 법안으로 개인정보보호법, 정보통신망법, 신용정보법이 있다.

> **해설** 개인정보보호는 정보주체자 뿐만 아니라 국가에서 제도적 보호 조치를 마련해야 하고, 관련 기관은 제정된 조치에 근거하여 개인정보를 보호해야 한다.

19. 다음 중 분석 대상과 분석 방법을 모두 알고 있는 경우 선택할 수 있는 분석 유형은?

① 최적화

② 솔루션

③ 통찰

④ 발견

> **해설** 분석 대상과 분석 방법을 모두 알고 있는 경우 선택할 수 있는 분석 유형은 최적화(Optimization)이다.

20. CRISP-DM 분석 방법론의 분석 절차에 포함되지 <u>않는</u> 것은?

① 데이터 이해

② 모델링

③ 업무 이해

④ 샘플링

> **해설** CRISP-DM 분석 방법론의 분석 절차는 업무 이해 → 데이터 이해 → 데이터 준비 → 모델링 → 평가 → 전개 순이다.

정답 17. ④　18. ②　19. ①　20. ④

2과목

빅데이터 탐색

데이터 전처리

1-1 데이터의 정제

1 데이터의 정제

(1) 데이터 전처리(Data pre-processing)

- 데이터 분석 업무 중 가장 많은 시간이 소요되는 단계가 데이터 수집과 전처리 단계이다.
- 분석가는 업무 시간 중 70~80% 정도를 데이터 수집 및 전처리 과정에 사용한다.
- 데이터 전처리는 여러 번 수행될 수 있다.

[전처리 과정]

> 데이터 정제 → 결측값 처리 → 이상값 처리 → 분석 변수 처리

(2) 데이터 정제(Data Cleansing) 기출

데이터 정제는 데이터를 깨끗하게 다듬어서 데이터의 신뢰도를 높이는 작업이라고 할 수 있다.

[정제 과정]

> 데이터 오류 원인 분석 → 데이터 정제 대상 선정 → 데이터 정제 방법 결정

① 데이터 오류 원인
   ㉮ **결측값**(Missing Value) : 필수 데이터가 입력되지 않고 누락된 값 (NA, 999999, Null)
   ㉯ **노이즈**(Noise) : 실제로 입력되지 않았으나 입력되었다고 잘못 판단된 값

ⓑ **이상값(Outlier)** : 데이터 범위에서 많이 벗어난 매우 크거나 작은 값

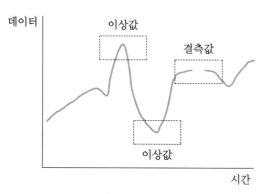

② 데이터 정제 방법 결정 : 삭제, 대체(최빈값, 중앙값, 평균값 활용), 예측값 삽입
③ 데이터 일관성 유지를 위한 정제 기법
  ㉮ **변환(Transform)** : 다양한 형태로 표현된 데이터를 일관된 형태로 변환하는 작업
  ㉯ **파싱(Parsing)** : 데이터를 유의미한 최소 단위로 분할하는 작업
  ㉰ **보강(Enhancement)** : 변환, 파싱, 표준화 등을 통한 추가적인 정보를 반영하는 작업

2 데이터 결측값 처리 ◀ 중요

결측값(Missing Value)이란 입력되어야 할 데이터가 입력되지 않아 누락된 값을 의미한다.

(1) 데이터 결측값 종류

① 완전 무작위 결측(MCAR, Missing Completely At Random)
발생한 결측값이 다른 변수들과 아무런 연관이 없는 경우

② 무작위 결측(MAR, Missing At Random)
누락된 자료가 특정 변수와 관련되지만, 그 변수의 결과와는 관계가 없는 경우

③ 비무작위 결측(MNAR, Missing Not At Random)
결측값이 다른 변수와 연관이 있는 경우

(2) 데이터 결측값 처리 절차

결측값 식별 → 결측값 부호화 → 결측값 대체

(3) 데이터 결측값 처리 방법

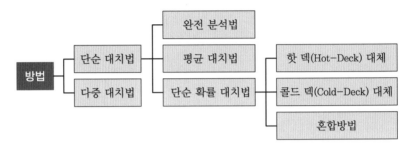

① 단순 대치법(Single Imputation)

결측값을 그럴듯한 값으로 대치하는 통계적 기법이다.

㉮ **완전 분석법(Completes Analysis)** : 불완전 자료는 모두 무시하고, 완전하게 관측된 자료만 사용하여 분석하는 방법이다.

㉯ **평균 대치법(Mean Imputation)** : 관측되어 얻어진 자료의 평균값으로 결측값을 대치하는 방법이다.

㉰ **단순 확률 대치법(Single Slochastic Imputation)** : 적절한 확률값을 부여한 후 이를 결측값으로 대치하는 방법이다.

* 핫덱(Hot-Deck) 대체 : 진행 중인 연구 내에서 비슷한 성향의 자료로 결측값을 대체하는 방법

* 콜드덱(Cold-Deck) 대체 : 진행 중 연구 내부가 아닌 외부 출처 또는 이전의 비슷한 연구에서 대체 값을 가져오는 방법

* 혼합방법 : 다양한 방법을 혼합하는 방법

② 다중 대치법 기출

단순 대치법을 한 번 하지 않고, n번 대치를 통해 n개의 완전한 자료를 만들어 분석하는 방법이다. 대치 → 분석 → 결합의 3단계로 구성된다.

❸ 데이터 이상값 처리

이상값(Outlier)이란 일반적인 데이터 범위를 많이 벗어난 아주 작은 값 또는 큰 값을 의미한다.

(1) 데이터 이상값 발생원인 7가지 _{기출}

① 표본 추출 오류 : 데이터 표집이 잘못된 경우(이상값 포함)

② 고의적인 이상값 : 자기 보고식 측정(Self Reported Measures)의 경우 피실험자들이 고의적인 이상값을 기입한 경우

③ 데이터 입력 오류 : 데이터 수집 과정에서 발생한 입력 오류

④ 실험 오류 : 동일하지 않은 실험조건에서 발생하는 오류

⑤ 측정 오류 : 데이터 측정 과정에서 발생하는 오류

⑥ 데이터 처리 오류 : 여러 데이터를 처리하는 과정에서 발생하는 오류

⑦ 자연 오류 : 자연적으로 발생하는 오류

(2) 이상값 검출 방법

① 통계 기법을 이용한 데이터 이상값 검출 방법

    ㉮ ESD(Extreme Studentized Deviation) : 평균(μ)으로부터 3시그마(σ, 표준편차) 떨어진 값을 이상치로 인식하는 방법. 3표준편차에 해당하는 값이 99.7%이므로 양쪽 0.15%에 해당하는 값을 이상치로 인식한다.

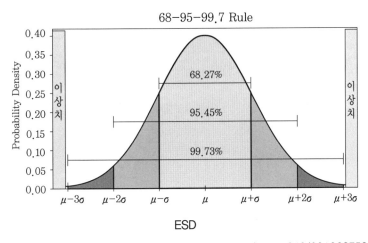

출처 : https://m.blog.naver.com/tjgml1343/221968753917

    ㉯ **기하평균을 활용한 방법** : 기하평균으로부터 2.5시그마(σ) 떨어진 값을 이상값으로 판단하는 방법이다.

    ㉰ **사분위수를 활용한 방법** : 제1사분위(Q_1), 제3사분위(Q_3)를 기준으로 사분위 간 범위(IQR, $Q_3 - Q_1$)의 1.5배 이상 떨어진 값을 이상값으로 판단하는 방법이다.

Z-Score(Z-점수)
자료가 평균으로부터 표준편차의 몇 배만큼 떨어져 있는지 보여주는 수치로 (데이터 값(X) - 평균(μ))/표준편차(σ)로 연산한다.

㉣ **표준화점수(Z-Score)를 활용한 이상값 검출** : 평균이 μ이고, 표준편차가 σ인 정규분포에서 관측된 자료들이 중심인 평균에서 얼마나 떨어져 있는지에 따라 이상값으로 판단하는 방법이다.

㉤ **딕슨의 Q 검정(Dixon Q-Test)** : 오름차순으로 정렬된 데이터에서 범위에 대한 관측치 간 차이의 비율을 활용하여 이상값을 검출하는 방법이다. 데이터 수가 30개 미만인 경우가 적합하다.

단변량 자료
(Univariate Data)
단위에 대해 하나의 속성만 측정하여 얻게 되는 변수에 대한 자료

㉥ **그럽스 T 검정(Grubbs T-Test)** : 정규분포의 단변량 자료에서 이상값을 검출하는 방법이다.

㉦ **카이제곱 검정(Chi-Square Test)** : 데이터가 정규분포 형태이지만 자료의 수가 적은 경우 이상값을 검출하는 방법이다.

② 시각화를 이용한 데이터 이상값 검출 방법

확률밀도함수
어떤 값이 자주 발생되는지 확인하기 위해 확률 변수가 나올 수 있는 전체 구간($-\infty \sim \infty$)을 아주 작은 폭을 갖는 구간들로 세분화하여 나눈 다음 각 구간의 확률을 살펴보는 함수

확률밀도함수, 히스토그램, 시계열차트, 상자수염그림 등이 있다.

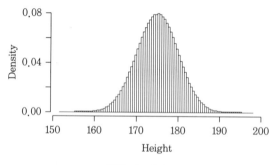

확률밀도함수

출처 : https://sosal.kr/774

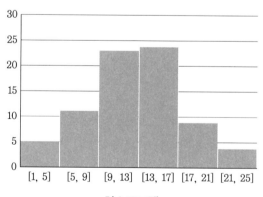

히스토그램

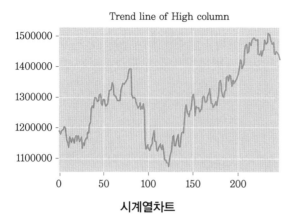

시계열차트

출처 : https://joyfuls.tistory.com/54

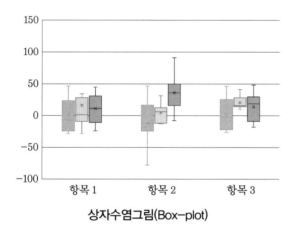

상자수염그림(Box-plot)

③ 머신러닝 기법(비지도 학습) 활용 : 머신러닝 기법 중 군집화 기술을 활용하여 이상값을 검출하는 방법이다.

④ 마할라노비스거리(Mahalanobis Distance) 활용 : 관측된 값이 평균으로부터 벗어난 정도를 측정하는 방법이다.

⑤ LOF(Local Outlier Factor) : 전체 데이터 분포에서 지역적인 밀집도(density)를 고려하여 이상값을 확인하는 방법이다.

⑥ iForest(Isolation Forest): 거리 또는 밀도를 활용하지 않고 의사결정나무를 이용하여 이상값을 확인하는 방법이다.

(3) 이상값 처리 방법 _{기출}

삭제, 대체, 변환을 통해 이상값을 제거한다.

① 삭제(Deleting Observations) :이상값으로 확인된 값을 삭제하는 방법이다.

② 대체(Imputation) : 이상값을 평균 또는 중위수로 대체하는 방법이다.

③ 변환(Transformation) : 극단적인 값으로 인해 발생된 이상값의 경우 데이터에 자연로그를 취해서 값을 감소시키는 방법이다.

1-2　분석 변수 처리

1 변수 선택

(1) 변수(Feature)의 개념

- 변수란 데이터 모델에서 사용하는 예측을 수행하는 데 사용되는 입력 변수이다.
- 데이터 분석에서의 변수는 Variable(변할 수 있는)이 아닌 Feature(특성)를 의미한다.

(2) 변수의 유형 기출

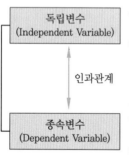

독립변수 (Independent Variable)

다른 변수에 영향을 받지 않고, 종속변수에 영향을 주는 변수로 연구자가 의도적으로 변화시키는 변수
예 직업군, 흡연량

같은 표현 : 설명변수, 원인변수, 예측변수, 실험변수, 회귀변수, 통제변수, 조작변수, 노출변수

인과관계

종속변수 (Dependent Variable)

다른 변수에 영향을 받는 변수로 독립변수의 변화에 따라 어떻게 변하는지 연구하는 변수
예 직업군별 소득, 흡연량에 따른 폐암 발병률

같은 표현 : 반응변수, 결과변수, 목표변수, 준거변수

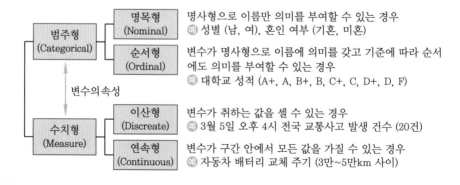

범주형 (Categorical)

명목형 (Nominal)

명사형으로 이름만 의미를 부여할 수 있는 경우
예 성별 (남, 여), 혼인 여부 (기혼, 미혼)

순서형 (Ordinal)

변수가 명사형으로 이름에 의미를 갖고 기준에 따라 순서에도 의미를 부여할 수 있는 경우
예 대학교 성적 (A+, A, B+, B, C+, C, D+, D, F)

변수의속성

수치형 (Measure)

이산형 (Discreate)

변수가 취하는 값을 셀 수 있는 경우
예 3월 5일 오후 4시 전국 교통사고 발생 건수 (20건)

연속형 (Continuous)

변수가 구간 안에서 모든 값을 가질 수 있는 경우
예 자동차 배터리 교체 주기 (3만~5만km 사이)

(3) 변수 선택(Feature Selection)

- 변수 선택은 독립변수(X) 중 종속변수(Y)와 가장 관련이 깊은 변수 (Feature)를 선택하는 것이다.
- 어떤 변수를 선택하느냐에 따라 분석 결과가 달라질 수 있다.

(4) 변수 선택 기법 _{기출}

변수 선택 기법에는 필터 기법, 래퍼 기법, 임베디드 기법이 있다.

① 필터 기법(Filter Method)

데이터의 통계적 특성으로부터 변수를 선택하는 기법이다.

예 정보소득, 카이제곱검정, 피셔스코어, 상관계수

② 래퍼 기법(Wrapper Method) _{기출}

변수의 일부분만 모델링에 사용하고, 그 결과를 확인하는 작업을 반복하면서 변수를 선택해가는 기법으로, 예측정확도 측면에서 가장 좋은 성능을 보이는 하위집합을 선택하는 기법이다.

변수 선택을 위한 알고리즘 유형 – 전진 선택법, 후진 소거법, 단계적 방법

- 전진 선택법(Forward Selection) : 가장 큰 영향을 주는 변수를 하나씩 추가하는 방법
- 후진 소거법(Backward Elimination) : 가장 적은 영향을 주는 변수를 하나씩 제거하는 방법
- 단계적 방법(Stepwise Method) : 전진 선택과 후진 소거 방법을 함께 사용하는 방법

래퍼 기법 사례 : RFE, SFS, 유전알고리즘, 단변량 선택, mRMR

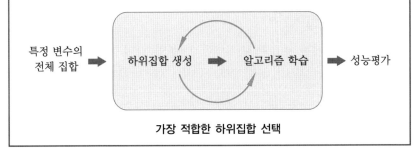

가장 적합한 하위집합 선택

---

③ 임베디드 기법(Embedded Method) _{기출}

모델 자체에 변수 선택이 포함된 기법으로 모델의 학습 또는 생성 과정에서 최적의 변수를 선택하는 기법이다.

임베디드 기법 사례 – 라쏘, 릿지, 엘라스틱넷, Select From Model
- 라쏘(LASSO) : L1-norm을 통해 제약, 가중치 절댓값의 합을 최소화하는 방법
- 릿지(Ridge) : L2-norm을 통해 제약, 가중치들의 제곱합을 최소화하는 방법
- 엘라스틱넷(Elastic Net) : 라쏘(LASSO)와 릿지(Ridge) 두 기법을 결합한 방법
- Select From Model : 의사결정나무 기반 알고리즘에서 변수를 선택하는 방법

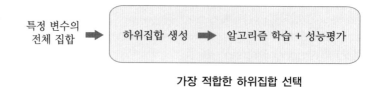

가장 적합한 하위집합 선택

② 차원 축소

(1) 차원 축소(Dimensionality Reduction)의 정의
- 막연히 데이터의 개수가 많다고 하여 정확한 분석 결과를 얻을 수 있는 것은 아니기 때문에 원활한 데이터 분석 작업을 위해 차원 축소 기법을 사용한다.
- 차원 축소는 분석에 활용되는 데이터의 변수 정보는 최대한 유지하면서 데이터 세트 변수의 개수를 줄이는 데이터 분석 기법이다.

(2) 차원 축소 기법 기출
차원 축소 기법에는 주성분 분석(PCA), 선형 판별 분석(LDA), 특이값 분해(SVD), 요인 분석, 독립성분 분석(ICA), 다차원 척도법(MDS)이 있다.

① 주성분 분석(PCA: Principal Component Analysis) 기출
- 가장 보편적으로 사용되는 차원 축소 기법 중 하나로 원본 데이터를 최대한 보존하면서 고차원 공간의 데이터를 저차원 공간 데이터로 변환하는 기법이다.

- 기존 변수들을 조합하여 서로 연관성이 없는 새로운 변수(주성분 PC, Principal Component)를 생성한다.
- 행과 열의 크기가 같은 정방행렬에서만 사용한다.
- 첫 번째 주성분(PC1)은 원 데이터의 분포를 가장 많이 보존하고, 두 번째 주성분(PC2)이 그 다음으로 원 데이터의 분포를 많이 보존한다.

② 선형 판별 분석(LDA: Linear Discriminant Analysis)

데이터를 특정한 직선(축)에 사영(projection)하여 두 범주를 잘 구분할 수 있는 직선을 찾는 기법이다.

③ 특이값 분해(SVD: Singular Value Decomposition)

주성분 분석과 유사하나 행과 열의 크기가 다른 임의의 M×N 차원의 행렬에서 특이값을 추출하여 효율적으로 차원을 축소하는 기법이다.

④ 요인 분석(Factor Analysis)

- 변수들 간의 상관관계를 고려하여 유사한 변수끼리 묶어서 변수의 요인(Factor)을 축소시키는 차원 축소 기법이다.
- 실제 결과를 초래하게 되는 잠재 요인을 찾아냄으로써 데이터 안의 구조를 확인하는 기법이다.

⑤ 독립성분 분석(ICA: Independent Component Analysis)

- 데이터를 가장 잘 설명할 수 있는 축을 찾는 주성분 분석(PCA)과 다르게 가장 독립적인 축을 찾는 기법이다.

PCA   ICA

출처 : https://engineer-mole.tistory.com/48

- 다변량의 신호를 통계적으로 독립적인 하부 성분으로 분리하여 차원을 축소하는 기법이다.
- 비정규 분포를 따르는 데이터들의 관계를 독립적으로 변환시키는 방법이다.

⑥ 다차원 척도법(MDS: Multi-Dimensional Scaling) 기출

군집분석과 유사하게 개체들 사이의 유사성과 비유사성을 측정하여 개체들을 2차원 혹은 3차원 공간상에 점으로 표현하여 개체들 간의 근접성(Proximity)을 시각적으로 표현할 수 있는 차원 축소 기법이다.

③ 파생변수의 생성 기출

(1) 파생변수(Derived Variable)

- 파생변수(유도변수)란 기존 변수에 특정 조건 혹은 함수 등을 사용하여 새롭게 재정의한 변수를 의미한다.
- 변수를 생성할 때는 논리적 타당성 및 명확한 기준을 갖도록 한다.

(2) 파생변수(Derived Variable) 생성 방법

파생변수 생성 방법에는 단위 변환, 표현방식 변환, 요약 통계량 변환, 정보 추출, 변수 결합, 조건문 이용이 있다.

방법	설명
단위 변환	주어진 변수의 단위를 새로운 단위로 변환하여 데이터를 표현하는 방법 예 온도를 100℃에서 50℃로 변환
표현방식 변환	표현방식을 단순화하는 변환 방법 예 미혼, 기혼 데이터를 0, 1로 변환
요약 통계량 변환	요약 통계량을 활용하는 변환 방법 예 성별에 따른 A제품 재구매율 확인
정보 추출	하나의 정보에서 새로운 정보를 추출하는 방법 예 차량 번호판에서 개인소유 혹은 렌터카 여부 확인
변수 결합	변수를 결합하여 새로운 변수를 정의하는 방법 예 타이타닉 생존자 데이터에서 형제, 부모 데이터를 가족 데이터로 결합
조건문 이용	조건문을 활용하여 파생변수를 생성하는 방법 예 백화점 구매 데이터에서 고객의 1년 구매액이 8,000만 원 이상인 경우 A 그룹, 아닌 경우 B 그룹의 변수로 분류

(3) 인코딩(Encoding) 기출

- 인코딩은 데이터의 형태나 형식을 변환하는 처리 방법으로 데이터 분석에서는 문자열 데이터를 숫자형 데이터로 변환하는 기술을 의미한다.
- 인코딩의 종류에는 원–핫 인코딩, 레이블 인코딩, 카운트 인코딩, 대상 인코딩이 있다.

① 원–핫 인코딩(One–Hot Encoding)

원–핫 인코딩은 표현하고자 하는 데이터를 1값으로, 그렇지 않은 데이터를 0값으로 표현하는 방식이다.

분류
서울
경기
강원
강원
서울
경기
제주

서울	경기	강원	제주
1	0	0	0
0	1	0	0
0	0	1	0
0	0	1	0
1	0	0	0
0	1	0	0
0	0	0	1

원–핫 인코딩 예시

② 레이블 인코딩(Labeled–Encoding)

레이블 인코딩은 범주형 변수의 문자열 데이터를 수치형으로 변환하는 방식이다.

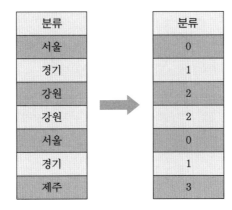

분류
서울
경기
강원
강원
서울
경기
제주

분류
0
1
2
2
0
1
3

레이블 인코딩 예시

③ 카운트 인코딩(Count Encoding)

카운트 인코딩은 각 범주의 데이터 개수를 총합하여 그 개수의 수치값을 인코딩하는 방식이다.

분류
서울
경기
강원
강원
서울
경기
제주

분류	횟수
서울	2
경기	2
강원	2
강원	2
서울	2
경기	2
제주	1

카운트 인코딩 예시

④ 대상 인코딩(Target Encoding)

• 대상 인코딩은 범주형 데이터의 값들을 목표하는 데이터 값으로 바꿔주는 방식이다.

• 대상 인코딩은 원-핫 인코딩에서 변수의 값이 많아지는 문제를 해결해준다.

분류	전체 지역 업체 수
서울	120
경기	80
강원	40
강원	40
서울	120
경기	80
제주	30

분류	단위 지역당 업체 수(평균)
서울	50
경기	30
강원	20
강원	20
서울	50
경기	30
제주	15

대상 인코딩 예시

④ 변수 변환

(1) 변수 변환의 정의

변수 변환(Variable Transformation)이란 데이터 분석을 위해 불필요한 변수를 제거하고, 변수를 변환하여 새로운 변수를 생성시키는 작업이다.

(2) 변수 변환의 방법

변수 변환 방법에는 단순 기능 변환, 비닝, 정규화, 표준화, 박스-콕스 변환이 있다.

① 단순 기능 변환(Simple Functions)

한쪽으로 치우친 변수를 변환하여 분석 모형을 적합하게 만드는 방법이다.

⑩ 지수/ 로그 변환, 루트 변환

② 비닝(구간화, Binning)기출

- 데이터 값을 몇 개의 Bin으로 분할하여 계산하는 방법이다.
- 구조화, 연속형 변수를 특정 구간으로 나누어 범주형 또는 순위형 변수로 변환하는 방법이다.

　　⑩ 연령별 데이터를 40대, 50대, 60대 이상의 범주로 나누기

③ 스케일링(Scaling)기출

데이터의 성질은 유지한 채 데이터의 범위를 조정하는 방법이다.

⑩ 정규화, 표준화

④ 정규화 (Normalization)기출

데이터의 값을 0~1 사이의 값으로 변환하는 방법이다.

⑩ 최소-최대 정규화, Z-점수 정규화

방법	설명
최소-최대 정규화 (Min-Max Normalization)	• 주어진 데이터의 최솟값을 0으로, 최댓값을 1로 두고 그 사이의 값을 아래의 수식으로 연산하여 결정한다. • 이상값에 민감한 단점이 있다. $$X = \frac{X_i - X_{\min}}{X_{\max} - X_{\min}}$$ (X_i : 정규화 대상 i번째 데이터, $X_{\max}$: 정규화 대상 최대 데이터, $X_{\min}$: 정규화 대상 최소 데이터)
Z-점수 정규화 (Z-Score Normalization)	이상값에 민감한 최소-최대 정규화를 보완하기 위한 방법으로 원본 데이터를 표준 정규 분포 형태의 값으로 변환해 주는 방법이다. $$Z = \frac{X_i - X_{mean}}{X_{std}}$$ (X_i : 정규화 대상 i번째 데이터, X_{mean} : 데이터 평균, X_{std} : 데이터 표준편차)

⑤ 표준화(Standardization)
• 입력된 데이터를 평균이 0이고, 분산이 1인 표준 정규 분포로 변환하는 방법이다.
• 평균 0을 중심으로 양쪽으로 데이터를 분포시키는 방법이다.
  예 StandardScaler, RobustScaler

⑥ 박스-콕스 변환(Box-Cox Transformation)기출
정규성에 맞지 않은 변수를 정규분포에 가깝게 로그/지수 변환하는 방법으로 데이터의 분산을 안정화하는 기법이다.

5 불균형 데이터 처리

데이터의 클래스별 불균형이 심한 경우 정확한 분석 결과를 도출하기 어렵기 때문에 불균형 데이터를 전처리한 뒤 데이터를 분석한다.

(1) 불균형 데이터 처리 기법 기출
불균형 데이터 처리 기법으로는 과소표집, 과대표집, 임계값 이동, 앙상블 기법, 가중치 균형이 있다.

① 과소표집(Under-Sampling)
- 다수 클래스의 데이터 중 일부만 선택하여 데이터 비율을 맞추는 방법이다.
- 데이터 소실 가능성과 중요한 데이터를 잃을 가능성이 높다.
  [기법] 랜덤 과소표집, ENN(Edited Nearest Neighbor), 토멕 링크 방법, CNN(Condensed Nearest Neighbor), OSS(One Sided Selection)

② 과대표집(Over-Sampling)
- 소수 클래스의 데이터를 복제 또는 생성하여 데이터 비율을 맞추는 방법이다.
- 과적합 가능성 있다.
- 알고리즘 성능은 높지만, 검증 성능은 나빠질 수 있다.
  [기법] 랜덤 과대표집, SMOTE, Borderline-SMOTE, ADASYN(Adaptive Synthetic ampling)

③ 임계값 이동(Cut-off Value Moving)
- 임계값을 데이터가 많은 쪽으로 이동시키는 방법이다.
- 학습 단계에서는 변화 없이 학습하고, 테스트 단계에서 임계값을 이동한다.

④ 앙상블 기법(Ensemble Technique)
같거나 서로 다른 여러 가지 모형들의 예측 및 분류 결과를 종합하여 최종적인 의사결정에 활용하는 방법이다.

⑤ 가중치 균형(Weight balancing)
- 학습 데이터셋의 각 데이터에서 손실(loss)을 계산할 때 특정 클래스의 데이터에 더 큰 손실(loss)값을 갖도록 하는 방법이다.
- 클래스 비율에 가중치를 두기도 한다.
  (예 높은 비율의 데이터에 높은 가중치 적용)

> **SMOTE**
> **(Synthetic Minority Over-Sampling TEchnique)**
> 소수 클래스에서 중심이 되는 데이터와 주변 데이터 사이에 가상의 직선을 만들고 그 위에 데이터를 추가하는 방법

1. 다음 중 데이터 전처리에 대한 설명 중 틀린 것은?

① 데이터 분석 업무 중에 데이터 수집 및 전처리 과정에 가장 많은 시간이 소요된다.
② 데이터 전처리 과정은 데이터 정제, 결측값 처리, 이상값 처리, 분석변수 처리이다.
③ 데이터 전처리 여부에 따라 분석 결과가 달라질 수 있다.
④ 데이터 전처리는 최초에 한 번만 수행된다.

해설 데이터 전처리는 데이터 상태 및 분석 상황에 따라 여러 번 수행될 수 있다.

2. 데이터 오류의 원인 중 하나로 필수 데이터가 입력되지 않고 누락된 값을 의미하는 것은?

① 결측값
② 노이즈
③ 이상값
④ 파생변수

해설 데이터 오류의 원인 중 하나로 필수 데이터가 입력되지 않고 누락된 값을 의미하는 것은 결측값이다.

3. 다음 중 결측값을 의미하는 말이 아닌 것은?

① NA
② 999999
③ NO
④ Null

해설 결측값을 의미하는 것은 NA, 999999, Null이다.

4. 다음 중 데이터 결측값 종류가 아닌 것은?

① 반무작위 결측
② 완전 무작위 결측
③ 비무작위 결측
④ 무작위 결측

해설 데이터 결측값 종류에는 완전 무작위 결측, 무작위 결측, 비무작위 결측이 있다.

5. 다음의 결측값 처리 방법에 대한 표에서 ㉠과 ㉡에 알맞은 명칭은?

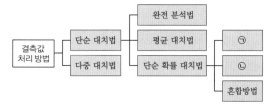

① ㉠ : 핫-덱 대체   ㉡ : SMOTE
② ㉠ : 핫-덱 대체   ㉡ : 콜드-덱 대체
③ ㉠ : 콜드-덱 대체   ㉡ : LOF
④ ㉠ : 파생변수 대체 ㉡ : ESD

해설 표에서 ㉠과 ㉡에 알맞은 명칭은 각각 핫-덱(Hot-Deck) 대체, 콜드-덱(Cold-Deck) 대체다.

6. 다음에 설명하는 통계적 기법은?

> 불완전 자료는 모두 무시하고, 완전하게 관측된 자료만 사용하여 분석하는 방법

① 다중 대치법
② 단순 확률 대치법
③ 평균 대치법
④ 완전 분석법

해설 완전 분석법에 대한 내용이다.

7. 다음 중 이상값이 발생하는 원인이 <u>아닌</u> 것은?

① 자동 연산 오류
② 표본 추출 오류
③ 고의적 이상값
④ 데이터 입력 오류

> 해설 이상값이 발생하는 원인은 표본 추출 오류, 고의적인 이상값, 데이터 입력 오류, 실험 오류, 측정 오류, 데이터 처리 오류, 자연 오류이다.

8. 다음 중 통계기법을 이용한 이상값 검출 방법이 <u>아닌</u> 것은?

① ESD 활용
② 기하평균 활용
③ 사분위수 활용
④ 교차 검증 활용

> 해설 통계기법을 이용한 이상값 검출 방법은 ESD 활용, 기하평균 활용, 사분위수 활용, 표준화 점수 활용, 딕슨의 Q 검정, 그럽스 T 검정, 카이제곱 검정이 있다.

9. 다음 설명의 빈칸에 알맞은 것은?

> ESD(Extreme Studentized Deviation)는 평균으로부터 3표준편차 떨어진 값을 이상치로 인식하는 방법으로 3표준편차에 해당하는 값은 (   )%이다.

① 80.5
② 99.7
③ 68.2
④ 95.4

> 해설 ESD(Extreme Studentized Deviation)는 평균으로부터 3표준편차 떨어진 값을 이상치로 인식하는 방법으로 3표준편차에 해당하는 값은 99.7%이다.

10. 다음 중 제3 사분위(Q_3)에서 제1 사분위(Q_1)를 뺀 범위를 나타내는 명칭은?

① LOF
② Outlier
③ IQR
④ Ridge

> 해설 제3 사분위(Q_3)에서 제1 사분위(Q_1)를 뺀 범위는 사분위수 범위(IQR: Interquartile range)라고 한다.

11. 다음 중 시각화를 이용한 데이터 이상값 검출 방법에 사용될 수 <u>없는</u> 방법은?

① 확률밀도함수
② 히트맵
③ 히스토그램
④ 상자수염그림

> 해설 시각화를 이용한 데이터 이상값 검출 방법에는 확률밀도함수, 히스토그램, 시계열차트, 상자수염그림이 있다. 히트맵(Heatmap)은 색상으로 표현할 수 있는 다양한 정보를 일정한 이미지 위에 열분포 형태의 비주얼 그래픽으로 출력한 차트이다.

정답　7. ①　8. ④　9. ②　10. ③　11. ②

12. 다음 그림이 설명하는 차트의 명칭은?

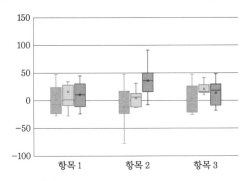

① 스타차트
② 박스플롯
③ 누적막대그래프
④ 플로팅 바 차트

해설 상자수염그림(Box-plot)이다.

13. 이상값 검출 방법 중 하나로 관측된 값이 평균으로부터 벗어난 정도를 측정하는 방법은?

① 카이제곱 검정 방법
② iForest 활용 방법
③ 유클리디안 거리 활용 방법
④ 마할라노비스 거리 활용 방법

해설 이상값 검출 방법 중 하나로 관측된 값이 평균으로부터 벗어난 정도를 측정하는 방법은 마할라노비스거리(Mahalanobis Distance) 활용 방법이다.

14. 다음에 설명하는 이상값 검출 방법은 어느 것인가?

극단적인 값으로 인해 발생된 이상값의 경우 데이터에 자연로그를 취해서 값을 감소시키는 방법이다.

① 삭제
② 대체
③ 변환
④ 치환

해설 극단적인 값으로 인해 발생된 이상값의 경우 데이터에 자연로그를 취해서 값을 감소시키는 방법은 변환이다.

15. 다음 중 변수에 대한 설명으로 옳지 않은 것은?

① 데이터 분석에서 변수는 Variable을 의미한다.
② 변수는 인과관계에 따라 독립변수와 종속변수로 나뉜다.
③ 독립변수는 연구자가 의도적으로 변화시키는 변수이다.
④ 독립변수는 X로, 종속변수는 Y로 표시된다.

해설 데이터 분석에서 변수는 Variable(변할 수 있는)이 아닌 Feature(특성)을 의미한다.

16. 다음에 설명하는 변수의 종류는 어느 것인가?

변수가 명시적으로 이름에 의미를 갖고, 기준에 따라 순서에도 의미를 부여할 수 있는 변수
예 만족도 평가 기준(매우 나쁨, 나쁨, 보통, 만족, 매우 만족)

① 반응형 변수
② 명목형 변수
③ 순서형 변수
④ 연속형 변수

해설 변수가 명시적으로 이름에 의미를 갖고 기준에 따라 순서에도 의미를 부여할 수 있는 변수는 순서형 변수다.

17. 다음 중 변수 선택 기법이 <u>아닌</u> 것은?

① 필터 기법
② 피처 기법
③ 임베디드 기법
④ 래퍼 기법

해설 변수 선택 기법에는 필터 기법(Filter Method), 래퍼 기법(Wrapper Method), 임베디드 기법(Embedded Method)이 있다.

18. 다음에 설명하는 변수 선택 알고리즘은 어느 것인가?

> 가장 적은 영향을 주는 변수를 하나씩 제거하는 방법

① 단계적 방법
② 전진 선택법
③ 후진 소거법
④ 혼합 방법

해설 가장 적은 영향을 주는 변수를 하나씩 제거하는 방법은 후진 소거법이다.

19. 다음 중 모델 자체에 변수 선택이 포함된 기법으로 모델의 학습 또는 생성 과정에서 최적의 변수를 선택하는 기법을 의미하는 것은?

① 임베디드 기법
② 필터 기법
③ 래퍼 기법
④ 결합 기법

해설 모델 자체에 변수 선택이 포함된 기법으로 모델의 학습 또는 생성 과정에서 최적의 변수를 선택하는 기법은 임베디드 기법(Embedded Method)이다.

20. 다음 중 데이터를 가장 잘 설명할 수 있는 축을 찾는 주성분 분석(PCA)과 다르게 가장 독립적인 축을 찾는 기법은?

① PCA
② ICA
③ LDA
④ SVD

해설 데이터를 가장 잘 설명할 수 있는 축을 찾는 주성분 분석(PCA)과 다르게 가장 독립적인 축을 찾는 기법은 독립성분 분석(ICA, Independent Component Analysis)에 대한 설명이다. PCA는 주성분 분석, LDA는 선형 판별 분석, SVD는 특이값 분해를 의미한다.

정답 17. ② 18. ③ 19. ① 20. ②

2-1 데이터 탐색의 기초

1 데이터 탐색의 개요

(1) 데이터 탐색의 개념 기출

- 수집한 데이터를 분석하기 전에 통계적인 방법을 이용하여 다양한 각도에서 데이터의 특징을 파악하는 분석 방법이다.
- 데이터의 특성을 파악하기 위해 시각화하여 분석하기도 하며, 데이터 탐색 도구에는 도표, 그래프, 요약 통계 등이 있다.

(2) 탐색적 데이터 분석(EDA: Exploratory Data Analysis) 기출

- 탐색적 데이터 분석이란 노키아 벨 연구소(Nokia Bell Labs)의 수학자 존 튜키(John Tukey)가 개발한 개념으로, 데이터를 분석하고 결과를 내는 과정에서 지속적으로 해당 데이터에 대한 '탐색과 이해'를 기본으로 가져야 한다는 것을 의미한다.
- 데이터 분석 분야에서 탐색적 데이터 분석은 수집된 데이터를 다양한 방법을 활용하여 탐색적으로 분석하여 데이터의 특징을 정확하게 파악하는 것이라고 할 수 있다.

(3) 탐색적 데이터 분석의 4가지 특징(4R's) 기출

- 탐색적 데이터 분석의 4가지 특징으로는 저항성, 잔차 해석, 자료 재표현, 현시성이 있다.

① 저항성(Resistance): 오류의 영향을 적게 받는 성질로 저항성이 큰 데이터를 사용한다.
② 잔차 해석(Redidual): 잔차는 관찰 값들이 주 경향으로부터 벗어난 정도이며, 이를 해석하며 데이터의 특징을 파악한다.

③ 자료 재표현(Re-expression: 데이터 분석 및 해석의 용이성을 위해 변수를 적당한 척도로 바꾸는 것이다.

④ 현시성(Graphic Representation): 데이터 시각화라고도 할 수 있으며, 분석 결과를 쉽게 이해할 수 있도록 데이터를 시각적으로 표현하는 것이다.

(4) 개별 변수 탐색 방법

개별 변수 탐색 방법은 변수가 범주형과 수치형인 경우로 나뉜다.

데이터 유형	설명
범주형 데이터 (질적 데이터)	• 명목형 변수와 순서형 변수에 대한 데이터 탐색 방법 • 빈도수, 최빈값, 비율, 백분율 등을 활용하여 데이터 분포의 특징을 중심성, 변동성 측면에서 파악 • 시각화는 막대형 그래프(Bar Plot)를 주로 사용
수치형 데이터 (양적 데이터)	• 이산형 변수와 연속형 변수에 대한 데이터 탐색 방법 • 평균, 분산, 표준편차, 첨도, 왜도 등을 이용하여 데이터 분포의 특징을 정규성 측면에서 파악 • 시각화는 박스플롯(Box-plot) 또는 히스토그램을 주로 사용

(5) 다차원 데이터 탐색 방법

다차원 데이터 탐색 방법은 데이터의 조합이 범주형 ↔ 범주형, 수치형 ↔ 수치형, 범주형 ↔ 수치형인 경우로 나뉜다.

데이터 조합 유형	설명
범주형 ↔ 범주형	• 데이터 간의 연관성 분석 • 시각화는 막대형 그래프(Bar Plot)를 사용
수치형 ↔ 수치형	• 데이터 간의 산점도와 기울기를 통해 변수 간의 상관성을 분석 • 피어슨 상관계수를 활용해 데이터 방향과 강도 파악 • 시각화는 산점도(Scatter Plot)를 사용
범주형 ↔ 수치형	• 데이터 항목들을 그룹으로 간주하고, 각 그룹에 따라 수치형 변수의 기술통계량 차이를 상호 비교하는 분석 • 시각화는 박스플롯(Box-Plot)을 사용

② 상관관계 분석

(1) 상관관계의 분석

상관관계 분석(Correlation Analysis)은 두 개 이상의 변수 사이에 존재하는 상호 연관성의 존재 여부와 연관성의 강도를 측정하여 분석하는 방법을 의미한다.

> 예 체중과 신장 사이의 상관관계 분석, 담배값 상승과 흡연율 사이의 상관관계 분석

(2) 상관관계의 종류

상관관계 종류에는 양의 상관관계, 음의 상관관계, 상관관계 없음이 있다.

종류	설명
양(+)의 상관관계	• 하나의 변수 값이 증가할 때 다른 변수의 값도 함께 증가하는 경향을 보이는 관계 • 관계의 정도에 따라 강한 양의 상관관계, 약한 양의 상관관계로 구분된다.
음(-)의 상관관계	• 하나의 변수 값이 증가할 때 다른 변수의 값이 감소하는 경향을 보이는 관계 • 관계의 정도에 따라 강한 음의 상관관계, 약한 음의 상관관계로 구분된다.
상관관계 없음	• 한 변수의 값에 상관없이 다른 변수의 값이 변하는 상관관계

(3) 상관관계의 표현 방법 기출

① 산점도(Scatter Plot)를 활용한 표현

산점도를 활용하여 변수 사이의 관계를 확인하는 방법이다.

  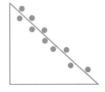 

| 강한 양의 상관관계 | 약한 양의 상관관계 | 강한 음의 상관관계 | 약한 음의 상관관계 |

② 상관계수(Correlation Coefficient)를 활용한 표현

두 변수 사이의 연관성을 수치로 나타낸 상관계수를 활용하여 변수 사이의 관계를 확인하는 방법이다. 상관계수는 −1~1의 범위를 갖고, 1에

가까울수록 강한 양의 상관관계를, −1에 가까울수록 강한 음의 상관관계를 가지며, 0에 가까울수록 상관관계가 없음을 의미한다.

상관계수(r) 범위	설명
$0.7 \leq r \leq 1.0$	강한 양의 상관관계
$0.3 \leq r < 0.7$	보통의 양의 상관관계
$0.1 \leq r < 0.3$	약한 양의 상관관계
$-0.1 < r < 0.1$	상관관계가 거의 없음
$-0.3 < r \leq -0.1$	약한 음의 상관관계
$-0.7 < r \leq -0.3$	보통의 음의 상관관계
$-1.0 \leq r \leq -0.7$	강한 음의 상관관계

(4) 상관관계의 분석 유형

분석되는 변수의 속성(수치형, 순서형, 명목형 데이터)에 따라 상관관계를 파악하는 분석 방법이 달라진다.

① 수치형 데이터 기출

• 수치형 데이터는 수치로 표현되는 데이터로 변수의 연산이 가능하다.
• 수치형 데이터 분석 방법에는 피어슨(Pearson) 상관계수가 있다.
• 피어슨 상관계수는 가장 보편적으로 사용되는 상관계수로서 두 변수가 정규성을 따른다는 가정 하에 활용되는 모수 검정 방법이다.

> **모수 검정**
> 집단 평균을 검정하는 목적으로 사용하는 방법으로 모수 검정 조건으로 정규성과 등분산성이 있다.

피어슨 상관계수 공식

모집단 피어슨 상관계수	$$\rho = \frac{Cov(X,\ Y)}{\sigma_X \sigma_Y} = \frac{\sum\limits_{i=1}^{N}(X_i - \mu_X)(Y_i - \mu_Y)}{\sqrt{\sum\limits_{i=1}^{N}(X_i - \mu_X)^2}\sqrt{\sum\limits_{i=1}^{N}(Y_i - \mu_Y)^2}}$$ (X_i : X모집단의 i번째 데이터, Y_i : Y모집단의 i번째 데이터, μ_X : X모집단의 평균, μ_Y : Y모집단의 평균, N : 각 모집단 데이터 수)
표본집단 피어슨 상관계수	$$r = \frac{s_{XY}}{s_X s_Y} = \frac{\sum\limits_{i=1}^{n}(X_i - \overline{X})(Y_i - \overline{Y})}{\sqrt{\sum\limits_{i=1}^{n}(X_i - \overline{X})^2}\sqrt{\sum\limits_{i=1}^{n}(Y_i - \overline{Y})^2}}$$ (X_i : X표본집단의 i번째 데이터, Y_i : Y표본집단의 i번째 데이터, $\overline{X}$: X표본집단의 평균, $\overline{Y}$: Y표본집단의 평균, n : 각 표본집단 데이터 수)

② 순서형 데이터

- 순서형 데이터는 데이터 순서에 의미가 부여된 데이터로 두 변수 사이의 연관성(통계적 의존성)을 통계적으로 산출하여 분석한다.
- 순서형 데이터 분석 방법에는 스피어만(Spearman) 상관계수가 있다.
- 스피어만 상관계수는 두 변수가 정규성을 따르지 않는 경우 사용되는 비모수 검정 방법이다.

비모수 검정
집단의 중위수를 검정하는 목적으로 사용하는 방법으로 주어진 데이터가 모수의 검정 조건을 충족하지 않고, 표본의 크기가 작을 때 사용함.

스피어만 상관계수 공식

모집단 스피어만 상관계수	$$\rho = \frac{Cov(R,\ S)}{\sigma_R \sigma_S} = \frac{\sum\limits_{i=1}^{N}(R_i - \mu_R)(S_i - \mu_S)}{\sqrt{\sum\limits_{i=1}^{N}(R_i - \mu_R)^2}\sqrt{\sum\limits_{i=1}^{N}(S_i - \mu_S)^2}}$$ R_i : X모집단의 i번째 데이터 순위 S_i : Y모집단의 i번째 데이터 순위 μ_R : 순위변수 R의 평균 순위 μ_S : 순위변수 S의 평균 순위 N : 각 모집단 데이터 수
표본집단 스피어만 상관계수	$$r = \frac{s_{RS}}{s_R s_S} = \frac{\sum\limits_{i=1}^{n}(R_i - \overline{R})(S_i - \overline{S})}{\sqrt{\sum\limits_{i=1}^{n}(R_i - \overline{R})^2}\sqrt{\sum\limits_{i=1}^{n}(S_i - \overline{S})^2}}$$ R_i : X표본집단의 i번째 데이터 순위 S_i : Y표본집단의 i번째 데이터 순위 $\overline{R}$: 순위변수 R의 평균 순위 $\overline{S}$: 순위변수 S의 평균 순위 n : 각 표본집단 데이터 수

③ 명목형 데이터

- 명목형 데이터는 여러 카테고리(분류)들 중 하나의 이름으로 분류된 데이터이다.
- 명목형 데이터 분석 방법에는 카이제곱(χ^2) 검정(교차 분석)이 있다.
- 카이제곱 검정은 명목형 변수 사이의 관찰된 빈도가 기대되는 빈도와 의미있게 다른지의 여부를 검정하기 위해 사용되는 검정 방법이다.

③ 기초통계량 추출 및 이해

기초통계량은 중심 경향성, 산포도, 분포 측면으로 구분한다.

(1) 중심 경향성 통계량 기출

① 평균값(Average, Mean)

자료를 모두 더한 후 자료 개수로 나눈 값으로 이상치에 민감하다.

② 중위수(Median)

모든 데이터를 순서대로 배열했을 때, 중심에 위치한 데이터 값으로 이상치에 영향을 받지 않는다.

③ 최빈수(Mode)

데이터 값 중에서 빈도수가 가장 높은 데이터 값이다.

④ 사분위수(Quartile)

모든 데이터값을 순서대로 배열했을 때 4등분한 지점에 있는 값이다.

(2) 산포도 통계량(데이터 흩어진 정도) 기출

① 분산(Variance)

평균으로부터 얼마나 떨어져 있는지 나타내는 값(표준편차^2＝분산)

② 표준편차(Standard Deviation)

분산에 양의 제곱근을 취한 값. 자료의 산포도를 나타내는 수치이다.

③ 범위(Range)

데이터 값 중에서 최댓값과 최솟값의 차이다.

④ IQR(InterQuartile Range, 사분위수 범위)

3사분위수와 1사분위수의 차이 값이다. 사분위수 범위는 $Q_3 - Q_1$이다.

⑤ 사분편차(Quartile Deviation)

IQR의 절반 값이다.

⑥ 변동계수(Coefficient of Variation)

표준편차를 평균으로 나눈 값이다.

(3) 분포 통계량(데이터 치우친 정도) 기출

① 첨도(Kurtosis)

데이터 분포의 뾰족한 정도를 설명하는 통계량이다.

② 왜도(Skewness)

데이터 분포의 기울어진 정도를 설명하는 통계량이다.

4 시각적 데이터 탐색

시각적으로 데이터를 탐색하기 위해 주로 사용되는 시각화 도구는 히스토그램, 막대형 그래프, 박스플롯, 산점도이다.

(1) 히스토그램(Histogram) 기출

- 자료의 분포가 직사각형 형태이다.
- 가로축은 수치형 데이터이다.
- 막대는 서로 붙어있고, 막대의 너비는 일정하다.
- 이상값 확인이 가능하다(히스토그램 양쪽 끝, 고립된 막대).

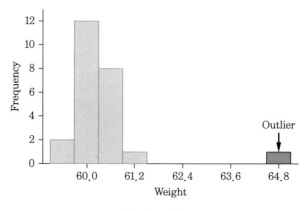

히스토그램

출처 : https://blog.naver.com/jiehyunkim/220935734044

(2) 막대형 그래프(Bar Chart)

- 여러 가지 항목들에 대한 많고 적음을 표현한다.
- 막대그래프 가로축은 수치형 데이터가 아니어도 된다.
- 막대는 서로 떨어져 있다.
- 막대 너비는 같지 않을 수 있다.

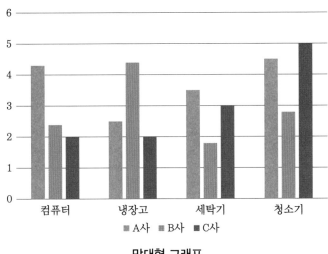

막대형 그래프

(3) 박스플롯(Box-plot, 상자수염그림, 상자그림) 기출

- 많은 데이터를 그림을 이용하여 집합의 범위와 중위수를 빠르게 확인할 수 있다.
- 통계적으로 이상값이 있는지 빠르게 확인 가능하다.
- 박스플롯 구성 요소
  - 하위경계(Lower fence) : 제1사분위에서 $1.5 \times IQR$을 뺀 위치
  - 최솟값(Minimum observation) : 하위경계 내의 관측치의 최솟값
  - 제1사분위수(Q_1) : 자료들의 하위 25%의 위치
  - 제2사분위수(Q_2, 중위수, Median) : 자료들의 50% 위치로 중위수를 의미. 두꺼운 막대로 가시성을 높여 표현
  - 제3사분위수(Q_3) : 자료들의 하위 75% 위치
  - IQR(InterQuartile Range, 사분위수 범위) : 3사분위수와 1사분위수의 차이 값($Q_3 - Q_1$)
  - 최댓값(Maximum obervation) : 상위 경계 내의 관측치의 최댓값
  - 상위경계(Upper fence) : 제3사분위에서 IQR의 1.5배 위치
  - 수염 : Q_1, Q_3로부터 IQR의 1.5배 내에 있는 가장 멀리 떨어진 데

이터까지 이어진 선

– 이상값(Outlier) : 수염보다 바깥에 존재하는 데이터

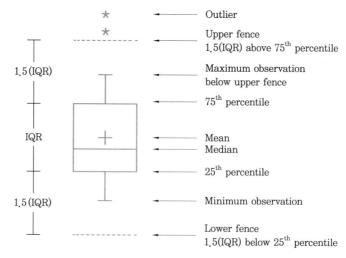

※ IQR : Inter Quantile Range

박스플롯

출처 : https://bioinformaticsandme.tistory.com/245

(4) 산점도(Scatter Plot) 기출

• 가로축과 세로축의 좌표 평면상에서 각각의 관찰점들을 표시하는 시각화 방법이다.

• 2개의 연속형 변수 간의 관계를 보기 위해 사용한다.

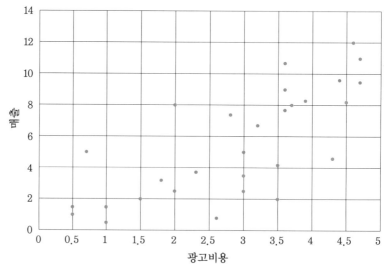

산점도

2-2 고급 데이터 탐색

1 시공간 데이터 탐색

(1) 시공간 데이터(Spatio-Temporal Data)

- 시공간 데이터는 공간적 정보에 시간의 흐름이 결합된 다차원 데이터를 의미한다.
- 시공간 데이터는 점(Point), 선(Line), 면(Polygon)과 같은 형태로 시각화될 수 있다.

(2) 시공간 데이터 탐색 방법

- 시공간 데이터의 탐색 절차는 주소를 행정구역 및 좌표계로 변환하고, 변환된 행정구역과 좌표계를 지도에 표시하는 순이다.
- 시공간 데이터를 지도에 표시하는 방법에는 코로플레스 지도, 카토그램, 버블 플롯맵 등이 있다.

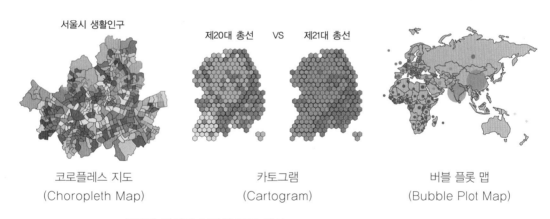

코로플레스 지도	카토그램	버블 플롯 맵
(Choropleth Map)	(Cartogram)	(Bubble Plot Map)

시공간 데이터 시각화 도구 예시

출처 : https://sy-log.tistory.com/17

① 코로플레스 지도(Choropleth Map)
등치지역도라고도 하고, 어떤 데이터 값의 크기에 따라 해당 영역을 색칠해서 표현하는 방법이다.

② 카토그램(Cartogram)
변량비례도라고도 하고, 데이터 값 크기에 따라 면적을 왜곡하여 표현하는 방법이다.

③ 버블 플롯 맵(Bubble Plot Map)

위도와 경도를 적용하여 좌표를 원으로 표현하고, 원의 색깔과 크기로 데이터를 표현하는 방법이다.

2 다변량 데이터 탐색

(1) 변량 데이터의 유형 기출

- 변량(Variance)이란 조사 대상의 특징을 숫자나 문자로 나타낸 값을 의미한다.
- 변량은 종속변수(Y)의 수에 따라서 일변량, 이변량, 다변량으로 구분된다.

유형	설명
일변량 데이터 (단변량 데이터)	단위에 대해 하나의 속성만 측정하여 얻게 되는 변수에 대한 자료이다.
이변량 데이터	각 단위에 대해 두 개의 특성을 측정하여 얻어진 두 개의 변수에 대한 자료이며, 다변량 데이터에 속한다.
다변량 데이터	하나의 단위에 대해 두 가지 이상의 특성을 측정하는 경우 얻어지는 변수에 대한 자료이다.

(2) 변량 데이터의 탐색 방법

① 일변량 데이터 탐색

- 일변량 데이터는 기술 통계량, 그래프 통계량을 활용하여 탐색한다.
- 기술 통계량에는 분산, 표준편차, 평균 등을 사용하고, 그래프 통계량에는 히스토그램, 상자그림을 사용한다.

② 이변량 데이터 탐색

- 조사 대상의 각 개체로부터 두 개의 특성을 동시에 관측한다.
- 일반적으로 두 변수 사이의 관계를 확인하는 것이 목적이다.

③ 다변량 데이터 탐색

산점도 행렬, 별 그림, 등고선 그림을 사용하여 데이터를 시각적으로 탐색한다.

③ 비정형 데이터 탐색

(1) 비정형 데이터(Unstructured Data)

비정형 데이터는 이미지, 영상, 텍스트 데이터와 같이 형태가 구조화되지 않은 데이터를 의미한다.

(2) 비정형 데이터 탐색 방법

데이터의 특징에 맞게 비정형 데이터를 탐색한다.

탐색 방법	설명
텍스트 탐색 방법	온라인상의 소셜 데이터의 텍스트와 같은 스크립트 파일 형태인 경우 데이터를 파싱(Parsing)한 후 탐색한다.
동영상, 이미지 탐색 방법	이진 파일 형태의 데이터의 경우 데이터의 종류별로 응용 소프트웨어를 활용하여 탐색한다.
XML, JSON, HTML 탐색 방법	XML, JSON, HTML 각각의 파서(Parser)를 이용하여 데이터를 파싱한 후 탐색한다.

파싱(Parsing)
데이터를 조립하여 특정한 데이터를 추출할 수 있도록 프로그램하는 작업

파서(Parser)
파싱(Parsing)을 수행하는 프로그램

1. 다음은 어떤 방법에 대한 설명인가?

> • 노키아 벨 연구소(Nokia Bell Labs)의 수학자 존 튜키(John Tukey)가 개발한 개념으로, 데이터를 분석하고 결과를 내는 과정에서 지속적으로 해당 데이터에 대한 '탐색과 이해'를 기본으로 가져야 한다는 것을 의미한다.
> • 데이터 분석 분야에서 탐색적 데이터 분석은 수집된 데이터를 다양한 방법을 활용하여 탐색적으로 분석하여 데이터의 특징을 정확하게 파악하는 것이라고 할 수 있다.

① EDA
② PCA
③ LDA
④ ICA

해설 탐색적 데이터 분석(EDA: Exploratory Data Analysis)에 대한 설명이다. PCA는 주성분 분석, LDA는 선형판별 분석, ICA는 독립성분 분석을 나타낸다.

2. 다음 다차원 데이터 탐색 방법 중 데이터 간의 산점도와 기울기를 통해 변수 간의 상관성을 분석하는 데이터 조합 유형은?

① 범주형 ↔ 범주형
② 수치형 ↔ 수치형
③ 범주형 ↔ 수치형
④ 다중형 ↔ 일반형

해설 다차원 데이터 탐색 방법 중 데이터 간의 산점도와 기울기를 통해 변수 간의 상관성을 분석하는 데이터 조합 유형은 수치형 ↔ 수치형이다.

3. 개별 변수 탐색 방법 중 다음이 설명하는 데이터 유형은?

> • 명목형 변수와 순서형 변수에 대한 데이터 탐색 방법
> • 빈도수, 최빈값, 비율, 백분율 등을 활용하여 데이터 분포의 특징을 중심성, 변동성 측면에서 파악
> • 시각화는 막대형 그래프(Bar Plot)를 주로 사용

① 포괄형 데이터
② 양적 데이터
③ 범주형 데이터
④ 수치형 데이터

해설 개별 변수 탐색 방법 중 다음이 설명하는 데이터 유형은 범주형 데이터(질적 데이터)이다.

4. 다음 중 탐색적 데이터 분석의 특징에 속하지 않는 것은?

① 저항성
② 영구성
③ 현시성
④ 잔차 해석

해설 탐색적 데이터 분석의 특징으로는 저항성, 잔차 해석, 자료 재표현, 현시성이 있다.

5. 다음 중 데이터 항목들을 그룹으로 간주하고, 각 그룹에 따라 수치형 변수의 기술 통계량 차이를 상호 비교하고 분석하는 데이터 조합 유형은?

① 다중형 ↔ 일반형
② 수치형 ↔ 수치형

③ 범주형 ↔ 수치형

④ 범주형 ↔ 범주형

해설 데이터 항목들을 그룹으로 간주하고, 각 그룹에 따라 수치형 변수의 기술 통계량 차이를 상호 비교하여 분석하는 데이터 조합 유형은 범주형 ↔ 수치형이다.

6. 다음과 같은 그래프의 형태가 갖는 상관관계는?

① 상관관계 없음

② 약한 음(−)의 상관관계

③ 강한 양(+)의 상관관계

④ 약한 양(+)의 상관관계

해설 그래프가 표현하는 상관관계는 약한 양(+)의 상관관계이다.

7. 다음은 어떤 상관관계에 대한 설명인가?

> 하나의 변수 값이 증가할 때 다른 변수의 값이 감소하는 경향을 보이는 관계

① 음(−)의 상관관계

② 중간 상관관계

③ 양(+)의 상관관계

④ 상관관계 없음

해설 하나의 변수 값이 증가할 때 다른 변수의 값이 감소하는 경향을 보이는 관계는 음(−)의 상관관계이다.

8. 다음 상관계수에 대한 설명 중 틀린 것은?

① 상관계수는 r로 표시할 수 있다.

② 상관계수의 범위는 0~1이다.

③ 상관계수를 통해 변수의 상관관계를 확인할 수 있다.

④ 상관계수가 0에 가까울수록 상관관계가 없다고 해석할 수 있다.

해설 상관계수의 범위는 −1~1이다.

9. 다음 중 보통의 양의 상관관계를 갖는 상관계수 범위는?

① $0.7 \le r \le 1.0$

② $0.1 \le r < 0.3$

③ $0.3 \le r < 0.7$

④ $-0.1 < r < 0.1$

해설 보통의 양의 상관관계를 갖는 상관계수 범위는 $0.3 \le r < 0.7$이다. ①은 강한 양의 상관관계, ②는 약한 양의 상관관계, ④는 상관관계가 없음을 의미한다.

10. 다음 중 변수의 속성이 다른 하나는?

① 성별

② 키

③ 몸무게

④ 나이

해설 키, 몸무게, 나이는 수치형 데이터이고, 성별은 명목형 변수이다.

11. 다음 중 분석변수 속성과 분석 방법이 잘못 짝지어진 것은?

① 수치형 데이터 − 피어슨 상관계수

② 순서형 데이터 − 스피어만 상관계수

③ 명목형 데이터 − 카이제곱 검정

④ 명목형 데이터 − T 검정

정답　6. ④　7. ①　8. ②　9. ③　10. ①　11. ④

해설 명목형 데이터의 분석 방법은 카이제곱 검정이다. T 검정은 모집단의 분산이나 표준편차를 알지 못할 때, 표본으로부터 추정된 분산이나 표준편차를 이용해 두 모집단의 평균의 차이를 확인하는 검정 방법이다.

12. 다음 중 중심 경향성 통계량에 속하지 않는 것은?

① 중위수
② 최빈값
③ 분산
④ 사분위수

해설 중심 경향성 통계량에 속하는 것은 평균값, 중위수, 최빈수, 사분위수이다. 분산은 산포도 통계량에 속한다.

13. 다음 데이터 중 최빈수는?

> 5, 7, 3, 2, 1, 2, 4, 2, 5, 6, 7, 2

① 2
② 1
③ 7
④ 5

해설 최빈수는 가장 빈도수가 높은 수를 의미한다. 주어진 총 12개의 데이터 중 가장 많은 빈도수를 갖는 데이터는 빈도수 4를 갖는 2다. 1은 빈도수 1을, 5와 7은 빈도수 2를 갖는다.

14. 다음 중 산포도 통계량에 대한 설명으로 틀린 것은?

① 분산은 평균으로부터 얼마나 떨어져 있는지를 나타내는 값이다.
② 표준편차는 분산에 양의 제곱근을 취한 값이다.
③ 범위는 데이터의 최댓값과 최솟값의 차를 나타낸다.
④ 산포도 통계량으로 데이터가 기울어진 정도를 확인할 수 있다.

해설 산포도 통계량으로는 데이터의 흩어진 정도를 확인할 수 있다. 데이터의 기울어진 정도를 알 수 있는 통계량은 분포 통계량이다.

15. 다음은 어떤 통계량에 대한 설명인가?

> 데이터 분포의 기울어진 정도를 설명하는 통계량

① 첨도
② 왜도
③ 분산
④ 표준편차

해설 데이터 분포의 기울어진 정도를 설명하는 통계량은 왜도(Skewness)이다.

16. 다음과 같은 특징을 갖는 시각화 도구는?

> • 자료의 분포가 직사각형 형태
> • 가로축은 수치형 데이터
> • 막대는 서로 붙어있고, 막대의 너비는 일정함
> • 이상값 확인 가능

① 산점도
② 카토그램
③ 히스토그램
④ 막대형 그래프

해설 • 위와 같은 특징을 갖는 시각화 도구는 히스토그램이다.

17. 다음 중 막대형 그래프에 대한 설명으로 <u>틀린</u> 것은?

① 여러 가지 항목들에 대한 많고 적음을 표현하는 그래프이다.
② 막대그래프 가로축은 반드시 수치형 데이터로 표현한다.
③ 막대는 서로 떨어져 있다.
④ 막대 너비는 같지 않을 수 있다.

> **해설** 막대형 그래프의 가로축은 수치형이 아니어도 된다.

18. 다음 중 박스플롯에 대한 설명으로 <u>틀린</u> 것은?

① 하위경계는 제1사분위에서 $1.5 \times$ IQR을 뺀 위치를 의미한다.
② 제1사분위(Q_1)는 자료들의 하위 25%의 위치를 의미한다.
③ 제3사분위수(Q_3)는 자료들의 하위 75% 위치를 의미한다.
④ 상위경계는 제3사분위에서 IQR의 0.5배 위치를 의미한다.

> **해설** 상위경계는 제3사분위에서 IQR의 1.5배 위치를 의미한다.

19. 다음 중 의미가 다른 그래프는?

① 스타차트
② 박스플롯
③ 상자수염그림
④ 상자그림

> **해설** 박스플롯, 상자수염그림, 상자그림은 모두 같은 의미의 그래프를 나타낸다.

20. 다음은 어떤 시각화 도구에 대한 설명인가?

> • 가로축과 세로축의 좌표 평면상에서 각각의 관찰점들을 표시하는 시각화 방법
> • 2개의 연속형 변수 간의 관계를 보기 위해 사용

① 히스토그램
② 막대형 그래프
③ 산점도
④ 상자그림

> **해설** 산점도(Scatter Plot)에 대한 설명이다.

3-1 기술통계

- 기술통계(Descriptive Statistics)란 데이터 분석의 초기 단계에서 데이터 분포의 특징을 파악하기 위해 사용되는 통계기법이다.
- 수집된 데이터의 전수조사가 어려운 경우 데이터의 특징을 담고 있는 표본 데이터를 추출하기 위해 기술통계 작업을 수행하며, 이러한 작업을 통해 데이터에 대한 정확한 이해가 가능하게 된다.
- 기술통계의 '기술'은 Technology가 아닌 Descriptive(기술하는, 서술하는)임을 기억하도록 한다.

1 데이터 요약

(1) 대푯값 기출

대푯값은 주어진 데이터를 대표할 수 있는 값으로 중위수, 평균값, 최빈수, 사분위수가 있다.

① 중위수(Median)
- 중위수는 모든 데이터를 오름차순으로 정렬했을 때 가장 중앙에 취한 데이터 값을 의미한다.
- 중위수는 이상치에 영향을 받지 않는다.
- 중위수의 개수가 짝수인 경우 중앙에 있는 두 개의 값의 평균을 중위수로 정한다.

$$d_{median} = \frac{n+1}{2} \text{번째 값 } (n : \text{데이터 개수})$$

② 평균값(Average)
- 평균값은 주어진 데이터를 모두 더한 후 데이터의 개수만큼 나눈 값을 의미한다.

- 평균값은 모두 같은 가중치를 두며, 이상값에 민감하다.
- 평균의 종류에는 산술평균, 기하평균, 조화평균이 있다.

구분	수식	설명
산술평균 (Arithmetic mean)	$A = \dfrac{1}{n}\sum_{i=1}^{n} a_i = \dfrac{a_1 + a_2 + \cdots + a_n}{n}$ a_i : i번째 데이터 n : 대상 데이터 수	대상 데이터 n개의 합의 평균
기하평균 (Geometric mean)	$\left(\prod_{i=1}^{n} a_i\right)^{\frac{1}{n}} = \sqrt[n]{a_1 a_2 a_3 \cdots a_n}$ a_i : i번째 데이터 n : 대상 데이터 수	• 대상 데이터 n개의 양수 곱의 n제곱근 • 물가상승률, 성장률 등의 평균값 연산에 활용 ⑩ 1, 2, 3의 기하평균을 구할 경우 $1 \times 2 \times 3 = 6$을 구한 뒤 3제곱근을 취한 값 $6^{\frac{1}{3}} = \sqrt[3]{6}$이 된다.
조화평균 (harmonic mean)	$H = \dfrac{n}{\dfrac{1}{a_1} + \dfrac{1}{a_2} + \cdots + \dfrac{1}{a_n}}$ a_i : i번째 데이터 n : 대상 데이터 수 두 수가 주어진 경우 조화평균 $H = \dfrac{2(a_1 a_2)}{a_1 + a_2}$ a_1 : 첫 번째 데이터 a_2 : 두 번째 데이터	• 역수의 산술평균의 역수 • 역수 차원에서 산술평균을 구하고, 다시 역수를 취해 원래의 차원의 값으로 돌아오는 것 • 주로 다른 두 속력의 평균을 구하는 데 사용된다.

- 평균은 대상 범위에 따라 모평균, 표본평균으로 나뉜다.

구분	수식	설명
모평균	$\mu = \dfrac{1}{N}\sum_{i=1}^{N} X_i$ X_i : i번째 데이터 N : 모집단 데이터 수	모집단의 데이터가 N개일 때 X_1, X_2, X_3, $\cdots$, X_n에 대한 평균
표본평균	$\overline{X} = \dfrac{1}{n}\sum_{i=1}^{n} X_i$ X_i : i번째 데이터 n : 표본집단 데이터 수	표본의 데이터가 n개일 때 X_1, X_2, X_3, $\cdots$, X_n에 대한 평균

③ 최빈수(Mode)

최빈수는 데이터 값 중에서 가장 빈도수가 높은 데이터를 의미한다. 즉, 가장 여러 번 관측된 데이터라고 할 수 있다.

④ 사분위수(Quartile)

사분위수는 모든 데이터를 순서대로 배열했을 때, 4등분한 지점에 있는 값을 의미한다.

(2) 산포도

산포도는 데이터의 흩어진 정도를 나타내는 값이다. 산포도를 나타내는 값으로 분산, 표준편차, 범위, IQR, 사분편차, 변동계수가 있다.

① 분산(Variance)

- 분산은 데이터가 평균으로부터 얼마나 떨어져 있는지 나타내는 값을 의미한다.
- 편차의 제곱의 평균값으로 관측값에서 평균을 뺀 값인 편차를 모두 더하면 0이 나오기 때문에 제곱해서 더한다.
- 단, 편차의 제곱이기 때문에 본래의 데이터보다 큰 값으로 표현된다.

구분	수식
모분산	$$\sigma^2 = \frac{\sum\limits_{i=1}^{N}(X_i - \mu)^2}{N}$$ (μ : 모평균, X_i : i번째 데이터, N : 데이터의 수)
표본분산	$$s^2 = \frac{\sum\limits_{i=1}^{n}(X_i - \overline{X})^2}{n-1}$$ ($\overline{X}$: 표본평균, X_i : i번째 데이터, n : 데이터의 수)

② 표준편차(Standard Deviation)

- 표준편차는 분산에 양의 제곱근을 취한 값을 의미한다.
  (표준편차^2＝분산)
- 본래의 데이터와 동일한 단위로 데이터를 분석할 수 있어서 데이터가 커지는 분산의 단점을 보완할 수 있다.

구분	수식
모표준편차	$\sigma=\sqrt{\dfrac{\sum\limits_{i=1}^{N}(X_i-\mu)^2}{N}}$ (μ : 모평균, X_i : i번째 데이터, N : 데이터의 수)
표본 표준편차	$s=\sqrt{\dfrac{\sum\limits_{i=1}^{n}(X_i-\overline{X})^2}{n-1}}$ ($\overline{X}$: 표본평균, X_i : i번째 데이터, n : 데이터의 수)

③ 범위(Range)

범위는 데이터의 최댓값과 최솟값의 차이를 의미한다.

$$R=X_{max}-X_{min} \ (X_{max} : \text{데이터 최댓값}, X_{min} : \text{데이터 최솟값})$$

④ IQR(사분범위, 사분위수범위)

IQR(InterQuartile Range)은 제3사분위수와 제1사분위수의 차이 값을 의미한다.

$$IQR=Q_3-Q_1 \ (Q_3 : \text{제3사분위수}, Q_1 : \text{제1사분위수})$$

⑤ 사분편차(Quartile Deviation)

사분편차는 제3사분위수와 제1사분위수의 차인 IQR의 절반 값을 의미한다.

$$\text{사분편차}=\frac{IQR}{2}=\frac{Q_3-Q_1}{2} \ (Q_3 : \text{제3사분위수}, Q_1 : \text{제1사분위수})$$

⑥ 변동계수(CV, 변이계수, 상대표준편차)^{기출}

- 변동계수(Coefficient of Variation)는 표준편차를 평균으로 나눈 값을 의미한다.
- 변동계수는 측정 단위가 다른 데이터의 산포도를 상대적으로 비교할 때 사용된다.

구분	수식
모집단	$CV=\dfrac{\sigma}{\mu}$ (σ : 모표준편차, μ : 모평균)
표본집단	$CV=\dfrac{s}{\overline{X}}$ (s : 표본표준편차, $\overline{X}$: 표본평균)

(3) 데이터 분포 기출

데이터 분포를 표현하는 통계량에는 첨도와 왜도가 있다.

① 첨도(Kurtosis)

데이터 분포의 뾰족한 정도를 나타내는 통계량이다.

② 왜도(Skewness)

데이터 분포의 기울어진 정도를 나타내는 통계량이다.

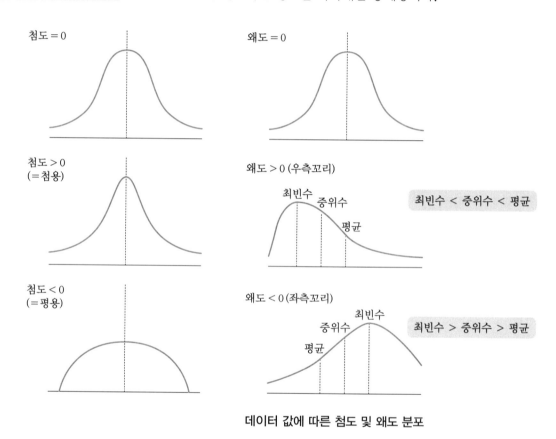

데이터 값에 따른 첨도 및 왜도 분포

(4) 공분산(Covariance) 기출

- 공분산은 2개의 변수 사이의 연관성을 나타내는 통계량을 의미한다.
- 공분산으로 상관관계의 상승 또는 하강 경향을 이해할 수 있으나 선형 관계의 강도를 나타내지는 못한다.
- 공분산의 종류에는 모공분산, 표본공분산이 있다.

구분	수식
모공분산	$Cov(X, Y) = \sigma_{XY} = \dfrac{1}{N} \sum\limits_{i=1}^{N} (X_i - \mu_X)(Y_i - \mu_Y)$ (μ_X : X 모집단 평균, μ_Y : Y 모집단 평균)
표본공분산	$S_{XY} = \dfrac{1}{n-1} \sum\limits_{i=1}^{n} (X_i - \overline{X})(Y_i - \overline{Y})$ ($\overline{X}$: X 표본집단의 평균, $\overline{Y}$: Y 표본집단의 평균)

• 공분산 해석 : 공분산은 다음과 같이 해석할 수 있다.

공분산 값	내용
($Cov > 0$)	2개의 변수 중 하나의 값이 상승할 때 다른 하나의 값도 상승하는 경우 공분산은 양수가 된다.
($Cov < 0$)	2개의 변수 중 하나의 값이 상승할 때 다른 하나의 값은 하강하는 경우 공분산은 음수가 된다.

(5) 상관관계(Correlation) 기출

• 두 변수 사이에 어떤 선형적 또는 비선형적 관계가 있는지 분석하는 방법으로, 상관관계로 인과관계는 알 수 없다.
• 공분산은 선형관계의 강도를 나타낼 수 없지만, 상관계수는 선형관계의 강도를 나타낼 수 있다.
• 상관계수는 -1~1 사이의 값을 가지며 1에 가까울수록 강한 양(+)의 상관관계를, -1에 가까울수록 강한 음(-)의 상관관계를 가진다.
• 상관관계 분석 방법에는 피어슨 상관계수, 스피어만 상관계수, 카이 제곱 검정이 있다.

② 표본추출

(1) 표본추출의 정의

표본추출(Sampling)은 모집단의 일부를 정해진 규칙에 따라 표본으로 추출하는 것을 의미한다.

(2) 표본추출 기법 기출

표본추출 기법에는 단순무작위추출, 계통추출, 층화추출, 군집추출이 있다.

모집단(population)
정보를 얻고자 하는 관심 대상의 전체 집합

① 단순무작위추출(Simple Random Sampling)
• 모집단에서 정해진 규칙 없이 표본을 추출하는 방식이다.
• 표본의 크기가 커질수록 정확도가 높아지고, 추정값의 분산이 작아진다.

② 계통추출(Systematic Sampling)
모집단을 일정한 간격 및 구간으로 추출하는 방식이다.
예 10명에게 번호표를 나눠주고, 짝수 번호인 사람 선정

③ 층화추출(Stratified Sampling)
• 모집단을 여러 계층으로 나누고, 계층별로 무작위 추출하는 방식이다.
• 데이터 특징이 층 내에서는 동질하고, 층간에서는 이질한 특징이 있다.

④ 군집추출(Cluster Random Sampling)
• 모집단을 여러 군집으로 나누고 일부 군집의 전체를 추출하는 방식이다.
• 데이터 특징이 집단 내에서는 이질적이고, 집단 외에서는 동질한 특징이 있다.

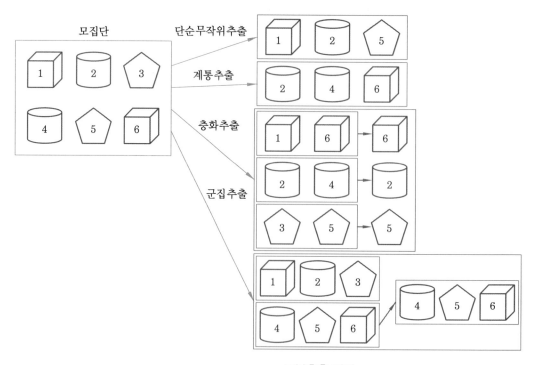

표본추출 기법

③ 확률분포

(1) 확률의 개념

확률(Probability)이란 어떠한 사건이 발생할 가능성을 의미하며, 0~1 범위의 수로 표현된다.

(2) 조건부 확률 ◂ 중요

조건부 확률은 어떤 사건이 일어난다는 조건에서 다른 사건이 일어날 확률을 의미한다.

사건 A가 조건으로 일어날 때 사건 B가 발생할 확률

$$P(B|A) = \frac{P(A \cap B)}{P(A)}$$

사건 B가 조건으로 일어날 때 사건 A가 발생할 확률

$$P(A|B) = \frac{P(A \cap B)}{P(B)}$$

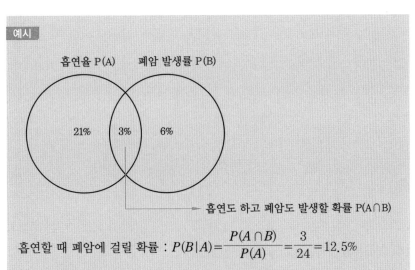

예시

흡연율 P(A)　폐암 발생률 P(B)

21%　3%　6%

흡연도 하고 폐암도 발생할 확률 P(A∩B)

흡연할 때 폐암에 걸릴 확률 : $P(B|A) = \dfrac{P(A \cap B)}{P(A)} = \dfrac{3}{24} = 12.5\%$

폐암에 걸렸을 때 흡연할 확률 : $P(A|B) = \dfrac{P(A \cap B)}{P(B)} = \dfrac{3}{9} = 33.3\%$

(3) 베이즈 정리(Bayes' Theorem) 기출

- 베이즈 정리는 두 확률 변수의 사전 확률과 사후 확률 사이의 관계를 설명하는 확률이론으로 B가 발생할 때, A_i가 발생할 확률을 의미한다.
- 어떤 사건이 서로 배반(排反)하는 원인 둘에 의해 일어난다고 할 때 실제 사건이 일어났을 때 이것이 두 원인 중 하나일 확률을 구하는 정리이다.

배반
두 개의 사건이 동시에 일어날 수 없는 경우

$$P(A_i|B) = \frac{P(A_i \cap B)}{P(B)} = \frac{P(A_i)P(B|A_i)}{\sum_{i=1}^{n} P(A_i)P(B|A_i)}$$

예시 한 회사에서 A공장은 부품을 50% 생산하고 불량률은 1%, B공장은 부품을 30% 생산하고 불량률 2%, C공장은 부품을 20% 생산하고 불량률이 3%이다. 부품을 선택했을 때 C공장에서 생산한 불량 부품일 확률을 구하시오.

$$A_1 : A공장, \ A_2 : B공장, \ A_3 : C공장, \ B : 불량률$$

$P(A_1)$: A공장 부품 생산율 50%, $P(B|A_1)$: A공장 불량률 1%
$P(A_2)$: B공장 부품 생산율 30%, $P(B|A_2)$: B공장 불량률 2%
$P(A_3)$: C공장 부품 생산율 20%, $P(B|A_3)$: C공장 불량률 3%

$P(A_3|B)$: 불량품이 C공장에서 생산될 확률

$$= \frac{P(A_3)P(B|A_3)}{P(A_1)P(B|A_1) + P(A_2)P(B|A_2) + P(A_3)P(B|A_3)}$$

$$= \frac{20\% \times 3\%}{(50\% \times 1\%) + (30\% \times 2\%) + (20\% \times 3\%)} = \frac{60}{50 + 60 + 60} = \frac{6}{17}$$

(4) 확률분포(Probability Distribution)

확률분포는 확률변수가 특정한 값을 가질 확률을 나타내는 분포이다. 확률변수의 종류에 따라 이산확률분포와 연속확률분포로 나뉜다.

① 이산확률분포(Discrete Probability Distribution)

- 이산확률분포는 이산확률변수 X가 갖는 확률분포를 나타낸다.
- 이산확률변수는 확률변수 X가 0, 1, 2, 3, … 과 같이 하나씩 셀 수 있는 값을 갖는다.

이산확률변수
셀 수 있는 확률변수

- 이산확률분포의 종류에는 푸아송 분포, 베르누이 분포, 이항 분포가
  있다.

이산확률분포의 종류 기출

종류	설명
푸아송 분포	주어진 시간 또는 영역에서 어떤 사건의 발생 횟수를 나타내는 확률분포 $$P = \frac{\lambda^n e^{-\lambda}}{n!}$$ (λ : 평균, n : 발생 횟수)
베르누이 분포	특정 실험의 결과가 성공 또는 실패로 두 가지 중 하나의 결과를 얻는 확률분포
이항 분포	n번 시행 중에 각 시행의 확률이 P일 때, k번 성공할 확률분포 $$P = \binom{n}{k} P^k (1-P)^{n-k}$$ (n : 시행 횟수, P : 특정 사건이 성공할 확률, k : 성공 횟수)

② 연속확률분포(Continuous Probability Distribution)

- 연속확률분포는 연속확률변수 X가 갖는 확률분포를 나타낸다.
- 연속확률분포의 종류에는 정규분포, 표준정규분포(Z-분포), T-분포,
  χ^2 분포(카이제곱 분포), F-분포, 지수 분포, 감마 분포가 있다.기출

  ㉮ **정규분포** : 분포 곡선이 평균값을 중심으로 좌우 대칭한 종 모양
  의 분포로 가우스 분포라고도 표현한다.

$$F(x) = \frac{1}{\sigma\sqrt{2\pi}} e^{-\frac{(x-\mu)^2}{2\sigma^2}}$$

(σ^2 : 모분산, μ : 모평균, x : 확률변수, e : 자연상수(2.718⋯))

  ㉯ **표준정규분(Z-분포)** : 정규분포에서 x를 Z로 정규화한 분포로 평
  균이 0이고, 분산이 1인 정규분포이다.

$$Z = \frac{\overline{X} - \mu}{\sigma}$$ (평균 0, 분산 1)

(σ : 모표준편차, μ : 모평균, $\overline{X}$: 표본평균)

  ㉰ **T-분포**

  - 모집단이 정규분포라는 정도만 알고 모표준편차(σ)는 모를 때,
    모집단의 평균을 추정하기 위해 사용하는 분포
  - 표본의 크기가 작은 경우 사용하고, 중심극한정리에 의해 T-분

연속확률변수
연속적인 구간 내의 실숫값
을 가진 확률변수

포는 정규분포를 따른다.

- 두 집단의 평균이 동일한지 확인하고자 할 때 검정통계량으로 사용된다.

$$T = \frac{\overline{X} - \mu}{s/\sqrt{n-1}}$$

(s : 표본표준편차, μ : 모평균, $\overline{X}$: 표본평균, n : 자유도(표본의 개수))

㉣ χ^2 분포(카이제곱 분포)

- k(자유도)개의 서로 독립적인 표준정규확률변수를 각각 제곱한 다음 합해서 얻는 분포
- 카이제곱 분포는 신뢰구간이나 가설 검정 등의 모델에서 자주 활용된다.

$$\chi^2 = Z_1^2 + Z_1^2 + \cdots + Z_k^2$$

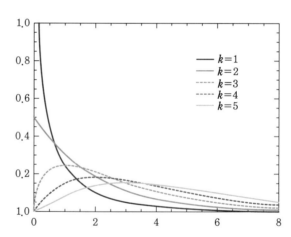

출처 : https://ko.wikipedia.org/wiki/%EC%B9%B4%EC%9D%B4%EC%A0%
9C%EA%B3%B1_%EB%B6%84%ED%8F%AC

㉤ F-분포

- 독립적인 χ^2 분포(카이제곱 분포)가 있을 때, 두 확률변수의 비
- 모집단 분산이 서로 동일하다고 가정되는 두 모집단으로부터 표본 크기가 각각 n_1, n_2인 독립적인 2개의 표본을 추출했을 때, 2개의 표본분산 s_1^2, s_2^2의 비율 $\left(\dfrac{s_1^2}{s_2^2} \right)$

$$F = \frac{s_1^2}{s_2^2}$$

(s_1^2 : 첫 번째 집단의 표본분산, s_2^2 : 두 번째 집단의 표본분산)

자유도
(degree of freedom)
정보의 수에서 추정된 매개변수를 뺀 것으로 정보의 수가 n일 경우 자유도는 n -1의 값을 가짐.

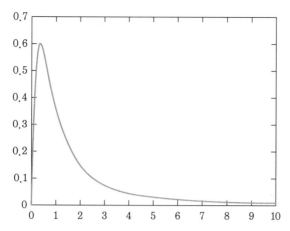

출처 : https://www.mathworks.com/help/stats/f-distribution_ko_KR.html

ⓑ **지수분포(Exponetial Distrubution)** : 특정 시점으로부터 어떤 사건이 일어날 때까지 걸리는 시간을 측정하는 확률 분포

$$f(x) = \lambda e^{-\lambda x}$$

(λ : 정해진 시간 안에 어떤 사건이 일어날 횟수에 대한 기댓값, x : 특정시점)

ⓒ **감마분포(Gamma Distribution)** : α번째 사건이 일어날 때까지 걸리는 시간에 대한 연속확률분포로 2개 이상의 지수분포가 합쳐진 형태

$$f(x;\ \alpha,\ \beta) = \frac{1}{\beta^\alpha\, \Gamma(\alpha)} x^{\alpha-1} e^{-\frac{x}{\beta}}$$

($\Gamma(k)$:감마함수, $E(X)$: 기댓값($\mu = \alpha\beta$), $Var(X)$: 분산($\sigma^2 = \alpha\beta^2$))

(5) 최대우도법(Maximum Likelihood Method) 기출

- 우도(likelihood, 가능도)는 현재 얻은 데이터가 해당 분포로부터 나왔을 가능성을 의미한다.
- 최대우도법은 어떤 확률변수에서 표집한 값들을 토대로 그 확률변수의 모수를 구하는 방법이다.
- 즉, 우리가 알고 싶은 데이터(θ, 모수)가 있을 때, 다양한 관측치들을 통해서 그 데이터가 나올 수 있게 하는 가장 그럴듯한 값을 추정하는 통계 기법이다.
- 우도 함수는 $L(\gamma) = L(\gamma,\ x_1,\ x_2,\ x_3,\ \cdots\cdots,\ x_n) = \prod_{i=1}^{n} f(x_i;\ \gamma) = \gamma^n e^{-r\sum_{i=1}^{n} x}$ 이다. 연산의 편의성을 위해 자연 로그를 취하고, 양 변을 미분하여 0이 되게 하는 감마(γ)를 찾는다.

> **예시** 확률밀도함수 1, 4, 2, 3, 4의 값을 가질 때 최대우도법을 이용하여 최대우도값을 구하시오.
>
> $$-n\gamma + \sum_{i=1}^{n} x_i r^2 = -5 \times \gamma + (1+4+2+3+4) \times \gamma^2$$
>
> $$= 0 \rightarrow \frac{5}{1+4+2+3+4} = \frac{5}{14}$$

③ 표본분포

표본분포(Sample Distribution)는 모집단에서 추출한 일정한 크기의 표본에 대한 분포상태를 의미한다.

(1) 표본분포 용어

표본분포 용어에는 모집단, 모수, 통계량, 추정량 등이 있다.
① 모집단(Population) : 정보를 얻고자 하는 관심 대상의 전체 집합이다.
② 모수(Parameter) : 모집단 분포 특성을 규정짓는 척도로 관심의 대상이 되는 모집단의 대푯값이다.
③ 통계량(Statistic) : 표본의 몇몇 특징을 수치화한 값(평균, 표준오차). 통계량을 통해 모수를 추정하고, 무작위로 추출할 경우 각 표본에 따라 달라지는 확률변수이다.
④ 추정량(Estimator) : 모수의 추정을 위해 구해진 통계량이다.

(2) 표본분포와 관련된 법칙

표본분포와 관련된 법칙으로는 큰 수의 법칙, 중심극한정리가 있다.

① 큰 수의 법칙(Law Large Number)
데이터를 많이 선택할수록(n이 커질수록) 표본평균의 분산은 0에 가까워진다.

② 중심극한정리(Central Limit Theorem)
데이터의 크기가 커지면 데이터의 표본분포는 최종적으로 정규분포의 형태를 따른다.

3-2   추론통계

- 추론통계(Inferential Statistics)^{기출}는 추출된 표본으로부터 모수와 관련된 통계량들의 값을 계산하고, 이를 이용하여 모집단의 특성을 알아내는 방법을 의미한다.
- 표본 개수가 많을수록 표본 오차는 낮아진다.
- 추정 방법에는 점 추정과 구간 추정이 있다.

1 점 추정

점 추정(Point Estimation)은 표본의 정보로부터 모집단의 모수를 하나의 값으로 추정하는 기법으로 표본평균, 표본분산, 중위수, 최빈수 등을 활용한다.
점 추정은 다음과 같은 4가지 조건을 만족해야 한다.

점 추정 조건 기출

조건	설명
불편성(불편의성) (Unbiasedness)	표본에서 얻은 추정량의 기댓값은 모집단의 모수와 차이가 없다.
효율성 (Efficiency)	추정량의 분산이 작을수록 좋다.
일치성 (Consistency)	표본의 크기가 매우 커지면 추정량이 모수와 거의 같아진다.
충족성(충분성) (Sufficiency)	추정량은 모수에 대해 충분한 정보를 제공한다.

불편성
어떤 모수의 추정량의 기댓값이 원래 모수가 되는 성질

2 구간 추정

(1) 구간 추정의 정의

구간 추정(Interval Estimation)은 추정값에 대한 신뢰도를 근거로 범위의 모수를 추정하는 기법이다. 항상 추정량의 분포에 대한 전제가 주어져야 하고, 구해진 구간 안에 모수가 있을 가능성의 크기인 신뢰수준이 주어져야 한다.

유의수준
(Significance Level)
제1종 오류를 범할 최대 허용확률로 해당 연구에서 허용되는 오차 수준

① 신뢰수준(Confidence Level)
- 추정값이 존재하는 구간에 모수가 포함될 확률
- $100 \times (1-\alpha)$%로 계산(α : 유의수준)
- 주로 90%, 95%, 99%의 신뢰수준을 사용한다.

② 신뢰구간(Confidence Interval) 기출
- 신뢰수준을 기준으로 추정된 통계적으로 유의미한 모수의 범위
- 신뢰구간은 그래프 양쪽을 다루기 때문에 α를 반으로 나눈 $\dfrac{\alpha}{2}$를 많이 사용한다.

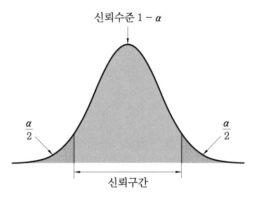

출처 : https://m.blog.naver.com/iotsensor/222182891116

(2) 단일 모평균 추정 기출

① 모분산이 알려져 있는 경우 : 모집단은 정규분포를 따르고 모분산이 알려져 있는 경우 Z-분포를 활용한다.

$$\overline{X} - Z_{\frac{\alpha}{2}}\frac{\alpha}{\sqrt{n}} \leq \mu \leq \overline{X} + Z_{\frac{\alpha}{2}}\frac{\alpha}{\sqrt{n}}$$

($\overline{X}$: 표본평균, σ : 모표준편차, n : 표본 수, μ : 모평균, $Z_{\frac{\alpha}{2}}$: 유의수준이 $\dfrac{\alpha}{2}$인 Z-분포)

신뢰수준에 따른 주요 ▶ $Z_{\frac{\alpha}{2}}$ 값은 암기해 두도록 한다.

② 신뢰수준에 따른 $Z_{\frac{\alpha}{2}}$ 값은 다음과 같다.

신뢰수준($1-\alpha$)	α	$\dfrac{\alpha}{2}$	$Z_{\frac{\alpha}{2}}$
90% (0.9)	0.1	0.05	$Z_{0.05} = 1.645$
95% (0.95)	0.05	0.025	$Z_{0.025} = 1.96$
99% (0.99)	0.001	0.005	$Z_{0.005} = 2.575$

③ 모분산이 알려져 있지 않은 경우 : 표본의 크기가 30 이상인 경우 Z-
분포를 활용한다.

$$\overline{X} - Z_{\frac{\alpha}{2}} \frac{s}{\sqrt{n}} \leq \mu \leq \overline{X} + Z_{\frac{\alpha}{2}} \frac{s}{\sqrt{n}}$$

($\overline{X}$: 표본 평균, s : 표본 표준편차, n : 표본 수, μ : 모평균, $Z_{\frac{\alpha}{2}}$: 유의수준
이 $\frac{\alpha}{2}$인 Z-분포)

④ 모분산이 알려져 있지 않은 경우 : 표본의 크기가 30보다 작은 경우
자유도가 $n-1$인 T-분포를 따른다.

$$\overline{X} - t_{\frac{\alpha}{2},\ n-1} \frac{s}{\sqrt{n}} \leq \mu \leq \overline{X} + t_{\frac{\alpha}{2},\ n-1} \frac{s}{\sqrt{n}}$$

($\overline{X}$: 표본 평균, s : 표본표준편차, n : 표본수, μ : 모평균, $t_{\frac{\alpha}{2},\ n-1}$: 유의수
준이 $\frac{\alpha}{2}$와 자유도 $n-1$인 T-분포)

예시 모집단이 정규분포를 따르며 모분산이 알려져 있지 않을 때, 표본의
개수가 10개, 표본 평균이 15, 표본표준편차가 3일 때, 모평균의 양측 신뢰
구간을 추정해보자. (단, 신뢰수준은 95%로 한다.)

T-분포표

확률 자유도	0.4	0.25	0.1	0.05	0.025	0.01	0.005	0.0025	0.001	0.0005
1	0.325	1.000	3.078	6.314	12.706	31.821	63.657	127.320	318.310	636.620
2	0.289	0.816	1.886	2.920	4.303	6.965	9.925	14.089	23.326	31.598
3	0.277	0.765	1.638	2.353	3.182	4.541	5.841	7.453	10.213	12.924
4	0.271	0.741	1.533	2.132	2.776	3.747	4.604	5.598	7.173	8.610
5	0.267	0.727	1.476	2.015	2.571	3.365	4.032	4.773	5.893	6.869
6	0.265	0.718	1.440	1.943	2.447	3.143	3.707	4.317	5.208	5.959
7	0.263	0.711	1.415	1.895	2.365	2.998	3.499	4.029	4.785	5.408
8	0.262	0.706	1.397	1.860	2.306	2.896	3.355	3.833	4.501	5.041
9	0.261	0.703	1.383	1.833	2.262	2.821	3.250	3.690	4.297	4.781
10	0.260	0.700	1.372	1.812	2.228	2.764	3.169	3.581	4.144	4.587
11	0.260	0.697	1.363	1.796	2.201	2.718	3.106	3.497	4.025	4.437
12	0.259	0.695	1.356	1.782	2.179	2.681	3.055	3.428	3.930	4.318
13	0.259	0.694	1.350	1.771	2.160	2.650	3.012	3.372	3.852	4.221
14	0.258	0.692	1.345	1.761	2.145	2.624	2.977	3.326	3.787	4.140
15	0.258	0.691	1.341	1.753	2.131	2.602	2.947	3.286	3.733	4.073
16	0.258	0.690	1.337	1.746	2.120	2.583	2.921	3.252	3.686	4.015
17	0.257	0.689	1.333	1.740	2.110	2.567	2.898	3.222	3.646	3.965
18	0.257	0.688	1.330	1.734	2.101	2.552	2.878	3.197	3.610	3.922
19	0.257	0.688	1.328	1.729	2.093	2.539	2.861	3.174	3.579	3.883

출처 : https://kkokkilkon.tistory.com/36

$$\overline{X} : 15,\ n : 10,\ s : 3$$

$t_{\frac{\alpha}{2},\ n-1}$: 2.262 (95% 신뢰수준 α : 0.05 → $\frac{\alpha}{2}$: 0.025 ⇒ 자유도가 9이면서
$\frac{\alpha}{2}$가 0.025인 경우)

$$15 - 2.262 \frac{3}{\sqrt{10}} \leq \mu \leq 15 + 2.262 \frac{3}{\sqrt{10}}$$

3 가설검정 기출

(1) 가설의 정의

가설(Hypothesis)이란 모집단의 특성, 특히 모수에 대한 가정 또는 잠정적인 결론을 의미한다.

(2) 가설의 종류

가설의 종류에는 귀무가설과 대립가설이 있다.

① 귀무가설(H_0, Null Hypothesis) : 현재까지 주장되어 온 것이거나, 기존과 비교하여 변화 혹은 차이가 없음을 나타내는 가설이다.

② 대립가설(H_1, Alternative Hypothesis) : 표본을 통해 확실한 근거를 가지고 입증하고자 하는 가설로서 연구가설이라고도 한다.

(3) 가설검정

가설검정(Statistical Hypothesis Test)이란 모집단에 대한 가설을 정한 뒤, 표본을 추출하고 표본을 통해 얻은 정보를 활용하여 가설의 진위를 판단하는 것을 의미한다.

① 가설검정 절차 : 가설을 세우고 가설을 검정하기 위한 유의수준(α)을 설정하는데, 이 유의수준은 대립가설을 기준으로 설정한다.

p-값(p-value)
귀무가설이 참이라는 전제 하에 표본에서 실제로 관측된 통계치와 같거나 더 극단적인 통계치가 관측될 확률

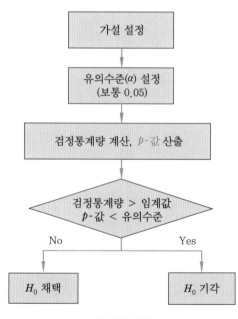

가설검정 절차

② 가설검정 방법 ^{기출} : 가설검정 방법은 대립가설의 형태에 따라 양측 검정과 단측 검정이 있다.

 ㉮ 단측 검정(one-sided test)

  • 모수(θ)가 특정 값(θ_0)과 통계적으로 크거나 작은지를 검정하는 방법

  • 우측 검정(귀무가설 $H_0 : \theta = \theta_0$, 대립가설 $H_1 : \theta > \theta_0$)

  • 좌측 검정(귀무가설 $H_0 : \theta = \theta_0$, 대립가설 $H_1 : \theta < \theta_0$)

  • 표본 분포의 한쪽에 관심을 가지고 시행하는 검정 방법으로 대립 가설의 주장이 방향성을 갖는 경우

  • 가설을 검정하는데 있어서 한쪽 측면을 검정 기준으로 기각 영역 을 설정하여 검정한다.

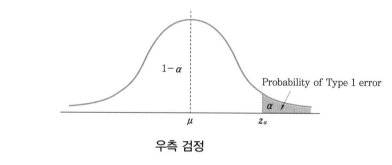

우측 검정

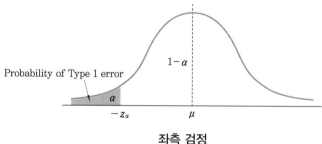

좌측 검정

 ㉯ 양측 검정(two-sided test)

  • 모수(θ)가 특정 값(θ_0)과 통계적으로 같은지 검정하는 방법

  • 귀무가설 $H_0 : \theta = \theta_0$, 대립가설 $H_1 : \theta \neq \theta_0$

  • 대립가설의 주장이 방향성을 갖지 않는 경우

  • 검정량이 기각치 이하이거나 이상이면 귀무가설을 기각하는 검 정 방법

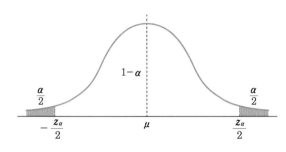

양측 검정

출처 : https://m.blog.naver.com/mykepzzang/220886418140

③ 가설검정 오류의 종류 기출

가설검정 오류의 종류에는 제1종 오류와 제2종 오류가 있다.

㉮ 제1종 오류(False Positive) : 귀무가설이 참인데 잘못하여 이를 기각하게 되는 오류

용어	설명
유의수준 (Level of Significance)	• 제1종 오류를 범할 최대허용확률 • α로 표기한다.
신뢰수준 (Level of Confidence)	• 귀무가설이 참일 때 이를 참으로 판단하는 확률 • $1-\alpha$로 표기한다.

㉯ 제2종 오류(False Negative) : 귀무가설이 거짓인데 이를 채택하게 되는 오류

용어	설명
베타수준 (β level)	• 제2종 오류를 범할 최대허용확률 • β로 표기한다.
검정력 (Statistical Power)	• 귀무가설이 참이 아닌 경우 이를 기각할 수 있는 확률 • $1-\beta$로 표기한다.

가설검정 오류의 종류를 표로 나타내면 다음과 같다.

가설검정 오류

		참값(실제 현상)	
		H_0	H_1
채택(통계적 결정)	H_0	올바른 결정($1-\alpha$)	제2종 오류(β)
	H_1	제1종 오류(α)	올바른 결정($1-\beta$)

1. 다음 중 기술통계에 대한 설명으로 옳지 않은 것은?

① 기술통계는 데이터 분석 초기 단계에서 데이터 분포의 특징을 확인하기 위해 사용된다.

② 데이터의 전수조사가 어려운 경우 표본 데이터를 추출하여 분석한다.

③ 기술통계의 기술은 'Technology'를 의미한다.

④ 기술통계를 통해 데이터에 대한 정확한 이해가 가능하게 된다.

해설 기술통계의 기술은 Technology가 아닌 Descriptive(기술하는, 서술하는)이다.

2. 다음 중 평균값에 대한 설명으로 옳지 않은 것은?

① 평균값은 주어진 데이터를 모두 더한 뒤, 데이터의 개수만큼 나눈 값을 의미한다.

② 평균값은 이상치에 영향을 받지 않는다.

③ 평균값의 종류로 모평균과 표본평균이 있다.

④ 모평균의 수식은 $\mu = \dfrac{1}{N} \sum\limits_{i=1}^{N} X_i$와 같다.

해설 평균값은 이상치에 영향을 받는다. 이상치에 영향을 받지 않는 것은 중위수(Median)이다.

3. 다음과 같은 데이터에서 중위수는 얼마인가?

13, 5, 3, 2, 6, 10, 1, 20, 8, 11

① 5   ② 8

③ 6   ④ 7

해설 주어진 데이터를 오름차순으로 정렬하면 1, 2, 3, 5, 6, 8, 10, 11, 13, 20과 같다. 다만 주어진 데이터의 수가 10개(짝수)이므로 중앙의 두 수(6, 8)를 더한 값의 평균이 중위수가 된다.

$$\frac{(6+8)}{2} = 7$$

4. 다음 중 대푯값에 대한 설명이 바르지 않는 것은?

① 대푯값에는 평균값, 중위수, 사분위수, 범위가 있다.

② 표본평균의 수식은 $\overline{X} = \dfrac{1}{n} \sum\limits_{i=1}^{n} X_i$와 같다.

③ 중위수 수식은 $d_{median} = \dfrac{n+1}{2}$번째 값($n$: 데이터 개수)과 같다.

④ 사분위수는 모든 데이터를 순서대로 배열했을 때, 4등분한 지점에 있는 값을 의미한다.

해설 대푯값에는 평균값, 중위수, 최빈수, 사분위수가 있다. 범위(Range)는 산포도에 속한다.

5. 다음 중 산포도에 속하지 않는 것은?

① 분산

② 최빈수

③ 표준편차

④ IQR

해설 산포도에는 분산, 표준편차, 범위, IQR, 사분편차, 변동계수가 있다. 최빈수는 대푯값에 속한다.

6. 다음 중 분산에 대한 설명이 옳은 것은?

① 분산은 데이터가 커지는 단점을 보완할 수 있다.

② 분산의 수식은 $s=\sqrt{\dfrac{\sum\limits_{i=1}^{N}(X_i-\overline{X})^2}{n-1}}$와 같다.

③ 분산은 데이터의 흩어진 정도를 나타낸다.

④ 분산은 표준편차에 양의 제곱근을 취한 것이다.

해설 ①과 ②는 표준편차에 대한 설명이다. 표준편차는 분산에 양의 제곱근을 취한 값이다.

7. 다음 중 IQR에 대한 설명으로 옳은 것은?

① IQR은 사분범위, 사분위수범위와 같은 말이다.

② IQR은 제4사분위수와 제2사분위수의 차이 값을 의미한다.

③ IQR은 시각화 도구인 막대그래프에서 확인할 수 있다.

④ 사분편차는 $IQR \times 2$로 표현된다.

해설 ② IQR은 제3사분위수와 제1사분위수의 차이 값을 의미한다.

③ IQR은 시각화 도구인 상자수염그림에서 확인할 수 있다.

④ 사분편차 수식은 $\dfrac{IQR}{2}$이다.

8. 다음 중 데이터 분포에 대한 설명으로 옳지 <u>않은</u> 것은?

① 데이터 분포는 첨도와 왜도로 나뉜다.

② 첨도는 데이터의 뾰족한 정도를 나타낸다.

③ 왜도는 데이터의 기울어진 정도를 나타낸다.

④ 왜도 > 0일 때, 데이터는 좌측 꼬리 모형을 갖는다.

해설 왜도 > 0일 때, 데이터는 우측 꼬리 모형을 갖는다.

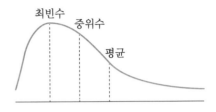

왜도 > 0 (우측 꼬리)

9. 다음 중 왜도 < 0일 때, 올바른 배열은?

① 최빈수 < 중위수 < 평균

② 최빈수 > 중위수 > 평균

③ 최빈수 < 중위수 = 평균

④ 최빈수 = 중위수 < 평균

해설 왜도 < 0일 때, 최빈수 > 중위수 > 평균과 같은 분포를 갖는다.

①은 왜도 > 0일 때에 대한 설명이다.

10. 다음 중 공분산에 대한 설명으로 옳지 <u>않</u>은 것은?

① 공분산은 2개의 변수 사이의 연관성을 나타내는 통계량이다.

② 공분산으로 상승 또는 하강 관계를 이해할 수 있다.

③ 공분산으로 선형관계에 대한 강도를 나타낼 수 있다.

④ 공분산은 모공분산과 표본공분산으로 나뉜다.

해설 공분산으로 상관관계의 상승 또는 하강 경향을 이해할 수 있으나 선형관계의 강도를 나타내지는 못한다.

정답 6. ③ 7. ① 8. ④ 9. ② 10. ③

11. 다음 중 상관관계에 대한 설명으로 <u>틀린</u> 것은?

① 두 변수 사이에 어떤 선형적 혹은 비선형적 관계가 있는지 분석하는 방법이다.

② 상관관계의 수치를 나타내는 상관계수는 -1~1의 범위를 갖는다.

③ 상관계수가 1에 가까울수록 강한 양(+)의 상관관계를 갖는다고 할 수 있다.

④ 상관관계로 두 변수 사이의 인과관계를 알 수 있다.

(해설) 상관관계는 두 변수 사이에 어떤 선형적 또는 비선형적 관계가 있는지 분석하는 방법으로 상관관계로 인과관계는 알 수 없다.

12. 다음 중 표본추출 기법에 속하지 <u>않는</u> 것은?

① 단순추출
② 계통추출
③ 층화추출
④ 군집추출

(해설) 표본추출 기법에는 단순무작위추출, 계통추출, 층화추출, 군집추출이 있다.

13. 다음에 설명하는 표본추출 기법은 어느 것인가?

> 모집단을 일정한 간격 및 구간으로 추출하는 방식이다.
> (예) 특정한 지역에 주민등록번호 끝 번호가 3인 사람을 추출

① 계통추출
② 계층추출
③ 군집추출
④ 층화추출

(해설) 계통추출에 대한 설명이다.

14. 다음 중 조건부 확률에 대한 설명으로 옳지 <u>않은</u> 것은?

① 조건부 확률은 어떤 사건이 일어난다는 조건에서 다른 사건이 일어날 확률을 의미한다.

② 사건 A가 조건으로 일어날 때 사건 B가 발생할 확률은 $P(B|A) = \dfrac{P(A \cap B)}{P(A)}$와 같다.

③ 조건부 확률은 -1~1의 범위를 갖는다.

④ 사건 B가 조건으로 일어날 때 사건 A가 발생할 확률은 $P(A|B) = \dfrac{P(A \cap B)}{P(B)}$와 같다.

(해설) 확률은 0~1범위의 값을 갖는다.

15. 다음과 같은 데이터가 주어졌을 때, 흡연할 때 폐암에 걸릴 조건부 확률은?

흡연율 P(A)   폐암 발생률 P(B)

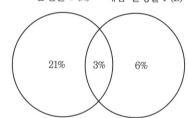

① $\dfrac{1}{7}$ ② $\dfrac{1}{10}$

③ $\dfrac{1}{3}$ ④ $\dfrac{1}{8}$

(해설) 주어진 데이터에서 흡연할 때 폐암에 걸릴 확률은

$$P(B|A) = \dfrac{P(A \cap B)}{P(A)}$$

$$= \dfrac{3}{24} = \dfrac{1}{8} = 12.5\%$$

와 같다.

16. 다음 중 이산확률분포의 종류가 <u>아닌</u> 것은?

① 푸아송 분포
② 카이제곱 분포
③ 베르누이 분포
④ 이항 분포

> **해설** 카이제곱 분포는 이산확률분포가 아닌 연속확률분포에 속한다.

17. 다음 중 연속확률분포에 대한 설명으로 옳지 <u>않은</u> 것은?

① 정규분포는 분포 곡선이 평균값을 중심으로 좌우 대칭한 종 모양의 분포이다.
② 표준정규분포는 정규분포에서 x를 Z로 정규화한 분포로 평균이 0이고 분산이 1인 정규분포이다.
③ T-분포는 모표준편차를 알 때, 모집단의 평균을 추정하기 위해 사용하는 분포이다.
④ F-분포는 독립적인 χ^2 분포가 있을 때, 두 확률변수의 비를 나타낸다.

> **해설** T-분포는 정규분포라는 정도만 알고, 모표준편차(σ)는 모를 때, 모집단의 평균을 추정하기 위해 사용하는 분포이다.

18. 다음 중 표본분포에 대한 설명으로 <u>틀린</u> 것은?

① 모수는 정보를 얻고자 하는 관심 대상의 전체 집합을 의미한다.
② 표본분포 용어에는 모집단, 모수, 통계량, 추정량 등이 있다.
③ 표본분포는 모집단에서 추출한 일정한 크기의 표본에 대한 분포 상태를 의미한다.
④ 표본분포와 관련된 법칙으로는 큰 수의 법칙, 중심극한정리가 있다.

> **해설** 정보를 얻고자 하는 관심 대상의 전체 집합은 모집단에 대한 설명이다.

19. 다음 중 추론통계에 대한 설명으로 옳지 <u>않은</u> 것은?

① 추론통계는 추출된 표본으로부터 모수와 관련된 통계량들의 값을 계산하고, 이를 이용하여 모집단의 특성을 알아내는 방법이다.
② 표본 개수가 많을수록, 표본 오차는 낮아진다.
③ 추정 방법에는 점 추정과 구간 추정이 있다.
④ 점 추정은 구간 추정에 비해 신뢰도가 높다.

> **해설** 한 점을 추정하는 점 추정보다는 구간을 추정하는 구간 추정의 신뢰도가 더욱 높다.

20. 다음 중 점 추정 조건에 속하지 <u>않는</u> 것은?

① 효율성
② 일치성
③ 충족성
④ 편의성

> **해설** 점 추정의 조건에는 불편성(불편의성), 효율성, 일치성, 충족성(충분성)이 있다.

마무리 문제

1. 다음 중 데이터 오류 원인에 대한 설명으로 옳지 **않은** 것은?

① 결측값은 입력되지 않은 누락된 값을 의미한다.

② 이상치는 일반적인 값보다 지나치게 크거나 작은 값을 의미한다.

③ 데이터 오류 원인에는 결측값, 다중값, 이상치, 노이즈가 있다.

④ 노이즈는 입력되지 않았으나 입력되었다고 잘못 인지된 값이다.

해설 데이터 오류 원인에는 결측값, 이상치, 노이즈가 있다.

2. 다음 그림에서 ㉠과 ㉡에 알맞은 명칭으로 된 것은?

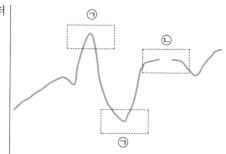

① ㉠ : 결측값 ㉡ : 노이즈

② ㉠ : 노이즈 ㉡ : 이상값

③ ㉠ : 이상값 ㉡ : 노이즈

④ ㉠ : 이상값 ㉡ : 결측값

해설 주어진 그림에서 ㉠은 이상값, ㉡은 결측값을 나타낸다.

3. 다음 중 데이터 일관성 유지를 위한 정제 기법에 대한 설명으로 옳지 **않은** 것은?

① 데이터 일관성 유지를 위한 정제 기법에는

변환, 파싱, 보강이 있다.

② 변환은 일관된 데이터를 다양한 형태로 재표현하는 작업이다.

③ 파싱은 데이터를 유의미한 최소 단위로 분할하는 작업이다.

④ 보강은 변환, 파싱, 표준화 등을 통한 추가적인 정보를 반영하는 작업이다.

해설 변환은 다양한 형태로 표현된 데이터를 일관된 형태로 변환하는 작업이다.

4. 다음 중 데이터 결측값 처리절차로 옳은 것은?

① 결측값 식별 → 결측값 부호화 → 결측값 대체

② 결측값 부호화 → 결측값 식별 → 결측값 대체

③ 결측값 대체 → 결측값 수정 → 결측값 판단

④ 결측값 수정 → 결측값 대체 → 결측값 판단

해설 올바른 데이터 결측값 처리절차는 결측값 식별 → 결측값 부호화 → 결측값 대체이다.

5. 다음 중 데이터 결측값 처리 방법에 대한 설명으로 **틀린** 것은?

① 데이터 결측값 처리 방법은 단순 대치법, 다중 대치법, 분석 대치법이 있다.

② 단순 대치법에는 완전분석법, 평균대치법, 단순확률대치법이 있다.

③ 단순확률대치법에는 핫덱 대체, 콜드덱 대체, 혼합 방법이 있다.

④ 핫덱 대체는 진행 중인 연구 내에서 비슷한 성향의 자료로 결측값을 대체하는 방법이다.

해설 데이터 결측값 처리 방법은 단순 대치법, 다중 대치법이 있다.

6. 다음 중 이상치 발생 원인을 고른 것은?

㉠ : 고의적인 이상값	㉡ : 학습 오류
㉢ : 데이터 입력 오류	㉣ : 측정 오류
㉤ : 판단 오류	㉥ : 비자연 오류

① ㉠, ㉡, ㉢   ② ㉢, ㉤, ㉥

③ ㉠, ㉢, ㉣   ④ ㉠, ㉡, ㉣

해설 이상치 발생 원인은 7가지로 표본 추출 오류, 고의적인 이상값, 데이터 입력 오류, 실험 오류, 측정 오류, 데이터 처리 오류, 자연 오류가 있다.

7. 다음과 같은 특징을 갖는 변수는?

- 범주형 변수 중 하나이다.
- 명시적으로 이름만 의미를 부여할 수 있는 경우를 말한다.
- 사용 예시로 성별(남, 여), 혼인 여부(미혼, 기혼) 등이 있다.

① 연속형 변수   ② 이산형 변수

③ 순서형 변수   ④ 명목형 변수

해설 위와 같은 특징을 갖는 변수는 명목형 변수이다.

8. 다음 중 차원 축소 기법이 아닌 것은?

① PCA   ② LOF   ③ LDA   ④ SVD

해설 차원 축소 방법에는 주성분 분석(PCA), 선형판별 분석(LDA), 특이값 분해(SVD), 요인 분석, 독립성분 분석(ICA), 다차원 척도법(MDS)이 있다. LOF(Local Outlier Factor)는 전체 데이터 분포에서 지역적인 밀집도(density)를 고려하여 이상값을 확인하는 방법이다.

9. 다음 중 데이터 탐색에 대한 설명이 틀린 것은?

① 데이터 탐색은 수집한 데이터를 분석하기 전에 통계적인 방법을 이용하여 다양한 각도에서 데이터의 특징을 파악하는 분석 방법이다.

② 데이터의 특성을 파악하기 위해 시각화하여 분석하기도 하며, 데이터 탐색 도구에는 도표, 그래프, 요약 통계 등이 있다.

③ 데이터 탐색은 보통 한 가지 방법을 활용하여 단기간에 수행하는 것을 목표로 한다.

④ 탐색적 데이터 분석은 수집된 데이터를 다양한 방법을 활용하여 탐색적으로 분석하여 데이터의 특징을 정확하게 파악하는 것이다.

해설 데이터 탐색은 데이터를 정확히 파악하는 것을 목표로 하기 때문에 다양한 방법을 활용하여 지속적으로 분석해야 한다.

10. 다음에 설명하는 변수 선택 기법은?

- 임베디드 기법에 속한다.
- 선형회귀 모델에서 L1-norm 규제를 주는 것이다.
- 가중치의 절댓값의 합을 최소화하는 방법이다.

① LASSO   ② Ridge

③ Elastic Net   ④ Select From Model

해설 LASSO에 대한 변수 선택 기법이다.

11. 다음 중 변수 유형의 관계가 **잘못** 짝지어진 것은?

① 변수 속성- 범주형, 수치형

② 범주형 – 명목형, 수치형

③ 인과 관계 – 독립변수, 종속변수

④ 수치형 – 중복형, 비율형

해설 수치형 변수에는 이산형, 연속형이 있다.

12. 다음에 설명하는 데이터 유형은?

> - 이산형 변수와 연속형 변수에 대한 데이터 탐색 방법이다.
> - 평균, 분산, 표준편차, 첨도, 왜도 등을 이용하여 데이터 분포의 특징을 정규성 측면에서 파악한다.
> - 시각화는 박스플롯(Box-plot) 또는 히스토그램을 주로 사용한다.

① 수치형 데이터
② 범주형 데이터
③ 연속 데이터
④ 비율 데이터

해설 수치형 데이터(양적 데이터)에 대한 설명이다.

13. 다음과 같은 연구를 하고자 할 때 알맞은 분석 방법은?

> - 두 개 이상의 변수 사이에 존재하는 상호 연관성의 존재 여부와 연관성의 강도를 분석하고자 할 때
> - 연구 분야 예로 체중과 신장 사이의 관계, 담뱃값 상승과 흡연율 사이의 관계

① 신뢰성 분석
② 선형강도 분석
③ 인과관계 분석
④ 상관관계 분석

해설 위 설명은 상관관계 분석에 대한 내용이다. 인과관계는 원인과 결과를 갖는 관계로 상관관계의 충분조건이다. 하지만 상관관계는 두 요인이 서로 영향을 주는 것은 맞지만, 그 관계가 반드시 인과관계라고는 할 수 없는 관계를 의미한다.

14. 다음과 같은 데이터 분석 결과의 경우 어떠한 상관관계를 갖는가?

> - A기업은 광고비 지출에 따른 매출액의 관계를 파악하기 위해 데이터를 분석했다.
> - 데이터 분석 결과 광고비 지출이 많아질수록 매출액이 뚜렷이 감소하는 경향을 보였다.

① 다중 상관관계
② 양의 상관관계
③ 음의 상관관계
④ 상관관계 없음

해설 사례는 하나의 변수(광고비)가 증가했을 때 반대로 다른 변수(매출액)가 감소했으므로 음의 상관관계를 갖는다고 할 수 있다.

15. 다음과 같은 그래프의 특징으로 옳지 <u>않</u>은 것은?

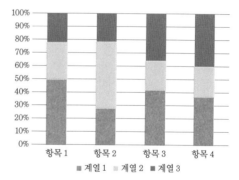

① 여러 가지 항목들에 대한 많고 적음을 표현한다.
② 막대그래프 가로축은 수치형 데이터가 아니어도 된다.
③ 이 그래프를 통해 이상값을 확인할 수 있다.
④ 막대 너비는 같지 않을 수 있다.

해설 그림은 막대형 그래프를 나타내고, 막대형 그래프로는 이상값을 확인할 수 없다. 이상값을 확인할 수 있는 그래프는 히스토그램, 상자수염 그림이다.

16. 다음과 같은 시각화 도구에서 확인할 수 없는 값은?

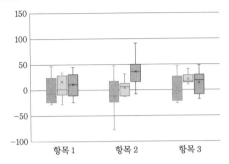

① 중앙값   ② 결측값
③ IQR   ④ 이상치

해설 박스플롯(Box Plot) 그림이다. 박스플롯에서는 결측값을 확인할 수 없다. 박스플롯에서 확인할 수 있는 정보는 하위경계, 최솟값, 제1사분위, 제2사분위, 제3사분위, 최댓값, 상위경계, 수염, 이상값이다.

17. 다음 중 산포도에 대한 설명으로 옳지 않은 것은?

① 범위는 데이터의 최댓값과 최솟값의 차이를 의미한다.
② 사분편차는 IQR의 절반 값을 의미한다.
③ IQR은 제3사분위수에서 중위수를 뺀 값을 의미한다.
④ 변동계수는 표준편차를 평균으로 나눈 값이다.

해설 IQR은 사분위수 범위로 제3사분위에서 제1사분위를 뺀 값이다.

18. 다음 데이터 분포에 대한 설명 중 틀린 것은?

① 첨도>0일 때, 데이터 구조는 평용과 같다.
② 첨도는 데이터의 뾰족한 정도를 나타낸다.
③ 왜도는 데이터의 기울어진 정도를 나타낸다.
④ 왜도=0일 때, 데이터는 정규분포의 형태를 갖는다.

해설 첨도 > 0일 때, 데이터 구조는 뾰족한 모양의 첨용과 같다. 평용은 첨도 < 0일 때의 데이터 구조다.

19. 한 회사에서 A공장은 부품을 60% 생산하고 불량률은 2%, B공장은 부품을 30% 생산하고 불량률 3%, C공장은 부품을 10% 생산하고 불량률이 1% 부품을 선택했을 때 C공장에서 생산한 불량 부품일 확률은?

① $\dfrac{3}{20}$ ② $\dfrac{1}{22}$

③ $\dfrac{5}{17}$ ④ $\dfrac{5}{8}$

해설 베이즈 정리를 통해 다음과 같이 연산할 수 있다.

A_1 : A공장, A_2 : B공장,
A_3 : C공장, B : 불량률

$P(A_1)$: A공장 부품 생산율 60%,
$P(B|A_1)$: A공장 불량률 2%
$P(A_2)$: B공장 부품 생산율 30%,
$P(B|A_2)$: B공장 불량률 3%
$P(A_3)$: C공장 부품 생산율 10%,
$P(B|A_3)$: C공장 불량률 1%

$P(A_3|B)$: 불량품이 C공장에서 생산될 확률

$$= \frac{P(A_3)P(B|A_3)}{P(A_1)P(B|A_1)+P(A_2)P(B|A_2)+P(A_3)P(B|A_3)}$$

$$= \frac{10\% \times 1\%}{(60\% \times 2\%) + (30\% \times 3\%) + (10\% \times 1\%)}$$

$$= \frac{10}{120+90+10} = \frac{1}{22}$$

20. 모집단이 정규분포를 따르며 모분산이 알려져 있지 않을 때, 표본의 개수가 10개, 표본 평균이 15, 표본 표준편차가 3일 때, 모평균의 양측 신뢰구간은? (단, 신뢰수준은 95%로 한다.)

d_f \ α	0.4	0.25	0.1	0.05	0.025	0.01	0.005	0.0025	0.001	0.0005
1	0.325	1.000	3.078	6.314	12.706	31.821	63.657	127.320	318.310	636.620
2	0.289	0.816	1.886	2.920	4.303	6.965	9.925	14.089	23.326	31.598
3	0.277	0.765	1.638	2.353	3.182	4.541	5.841	7.453	10.213	12.924
4	0.271	0.741	1.533	2.132	2.776	3.747	4.604	5.598	7.173	8.610
5	0.267	0.727	1.476	2.015	2.571	3.365	4.032	4.773	5.893	6.869
6	0.265	0.718	1.440	1.943	2.447	3.143	3.707	4.317	5.208	5.959
7	0.263	0.711	1.415	1.895	2.365	2.998	3.499	4.029	4.785	5.408
8	0.262	0.706	1.397	1.860	2.306	2.896	3.355	3.833	4.501	5.041
9	0.261	0.703	1.383	1.833	2.262	2.821	3.250	3.690	4.297	4.781
10	0.260	0.700	1.372	1.812	2.228	2.764	3.169	3.581	4.144	4.587

d_f : 자유도　　α : 확률

① $15 - 2.262\dfrac{3}{\sqrt{10}} \le \mu \le 15 + 2.262\dfrac{3}{\sqrt{10}}$

② $10 - 1.833\dfrac{3}{\sqrt{15}} \le \mu \le 10 + 1.833\dfrac{3}{\sqrt{15}}$

③ $15 - 1.833\dfrac{3}{\sqrt{15}} \le \mu \le 15 + 1.833\dfrac{3}{\sqrt{15}}$

④ $10 - 2.262\dfrac{3}{\sqrt{15}} \le \mu \le 10 + 2.262\dfrac{3}{\sqrt{15}}$

해설 단일 모평균 추정을 통해 다음과 같이 연산할 수 있다.

> 모집단이 정규분포를 따르며 모분산이 알려져 있지 않을 때, 표본의 개수가 10개, 표본 평균이 15, 표본 표준편차가 3일 때, 모평균의 양측 신뢰구간을 추정해 보자. (단, 신뢰수준은 95%로 한다.)
>
> | 자유도 \ 확률 | 0.4 | 0.25 | 0.1 | 0.05 | 0.025 | 0.01 | 0.005 | 0.0025 | 0.001 | 0.0005 |
> |---|---|---|---|---|---|---|---|---|---|---|
> | 1 | 0.325 | 1.000 | 3.078 | 6.314 | 12.706 | 31.821 | 63.657 | 127.320 | 318.310 | 636.620 |
> | 2 | 0.289 | 0.816 | 1.886 | 2.920 | 4.303 | 6.965 | 9.925 | 14.089 | 23.326 | 31.598 |
> | 3 | 0.277 | 0.765 | 1.638 | 2.353 | 3.182 | 4.541 | 5.841 | 7.453 | 10.213 | 12.924 |
> | 4 | 0.271 | 0.741 | 1.533 | 2.132 | 2.776 | 3.747 | 4.604 | 5.598 | 7.173 | 8.610 |
> | 5 | 0.267 | 0.727 | 1.476 | 2.015 | 2.571 | 3.365 | 4.032 | 4.773 | 5.893 | 6.869 |
> | 6 | 0.265 | 0.718 | 1.440 | 1.943 | 2.365 | 3.143 | 3.707 | 4.317 | 4.785 | 5.408 |
> | 7 | 0.263 | 0.711 | 1.415 | 1.895 | 2.365 | 2.998 | 3.499 | 4.029 | 4.785 | 5.408 |
> | 8 | 0.262 | 0.706 | 1.397 | 1.860 | 2.306 | 2.896 | 3.355 | 3.833 | 4.501 | 5.041 |
> | 9 | 0.261 | 0.703 | 1.383 | 1.833 | 2.262 | 2.821 | 3.250 | 3.690 | 4.297 | 4.781 |
> | 10 | 0.260 | 0.700 | 1.372 | 1.812 | 2.228 | 2.764 | 3.169 | 3.581 | 4.144 | 4.587 |
> | 11 | 0.260 | 0.697 | 1.363 | 1.796 | 2.201 | 2.718 | 3.106 | 3.497 | 4.025 | 4.437 |
> | 12 | 0.259 | 0.695 | 1.356 | 1.782 | 2.179 | 2.681 | 3.055 | 3.428 | 3.930 | 4.318 |
> | 13 | 0.259 | 0.694 | 1.350 | 1.771 | 2.160 | 2.650 | 3.012 | 3.372 | 3.852 | 4.221 |
> | 14 | 0.258 | 0.692 | 1.345 | 1.761 | 2.145 | 2.624 | 2.977 | 3.326 | 3.787 | 4.140 |
> | 15 | 0.258 | 0.691 | 1.341 | 1.753 | 2.131 | 2.602 | 2.947 | 3.286 | 3.733 | 4.073 |
> | 16 | 0.258 | 0.690 | 1.337 | 1.746 | 2.120 | 2.583 | 2.921 | 3.252 | 3.686 | 4.015 |
> | 17 | 0.257 | 0.689 | 1.333 | 1.740 | 2.110 | 2.567 | 2.898 | 3.222 | 3.646 | 3.965 |
> | 18 | 0.257 | 0.688 | 1.330 | 1.734 | 2.101 | 2.552 | 2.878 | 3.197 | 3.610 | 3.922 |
> | 19 | 0.257 | 0.688 | 1.328 | 1.729 | 2.093 | 2.539 | 2.861 | 3.174 | 3.579 | 3.883 |

$\overline{X}$: 15, n : 10, s : 3, $t_{\frac{\alpha}{2}, n-1}$: 2.262

(95% 신뢰수준 α : 0.05 → $\dfrac{\alpha}{2}$: 0.025 ⇒ 자유도 9 & $\dfrac{\alpha}{2}$ 가 0.025인 경우)

$$15 - 2.262\dfrac{3}{\sqrt{10}} \le \mu \le 15 + 2.262\dfrac{3}{\sqrt{10}}$$

정답 20. ①

3과목

빅데이터 모델링

1장 분석 모형 설계

1-1 분석 절차 수립

1 분석 모형 선정

- 분석 모형 선정은 분석 목적과 수집된 데이터의 변수들을 고려하여 적합한 빅데이터 분석 모형을 선정하는 것이다.
- 통계, 데이터 마이닝, 머신러닝 기반 분석 모형 선정 방법을 고려하여 적절한 데이터 분석 모델을 선정한다.

(1) 통계기반 분석 모형 선정

- 통계분석은 수치화된 자료를 분석하여 사회현상을 예측하고 이해하고자 할 때 사용된다.
- 통계기반 분석 모형에는 기술 통계, 추론 통계, 상관 분석, 회귀 분석, 인과관계 분석, 분산 분석, 주성분 분석 등이 있다.

① 기술 통계(Descriptive Statistic)
데이터의 특징을 파악하기 위해 평균, 분산, 표준편차 등의 기초통계량을 구하거나 시각화 도구인 그래프를 활용하는 분석 방법이다.

② 추론 통계(Inferential Statistic)
모집단에서 추출된 표본으로부터 모수와 관련된 통계량들의 값을 계산하고, 이것을 이용하여 모집단의 특성을 알아내는 방법이다.

③ 상관 분석(Correlation Analysis)
두 개 이상의 변수 사이에 존재하는 상호 연관성을 분석하는 방법으로 상관계수(r)를 이용하여 상관관계를 분석한다.

④ 회귀 분석(Regression Analysis)
하나 이상의 독립변수(X)가 종속변수(Y)에 끼치는 영향을 수치적으로 추정하는 통계 방법이다.
예 흡연량에 따른 폐암 발병률 연구

⑤ 인과관계 분석(Causality Analysis)^{기출}
독립변수(X)와 종속변수(Y) 간의 인과관계를 분석하는 방법이다.

⑥ 분산 분석(ANOVA, Analysis of Variance)
서로 다른 집단의 평균에서 분산값(총 평균과 각 집단 간의 평균 차이에 의해 생긴 분산)을 비교하여 집단 간의 통계학적 차이를 확인하는 방법이다.

⑦ 주성분 분석(PCA, Principal Component Analysis)
기존 데이터의 분포를 최대한 보존하면서 고차원 공간의 데이터들을 저차원 공간으로 변환하는 방법이다.

(2) 데이터 마이닝 기반 분석 모형 선정 ^{기출}

- 데이터 마이닝(Data Mining)이란 많은 양의 데이터 속에서 데이터의 패턴, 규칙 등을 탐색하고, 통계기법을 활용하여 분석한 뒤, 이러한 분석을 기반으로 가치 있는 정보를 추출하는 과정을 의미한다.
- 데이터 마이닝 기반 분석 모델에는 분류 모델, 예측 모델, 군집화 모델, 연관규칙 모델이 있다.

① 분류 모델(Classification)
다수의 속성을 갖는 객체들을 사전에 정해진 그룹 중 하나로 분류하는 기법이다.
예 통계적 기법, 트리 기반 기법, 최적화 기법, 기계학습 모델

② 예측 모델(Prediction)
과거 데이터로부터 데이터의 특성을 분석하여 다른 데이터의 결괏값을 예측하는 기법이다.
예 회귀 분석, 의사결정나무, 시계열분석, 인공신경망

③ 군집화 모델(Clustering)
관측된 여러 개의 변숫값에서 유사한 성격을 갖는 몇 개의 군집으로 그룹화하여 그룹들 사이의 관계를 분석하는 다변량 분석기법이다.
예 계층적 방법 : 병합적 방법, 분할적 방법
　비계층적 방법 : K-평균군집

④ 연관규칙 모델(Association Rule)

주어지는 데이터에서 동시에 발생하는 사건 혹은 항목 간의 규칙을 수치화하는 기법으로 장바구니 분석이라고도 하며, 주로 마케팅 분야에서 활용된다.

⑩ 우유를 구입한 고객이 식빵을 함께 구입한 경우

(3) 머신러닝 기반 분석 모형 선정 ^{기출}

- 머신러닝(Machine Learning)이란 컴퓨터가 스스로 데이터를 분석하고 학습하여 인공지능 성능을 향상시키는 기술이다.
- 머신러닝 처리 단계는 표현(Representaion), 평가(Evaluation), 최적화(Optimization), 일반화(Generalization) 순이다.
- 머신러닝 학습 방법은 지도 학습, 비지도 학습, 강화 학습, 준지도 학습, 전이 학습으로 나뉜다.

① 지도 학습(Supervised Learning)

- 정답인 레이블(Label)이 포함된 학습 데이터를 통해 컴퓨터를 학습시키는 방법이다.
- 인식, 분류, 진단, 예측 등의 문제에 적합하다.

② 비지도 학습(Unsupervised Learning)

- 정답인 레이블(Label)이 없는 상태에서 컴퓨터를 학습시키는 방법이다.
- 현상에 대한 설명, 특징 도출, 패턴 도출 등에 적합하다.

③ 강화 학습(Reinforcement Learning)

컴퓨터가 선택 가능한 행동(Action) 중 보상(Reward)을 최대화하는 행동을 선택하도록 하는 학습 방법이다.

④ 준지도 학습(Semi-Supervised Learning)

정답이 포함된 데이터와 정답이 없는 데이터를 모두 훈련에 사용하는 학습 방법이다.

⑤ 전이 학습(Transfer Learning)

- 학습된 모형을 기반으로 최종 출력층을 바꾸어 재학습하는 방법이다.
- 하나의 작업을 위해 훈련된 모델을 유사 작업 수행 모델의 시작점으로 활용하는 딥러닝 학습 방법이다.

⑩ 고양이를 인식하기 위해 학습하는 동안 얻은 지식을 호랑이를 인식하려

고 할 때 적용한다.

학습 방법에 따른 분석 모형

지도 학습 분석 모형	비지도 학습 분석 모형
• 회귀 분석 • 로지스틱 회귀 분석 • 나이브 베이즈 • KNN(K-최근접 이웃 알고리즘) • 의사결정나무 • 인공신경망 • 서포트 벡터 머신(SVM) • 랜덤 포레스트 / 감성 분석	• 군집화 (k-means, SOM, 계층군집 등) • 차원 축소(주성분 분석, 선형판별 분석 등) • 연관 분석 • 자율학습 인공신경망

(4) 독립변수와 종속변수의 데이터 유형에 따른 분석기법

독립변수와 종속변수의 데이터 유형에 따라 다양한 분석기법을 활용할 수 있다.

독립변수와 종속변수에 따른 분석기법

		종속변수(Y)		
		연속형 변수	범주형 변수	없음
독립 변수 (X)	연속형 변수	• 회귀 분석 • 인공신경망 모델 • KNN • 의사결정나무(회귀)	• 로지스틱 회귀 분석 • 판별 분석 • KNN • 의사결정나무(분류)	• 주성분 분석 • 군집 분석
	범주형 변수	• 회귀 분석 • 인공신경망 모델 • 의사결정나무(회귀)	• 로지스틱 회귀 분석 • 인공신경망 모델 • 의사결정나무(분류)	• 연관 분석 • 판별 분석

2 분석 모형 정의기출

- 분석 모형 정의는 분석 모형을 선정하고 모형(Model)에 적합한 변수를 선택하여 모형의 사양(Specification)을 정의하는 기법이다.
- 선택된 모형에 적합한 변수를 사용하기 위해 매개변수와 초매개변수를 선정한다.

매개변수와 초매개변수

변수 명칭	설명
매개변수 (Parameter)	• 모델 내부에서 확인 가능한 변수로 데이터를 통해 자동으로 산출된 값이며, 수작업으로 측정되지 않는다. • 매개변수가 모델의 성능에 영향을 미친다. ⑩ 인공신경망의 가중치, SVM에서 SV, 선형회귀에서 결정계수
초매개변수 (Hyper Parameter)	• 모델 외부 요소로 사용자가 직접 수작업으로 설정해주는 값이다. • 학습 과정과 학습 결과에 영향을 미친다. ⑩ 학습률, 의사결정나무 깊이(Depth), 신경망에서 은닉층(Hidden Layer)의 개수, SVM에서 코스트 값인 C, KNN에서 K개수

③ 분석 모형 구축 절차 기출

분석 모형 구축 절차는 요건 정의, 모델링, 검증 및 테스트, 적용 순으로 진행된다.

요건 정의	모델링	검증 및 테스트	적용
• 분석요건 도출 • 수행계획 설계 • 분석요건 확정	• 데이터마트 설계 및 구축 • 탐색적 분석 및 유의변수 도출 • 모델링 • 모델링 성능 평가	• 운영 환경 테스트 • 비즈니스 영향도 평가	• 운영시스템 적용 및 자동화 • 주기적 리모델링

① 요건 정의 : 기획 단계에서 분석요건을 도출하고, 수행계획을 설계하며, 분석요건을 확정시키는 단계이다.

② 모델링 : 정의된 요건에 근거하여 분석 작업을 수행하는 단계이다. 데이터 탐색과 분석을 통해 모델링 작업을 하고, 모델링 성능평가를 통해 최종 모델을 선정한다.

③ 검증 및 테스트 : 분석 모델을 가상 운영 환경에서 테스트하는 단계이다.

④ 적용 : 분석 결과를 실제 운영 환경에 적용하는 단계이다.

1-2 분석 환경 구축

1 분석 도구 선정

대표적인 데이터 분석 도구로는 R, 파이썬(Python)이 있다. R과 파이 썬은 모두 오픈소스로 무료로 사용이 가능하다.

(1) R
- R은 통계 프로그래밍 언어인 S언어를 기반으로 만들어진 오픈소스 프 로그래밍 언어이다.
- R은 데이터 분석에 특화된 언어로 강력한 시각화 기능을 제공한다.
- 또한, 핵심 패키지 이외에 15,000개 이상의 패키지와 테스트 데이터 를 다운받아 사용할 수 있다.
- R의 대표적인 통합 개발 환경(IDE)은 R Studio이다.
- Microsoft Windows, Mac OS, Linux 등 다양한 OS를 지원한다.

(2) 파이썬(Python)
- 파이썬은 C언어 기반의 오픈소스 프로그래밍 언어이다.
- R과 달리 특정 영역에 특화된 언어가 아닌 범용으로 사용 가능한 언 어이다.
- 파이썬 역시 다양한 시각화 라이브러리를 지원하지만 R에 비해서는 선택의 폭이 좁다.
- 파이썬은 TensorFlow, Keras 등 인공지능 패키지 분석에 용이하다.
- 파이썬의 대표적인 통합 개발 환경(IDE)은 주피터 노트북(Jupyter Notebook), 파이참(Pycharm) 등이 있다.
- Microsoft Windows, Mac OS, Linux 등 다양한 OS를 지원한다.

2 데이터 분할(Data Split)

- 데이터는 분석되기 전 목적에 맞게 분할되어야 하는데, 이는 분석 모 형의 과적합을 방지하고, 일반화 성능을 향상시키기 위함이다.
- 일반적으로 데이터는 학습(훈련) 데이터, 검증 데이터, 평가(테스트) 데이터로 나뉜다.

데이터 분할

구분	설명
학습 데이터 (Training Data)	알고리즘을 학습하기 위한 데이터이다.
검증 데이터 (Validation Data)	• 학습된 모델의 성능을 검증하고, 모델을 선택하기 위한 데이터이다. • 초매개변수의 조정을 위해 필요한 데이터를 일반적으로 검증 데이터(validation data)라고 한다.
평가 데이터 (Test Data)	• 최종 모델의 성능을 평가하기 위한 데이터이다. • 주의! 학습 과정에서 사용되지 않음

• 보통의 경우 학습 데이터와 검증 데이터를 60~80%로 사용하고, 평가 데이터를 20~40%로 사용하지만 절대적인 수치는 아니다.
• 데이터가 충분하지 않은 경우에는 학습 데이터와 평가 데이터로만 분할하여 분석하기도 한다.

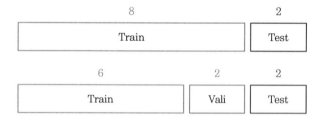

데이터 분할 예시

1. 분석 모형에 대한 설명 중 틀린 것은?

① 분석 모형 선정은 분석 목적과 수집된 데이터의 변수들을 고려하여 적합한 빅데이터 분석 모형을 선정하는 것이다.

② 통계 분석은 수치화된 자료를 분석하여 사회현상을 예측하고 이해하고자 할 때 사용된다.

③ 분석 모형 선정 방법에는 통계기반, 데이터 마이닝 기반, 머신러닝 기반, 분할 기반이 있다.

④ 통계기반 분석 모형에는 기술 통계, 추론 통계, 상관 분석, 회귀 분석, 분산 분석, 주성분 분석 등이 있다.

해설 분석 모형 선정 방법에는 통계기반, 데이터 마이닝 기반, 머신러닝 기반이 있다.

2. 다음과 같은 연구를 위해 사용할 수 있는 분석 방법은?

> - 흡연량에 따른 폐암 발병률 연구
> - 처벌정책이 범죄율에 미치는 영향 연구
> - 주택당 방 수에 따른 보스턴 집값 예측 연구
> - 나이에 따른 당뇨병 진행도 예측 연구

① 회귀 분석
② 추론 통계
③ 요인 분석
④ 상관 분석

해설 하나 또는 그 이상의 독립변수가 종속변수에 끼치는 영향을 확인할 수 있는 회귀 분석을 통해 분석할 수 있다.

3. 다음 중 통계기반 분석 모형에 속하지 않는 것은?

① 기술 통계
② 비율 통계
③ 추론 통계
④ 상관 분석

해설 통계기반 분석 모형에는 기술 통계, 추론 통계, 상관 분석, 회귀 분석, 분산 분석, 주성분 분석 등이 있다.

4. 다음 중 설명이 틀린 것은?

① 기술 통계는 데이터의 특징을 파악하기 위해 평균, 분산, 표준편차 등의 기초통계량을 구하거나 시각화 도구인 그래프를 활용하는 분석 방법이다.

② 추론 통계는 모집단에서 추출된 표본으로부터 모수와 관련된 통계량들의 값을 계산하고, 이것을 이용하여 모집단의 특성을 알아내는 방법이다.

③ 상관 분석은 두 개 이상의 변수 사이에 존재하는 상호 연관성을 분석하는 방법이다.

④ 회귀 분석은 기존 데이터의 분포를 최대한 보존하면서 고차원 공간의 데이터들을 저차원 공간으로 변환하는 방법이다.

해설 기존 데이터의 분포를 최대한 보존하면서 고차원 공간의 데이터들을 저차원 공간으로 변환하는 방법은 주성분 분석에 대한 설명이다. 회귀 분석은 하나 이상의 독립변수(X)가 종속변수(Y)에 끼치는 영향을 추정하는 통계 방법이다.

정답 1. ③ 2. ① 3. ② 4. ④

5. 다음 설명에 해당하는 것은?

> 많은 양의 데이터 속에서 데이터의 패턴, 규칙 등을 탐색하고, 통계기법을 활용하여 분석한 뒤, 이러한 분석을 기반으로 가치 있는 정보를 추출하는 과정을 의미한다.

① 데이터 분석
② 데이터 마이닝
③ 데이터 모델링
④ 데이터 추출

　해설　데이터 마이닝(Data Mining)에 대한 설명이다.

6. 다음 중 데이터 마이닝 기반 분석 모형이 아닌 것은?

① 비교 모델
② 분류 모델
③ 예측 모델
④ 군집화 모델

　해설　데이터 마이닝 기반 분석 모델에는 분류, 예측, 군집화, 연관규칙이 있다.

7. 다음 설명에 해당하는 것은?

> － 주어지는 데이터에서 동시에 발생하는 사건 혹은 항목 간의 규칙을 수치화하는 기법으로 '장바구니 분석'이라고도 하며, 주로 마케팅 분야에서 활용된다.
> － 예를 들어 우유를 구입한 고객이 식빵을 함께 구입한 경우를 들 수 있다.

① 군집화 모델
② 예측 모델
③ 분류 모델
④ 연관규칙 모델

　해설　연관규칙 모델에 대한 설명이다.

8. 다음 설명에 해당하는 것은?

> 컴퓨터가 스스로 데이터를 분석하고 학습하여 인공지능 성능을 향상시키는 기술이다.

① 딥러닝
② 데이터 마이닝
③ 머신러닝
④ 데이터 분석

　해설　머신러닝(Machine Learning)에 대한 설명이다.

9. 머신러닝 기반 분석 모형 선정에 대한 설명 중 틀린 것은?

① 머신러닝 기반 분석 모형 선정은 분석 모형 선정 방법 중 하나이다.
② 머신러닝 학습 방법은 지도 학습, 비지도 학습, 강화 학습, 반지도 학습으로 나뉜다.
③ 지도 학습은 정답이 주어진 상태에서 데이터를 학습하는 방법이다.
④ 비지도 학습은 정답이 주어지지 않은 상태에서 데이터를 학습하는 방법이다.

　해설　머신러닝 학습 방법은 지도 학습, 비지도 학습, 강화 학습, 준지도 학습으로 나뉜다.

10. 다음 설명에 해당하는 학습 방법은?

> － 2016년 이세돌 프로와 대국했던 알파고가 사용했던 학습 방법이다.
> － 컴퓨터가 선택 가능한 행동(Action) 중 보상(Reward)을 최대화하는 행동을 선택하도록 하는 학습 방법이다.

① 강화 학습　　　② 지도 학습
③ 비지도 학습　　④ 준지도 학습

　해설　강화 학습에 대한 설명이다.

정답　5. ②　6. ①　7. ④　8. ③　9. ②　10. ①

11. 다음 설명에 해당하는 학습 방법은?

> – 정답이 포함된 데이터와 정답이 없는 데이터를 모두 훈련에 사용하는 학습 방법으로 이 방법을 사용한다.
> – 대표적인 예로 사용자가 올린 사진을 자동으로 정리해주는 구글 포토가 있다.

① 준지도 학습　　② 지도 학습
③ 강화 학습　　　④ 비지도 학습

해설 준지도 학습에 대한 설명이다.

12. 다음 중 성질이 다른 모형은?

① SVM　　　　② KNN
③ 회귀 분석　　④ SOM

해설 SOM은 비지도 학습 분석 모형이다. SVM, KNN, 회귀 분석은 모두 지도 학습 분석 모형이다.

13. 다음 중 비지도 학습 분석 모형이 아닌 것은?

① 계층 군집
② 주성분 분석
③ 나이브 베이즈
④ k-means

해설 나이브 베이즈는 지도 학습 분석 모형이다. 계층군집, 주성분 분석, k-means는 모두 비지도 학습 분석 모형이다.

14. 다음 중 독립변수와 종속변수가 모두 연속형 변수일 때 활용 가능한 분석기법이 아닌 것은?

① 회귀 분석
② 판별 분석

③ 인공신경망 모델
④ KNN

해설 독립변수와 종속변수가 모두 연속형 변수일 때 활용 가능한 분석기법은 회귀 분석, 인공신경망 모델, KNN이다. 판별 분석은 독립변수가 연속형 변수이고, 종속변수가 이산형/범주형일 때 사용 가능하다.

15. 다음 설명 중 틀린 것은?

① 독립변수가 연속형 변수이고, 종속변수가 범주형인 경우 로지스틱 회귀 분석이 가능하다.
② 인공신경망 모델은 독립변수가 범주형이고, 종속변수가 연속형일 때 사용한다.
③ 독립변수가 연속형 변수이고, 종속변수가 없을 때 주성분 분석을 사용한다.
④ 독립변수가 범주형 변수이고, 종속변수가 없을 때 관계 분석을 사용한다.

해설 독립변수가 범주형 변수이고, 종속변수가 없을 경우 연관 분석, 판별 분석을 사용한다.

16. 다음 설명에 해당하는 것은?

> – 모델 내부에서 확인 가능한 변수로 데이터를 통해 자동으로 산출된 값이며, 수작업으로 측정되지 않는다.
> – 예시로 인공신경망의 가중치, 선형회귀에서 결정계수가 있다.

① 반응변수
② 초매개변수
③ 매개변수
④ 독립변수

해설 매개변수(Parameter)에 대한 설명이다.

정답　11. ①　12. ④　13. ③　14. ②　15. ④　16. ③

17. 다음 중 성질이 다른 변수는?

① SVM에서 SV
② 신경망에서 은닉층(Hidden Layer)의 개수
③ SVM에서 코스트 값인 C
④ KNN에서 K개수

> **해설** SVM에서 SV은 매개변수(Parameter)로 수작업으로 변경할 수 없다. 신경망에서 은닉층(Hidden Layer)의 개수, SVM에서 코스트 값인 C, KNN에서 K개수는 모두 초매개변수(Hyper Parameter)의 예시이다.

18. 다음 중 분석 모형 구축 절차로 옳은 것은?

① 모델링 → 요건 정의 → 검증 및 테스트 → 적용
② 모델링 → 적용 → 검증 및 테스트 → 요건 정의
③ 요건 정의 → 검증 및 테스트 → 모델링 → 적용
④ 요건 정의 → 모델링 → 검증 및 테스트 → 적용

> **해설** 분석 모형 구축 절차는 요건 정의 → 모델링 → 검증 및 테스트 → 적용 순으로 진행된다.

19. 분석 모형 구축 절차 중 요건 정의에 속하지 않는 업무는?

① 수행계획 설계
② 분석요건 도출
③ 모델링
④ 분석요건 확정

> **해설** 분석 모형 구축 절차 중 요건 정의에 속하는 업무는 분석요건 도출, 수행계획 설계, 분석요건 확정이 있다.

20. 다음 중 데이터 분석 도구에 대한 설명으로 옳지 않은 것은?

① 대표적인 데이터 분석 언어에는 R과 파이썬(Python)이 있다.
② 파이썬(Python)은 강력한 시각화 도구를 지원한다는 특징이 있다.
③ R과 파이썬(Python)은 모두 오픈소스로 무료로 사용 가능하다.
④ R과 파이썬(Python)은 모두 Windows, Linux 등 다양한 OS에서 사용이 가능하다.

> **해설** 강력한 시각화 도구를 지원하는 것은 R에 대한 설명이다.

2-1 분석기법

1 회귀 분석

(1) 회귀 분석의 정의 기출

- 회귀 분석(Regresssion Analysis)은 하나 이상의 독립변수(X)가 종속변수(Y)에 끼치는 영향을 분석하는 통계기법이다.
- 회귀 분석에서 독립변수와 종속변수는 선형적인 관계를 갖고, 독립변수를 통해 종속변수를 예측하게 된다.

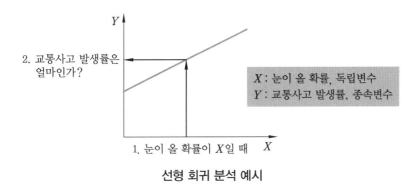

선형 회귀 분석 예시

(2) 회귀 분석의 가정 기출

회귀 분석은 선형성, 독립성, 등분산성, 정상성(정규성)의 4가지 가정을 만족해야 한다.

① 선형성
- 독립변수 변화에 따라 종속변수도 선형적인 일정 크기로 변화한다.
- 산점도를 통해 선형성 확인이 가능하다.

② 독립성
- 잔차와 독립변수의 값이 서로 독립적이어야 한다.
- 더빈–왓슨 검정을 통해 통계량 확인이 가능하다.

오차(error)
모집단(population)으로부터 추정한 회귀식으로 얻은 예측값과 실제 관측값의 차이

잔차(residual)
표본(Sample)으로 추정한 회귀식과 실제 관측값의 차이로 각각의 자료가 직선에 얼마나 잘 맞는지 확인하는 도구

③ 등분산성
- 잔차의 분산이 독립변수와 무관하게 일정해야 한다.
- 잔차가 고르게 분포되어 있어야 한다.

④ 정상성(정규성)
- 잔차항이 평균 0인 정규분포 형태를 이뤄야 한다.
- 샤피로-윌크 검정, 콜모고로프-스미르노프 검정을 통해 통계량 확인이 가능하다.
- Q-Q plot에서 잔차가 오른쪽으로 치우친 직선 형태의 경우 정규성을 띈다고 할 수 있다.

(3) 회귀 분석 유형 기출

회귀 분석 유형은 독립변수와 종속변수의 개수 및 특성에 따라 단순선형회귀, 다중선형회귀, 다항회귀, 곡선회귀, 비선형회귀로 나뉜다.

회귀 분석 유형

유형	수식	설명
단순 선형회귀	$Y = aX + b$	독립변수가 1개이고, 종속변수와의 관계가 직선인 경우
다중 선형회귀	$Y = aX_1 + bX_2 + \cdots + c$	독립변수가 k개이고, 종속변수와의 관계가 선형인 경우(1차 함수)
다항회귀	$Y = aX_1 + bX_2 + cX_1^2 + \cdots + dX_2^2 + eX_1X_2 + f$ (독립변수가 2개이고, 2차 함수인 경우)	독립변수와 종속변수와의 관계가 1차 함수 이상인 경우
곡선회귀	$Y = \beta_0 + \beta_1X + \beta_2X^2 + e$ (2차 곡선인 경우) $Y = \beta_0 + \beta_1X + \beta_2X^2 + \beta_3X^3 + e$ (3차 곡선인 경우)	독립변수가 1개이며, 종속변수와의 관계가 곡선인 경우
비선형회귀	$Y = \alpha e^{-\beta X} + e$	회귀식의 모양이 미지의 모수들의 선형관계로 이루어져 있지 않은 경우

① 단순선형회귀 분석(Simple Linear Regression Analysis)
단순선형회귀 분석은 회귀 분석 모형 중 가장 단순한 분석 모형이다. 독

립변수와 종속변수가 각각 하나씩 존재하고, 오차항이 있는 선형관계로 이루어져 있다.

⑦ **회귀계수(Regression Coefficient) 추정**
- 회귀계수는 독립변수가 한 단위 변환함에 따라 종속변수에 미치는 영향력의 크기를 의미하며, 최소제곱법을 사용한다.
- 최소제곱법은 구하려는 값과 실제 값의 오차를 제곱한 합이 최소가 되는 해를 구하는 방법이다.

④ **단순선형회귀 분석 검정** 기출
- 회귀계수검정 : 회귀계수(β_0 : y절편, β_1 : 기울기)가 0이면 입력 변수(x)와 출력변수(y)는 인과관계가 없다.
- 결정계수(R^2, Coefficient of Determination)는 전체 데이터를 회귀 모형이 얼마나 잘 설명하고 있는지를 보여주는 지표이다.

$$R^2 = \frac{\text{회귀 제곱합}}{\text{전체 제곱합}}$$

$$= \frac{\text{SSR}}{\text{SST}} = \frac{\text{SSR}}{\text{SSR} + \text{SSE}} = \left(1 - \frac{\text{SSE}}{\text{SST}}\right) \ (0 \leq R^2 \leq 1)$$

SST
전체 제곱합

SSR
회귀 제곱합

SSE
오차 제곱합

- 회귀 직선의 적합도 검토 : 결정계수(R^2)를 통해 추정된 회귀식이 얼마나 타당한지를 검토하고, R^2이 1에 가까울수록 회귀 모형이 자료를 잘 설명한다고 할 수 있다.

② **다중선형회귀 분석(Multi Linear Regression Analysis)**
다중선형회귀 분석은 독립변수가 K이고, 종속변수와의 관계가 선형인 분석 모형이다.

⑦ **모형의 통계적 유의성** 기출
- 모형의 통계적 유의성을 F-통계량으로 확인한다.
- 유의수준 5% 이하에서 F-통계량의 p-값(p-value)이 0.05보다 작으면 추정된 회귀식은 통계적으로 유의하다고 할 수 있다.

$$\text{F-통계량} = \frac{\text{MSR(회귀제곱평균)}}{\text{MSE(잔차제곱평균)}}$$

④ **다중선형회귀 분석 검정**
- 회귀계수의 유의성 : 회귀계수의 유의성은 t-통계량을 통해 확인한다.
- 결정계수(R^2) : 결정계수는 회귀 모형의 설명력을 보여주는 지표

로서 이를 통해 회귀선의 정확도를 평가한다.

- 모형의 적합성 : 잔차와 종속변수의 산점도를 통해 모형의 적합성을 확인한다.
- 다중공선성(Multicollinearity) : 다중공선성은 설명변수들 사이에 선형관계가 존재하게 되면 회귀계수의 정확한 추정이 어려워지는 것을 의미하며, 이 경우 문제가 있는 변수를 제거하거나 주성분 회귀 모형을 적용하여 문제를 해결할 수 있다. 다중공선성을 진단하기 위해 분산팽창지수(VIF)를 활용한다.

분산팽창지수(VIF: Variance Inflation Factor)는 다음과 같이 연산된다. 기출

$$VIF_i = \frac{1}{1-R_i^2} \ (R^2 : 결정계수, \ 0 \le R^2 \le 1)$$

- R^2은 하나의 독립변수를 다른 모든 독립변수로 회귀 분석했을 때 얻는 값으로 독립변수 간의 연관성이 높을수록 그 값이 커지고 결과적으로 VIF값 역시 커진다.
- VIF가 10이면 하나의 독립변수에 대한 분산의 90%가 다른 모든 독립변수에 의해 설명되는 것을 의미한다.
- 따라서 VIF가 10 이상이면 하나의 독립적인 변수로서 역할을 하기 어렵다고 판단한다.

---

(3) 벌점화된 선택 기준

- 모형의 복잡도에 패널티(벌점)를 적용하는 방법으로 AIC 방법과 BIC 방법이 있다.
- 패널티 적용 대상 모델에 AIC와 BIC를 계산하여 그 값이 최소가 되는 모델을 선택한다.

① AIC(Akaike Information Criterion)
- 실제 데이터의 분포와 모형이 예측하는 분포 간의 차이를 나타내는 방법이다.
- AIC 값이 낮다는 것은 모형의 적합도가 높은 것을 의미한다.

$$AIC = -2\ln(L) + 2p$$

$\ln(L)$: 모형의 적합도, L : 우도 함수(Likelihood Function),

p : 매개변수 개수

② BIC(Bayesian Information Criterion)

- AIC는 표본이 커질수록 정확도가 낮아지는 단점이 있다. 이러한 단점을 보완하기 위한 방법이 BIC이다.
- 표본의 크기와 상관없이 벌점이 일정한 AIC와 달리 BIC는 표본의 크기가 커질수록 복잡한 모형을 더욱 강하게 제한할 수 있다.

$$BIC = -2\ln(L) + \ln(n)p$$

$\ln(L)$: 모형의 적합도, L : 우도 함수(Likelihood Function),

p : 매개변수 개수, n : 데이터 개수

2 로지스틱 회귀 분석

(1) 로지스틱 회귀 분석의 정의 기출

- 로지스틱 회귀 분석(Logistic Regression Analysis)은 독립변수가 수치형이고, 반응변수(종속변수)가 범주형일 때 사용되는 분석 모형이다.
- 어떤 사건이 발생할지에 대한 직접적인 예측이 아닌 그 사건이 발생할 확률을 예측하는 방법이다.

$$Y = \frac{e^X}{1 + e^X} = \frac{1}{1 + e^{-X}}$$

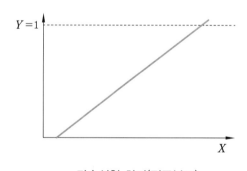

단순선형 회귀(정규분포)

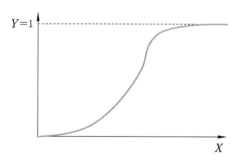

로지스틱 회귀(이항분포)

(2) 로지스틱 회귀 분석의 원리

- 로지스틱 모형 식은 독립변수의 수치에 상관없이 종속변수가 항상 0~1 범위에 존재하도록 하는데, 이는 로짓(Logit) 변환을 수행함으로써 얻어진다.
- 로짓으로 변환하기 전 오즈(Odds), 오즈비 연산 과정을 거치게 된다.

① 오즈(Odds, 승산)

특정 사건이 발생할 확률과 그 사건이 발생하지 않을 확률의 비이다.

기출 오즈(odds, P)$=\dfrac{P}{1-P}$ (P : 특정 사건의 발생 확률)

예시 게임에서 이길 확률이 $\dfrac{1}{5}$, 질 확률이 $\dfrac{4}{5}$인 경우

$$odds=\dfrac{\dfrac{1}{5}}{1-\dfrac{1}{5}}=\dfrac{1}{4}$$

---

② 로짓(Logit) 변환

오즈에 로그를 취한 함수로서 입력값의 범위가 0~1일 때, 출력값의 범위를 $-\infty \sim +\infty$로 조정한다.

$$\text{Logit}(p)=\log\dfrac{P}{1-P}=\log odds(p) \ (P : 특정 사건의 발생 확률)$$

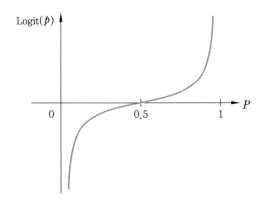

로짓 함수

출처: https://starrykss.tistory.com/2048

③ 시그모이드 함수

시그모이드 함수는 S자형 곡선을 갖는 함수로서 로짓 함수에 역함수를 취한 형태이다.

$$\text{sigmoid}(x)=\dfrac{1}{1+e^{-x}} \ (x : -\infty \sim +\infty, \ y : 0\sim 1)$$

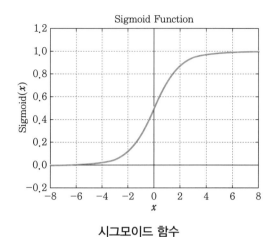

시그모이드 함수

출처 : https://cheris8.github.io/artificial%20intelligence/DL-Activation-Function/

(3) 이항 로지스틱 회귀 분석 _{기출}

- 이항 로지스틱 회귀 분석은 독립변수가 종속변수에 얼마나 부정적인 (−) 혹은 긍정적인(+) 영향을 주는지 확인하는 분석 방법으로 주로 의료통계 분야에서 많이 사용된다.
- 이진 로지스틱 회귀 분석은 독립변수 집합과 이진 반응 사이의 관계를 설명하는 분석 방법이다.
- 종속변수(Y)가 이진 형태(남성 또는 여성, 성공 또는 실패, 증가 또는 감소)여야 하고, 독립변수(X)는 연속형 또는 범주형일 수 있다.

  예 A 제과업체에서 신제품에 대한 광고 효과를 조사하고자 할 때, 이진 로지스틱 회귀 분석을 사용하여 광고를 본 사람들이 그렇지 않은 사람들보다 신제품 구입 가능성이 더 높은지 확인할 수 있다.

❸ 의사결정나무

(1) 의사결정나무(Decision Tree)의 정의 _{기출}

- 데이터를 분석하여 이들 사이에 존재하는 패턴을 예측 가능한 규칙들의 조합으로 나타내는 모형으로 그 모양이 나무와 비슷하여 의사결정나무라고 부른다.
- 의사결정나무의 해석이 용이한 이유는 계산 결과가 의사결정나무에 직접적으로 나타나기 때문이다.
- 가지 분할(Split)은 나무의 가지를 생성하는 과정이고, 가지치기

(Prunning)는 생성된 가지를 잘라내어 모형을 단순화시키는 과정이다.
- 의사결정나무는 뿌리 마디, 자식 마디(2개 이상의 마디들), 부모 마디, 끝 마디, 중간 마디, 가지, 깊이로 구성된다.

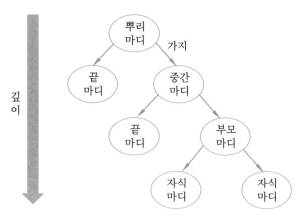

의사결정나무 구조

의사결정나무 구성 요소

구성 요소	설명
부모 마디(Parent Node)	자식 마디의 상위 마디
자식 마디(Child Node)	하나의 마디로부터 분리되어 있는 2개 이상의 마디
뿌리 마디(Root Node)	전체 데이터로 시작점이 되는 마디
끝 마디(Terminal Node)	자식 마디가 없는 가장 하위 마디(=잎 노드)
중간 마디(Internal Node)	부모 마디와 자식 마디가 모두 있는 마디
가지(Branch)	마디를 이어주는 연결선
깊이(Depth)	뿌리 마디에서 끝 마디까지 가지를 이루는 마디의 수

(2) 의사결정나무 분석 과정

- 의사결정나무는 분리기준, 정지규칙, 가지치기에 따라 분석이 이루어진다.
- 의사결정나무의 분리기준은 목표변수의 분포 정도를 순수도(purity) 또는 불순도(Impurity)를 활용하여 측정한다.
- 순수도는 같은 클래스끼리 섞여 있는 정도를 의미하고, 불순도는 여러 가지 클래스가 섞여 있는 정도를 의미한다.
- 마디의 분리는 순수도는 증가하고, 불순도는 감소하는 방향으로 진행한다.

- 정지규칙은 더 이상 노드가 분리되지 않고 현재 마디를 끝 마디로 하는 규칙이다.
- 가지치기는 나무 모형의 과대 적합을 방지하기 위해 불필요한 가지를 제거하여 모형의 복잡도를 줄이는 방법이다.

(3) 불순도(Impurity)의 여러 가지 척도

① 카이제곱 통계량 : 데이터 분포와 가정된 분포 사이의 차이를 나타내는 측정값을 의미한다.

$$X^2 = \sum_{i=1}^{k} \frac{(O_i - E_i)^2}{E_i} \ (k : 범주의 수, \ O_i : 실제도수, \ E_i : 기대 도수)$$

② 지니 지수 : 노드의 불순도를 나타내는 값으로, 지니 지수가 높을수록 순수도가 낮음을 의미한다.

$$\text{Gini}(T) = 1 - \sum_{i=1}^{k} P_l^2 \ (P_l : 관측치의 비율)$$

예시 다음 그림을 보고 지니 지수를 구하시오.

$$\text{Gini}(T) = 1 - \left(\frac{3}{8}\right)^2 - \left(\frac{1}{8}\right)^2 - \left(\frac{2}{8}\right)^2 - \left(\frac{1}{8}\right)^2 = 0.69$$

---

③ 엔트로피 지수 : 열역학에서 쓰는 개념으로 무질서 정도에 대한 측정 지표로서, 엔트로피 지수가 높을수록 순수도가 낮음을 의미한다.

$$\text{Entropy}(T) = -\left(\sum_{i=1}^{k} P_l \log_2 P_l\right)$$

(4) 의사결정나무 알고리즘

① CART(이진분할, Classification And Regression Trees)
- 가장 많이 사용되는 의사결정나무 알고리즘으로 분류와 회귀나무에서 모두 사용할 수 있다.
- 목표변수가 범주형인 경우 지니 지수를 사용하고, 연속형인 경우 분산을 사용하여 이진 분리한다.

② C4.5와 C5.0
- 의사결정나무에서 가지치기를 할 때 사용되며, 목표변수가 이산형일 때 사용 가능하다.
- 불순도의 척도로 엔트로피 지수를 사용한다.

③ CHAID(다지분할, Chi-squared Automatic Interaction Detection)
- AID(Automatic Interaction Detection)를 발전시킨 알고리즘으로 가지치기를 하지 않고 적당한 크기에서 의사결정나무의 성장을 중지하는 알고리즘이다.
- 독립변수가 이산형일 때 사용 가능하고, 불순도의 척도로 카이제곱 통계량을 사용한다.

④ QUEST
- 범주형 변수로의 편향이 심각한 CART의 문제점을 개선한 알고리즘으로 변수 선택 편향이 거의 없다.
- 불순도의 척도로 카이제곱 통계량을 사용한다.

(5) 의사결정나무의 장·단점

장점	• 해석의 용이성 • 상호작용 효과의 해석이 가능하다. • 비모수적 모형 : 가정이 필요하지 않고, 이상값에 민감하지 않다. • 유연성과 정확도가 높다.
단점	• 비연속성 : 분리 경계점 근방에서 예측 오류 가능성이 있다. • 선형성 또는 주 효과의 결여 : 각 변수의 고유한 영향력 해석이 어렵다. • 비안정성 : 새로운 자료에 대해 과대 적합할 가능성이 있다.

4 인공신경망

(1) 인공신경망(Artificial Neural Network, ANN)의 정의 기출

- 사람 두뇌의 신경세포인 뉴런이 전기신호를 전달하는 모습을 모방한 기계 학습 모델이다.
- 인공신경망은 활성화 함수를 사용하고, 가중치를 알아내는 것이 목적이다.

인공신경망의 역사

구분	설명
1세대 (1943~1986)	• 퍼셉트론이라는 선형 분류가 가능한 순방향 신경망 제안 • XOR 선형 분리 불가 문제 발생
2세대 (1986~2006)	• 다중 퍼셉트론과 역전파 알고리즘 등장 • 은닉층으로 XOR 문제를 해결했으나 과적합, 경사 사라지는 문제 발생
3세대 (2006~)	• 딥러닝(CNN, RNN) 기술 활용 • 과적합 및 기울기 소실 문제 해결

(2) 인공신경망의 구조

① 퍼셉트론(Perceptron) : 신경망의 뉴런 모델을 모방하여 입력층과 출력층으로 구성된 최초의 인공신경망 모델이다.
② 다중 퍼셉트론 : 퍼셉트론은 XOR 선형 분리 불가 문제가 발생하여 이를 보완하기 위해 다중 퍼셉트론이 개발되었다. 다중 퍼셉트론은 입력층, 은닉층, 출력층으로 이루어져 있고, 활성화 함수로 시그모이드 함수를 사용한다.

(3) 활성화 함수 기출

- 활성화 함수(Activation Function)는 입력 신호의 총합을 출력 신호로 변환하는 함수이다.
- 활성화 함수에는 계단 함수, 부호 함수, 시그모이드 함수, tanh 함수, ReLU 함수, Leaky ReLU 함수, 소프트맥스(Softmax) 함수가 있다.

① 계단 함수(Step Function)
- 가장 간단한 형태의 활성화 함수이다.

기울기 소실 (Gradient Vanishing)
역전파(Backprogation) 과정에서 입력층으로 갈수록 기울기(Gradient)가 점점 작아지는 현상

• 특정한 값을 입력받았을 때 값이 0 이하인 경우(음수)에는 0을, 0 초과인 경우(양수)에는 1을 출력해주는 함수이다.

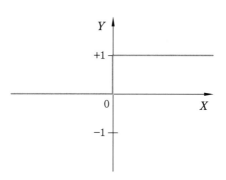

② 부호 함수(Sign Function)

입력된 수의 부호를 판별하는 함수이다.

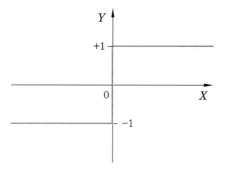

③ 시그모이드 함수(Sigmoid Function)

• 로지스틱 회귀 함수에 로짓 변환을 한 형태이다.

• 기울기 소실 문제의 원인이 된다.

$$y = \frac{1}{1+e^{-x}}$$

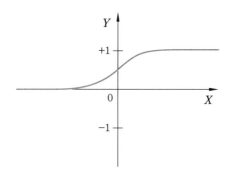

④ tanh 함수(Hyperbolic Tangent Function)

• 시그모이드 함수의 확장된 형태이다.
• 시그모이드보다 학습 속도가 빠르다.

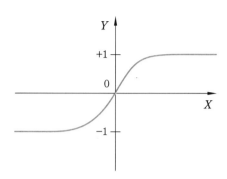

⑤ ReLU 함수(ReLU Function)

• 양수 입력 시 어떠한 값의 변형 없이 입력값 그대로 출력하고, 음수 입력 시 항상 0값을 리턴하는 함수이다.
• 시그모이드 함수의 기울기 소실 문제를 해결한다.
• 상대적으로 가중치 업데이트 속도가 빠르다.

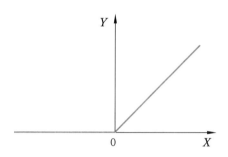

⑥ Leaky ReLU 함수(Leaky ReLU Function) 기출

• 임계치보다 작을 때 0을 곱하는 ReLU와 달리 0.01을 곱한다.
• ReLU 함수의 뉴런이 죽는 현상(Dying ReLU)을 해결한다.

Dying ReLU
ReLU 함수에서 음의 값을 가지면 전부 0을 출력하여 일부 가중치들이 업데이트 되지 않는 문제

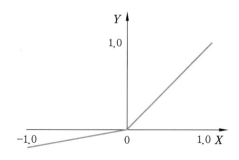

⑦ 소프트맥스 함수(Softmax Function) 기출
- 세 개 이상으로 분류하는 다중 클래스 분류 모델을 만들 때 사용된다.
- 분류될 클래스의 개수가 n인 경우 n차원의 벡터를 입력받아 각 클래스에 속할 확률을 추정한다.
- 입력받은 값을 출력할 때 0~1 사이의 값으로 모두 정규화하며, 출력값의 총합은 항상 1이 된다.

$$\frac{e^{x_n}}{\sum_{k=1}^{N} e^{x_k}}$$

(4) 인공신경망의 학습

① 순 전파(Feed Forward Propagation)
- 순 전파는 입력층에서 출력층까지 정보가 전달되는 과정을 의미한다.
- 입력층에서 은닉층 방향으로 이동하면서 입력층에 가중치(w)가 곱해진다.
- 은닉층에서 가중치가 반영된 입력값의 합계를 활성화 함수를 통해 계산하여 그 결과값을 출력층에 전달한다.

② 오차 역전파(Back Propagation) 기출
출력층 단계에서 연산 결과와 정답의 오차 정도를 확인한 뒤 오차의 값이 큰 경우 다시 입력층으로 돌아가서 오차의 값이 낮아지도록 반복하여 재연산하는 과정이다.

③ 인공신경망 학습 절차

미니 배치
전체 데이터셋을 몇 개의 묶음으로 나누었을 때 그 묶음을 의미함

인공신경망 학습 절차는 미니 배치(Mini-Batch) 학습, 기울기 산출, 매개변수 갱신, 반복과 같다.

④ 인공신경망 학습 사례
- 인공신경망 분류 사례로 MNIST 손글씨 숫자 인식 방법이 있다.
- 기출 MNIST(Modified National Institute of Standards and Technology) 데이터셋은 손글씨 숫자 이미지의 집합으로 숫자 0~9까지의 이미지로 구성되며, 훈련 이미지 60,000장과 시험 이미지 10,000장으로 구성되어 있다.

MNIST 데이터셋

출처 : https://ko.wikipedia.org/wiki/MNIST_%EB%8D%B0%EC%9D%B4%ED%
84%B0%EB%B2%A0%EC%9D%B4%EC%8A%A4

5 서포트 벡터 머신(SVM)

(1) 서포트 벡터 머신(SVM: Support Vector Machine)의 정의 ^{기출}

- 서포트 벡터 머신(SVM)은 두 집단의 데이터를 분리해주는 가장 적합한 경계선(결정경계)을 찾아주는 지도학습 기반의 이진 선형 분류기이다.
- 서포트 벡터 머신은 마진(margin, 여유 공간)을 최대화하는 것을 목표로 한다.

(2) 서포트 벡터 머신(SVM)의 특징 ^{기출}

- SVM은 공간상에서 최적의 분리 초평면(Hyperplane)을 찾아서 분류 및 회귀를 수행한다.
- 서포트 벡트(SV)가 여러 개 존재 할 수 있다.
- 변수 속성 간의 의존성은 고려하지 않으며, 모든 속성을 활용하는 기법이다.
- 훈련시간이 상대적으로 느리지만, 정확성이 뛰어나며, 과대적합 가능성이 낮다.
- 사물 인식, 패턴 인식, 손글씨 숫자 인식 등 다양한 분야에서 활용된다.

(3) 서포트 벡터 머신(SVM)의 구성 요소

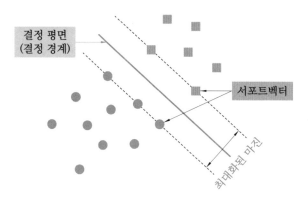

서포트 벡터 머신(SVM) 개념도

SVM 구성 요소

구성 요소	설명
결정경계 (Decision Boundary)	• 데이터 분류의 기준 경계선
초평면 (Hyperplane)	• 데이터가 n 차원 공간인 경우 초평면은 $n-1$ 차원
마진 (Margin)	• 결정경계에서 서포트 벡터까지의 거리 • 마진의 크기 : $\dfrac{2}{\|w\|}$ (w : 초평면의 법선 벡터, 초평면의 방향)
서포트 벡터 (Support Vector, SV)	• 데이터 중 결정경계와 가장 가까이에 있는 데이터
슬랙 변수(여유 변수) (Slack Variables)	• 완벽한 이진 분류가 불가능한 경우 선형 분류를 위해 허용된 오차를 위한 변수 • 하드 마진 SVM이 아닌 소프트 마진 SVM에서만 사용 가능

(4) 서포트 벡터 머신(SVM)의 종류

서포트 벡터 머신의 종류는 하드 마진 SVM(Hard Margin SVM)과 소프트 마진 SVM(Soft Margin SVM)이 있다.

① 하드 마진 SVM(Hard Margin SVM)
• 마진의 안쪽 또는 바깥쪽에 잘못 분류된 데이터가 포함되는 것을 허용하지 않는 모델이다.
• 노이즈로 인해 최적의 경계를 찾지 못할 가능성이 존재한다.

② 소프트 마진 SVM(Soft Margin SVM)

• 마진의 안쪽 또는 바깥쪽에 잘못 분류된 데이터가 포함되는 것을 허용하는 모델이다.

• 대부분의 경우 소프트 마진 SVM을 사용한다.

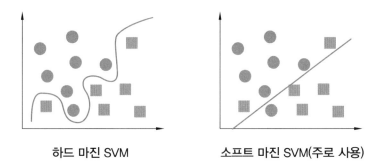

하드 마진 SVM   소프트 마진 SVM(주로 사용)

(5) 서포트 벡터 머신(SVM) 적용 기준

서포트 벡터 머신은 선형 분리 여부에 따라 적용 기준이 다르다.

구분	설명
선형 분리 가능	최적의 결정경계를 기준으로 1과 −1로 구분하여 분류 모형 사용
선형 분리 불가능	저차원 공간을 고차원 공간으로 매핑할 경우 발생되는 연산의 복잡성은 커널 트릭을 활용하여 해결

(6) 커널 트릭 기출

• 선형 분류가 불가능한 데이터를 처리하기 위해 데이터의 차원을 증가시켜 하나의 초평면으로 분리가 가능하도록 도와주는 커널 함수를 사용하는 것이다.

• 커널 함수에는 선형, 다항, RBF 가우시안, 시그모이드 커널 등이 있다.

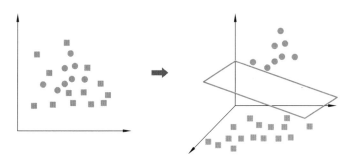

커널 트릭을 활용한 분류 예시

6 연관성 분석

(1) 연관성 분석(장바구니 분석, 서열 분석)의 정의 기출

- 연관성 분석은 데이터 내부에 존재하는 항목 간의 상호관계 및 종속관계를 찾아내는 분석기법을 의미한다.
- 연관성 분석은 장바구니 분석 또는 서열 분석과도 같은 말이며, 사용자의 구매 패턴을 기반으로 한 연관성 분석을 통해 마케팅 및 맞춤 서비스 제공에 활용될 수 있다.

(2) 연관성 분석 측정 지표 기출

연관성 분석 측정 지표에는 지지도, 신뢰도, 향상도가 있다.

① 지지도(Support) : 전체 거래 중 항목 A와 B를 동시에 포함하는 거래의 비율이다.

$$P(A \cap B) = \frac{A와\ B가\ 동시에\ 포함된\ 거래수}{전체\ 거래수}$$

② 신뢰도(Confidence) : A를 샀을 때, B를 살 조건부 확률에 대한 척도이다.

$$\frac{P(A \cap B)}{P(A)} = \frac{A와\ B가\ 동시에\ 포함된\ 거래수}{A를\ 포함하는\ 거래수}$$

예시 연관규칙 [맥주 → 기저귀]의 신뢰도는?

> 영수증 1 : 맥주, 기저귀, 우유
> 영수증 2 : 우유, 휴지, 달걀
> 영수증 3 : 기저귀, 우유, 휴지, 달걀
> 영수증 4 : 맥주, 기저귀, 달걀
> 영수증 5 : 맥주, 휴지

맥주를 구입한 사람 중 기저귀도 구입한 사람 $= \dfrac{\frac{2}{5}}{\frac{3}{5}} = \dfrac{10}{15} = \dfrac{2}{3}$

③ 향상도(Lift) : 규칙이 우연히 발생한 것인지 판단하기 위해 연관성의 정도를 측정하는 척도이다.

향상도 = 1	서로 독립적	예 휴지와 사탕	
향상도 > 1	양(+)의 상관관계	예 빵과 우유	$\dfrac{P(A \cap B)}{P(A) \times P(B)}$
향상도 < 1	음(−)의 상관관계	예 감기약과 아이스크림	

(3) 연관성 분석 알고리즘

연관성 분석 알고리즘에는 아프리오리(Apriori) 알고리즘, FP-Growth 알고리즘이 있다.

① 아프리오리 알고리즘 기출
- 아프리오리 알고리즘은 대량의 거래 데이터 중에서 가치 있는 연관성 규칙을 찾아내기 위해 가장 많이 사용되는 방법이다.
- 아프리오리 알고리즘의 원리는 두 집단 A와 B의 상호관계의 빈출 패턴을 찾아내는 것으로 연관성, 신뢰도, 지지도를 산출하여 A와 B의 연관성 패턴을 찾아내는 것이다.

  [장점] 원리가 간단하고 쉽게 유의미한 데이터를 파악할 수 있다.

  [단점] • 데이터가 많아질 경우 연산량이 많아질 수 있고, 정확도가 떨어진다.

  • DB스캔 횟수가 많아질 수 있고, 후보 집합 생성으로 인해 속도가 느려질 수 있다.

  예 맥주와 기저귀 판매량 사이의 연관성 분석

② FP-Growth 알고리즘
- FP-Growth 알고리즘은 아프리오리 알고리즘의 단점으로 확인되던 DB스캔 횟수와 후보 집합 생성을 효율적으로 개선한 알고리즘이다.
- FP-Growth 알고리즘 원리는 FP-Tree 구조를 통해 최소 지지도를 만족하는 집합을 추출하는 것이다.

  [장점] Tree 구조이기 때문에 아프리오리 알고리즘보다 연산 속도가 빠르고, DB스캔 횟수도 줄어진다.

  [단점] 대용량 데이터셋 처리 시 메모리를 효율적으로 사용하지 않는다.

7 군집 분석

(1) 군집 분석(Cluster Analysis)의 정의

- 군집 분석은 관측된 여러 개의 변수값을 유사성에만 기초하여 n개의 군집으로 집단화 하고, 집단의 특성을 분석하는 기법이다.
- 군집 분석은 같은 군집에 속한 데이터들 사이에는 동질성을 갖고, 다른 군집에 속한 데이터와는 이질성을 갖는 특징이 있다.
- 군집 분석은 군집의 개수 및 구조와는 관계없이 데이터 간의 거리를 기준으로 분류한다.
- 개별 군집의 특성은 같은 군집에 속한 데이터들의 평균값으로 나타낸다.

(2) 군집 분석의 유형

- 군집 분석의 유형은 크게 계층 기반과 비계층 기반으로 나뉜다.
- 계층 기반 군집 분석은 군집의 개수를 미리 정하지 않고, 유사한 데이터를 묶어 군집을 형성하는 과정을 반복하여 원하는 개수의 군집을 만드는 분석 방법이다.
- 비계층 기반 군집 분석은 미리 군집의 개수를 지정하고, 군집을 형성하는 분석 방법이다.

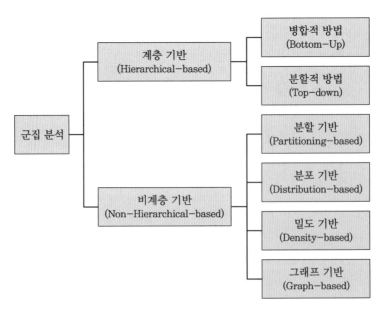

군집 분석 유형

(3) 군집 간의 거리 계산

군집 간의 거리 계산 방법은 변수의 특성에 따라 다르다.

① 연속형 변수 거리

구분	종류	수식	설명
수학적 거리	유클리드 거리 (Euclidian)	$d(i, j) = \sqrt{\sum_{f=1}^{n}(x_{if} - x_{jf})^2}$	두 점간 차를 제곱하여 모두 더한 값의 양의 제곱근
	맨하탄 거리 (Manhattan)	$d(i, j) = \sum_{f=1}^{n} |x_{if} - x_{jf}|$	두 점간 차의 절댓값을 합한 값
	민코프스키 거리 (Minkowskii)	$d(i, j) = \left[\sum_{f=1}^{n}(x_{if} - x_{jf})^m\right]^{1/m}$ m이 정수가 아니어도 되지만 반드시 1보다 커야 한다.	• m차원 민코프스키 공간에서의 거리 • $m = 1$일 때 맨하탄 거리와 같음 • $m = 2$일 때 유클리드 거리와 같음
통계적 거리	표준화 거리 (Standardized)	$d(i, j) = \sqrt{(x_i - x_j)' D^{-1}(x_i - x_j)}$ D : 표본 분산(대각 행렬)	변수의 측정 단위를 표준화한 거리
	마할라노비스 거리 (Mahalanobis)	$d(i, j) = \sqrt{(x_i - x_j)' S^{-1}(x_i - x_j)}$ S : 표본 공분산 행렬	변수의 표준화와 함께 변수 간의 상관성을 동시에 고려한 통계적 거리

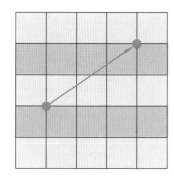

유클리드 거리

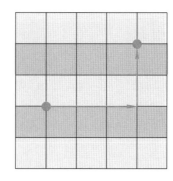

맨하탄 거리

② 명목형 변수 거리

종류	설명
단순일치계수 (Simple Matching Coefficient)	• 전체 속성 중에서 일치하는 속성의 비율
자카드계수 (Jaccard)	• 두 집합 사이의 유사도를 측정하는 방법 • 0과 1 사이의 값을 가지며 두 집단이 동일하면 1값을, 공통 원소가 하나도 없는 경우 0값을 가진다.

③ 순서형 변수 거리

종류	수식	설명
순위상관계수 (Rank Correlation Coeffecient)	$$r = 1 - \frac{6\sum_{i=1}^{n} d_i^2}{n(n^2-1)}$$ d_i : i 번째 데이터 순위차 n : 표본집단 각각의 데이터 수	값에 순위를 매겨 그 순위에 대해 상관계수를 구하는 방법

(4) 계층적 군집 분석 기출

- 계층적 군집(Hierarchical Clustering)은 유사한 데이터를 군집화하는 과정을 반복하여 군집을 형성하는 방법이다.
- 계층적 군집 분석에서 군집 간의 거리를 측정하는 방법에는 최단 연결법, 최장 연결법, 중심 연결법, 평균 연결법, 와드 연결법이 있다.

군집 간 거리 측정 방법

연결 방법	그림	설명
최단 연결법 (Single Linkage Method)		두 군집 사이의 데이터 중 가장 짧은 거리의 최솟값을 두 군집 사이의 거리로 측정
최장 연결법 (Complete Linkage Method)		두 군집 사이의 데이터 중 가장 먼 거리의 최댓값을 두 군집 사이의 거리로 측정

중심 연결법 (Centroid Linkage Method)		• 두 군집의 중심 간의 거리를 측정 • 두 군집이 결합할 때 가중 평균을 통해 구함
평균 연결법 (Average Linkage Method)		• 모든 항목에 대한 평균을 구하여 가장 유사성이 큰 군집을 병합하는 방법 • 불필요한 연산이 증가함
와드 연결법 (Ward Linkage Method)		다른 군집 내의 오차 제곱합에 기초하여 군집을 연결하는 방법

(5) 비계층적 군집 분석

대표적인 비계층적 군집 분석 방법에는 K-평균 군집 분석, 밀도 기반 군집 분석, 자기 조직화 지도(SOM)가 있다.

① K-평균 군집 분석(K-means clustering) 기출

- 주어진 데이터를 K개의 군집으로 묶는 알고리즘으로 군집 수를 K개만큼 초깃값으로 지정하고, 각 객체를 가까운 초깃값에 할당하여 군집을 형성하는 방법이다. 각 군집의 평균을 재계산하여 초깃값을 갱신하는 과정을 반복하여 K개의 최종 군집을 형성한다.
- K-평균 군집 분석은 이상값에 민감하게 반응하는 단점이 있고, 이를 보완하는 방법으로는 K-중앙값 군집 사용 및 이상값 제거가 있다.

K-중앙값 군집
평균값 대신 중앙값을 사용하여 형성된 군집

[K-평균 군집 분석 절차]

> K개의 객체 선택 → 할당 → 중심 갱신 → 반복

K-평균 군집 분석 절차

단계	방법	설명
1	K개의 객체 선택	초기 군집 수 K를 임의로 선택
2	할당	자료를 가장 가까운 군집을 중심으로 할당
3	중심 갱신	각 군집 내의 자료의 평균을 계산하여 군집의 중심 갱신
4	반복	군집 중심의 변화가 거의 없을 때까지 할당과 중심 갱신 과정을 반복

- K값 선정 기법 ^{기출}
  - 엘보우(Elbow) 기법 : 기울기가 완만한 부분에 해당하는 클러스터 선택
  - 실루엣(Silhouette) 기법 : 각 군집 간의 거리가 얼마나 분리되어 있는지 나타내는 기법
  - 덴드로그램(Dendrogram) : 트리 구조를 갖는 다이어그램인 덴드로그램을 활용한 시각화로 군집의 개수 결정(덴드로그램 y축 : 군집과의 거리)

② 밀도 기반 군집 분석(DBSCAN: Density-based spatial clustering of applications with noise) ^{기출}

- 밀도 기반 군집 분석은 데이터 포인트(점)들이 밀집되어 밀도가 높은 부분을 군집화하는 방법이다.
- 밀도 기반 군집 분석은 특정 데이터를 중심으로 기준 거리 이내의 데이터 개수가 n개 이상 있을 경우 이를 하나의 군집으로 인식하는 방식이다.
- 밀도 기반 군집 분석은 K-평균 군집 분석과 다르게 군집의 수를 지정하지 않아도 되고, 밀도를 기반으로 군집을 이루기 때문에 기하학적인 모양의 군집도 찾을 수 있다. 또한, 이상값 검출이 가능하다.

③ 자기 조직화 지도(Self-Organizing Maps, SOM, 코호넨 네트워크) ^{기출}

- 대뇌피질과 시각피질의 학습 과정을 기반으로 모델화한 인공신경망으로 자율학습 방법에 의한 클러스터링 방법을 적용한 알고리즘이다.

[자기 조직화 지도 분석 절차]

초기화 → 입력 벡터 → 유사도 계산 → 프로토 타입 벡터 탐색 → 강도 재조정 → 반복

자기 조직화 지도 분석 절차

단계	방법	설명
1	초기화	SOM 맵의 노드에 대한 연결 강도 초기화
2	입력 벡터	입력 벡터 제시
3	유사도 계산	유클리드 거리를 사용하여 입력 벡터와 프로토 타입 벡터 사이의 유사도 확인
4	프로토 타입 벡터 탐색	입력 벡터와 가장 거리가 짧은 프로토 타입 벡터(BMU)를 탐색
5	강도 재조정	BMU와 그 이웃들의 연결 강도 재조정
6	반복	입력 벡터 단계부터 반복

- 비지도 신경망 구성층은 입력층과 경쟁층으로 구성된다.

비지도 신경망 구성층

구분	설명
입력층 (Input Layer)	• 입력 벡터를 받는 층으로 입력변수의 개수와 동일하게 뉴런 수가 존재한다. • 입력층의 자료는 학습을 통해 경쟁층에서 정렬되는데 이를 지도(Map)라고 부른다.
경쟁층 (Output Layer)	• 2차원 격자로 구성된 층으로 각각의 뉴런이 입력 벡터와 얼마나 가까운지를 계산하여 연결 강도를 재조정하여 학습하고, 이 과정을 통해 입력 패턴과 가장 유사한 경쟁층 뉴런이 승자가 되어 남게 된다.

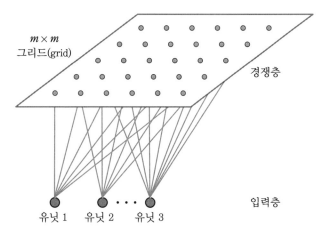

코호넨 네트워크 구조

출처 : http://www.aistudy.com/neural/som_kim.htm

2-2 고급 분석기법

1 범주형 자료 분석기출

- 범주형 자료 분석은 독립변수와 종속변수가 모두 범주형이거나 두 변수 중 하나가 범주형일 때 사용하는 분석 방법이다.
- 범주형 변수는 주어진 데이터의 순서가 없는 명목형 변수와 순서가 있는 순서형 변수로 나뉜다.
- 범주형 자료 분석은 각 집단의 비율 차이를 비교하고자 할 때 사용된다.

변수에 따른 데이터 분석 방법

독립변수	종속변수 (반응변수)	분석 방법
범주형	범주형	분할표 분석, 카이제곱 검정(교차검정), 피셔의 정확검정
범주형	수치형	T-검정, 분산 분석
수치형	범주형	로지스틱 회귀 분석

(1) 분할표 분석(Contingency table analysis)

- 분할표 분석은 상대위험도와 승산비를 활용하여 분할표를 만든 뒤 변수 간의 상호 관련성을 분석하는 방법이다.
- 범주형 데이터의 개수에 따라 일원(One-way) 분할표(1개), 이원(Two-way) 분할표(2개), 다원(Multi-way) 분할표(3개 이상)로 나뉜다.

이원 분할표 예

구분	A기종 사용자	B기종 사용자	합계
남자	50	60	110
여자	70	50	120
합계	120	110	230

① 상대위험도(RR: Relative Risk)

- 상대위험도는 위험인자에 노출된 A집단의 사건 발생 확률을 위험인자에 노출되지 않은 B집단의 사건 발생 확률로 나눈 값이다.
- 상대위험도는 다음과 같이 계산할 수 있다.

$$상대위험도(RR) = \frac{A집단의\ 위험률}{B집단의\ 위험률} = \frac{\dfrac{a}{a+b}}{\dfrac{c}{c+d}}$$

A집단과 B집단의 사건 발생 확률 분할표

구분	사건 발생	사건 미발생	합계
A집단 (위험인자에 노출된 경우)	a	b	$a+b$
B집단 (위험인자에 노출되지 않은 경우)	c	d	$c+d$
합계	$a+c$	$b+d$	$a+b+c+d$

상대위험도 결과

상대위험도 값	설명
$RR < 1$	A집단의 사건 발생 확률이 낮음
$RR = 1$	집단과 사건 발생 확률이 연관성이 없음
$RR > 1$	A집단의 사건 발생 확률이 높음

② 승산비(Odds Ratio, 교차비, 오즈비)

- 승산비(Odds Ratio)는 특정 사건이 발생할 확률(p)과 그 사건이 발생하지 않을 확률($1-p$)의 비를 의미한다.

$$\frac{사건이\ 발생할\ 확률}{사건이\ 발생하지\ 않을\ 확률} = \frac{p}{1-p}$$

- 승산비는 위험인자에 노출된 A집단의 승산비를 위험인자에 노출되지 않은 B집단의 승산비로 나눈 값이다.

$$승산비(OR) = \frac{위험인자에\ 노출되었을\ 때\ \dfrac{질병\ 발생\ 수}{질병\ 미발생\ 수}}{위험인자에\ 노출되지\ 않았을\ 때\ \dfrac{질병\ 발생\ 수}{질병\ 미발생\ 수}}$$

$$= \frac{A집단\ 사건\ 발생\ 확률}{B집단\ 사건\ 발생\ 확률} = \frac{\dfrac{a}{b}}{\dfrac{c}{d}} = \frac{ad}{bc}$$

A집단과 B집단의 사건 발생 확률 분할표

구분	사건 발생	사건 미발생	합계
A집단 (위험인자에 노출된 경우)	a	b	$a+b$
B집단 (위험인자에 노출되지 않은 경우)	c	d	$c+d$
합계	$a+c$	$b+d$	$a+b+c+d$

승산비 결과

상대위험도 값	설명
$OR < 1$	A집단의 사건 발생 확률이 낮음
$OR = 1$	집단과 사건 발생 확률이 연관성이 없음
$OR > 1$	A집단의 사건 발생 확률이 높음

③ 상대위험도(RR)와 승산비(OR)의 활용

• 상대위험도와 승산비는 주로 의학 분야에서 위험인자와 질환 발생과의 연관성을 확인하기 위한 분석 방법으로 자주 사용된다.

• 대표적인 예로 위험인자에 노출된 경우(A집단)와 그렇지 않은 경우(B집단)에서 질환이 발생된 경우와 그렇지 않은 경우를 확률 분할표로 나눈 후, 각 범주에 따른 연관성을 분석할 수 있다.

(2) 카이제곱 검정(Chi-Squared Test) 기출

• 카이제곱 검정은 범주형 자료 간의 차이를 분석하는 모수적 통계 방법이다.

> 참고 평균, 표준편차, 분산 등을 통계량(statistic, 표본의 특성을 수치로 나타낸 것)이라고 하고, 모집단의 모평균, 모표준편차, 모분산 등을 모수(parameter, 모집단의 특성을 수치로 나타낸 것)라고 한다.

• 카이제곱 검정은 적합도 검정, 독립성 검정, 동질성 검정으로 분류한다.

① 적합도 검정(Goodness of Fit Test)

• 변수가 1개이고, 그 변수가 2개 이상의 범주로 구성되어 있을 때 사용하는 일변량 분석 방법이다.

• 표본집단의 분포가 주어진 특정 분포를 따르고 있는지 검정하는 방법이다.

② 독립성 검정(Test of Independence)

변수가 두 개 이상의 범주로 분할되어 있을 때 사용되며, 각 범주가 서로 독립적인지 연관성이 있는지 검정하는 방법이다.

③ 동질성 검정(Test of Homogeneity)

하나의 범주형 변수를 기준으로 각 그룹이 특정 요인에 대해 서로 비슷한지 알아보는 방법이다.

(3) T-검정(T-Test) 기출

• T-검정은 두 집단의 평균을 비교하는 모수적 통계방법으로 표본이 정규성, 등분산성, 독립성 등을 만족할 경우 사용 가능하다.

• T-검정에는 단일표본 T-검정, 대응표본 T-검정, 독립표본 T-검정이 있다.

모수적 통계방법 (parametric method)
정규성을 갖는다는 모수적 특성을 이용하는 통계적 방법

비모수적 통계방법 (nonparametric method)
정규분포를 따르지 않거나 각 집단 간 10명 미만의 소규모 집단인 경우 자료를 크기 순으로 배열하여 순위를 매기고, 순위의 합을 통해 차이를 비교하는 순위합 검정을 적용하는데 이와 같이 모수의 특성을 사용하지 않는 통계적 방법

① 단일표본 T-검정

하나로 구성된 모집단의 평균값을 기준값과 비교하고자 할 때 사용하는 분석 방법이다.

예 전국 고등학교 3학년 학생의 평균 키가 170cm일 때, 서울 ○○고등학교 3학년 1반 학생 30명의 평균 키를 측정하여 전국의 평균 키와 비교하는 방법

② 대응표본 T-검정

동일한 표본의 A시점과 B시점을 비교하고자 할 때 사용하는 분석 방법이다.

예 동일한 교수법의 효과를 비교하기 위해 동일한 교수법으로 학생들을 지도한 뒤 중간고사와 기말고사 시험 성적을 비교하는 방법

③ 독립표본 T-검정

독립된 두 집단의 평균 차이를 검정하는 분석 방법이다.

예 제품 브랜드에 따른 소비자의 만족도 조사

(4) 피셔의 정확 검정(Fisher's Exact Exam)

- 피셔의 정확 검정은 표본 수가 적을 때 사용하는 카이제곱 검정 방법이다.
- 피셔의 정확 검정은 범주형 데이터의 기대빈도가 5 미만인 셀이 20%를 넘는 경우 사용한다.

**기대빈도
(Expected Counts)**
두 변수가 독립일 경우 이론적으로 기대할 수 있는 빈도의 분포

2 다변량 분석(Multivariate analysis)

- 여러 현상이나 사건에 대한 관측치를 개별적으로 분석하지 않고 동시에 분석하는 통계적인 기법이다.
- 각 변수를 개별적이 아닌 동시에 분석하여 여러 변수들 간의 상관성을 고려한다.

(1) 상관관계 분석

- 두 변수 사이에 어떠한 선형적 관계를 갖는지 분석하는 기법으로 상관계수(Correlation coefficient, r)를 계산하여 변수들 간의 상관관계를 분석하는 방법이다.

- 상관계수(r)는 −1~1의 범위를 갖는다. 상관계수가 1인 경우 강한 양의 상관관계를 갖고, −1인 경우 강한 음의 상관관계이며, 0인 경우 상관관계가 없음을 의미한다.

(2) 다차원 척도법(MDS: Multi Dimensional Scaling) 기출

- 다차원 척도법은 개체 간의 근접성을 시각화하는 통계기법이다.
- 개체들 사이의 유사성, 비유사성을 측정하여 개체들을 2차원 혹은 3차원 공간상의 점으로 표현하는 분석 방법이다.
- 스트레스 값이 0에 가까우면 적합도가 높고, 1에 가까우면 적합도가 낮다.
- 다차원 척도법에서 개체들의 거리를 계산할 때는 유클리드 거리 행렬을 이용한다.

(3) 다변량 분산 분석(MANOVA: Multivariate Analysis of Variance)

- 종속변수가 2개 이상일 때 사용하는 분석 방법으로 종속변수(Y) 간의 공분산을 사용하여 다수의 종속변수들에서 집단 간의 차이가 있는지 검정하는 방법이다.
- 종속변수가 벡터의 형태로 주어지기 때문에 모집단의 평균 벡터 사이에 차이가 있는지 여부를 판단하는 것이 중요하다.

(4) 주성분 분석(PCA: Principal Component Analysis) 기출

- 데이터 전체 변동을 최대한 보존해 주는 주성분을 생성하는 차원 축소 방법이다.
- 주성분 분석의 목적은 차원 축소와 다중공선성 해결이다.
- 누적기여율이 85% 이상이면 주성분의 수로 결정할 수 있다.
- 주성분 분석의 절차는 축 생성 → 생성된 축에 데이터 투영 → 차원 축소 순이다.

다중공선성
회귀 분석에서 독립변수들 간의 강한 상관관계가 나타나는 문제

누적기여율 기출
주성분을 고유 값의 내림차순으로 정렬하여 상위 개의 주성분으로 설명할 수 있는 정보량의 비율

③ 시계열 분석

(1) 시계열 분석의 정의

- 시계열 분석(Time-series analysis)은 시간의 흐름에 따라 관측된 과거 데이터를 분석하여 미래의 데이터를 예측하는 분석 기법이다.
- 시계열 데이터의 x축은 시간, y축은 관측값을 나타낸다.

(2) 시계열 데이터 정상성(Stationary)과 비정상성(Non-stationary) 기출

- 시계열 데이터는 정상성을 만족해야 한다.
- 정상성은 시점에 상관없이 시계열 특성이 일정한 것을 의미하고, 비정상성은 시점에 따라 시계열 특성이 변하는 것을 의미한다.

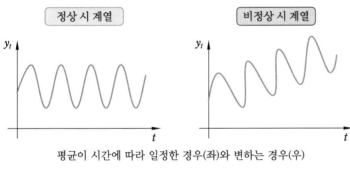

평균이 시간에 따라 일정한 경우(좌)와 변하는 경우(우)

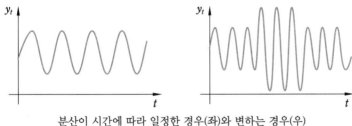

분산이 시간에 따라 일정한 경우(좌)와 변하는 경우(우)

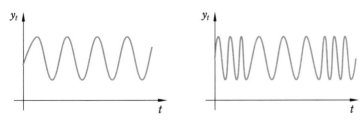

공분산이 시간에 따라 일정한 경우(좌)와 변하는 경우(우)

정상 시계열과 비정상 시계열 비교 그래프

출처 : https://syj9700.tistory.com/26

• 정상성의 조건은 평균이 일정하고, 분산이 시점에 의존하지 않으며, 공분산은 시차에만 의존하고 시점에는 의존하지 않는다는 것이다.

(3) 시계열 데이터 예측 방법 기출

• 시계열 데이터의 예측 방법은 확률적 방법과 고전적 방법으로 나뉜다.
• 확률적 방법은 주파수 영역과 시간 영역으로 나뉘고, 시간 영역에는 자기회귀 모형, 이동평균 모형, 자기회귀이동평균 모형이 있다.
• 고전적 방법은 분해분석법과 평활법으로 나뉘고, 평활법에는 이동평균법(Moving Average)과 지수평활법(Exponential Smoothing)이 있다.
• 이동평균법은 일정 기간의 관측치를 이용하여 평균을 구하고, 이를 이용해 예측하는 방법으로 장기적인 추세를 쉽게 파악할 수 있다.
• 지수평활법은 일정기간의 평균을 활용하는 이동평균법과 다르게 모든 시계열 데이터를 사용하여 평균을 구하고, 시간의 흐름에 따라 최근 시계열 데이터에 더 많은 가중치를 부여하여 미래를 예측하는 방법이다.

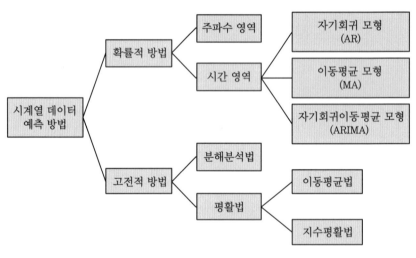

시계열 데이터 예측 방법

(4) 시계열 데이터 공분산 기법 기출

• 시계열 데이터의 공분산 기법으로는 자기상관(autocorrelation)이 있다.
• 상관계수가 두 변수 사이의 선형 관계의 크기를 측정하는 것과 같이 자기상관은 시계열 데이터의 시차값(logged values) 사이의 선형 관계를 측정한다.

- 자기상관계수(Autocorrelation coefficients)는 동일한 변수(Yt, $Yt-1$, $Yt-2$, …)의 서로 다른 시간 차이(time lag)를 두고 관계를 분석하는 것이다.
- 자기상관함수(ACF: Auto Correlation Function)는 임의의 어떤 신호($p(t)$)와 그 신호를 임의의 시간(t)만큼 지연시킨 신호($p(t+t)$) 사이의 상관관계를 파악할 수 있는 함수이다.
- 데이터에 추세(Trend)가 존재할 때 자기상관함수는 양의 값을 갖는 경향을 보이고, 이러한 자기상관함수 값은 시차가 증가함에 따라 서서히 감소한다.

(5) 시계열 모형 기출

- 자기회귀 모형(AR 모형, Auto Regressive Model) : 과거의 데이터가 현재의 데이터와 선형적으로 의존하여 영향을 미치는 모형을 의미한다.
- 이동평균 모형(MA 모형, Moving Average Model) : 시간이 지날수록 관측치의 평균값이 지속적으로 증가하거나 감소하는 모형이다.
- 자기회귀 이동평균 모형(ARMA 모형, Auto Regressive Moving Average) : 자기 회귀 모형과 이동평균 모형을 합친 모형이다.
- 기출자기회귀 누적 이동평균 모형(ARIMA 모형) : 자기회귀와 이동평균을 모두 고려하는 모델로 시계열의 비정상성(Non-stationary)을 설명하기 위해 관측치 간의 차분(Differencing)을 사용하는 모형이다.

차분
시계열의 수준에서 나타내는 변화를 제거하여 시계열의 평균 변화를 일정하게 만들어 주는 작업

ARIMA(p, d, q)
p : AR 관련, d : 몇 번 차분했는지, q : MA 관련

- ARIMA(0,0,0) : 백색잡음 모형
- ARIMA(0,1,0) : 확률보행 모형
- ARIMA(p,0,0) : 자기회귀 모형
- ARIMA(0,0,q) : 이동평균 모형

ARIMA 차수에 따른 모형 유형

확률보행 모형
데이터가 정상성을 나타내지 않는 모델로 주로 금융이나 경제 분야에서 데이터 분석에 사용된다.

- 시계열 분해 : 시계열에 영향을 주는 일반적인 요인을 시계열에서 분리해 분석하는 방법이다.
- 시계열 분해 구성 요소에는 추세, 계절성, 순환, 불규칙 요인이 있다.

시계열 분해 구성 요소

구성 요소	설명
추세 (Trend)	데이터가 장기적으로 증가하거나 감소하는 것으로 추세가 꼭 선형일 필요는 없다.
계절성 (Seasonal)	주, 월, 분기, 반기 단위 등 특정 시간의 주기로 나타나는 패턴
순환 (Cycle)	경기변동과 같이 정치, 경제, 사회적 요인에 의한 변화로 일정 주기가 없는 장기적인 변화 현상
불규칙요인 (Irregular Factor)	설명될 수 없는 요인 또는 돌발적인 요인에 의해 일어나는 변화로 예측 불가능한 임의의 변동

- 시계열 분해 그래프의 관측치를 통해 추세(Trend), 계절성(Seasonal), 잔차(Residual)를 확인할 수 있다.^{기출}

4 베이지안 기법

(1) 조건부 확률 ◀ 중요

조건부 확률은 어떤 사건이 일어난다는 조건에서 다른 사건이 일어날 확률을 의미한다.

사건 A가 조건으로 일어날 때 사건 B가 발생할 확률

$$P(B\,|\,A) = \frac{P(A \cap B)}{P(A)}$$

사건 B가 조건으로 일어날 때 사건 A가 발생할 확률

$$P(A\,|\,B) = \frac{P(A \cap B)}{P(B)}$$

(2) 베이즈 정리(Bayes' Theorem) ^{기출}

- 베이즈 정리는 두 확률 변수의 사전 확률과 사후 확률 사이의 관계를 설명하는 확률이론으로 B가 발생할 때, A_i가 발생할 확률을 의미한다.
- 어떤 사건이 서로 배반(排反)하는 원인이 둘에 의해 일어난다고 할 때 실제 사건이 일어났을 때 이것이 두 원인 중 하나일 확률을 구하는 정리이다.

배반
두 개의 사건이 동시에 일어날 수 없는 경우

$$\text{베이즈 정리} \quad P(A_i|B) = \frac{P(A_i \cap B)}{P(B)} = \frac{P(A_i)P(B|A_i)}{\sum\limits_{i=1}^{n} P(A_i)P(B|A_i)}$$

(3) 나이브 베이즈 분류(Naive Bayes Classification) 기출

- 나이브 베이즈 분류는 베이즈 정리에 기반한 통계적 분류 방법을 의미하며, 가장 단순한 지도학습(supervised learning) 방법 중 하나이다.
- 사건 A가 발생했을 때, 사건 B가 발생할 확률을 이용하여 사건 B가 발생했을 때, 사건 A가 일어날 확률을 추정하는 기법이다.
- 데이터 산출 속도가 빠르기 때문에 실시간 분류 및 텍스트 분석 분야에서 주로 사용된다.

5 딥러닝 분석

(1) 딥러닝의 개념

- 딥러닝(Deep Learning)은 대용량 데이터를 처리하기 위해 인공신경망을 기반으로 구현되는 기계학습 알고리즘이다.
- 딥러닝은 기존 인공신경망 모델의 문제점이었던 기울기 소실 문제를 해결하였고, GPU를 활용한 연산으로 데이터 분석 시간을 단축시켰다.

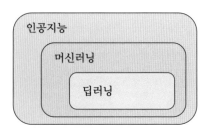

딥러닝, 머신러닝, 인공지능 관계

(2) 딥러닝 알고리즘

딥러닝 알고리즘에는 DNN, CNN, RNN, GAN 등이 있다.

① DNN(Deep Neural Network, 심층신경망) 알고리즘
- DNN은 은닉층(Hidden Layer)이 하나만 존재하는 ANN(인공신경망)과 다르게 입력층(Input Layer)과 출력층(Output Layer) 사이에 2개 이상의 은닉층이 존재하는 알고리즘을 의미한다.

- 데이터는 입력층에서 가중치가 곱해져 은닉층으로 이동하고, 은닉층에서 역시 가중치가 곱해져 다음 계층으로 이동한다.
- 역전파 알고리즘을 통해 출력층에서 은닉층으로, 다시 입력층으로 역순으로 연산을 수행하며 최적의 결과를 도출하게 된다.

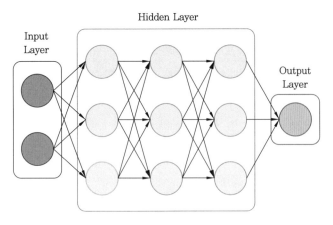

DNN 알고리즘 구조

출처 : https://ebbnflow.tistory.com/119

② CNN(Convolution Neural Network, 합성곱 신경망) 알고리즘
- CNN은 합성곱(Convolution)과 풀링(Pooling) 과정을 거쳐 데이터를 분석하는 알고리즘으로 주로 시각적 이미지 분석에서 많이 사용된다.
- 합성곱(Convolution) : 합성곱은 원본 이미지로부터 특징을 추출하는 과정으로 필터를 활용하여 유사한 이미지 영역을 강조하는 특성 맵(Feature Map)을 출력한다.

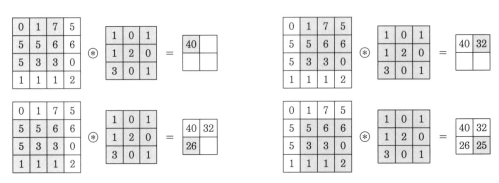

합성곱 연산 과정

출처 : https://untitledtblog.tistory.com/150

CNN Feature Map 계산 기출

스트라이드(지정된 간격으로 필터를 순회하는 간격)가 적용되었을 때, 원본 이미지의 크기가 $n \times n$, 스트라이드가 s, 패딩이 p, 필터가 $f \times f$일 때, 피처맵의 크기는 다음과 같다.

$$\text{Feature Map} = \left(\frac{n+sp-f}{s} + 1, \ \frac{n+sp-f}{s} + 1 \right)$$

$$= \left(\frac{n+sp-f}{s} + 1 \right) \times \left(\frac{n+sp-f}{s} + 1 \right)$$

예시 CNN에서 원본 이미지가 5×5에서 스트라이드가 1이고, 필터가 3×3일 때, 피처맵은?

$n=5$, $p=0$(사용되지 않았으므로), $s=1$, $f=3$

$$= \left(\frac{n+sp-f}{s} + 1 \right) \times \left(\frac{n+sp-f}{s} + 1 \right)$$

$$= \left(\frac{5+0-3}{1} + 1 \right) \times \left(\frac{5+0-3}{1} + 1 \right)$$

$$= (3, \ 3)$$

- 풀링(Pooling) : 풀링은 합성곱 과정을 거친 데이터를 요약하는 작업으로 추출한 특징은 유지하면서 데이터의 사이즈를 줄여주는 과정이다. 풀링은 최댓값을 선택하는 max pooling과 평균값을 선택하는 average pooling 방법이 있다.

맥스 풀링(max-pooling) 연산 과정

출처 : https://untitledtblog.tistory.com/150

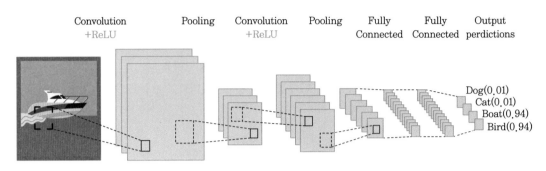

CNN 알고리즘 과정

출처 : https://ebbnflow.tistory.com/119

③ RNN(Recurrent Neural Network, 순환신경망) 알고리즘

• RNN은 언어 데이터, 시계열 데이터 등과 같이 연속적인 데이터 분석에 특화된 알고리즘으로 과거 데이터를 기반으로 현재 데이터를 학습하는 특징이 있다.

• RNN 알고리즘은 장기 의존성 문제와 기울기 소실 문제가 발생할 수 있기 때문에 이를 보완한 LSTM(장단기 메모리) 기법이 개발되었다.

• LSTM은 망각 게이트, 입력 게이트, 업데이트 게이트, 출력 게이트로 구성되어 불필요한 데이터를 제거하고, 필요한 데이터만 업데이트하여 출력값으로 활용한다.

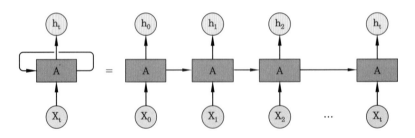

RNN 알고리즘 과정

출처 : https://aditi-mittal.medium.com/understanding-rnn-and-lstm-f7cdf6dfc14e

• LSTM과 유사한 성능을 갖지만 복잡한 구조를 단순화시킨 방법이 게이트 순환 유닛(GRU: Gated Recurrent Unit)이다.

• GRU기출는 LSTM의 장기 의존성 문제에 대한 해결책은 유지하면서 은닉 상태를 업데이트하는 계산량을 줄였다.

• GRU는 업데이트 게이트와 리셋 게이트만 존재한다.

④ GAN(Generative Adversarial Network, 생성적 적대 신경망) 알고리즘

- GAN은 진짜와 같은 가짜를 만들어내는 생성자(Generator)와 만들어진 데이터의 진위 여부를 확인하는 판별자(Discriminator)가 대립하여 성능을 개선해나가는 알고리즘이다.
- 진짜와 같은 가짜를 만들어내는 것이 GAN 알고리즘의 목표라고 할 수 있으며, 이는 딥 페이크(Deep Fake) 기술로 활용된다.

> **딥 페이크**
> 인공 지능을 기반으로 한 인간 이미지 합성 기술

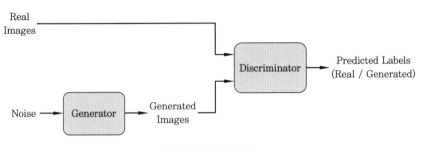

GAN 알고리즘 과정

출처 : https://kr.mathworks.com/help/deeplearning/ug/train-generative-adversarial-network.html

⑥ 비정형 데이터 분석

- 비정형 데이터는 이미지, 영상, 문서 데이터와 같이 정형화된 데이터의 구조를 갖지 않는 데이터를 의미한다.
- 비정형 데이터 분석은 이러한 비정형 데이터를 분석하여 의미있는 정보를 도출해내는 분석을 의미한다.
- 비정형 데이터 분석 방법에는 텍스트 마이닝, 오피니언 마이닝, 웹 마이닝, 사회 연결망 분석이 있다.

(1) 텍스트 마이닝(Text Mining)

- 텍스트 마이닝은 텍스트 형태로 이루어진 비정형 데이터를 수집한 뒤, 자연어 처리(NLP)를 통해 유의미한 정보를 추출하는 방법이다.

> **자연어 처리**
> (NLP: Natural Language Processing)
> 사람이 이해할 수 있는 언어를 기계가 이해할 수 있는 언어로 처리하는 기술

[텍스트 마이닝 절차]

> 텍스트 수집 → 텍스트 전처리(토큰화, 품사 태깅 등) → 텍스트 의미 추출 → 텍스트 패턴 분석 → 정보 생성

- 텍스트 전처리 기법^{기출}에는 토큰화(Tokenization), 품사 태깅(POS Tagging), 표제어 추출(Lemmatization), 어간 추출(Stemming), 불용어(Stopword) 처리가 있다.

텍스트 전처리 기법

기법	설명
토큰화	문서를 토큰(token)이라 불리는 작은 단위로 나누는 기술 예 I love to listen K-pop ➡ I / love / to / listen / K-pop
품사 태깅	형태소(의미를 갖는 가장 작은 말의 단위)의 품사를 태깅하는 기술 예 I / go / to / school ➡ 인칭 대명사 / 동사 / 전치사 / 명사
표제어 추출	단어들로부터 표제어(단어가 사전에 등재된 형태)를 찾는 기법 예 is gone, is cleaned ➡ be + p.p
어간 추출	단어에서 접사를 제거하여 어간(용언 사용 시 변하지 않는 부분)을 추출하는 기술 예 자는, 자고, 자서 ➡ 자~
불용어 처리	단어에서 조사, 접미사와 같이 의미 분석에 중요도가 낮은 단어를 처리하는 기술

- 텍스트 마이닝 기능에는 정보 추출, 문서 요약, 문서 분류, 문서 군집화가 있다.
- 텍스트 마이닝 기법 중 자연어를 컴퓨터가 이해할 수 있도록 벡터로 만들어주는 것을 벡터화(Vectorize)라고 한다.
- 벡터화 방법^{기출}에는 Bag of Words, TF-IDF, One-hot encoding, Word Embedding이 있다.

① Bag of Words

가장 단순한 벡터화 방법 중 하나로 문서에서 문법이나 단어의 순서를 무시하고 단순히 단어의 빈도만 고려한 벡터화 방법이다.

② TF-IDF

- 특정 단어가 문서 내에 등장하는 빈도(TF, 단어 빈도)와 그 단어가 문서 전체 집합에서 등장하는 빈도(IDF, 역문서 빈도)를 고려하여 벡터화하는 방법이다.
- 자주 사용된 단어라도 많은 문서에 등장하는 단어의 경우 IDF가 낮아지기 때문에 TF-IDF의 벡터화 결과 작은 값을 가진다.

$$\text{IDF}(w) = \log\left(\frac{n}{1+df(w)}\right)$$

(n : 분류대상이 되는 모든 문서의 수, $df(w)$: 단어 w가 들어있는 문서의 수)

③ One-hot encoding

표현하고 싶은 데이터를 1값으로, 그렇지 않은 데이터를 0값으로 표현하는 방식이다.

④ Word Embedding

- 분포가설(Distributional hypothesis) 개념을 바탕으로 의미를 포함하는 단어 벡터로 바꾸는 기법

- 분포가설에 의해 비슷한 분포를 가진 단어의 주변 단어 역시 비슷한 의미를 가질 것이라고 가정한다.

  예 LSA, Word2Vec, FastText, GloVe

> **분포가설**
> 단어의 의미는 주변 단어에 의해 형성된다.

방법	설명
LSA	LSA(Latent Semantic Analysis)는 잠재 의미 분석으로 문서 및 용어와 관련된 일련의 개념을 생성하여 문서 집합과 포함된 용어 사이의 관계를 분석하는 자연어 처리 기술
Word2Vec	워드 임베딩에 기반하여 각 단어 간의 유사도를 벡터화하여 해당 단어의 의미를 수치화할 수 있는 방식
FastText	Facebook의 AI Research lab에서 만든 단어 임베딩 및 텍스트 분류 학습을 위한 라이브러리
GloVe	글로브(Global Vectors for Word Representation)는 카운트 기반과 예측 기반을 모두 사용하는 방법론으로 2014년에 미국 스탠포드 대학에서 개발한 단어 임베딩 방법론

(2) 오피니언 마이닝(Opinion Mining)

- 오피니언 마이닝은 웹사이트와 소셜미디어에서 특정 주제에 대한 여론이나 정보(게시글 등)를 수집하여 분석한 뒤 정보를 도출하는 빅데이터 처리 기법이다.

- 오피니언 마이닝은 특정 서비스에 대한 소비자의 의견이 긍정적 혹은 부정적인지를 분석하고, 그 원인을 도출하는 것을 목적으로 하며, 이를 통해 대중의 관심과 여론이 어떻게 변화하는지 파악할 수 있다.

[오피니언 마이닝 분석 절차]

> 데이터 수집 및 전처리 → 데이터 분류(긍정, 부정) → 요약 및 시각화

(3) 웹 마이닝(Web Mining)

- 웹 마이닝은 웹 자원으로부터 의미있는 정보를 추출하기 위한 데이터 마이닝 기법이다.
- 웹 마이닝의 유형은 웹 구조 마이닝, 웹 내용 마이닝, 웹 사용 마이닝으로 구분된다.

웹 마이닝 유형

유형	설명
웹 구조 마이닝	웹 사이트와 웹 페이지의 구조적 요약 정보를 얻기 위한 기법
웹 내용 마이닝	실제 웹 사이트의 내용 중 의미있는 내용을 추출하는 기법
웹 사용 마이닝	웹 사용자의 패턴을 분석하는 기법

(4) 사회 연결망 분석(SNA: Social Network Analysis)

- 사회 연결망 분석은 사회 연결망 데이터를 활용하여 사회 연결망과 사회 구조 등을 사회과학적으로 분석하는 방법이다.
- 네트워크는 노드(Node)와 엣지(Edge)를 기반으로 사회적 관계를 구조화한 것으로 노드는 사회를 구성하는 개체를 의미하고, 엣지는 개체 간의 관계를 의미한다.

[사회 연결망 분석 절차]

데이터 수집 → 데이터 분석 → 데이터 시각화

- 사회 연결망 분석의 주요 속성으로는 응집력, 구조적 등위성, 명성, 범위, 중개가 있다.

사회 연결망 분석의 주요 속성

속성	설명
응집력(Cohesion)	개체들 간의 연결된 정도
구조적 등위성 (Equivalenca)	한 네트워크의 구조적 지위와 그 역할이 동일한 개체들 간의 관계
명성(Prominence)	네트워크 내에서 책임을 갖는 개체 확인
범위(Range)	개체의 네트워크 규모
중개(Brokerage)	다른 네트워크와 연결해주는 정도

사회 연결망 분석 측정 지표

측정 지표	설명
연결 중심성	한 노드가 얼마나 많은 노드와 관계를 맺고 있는지 측정하는 방식
군집 중심성	각 노드 간의 거리를 바탕으로 중심성을 측정하는 방식
매개 중심성	네트워크 내에서 특정 노드가 다른 노드들 사이에 위치하는 정도
위세 중심성 (=아이겐벡터 중심성)	자신의 연결 정도 중심성으로부터 발생하는 영향력과, 자신과 연결된 타인의 영향력을 합하여 결정하는 방법

7 앙상블 분석 기출

- 앙상블(Ensemble)은 '조화, 통일'을 나타내는 프랑스어를 의미하고, 앙상블 분석은 여러 모형을 종합하여 최종적인 의사결정을 도출하는 분석 방법을 의미한다.
- 앙상블 분석은 분석 결과의 성능을 향상시키기 위해 다수의 모형에서 출력된 결과를 종합하여 하나의 최종 결과를 도출하는 분석 방법이다.
- 앙상블 분석 방법에는 배깅, 부스팅, 랜덤 포레스트, 보팅, 스태킹이 있다.

(1) 배깅(Bagging, Bootstrap Aggregation)

- 부트스트랩(Bootstrap) 샘플링으로 추출한 여러 개의 표본에 각각 모형을 병렬적으로 학습하고, 추출된 결과를 집계(aggregation)하는 기법이다.
- 사이즈가 작거나 결측값이 있는 경우에 유리하고, 성능 향상에 효과적이다.

(2) 랜덤 포레스트(Random Forest) 기출

- 의사결정나무 기반 앙상블 알고리즘으로 모든 속성(feature)들에서 임의로 일부를 선택하고, 그 중 정보 획득량이 가장 높은 것을 기준으로 데이터를 분할한다.
- 분류기를 여러 개 사용할수록 성능이 좋아지고, 예측편향을 줄이고, 과대 적합을 피할 수 있으며, 이상치의 영향을 적게 받는다.

부트스트랩(Bootstrap)
주어진 데이터에서 동일한 크기의 표본을 랜덤 복원 추출로 뽑은 데이터를 의미함

복원 추출(Sampling with Replacement)
한 번 뽑은 표본을 모집단에 다시 넣고 다른 표본을 추출하는 방식

(3) 보팅(Voting)

- 여러 개의 분석 모형 결과를 조합하는 방법이다.
- 직접투표와 간접투표가 있다.

직접투표 (Hard Voting)	많이 선택된 클래스를 최종 결과로 예측한다.
간접투표 (Soft Voting)	각 모형의 클래스 확률값을 평균내어 확률이 가장 높은 클래스를 최종 결과로 예측하는 방법이다.

(4) 부스팅(Boosting)^{기출}

- 예측력이 약한 모형들을 결합하여 예측력이 강한 모형을 만드는 알고 리즘으로 분류가 잘못된 데이터에 가중치를 적용하여 표본을 추출하 는 기법이다.
- 대용량 데이터 분석에 유리하고, 높은 계산 복잡도를 가진다.
- 알고리즘 : AdaBoost, GBM, XGBoost

알고리즘	설명
AdaBoost (Adaptive Boosting)	초기 모형을 약한 모형으로 설정하고, 매 과정마다 가 중치를 적용하여 이전 모형의 약점을 보완하는 새로운 모형을 적합(fitting)하여 최종 모델을 생성한다.
GBM (Gradient Boosting Machine)	AdaBoost와 유사하나 가중치 업데이트 시에 경사하 강법을 사용하는 알고리즘으로 과적합의 위험이 있다.
XGBoost (Extreme Gradient Boosting)	GBM의 단점인 과적합을 방지하기 위해 파라미터가 추가되어 병렬 학습이 가능한 알고리즘으로 회귀, 분 류 문제에서 모두 사용 가능하다.

경사하강법 (Gradient Descent)
반복 수행을 통해 오류를 최 소화할 수 있도록 가중치 업 데이트 값을 도출하는 기법

(5) 스태킹(Staking)

- 여러 분석 모형의 예측값을 최종 모델의 학습 데이터로 사용하는 예측 방법이다.
- 기본 스태킹 모델의 경우 과적합 발생 위험이 있어서 CV세트 기반의 스태킹 모델을 사용한다.

CV세트 기반의 스태킹
과적합 개선을 위해 최종 메 타 모델(개별 모델의 예측된 데이터셋을 기반으로 학습 하고 예측하는 방식)을 위한 데이터셋을 만들 때 교차 검 증(Cross validation) 기반으 로 예측된 결과 데이터셋을 활용하는 방식

8 비모수 통계 기출

- 비모수 통계는 통계학에서 모수에 대한 가정을 전제로 하지 않고, 모집단의 형태에 관계없이 주어진 데이터에서 직접 확률을 계산하여 통계학적 검정을 하는 분석 방법이다.
- 비모수 통계 분석에는 빈도, 부호, 순위 등의 통계량이 사용되고, 이상값에 대한 영향이 적다.
- 비모수 통계 검정 방법에는 부호 검정, 윌콕슨–부호 순위 검정, 만-위트니 U 검정, 윌콕슨 순위 합 검정, 크루스칼 왈리스 검정, 런 검정이 있다.

(1) 부호 검정(Sign Test)

- 중앙값과의 차이를 부호(+, -)로 전환한 후, 검정한 뒤 부호만 사용하여 두 집단의 분포가 동일한지 검정하는 방법이다.
- 분포의 연속성, 독립성을 가정한다.

(2) 윌콕슨–부호 순위 검정(Wilcoxon Singed Rank Test)

- 중앙값과의 차이를 부호뿐만 아니라 상대적인 크기도 고려하여 검정하는 방법이다.
- 분포의 연속성, 독립성, 대칭성을 가정한다.

(3) 만-위트니 U 검정(Mann-Whitney U Test)

- 두 집단이 순위 척도 자료를 가진 집단이거나, 집단의 표본 수가 비교적 작을 때 두 집단의 차이를 분석하는 검정 방법이다.
- 분포의 연속성, 독립성, 대칭성을 가정한다..

(4) 크루스칼 왈리스 검정(Kruskal-Wallis Test)

- 세 집단 이상의 분포를 비교하는 검정 방법으로 집단별 평균이 아닌 중위수가 같은지 검정하는 방법이다.
- 분포의 중앙값은 다르나 동일한 형태의 분포를 가지는 것을 가정한다.

(5) 런 검정(Run Test)

일련의 연속적인 관측값이 임의적으로 나타난 것인지 검정하는 방법으로, 런(Run)은 관측된 데이터에서 한 종류의 부호가 시작되고 끝나는 단위를 의미한다.

1. 다음은 어떤 분석 방법에 대한 설명인가?

> • 하나 이상의 독립변수(X)가 종속변수(Y)에 끼치는 영향을 분석하는 통계기법
> • 독립변수와 종속변수는 선형적인 관계를 갖고, 독립변수를 통해 종속변수를 예측
>
> **예** 눈이 올 때 교통사고 발생 확률 분석

① 시계열 분석   ② 회귀 분석
③ 분산 분석   ④ 다중 분석

해설 회귀 분석에 대한 설명이다.

2. 다음 중 회귀 분석 가정에 속하지 <u>않는</u> 것은?

① 분산성   ② 선형성
③ 독립성   ④ 정상성

해설 회귀 분석은 선형성, 독립성, 등분산성, 정상성(정규성)의 4가지 가정을 만족해야 한다.

3. 다음 수식이 설명하는 회귀 분석 유형은?

> $Y = aX_1 + bX_2 + cX_1^2 + \cdots + dX_2^2 + eX_1X_2 + f$
> (독립변수가 2개이고, 2차 함수인 경우)

① 비선형회귀   ② 곡선회귀
③ 단순선형회귀   ④ 다항회귀

해설 다항회귀에 대한 수식이다.

4. 다음 중 단순선형회귀 분석에 대한 설명으로 틀린 것은?

① 독립변수와 종속변수가 각각 두 개씩 존재하고, 오차항이 있는 선형관계다.
② 결정계수(R^2)는 0~1 사이의 범위를 갖는다.

③ 결정계수(R^2)는 전체 데이터를 회귀 모형이 얼마나 잘 설명하고 있는지를 보여주는 지표이다.
④ 결정계수(R^2)의 수식은 $R^2 = \dfrac{SSR}{SST}$이다.

해설 단순선형회귀 분석은 독립변수와 종속변수가 각각 한 개씩 존재하고, 오차항이 있는 선형관계이다.

5. 다음 설명에 해당하는 명칭은?

> • 설명변수들 사이에 선형관계가 존재하게 되면 회귀계수의 정확한 추정이 어려워지는 것을 의미한다.
> • 이 경우 문제가 있는 변수를 제거하거나 주성분 회귀, 능형 회귀 모형을 적용하여 문제를 해결할 수 있다.

① 기울기 소실문제   ② 과소적합
③ 다중공선성   ④ 과대적합

해설 다중공선성(Multicollinearity)에 대한 설명이다.

6. 다음 중 설명이 틀린 것은?

① AIC는 실제 데이터의 분포와 모형이 예측하는 분포 간의 차이를 나타내는 방법이다.
② BIC는 표본의 크기가 커질수록 복잡한 모형을 더욱 강하게 제한할 수 있다.
③ AIC의 수식은 $-2\ln(L) + 2p$이다.
④ 모형의 복잡도에 패널티(벌점)를 적용하는 방법으로 AIC 방법, BIC 방법, DIC 방법이 있다.

해설 모형의 복잡도에 패널티(벌점)를 적용하는 방법으로 AIC 방법과 BIC 방법이 있다.

7. 다음 중 로지스틱 회귀 분석에 대한 설명으로 옳은 것은?

① 로지스틱 회귀 분석은 어떤 사건이 발생할지에 대한 직접적인 예측이 아닌 그 사건이 발생할 확률을 예측하는 방법이다.

② 로지스틱 회귀 분석은 독립변수와 종속변수가 모두 수치형일 때 사용 가능하다.

③ 로지스틱 회귀는 정규분포를 따른다.

④ 로지스틱 회귀 수식은 $Y = \dfrac{1}{1+e^X}$이다.

해설 • 로지스틱 회귀 분석은 독립변수가 수치형이고, 반응변수(종속변수)가 범주형일 때 사용되는 분석 모형이다.

• 로지스틱 회귀는 이항분포를 따른다.

• 로지스틱 회귀 수식은 $Y = \dfrac{e^X}{1+e^X} = \dfrac{1}{1+e^{-X}}$이다.

8. 당분 섭취에 따른 당뇨병 발생 결과가 다음과 같다고 할 때 당분 섭취에 따른 당뇨병 발생률에 대한 승산비(Odds)는 얼마인가?

구분	당뇨병 발생	당뇨병 미발생
당분 섭취	80	9
당분 미섭취	40	3

① $\dfrac{3}{5}$ ② $\dfrac{1}{3}$

③ $\dfrac{2}{3}$ ④ $\dfrac{4}{5}$

해설 승산비는 $\dfrac{P}{1-P}$(P : 특정 사건의 발생 확률)와 같다. 따라서 주어진 표에서 당분섭취에 따른 당뇨병 발생률에 대한 승산비를 구할 경우 $\dfrac{\frac{80}{9}}{\frac{40}{3}} = \dfrac{240}{360} = \dfrac{2}{3}$와 같다.

9. 다음 중 의사결정나무의 구성 요소가 아닌 것은?

① 연결 마디   ② 뿌리 마디

③ 중간 마디   ④ 부모 마디

해설 의사결정나무의 구성 요소는 부모 마디, 자식 마디, 뿌리 마디, 끝 마디, 중간 마디, 가지, 깊이가 있다.

10. 다음 중 의사결정나무에 대한 설명으로 옳지 않은 것은?

① 데이터를 분석하여 이들 사이에 존재하는 패턴을 예측 가능한 규칙들의 조합으로 나타내는 모형이다.

② 의사결정나무는 계산 결과가 의사결정나무에 직접적으로 나타나기 때문에 해석이 용이하다.

③ 가지 분할(Split)은 나무의 가지를 생성하는 과정이고, 가지치기(Prunning)는 생성된 가지를 잘라내어 모형을 단순화시키는 과정이다.

④ 의사결정나무에서 가지(Branch)는 뿌리 마디에서 끝 마디까지 가지를 이루는 마디의 수이다.

해설 의사결정나무에서 가지(Branch)는 마디를 이어주는 연결선을 의미하고, 깊이(Depth)는 뿌리 마디에서 끝 마디까지 가지를 이루는 마디의 수를 의미한다.

11. 다음 중 불순도를 확인하는 척도가 아닌 것은?

① 카이제곱 통계량   ② 회귀 지수

③ 지니 지수   ④ 엔트로피 지수

해설 불순도를 확인하는 척도는 카이제곱 통계량, 지니 지수, 엔트로피 지수가 있다.

정답 7. ① 8. ③ 9. ① 10. ④ 11. ②

12. 다음 그림의 지니 지수는 얼마인가?

① 0.72

② 0.43

③ 0.56

④ 0.69

> **해설** 그림에 대한 지니 지수는
>
> $$\text{Gini}(T)=1-\left(\frac{3}{8}\right)^2-\left(\frac{1}{8}\right)^2-\left(\frac{2}{8}\right)^2-\left(\frac{1}{8}\right)^2=0.69$$
>
> 와 같다.

13. 다음 중 의사결정나무의 특징이 <u>잘못된</u> 것은?

① 해석이 용이하다.

② 상호작용 효과의 해석이 가능하다.

③ 이상값에 민감하다.

④ 유연성과 정확도가 높다.

> **해설** 의사결정나무는 비모수적 모형으로 가정이 필요하지 않고, 이상값에 민감하지 않다.

14. 다음 중 인공신경망에 대한 설명으로 옳지 <u>않은</u> 것은?

① 인공신경망은 사람 두뇌의 신경세포인 뉴런이 전기신호를 전달하는 모습을 모방한 기계학습 모델이다.

② 퍼셉트론은 XOR 선형 분리가 가능하다.

③ 인공신경망은 활성화 함수를 사용하고, 가중치를 알아내는 것이 목적이다.

④ 퍼셉트론(Perceptron)은 신경망의 뉴런 모델을 모방하여 입력층과 출력층으로 구성된 최초의 인공신경망 모델이다.

> **해설** 퍼셉트론은 XOR 선형 분리 불가 문제가 있었고, 이를 보완하기 위해 입력층, 은닉층, 출력층의 구조를 갖는 다중 퍼셉트론이 개발되었다.

15. 다음 중 활성화 함수가 <u>아닌</u> 것은?

① Logit 함수

② Sigmoid 함수

③ tanh 함수

④ Softmax 함수

> **해설** 활성화 함수는 입력 신호의 총합을 출력 신호로 변환하는 함수로서 활성화 함수 종류에는 Sigmoid 함수, tanh 함수, ReLU 함수, Leaky ReLU 함수, Softmax 함수가 있다. Logit 함수는 0에서 1까지의 확률값과 $-\infty$에서 ∞ 사이의 확률값을 표현해주는 함수이다.

16. 다음에 설명하는 명칭은?

> - 두 집단의 데이터를 분리해주는 가장 적합한 경계선(결정경계)을 찾아주는 지도학습 기반의 이진 선형 분류기이다.
> - 이것은 마진(margin)을 최대화하는 것을 목표로 한다.

① FTP

② SVM

③ ETL

④ PCA

> **해설** 서포트 벡터 머신(SVM)에 대한 설명이다. FTP(File Transfer Protocol)는 파일 전송 프로토콜을 의미하고, ETL은 데이터 추출(Extract), 변환(Transform), 로드(Load) 기술을 나타내며, PCA(Principal Component Analysis)는 주성분 분석을 나타낸다.

17. 다음과 같은 연구를 하기 위해 사용할 수 있는 분석 방법은?

> • 기저귀를 구입하는 고객이 맥주를 구입할 경우에 대한 분석
> • 햄버거를 구입하는 고객이 음료를 구입하는 경우에 대한 분석

① 시계열 분석
② 회귀 분석
③ 군집 분석
④ 연관성 분석

해설 연관성 분석에 대한 설명으로 항목 간의 상관관계를 확인할 수 있다.

18. 다음과 같은 영수증 데이터가 주어진 경우 연관규칙 [맥주 → 기저귀]의 신뢰도는 얼마인가?

> 영수증 1 : 맥주, 기저귀, 우유
> 영수증 2 : 우유, 휴지, 달걀
> 영수증 3 : 기저귀, 우유, 휴지, 달걀
> 영수증 4 : 맥주, 기저귀, 달걀
> 영수증 5 : 맥주, 휴지

① $\dfrac{2}{3}$ ② $\dfrac{3}{5}$

③ $\dfrac{2}{5}$ ④ $\dfrac{1}{3}$

해설 주어진 영수증 데이터에서 연관규칙 [맥주 → 기저귀]는 맥주를 구입한 사람 중 기저귀도 구입한 사람을 의미하고,

이는 신뢰도$=\dfrac{\dfrac{2}{5}}{\dfrac{3}{5}}=\dfrac{10}{15}=\dfrac{2}{3}$와 같다.

19. 다음에서 설명하는 군집 연결 방법은?

> 다른 군집 내의 오차 제곱합에 기초하여 군집을 연결하는 방법

① 중심 연결법
② 와드 연결법
③ 최단 연결법
④ 최장 연결법

해설 와드 연결법에 대한 설명이다.

20. 다음에 설명하는 명칭은?

> • 대뇌피질과 시각피질의 학습 과정을 기반으로 모델화한 인공신경망으로 자율학습 방법에 의한 클러스터링 방법을 적용한 알고리즘이다.
> • 이것은 비계층적 군집 분석 방법 중 하나로 입력층과 경쟁층으로 구성된다.

① SVM
② MLP
③ SOM
④ K-평균 군집 분석

해설 자기 조직화 지도(SOM: Self-Organizing Maps)에 대한 설명이다. MLP는 다중 퍼셉트론을 의미한다.

마무리 문제

1. 다음과 같은 그래프를 갖는 활성화 함수는?

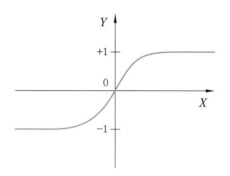

① tanh 함수   ② Sigmoid 함수
③ ReLU 함수   ④ Softmax 함수

해설 주어진 그래프는 활성화 함수인 tanh 함수 그래프를 나타낸다.

2. 다음은 SVM 구조에 대한 그림이다. 빈칸에 알맞은 명칭은?

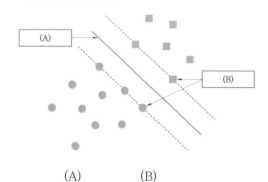

	(A)	(B)
①	마진	결정경계
②	결정경계	SV
③	마진	SV
④	결정경계	마진

해설 그림에서 (A)는 두 집단을 나누는 결정경계이고, (B)는 결정경계와 가장 가까운 서포트 벡터(SV)를 의미한다.

3. 다음 중 지도학습 알고리즘이 <u>아닌</u> 것은?

① 로지스틱 회귀 분석
② SVM
③ KNN
④ SOM

해설 자기조직화지도(SOM: Self-Organizing Map)는 비지도 학습 알고리즘이다.

4. 다음 중 분석도구에 대한 설명으로 옳지 <u>않은</u> 것은?

① 대표적인 분석도구로는 R과 Python이 있다.
② R은 데이터 분석에 특화된 언어로 강력한 시각화 기능을 제공한다.
③ R은 TensorFlow, Keras 등 인공지능 패키지 분석에 용이하다.
④ Python은 C언어 기반의 오픈소스 프로그래밍 언어이다.

해설 Python은 TensorFlow, Keras 등 인공지능 패키지 분석에 용이하다.

5. 다음 중 설명이 옳지 <u>않은</u> 것은?

① 서포트 벡터 머신은 하드 마진 SVM과 소프트 마진 SVM으로 나뉜다.
② 대부분의 경우 하드 마진 SVM을 사용한다.
③ 하드 마진 SVM은 마진의 안쪽 또는 바깥쪽에 잘못 분류된 데이터가 포함되는 것을 허용하지 않는 모델이다.
④ 소프트 마진 SVM은 마진의 안쪽 또는 바깥쪽에 잘못 분류된 데이터가 포함되는 것을 허용하는 모델이다.

해설 대부분의 경우 소프트 마진 SVM을 사용한다.

정답   1. ①   2. ②   3. ④   4. ③   5. ②

6. 회귀 분석의 가정 중 잔차와 관계가 <u>없는</u> 가정은?

① 등분산성   ② 정상성
③ 선형성   ④ 독립성

> **해설** 회귀 분석의 가정 중 잔차와 관계가 없는 가정은 선형성이다.

7. 독립변수와 종속변수의 상관계수가 −0.6인 경우 회귀방정식의 결정계수는?

① 0.36   ② 0.12
③ −0.36   ④ −0.12

> **해설** 결정계수는 상관계수의 제곱이므로 결정계수는 $(-0.6)^2 = 0.36$이다.

8. 다음 중 ReLU 함수의 뉴런이 죽는 Dying ReLU현상을 해결한 활성화 함수는?

① Sigmoid 함수
② tanh 함수
③ ReLU 함수
④ Leaky ReLU 함수

> **해설** ReLU 함수의 뉴런이 죽는 Dying ReLU 현상을 해결한 활성화 함수는 Leaky ReLU 함수이다.

9. 다음에 설명하는 명칭은?

> 출력층 단계에서 연산 결과와 정답의 오차 정도를 확인한 뒤 오차의 값이 큰 경우 다시 입력층으로 돌아가서 오차의 값이 낮아지도록 반복하여 재연산하는 과정이다.

① 오차 역전파   ② 오차 연산
③ 다중공선성   ④ 선형분리

> **해설** 오차 역전파에 대한 설명이다.

10. 다음 중 서포트 벡터 머신을 구성하는 구성 요소가 <u>아닌</u> 것은?

① 결정경계   ② 평면
③ 마진   ④ 슬랙변수

> **해설** 서포트 벡터 머신(SVM)을 구성하는 구성 요소는 결정경계, 초평면, 마진, 서포트 벡터, 슬랙변수가 있다.

11. 다음 중 데이터 분할에 대한 설명으로 옳지 <u>않은</u> 것은?

① 데이터는 분석되기 전 목적에 맞게 분할되어야 하는데, 이는 분석 모형의 과적합을 방지하고, 일반화 성능을 향상시키기 위함이다.
② 데이터가 충분하지 않은 경우에도 학습, 검증, 평가 데이터로 분할하여 분석한다.
③ 일반적으로 데이터는 학습 데이터, 검증 데이터, 평가 데이터로 나뉜다.
④ 보통의 경우 학습 데이터와 검증 데이터를 60~80%로 사용하고, 평가 데이터를 20~40%로 사용한다.

> **해설** 데이터가 충분하지 않은 경우에는 학습 데이터와 평가 데이터로만 분할하여 분석하기도 한다.

12. 다음 수식이 의미하는 연관성 분석 측정 지표는?

$$P(A \cap B) = \frac{A와\ B가\ 동시에\ 포함된\ 거래\ 수}{전체\ 거래\ 수}$$

① 연관도   ② 향상도
③ 신뢰도   ④ 지지도

> **해설** 수식은 지지도(Support)를 나타낸다.

13. 다음 중 군집 분석에 대한 설명으로 옳지 않은 것은?

① 군집 분석은 군집의 개수 및 구조를 기준으로 분류한다.
② 군집 분석은 관측된 여러 개의 변수값을 유사성에만 기초하여 개의 군집으로 집단화하고, 집단의 특성을 분석하는 기법이다.
③ 군집 분석은 같은 군집에 속한 데이터들 사이에는 동질성을 갖고, 다른 군집에 속한 데이터와는 이질성을 갖는 특징이 있다.
④ 개별 군집의 특성은 같은 군집에 속한 데이터들의 평균값으로 나타낸다.

(해설) 군집 분석은 군집의 개수 및 구조와는 관계없이 데이터 간의 거리를 기준으로 분류한다.

14. 다음 수식이 의미하는 거리는?

$$d(i, j) = \sqrt{\sum_{f=1}^{n} (x_{if} - x_{jf})^2}$$

① 민코프스키 거리
② 마할라노비스 거리
③ 유클리드 거리
④ 맨하탄 거리

(해설) 수식이 의미하는 것은 유클리드 거리이다.

15. 다음 중 K-평균 군집 분석에서 K값을 선정하는 기법이 아닌 것은?

① 엘보우 기법
② 셰도우 기법
③ 실루엣 기법
④ 덴드로그램

(해설) K-평균 군집 분석에서 K값을 선정하는 기법은 엘보우 기법, 실루엣 기법, 덴드로그램이 있다.

16. 다음은 어떤 분석 방법을 설명하는 것인가?

- 주어진 데이터를 K개의 군집으로 묶는 알고리즘으로 군집 수를 K개만큼 초깃값으로 지정하고, 각 객체를 가까운 초깃값에 할당하여 군집을 형성하는 방법이다.
- 각 군집의 평균을 재계산하여 초깃값을 갱신하는 과정을 반복하여 K개의 최종 군집을 형성한다.

① CNN
② KNN
③ RNN
④ K-means clustering

(해설) K-means clustering에 대한 설명이다.

17. 다음은 어떤 알고리즘을 설명한 것인가?

- 합성곱과 풀링 과정을 거쳐 데이터를 분석하는 알고리즘으로 주로 시각적 이미지 분석에서 많이 사용된다.
- 합성곱은 원본 이미지로부터 특징을 추출하는 과정으로 필터를 활용하여 유사한 이미지 영역을 강조하는 특성 맵(Feature Map)을 출력한다.
- 풀링은 합성곱 과정을 거친 데이터를 요약하는 작업으로, 추출한 특징은 유지하면서 데이터의 사이즈를 줄여주는 과정이다.

① CNN   ② RNN
③ DNN   ④ KNN

(해설) 합성곱 신경망인 CNN 알고리즘에 대한 설명이다.

18. 다음 중 독립변수가 범주형이고, 종속변수가 수치형일 때 사용할 수 있는 분석 방법은?

① T-검정
② 로지스틱 회귀 분석
③ 카이제곱 검정
④ 분할표 분석

해설 독립변수가 범주형이고 종속변수가 수치형일 때 T-검정, 분산 분석을 사용하고, 독립변수가 수치형이고 종속변수가 범주형일 때 로지스틱 회귀 분석을 사용한다. 독립변수와 종속변수가 모두 범주형일 때 분할표 분석, 카이제곱 검정 방법을 사용한다.

19. 다음은 어떤 분석 방법을 설명한 것인가?

> • 부트스트랩(Bootstrap) 샘플링으로 추출한 여러 개의 표본에 각각 모형을 병렬적으로 학습하고 추출된 결과를 집계(aggregation)하는 기법이다.
> • 사이즈가 작거나 결측값이 있는 경우에 유리하고, 성능 향상에 효과적이다.

① GBM
② 스태킹
③ 부스팅
④ 배깅

해설 앙상블 분석 방법인 배깅(Bagging)에 대한 설명이다.

20. 다음과 같은 두 집단의 질병 발생 확률 분할표에서 상대위험도(RR)는 얼마인가?

구분	질병 발생	질병 미발생	합계
흡연	10	30	40
비흡연	40	20	60
합계	50	50	100

① $\dfrac{2}{3}$ ② $\dfrac{3}{5}$

③ $\dfrac{3}{8}$ ④ $\dfrac{5}{6}$

해설 상대위험도$(RR) = \dfrac{\text{A집단의 위험률}}{\text{B집단의 위험률}}$

$= \dfrac{\dfrac{a}{a+b}}{\dfrac{c}{c+d}}$ 와 같다.

주어진 표에서 상대위험도를 구할 경우

$\dfrac{\dfrac{10}{40}}{\dfrac{40}{60}} = \dfrac{600}{1600} = \dfrac{3}{8}$ 이 된다.

4과목

빅데이터 결과 해석

분석 모형 평가 및 개선

1-1 분석 모형 평가

1 평가 지표

- 빅데이터 결과를 해석할 때 분석 모형의 종류(분류 모형, 회귀 모형)에 따라 다른 평가 지표를 사용한다.
- 보통의 경우 예측 모형을 평가할 때 평가 지표의 정확도를 95% 수준으로 설정하여 평가한다.

(1) 분석 모형 설정 기출

- 편향(Bias)은 학습 알고리즘에서 잘못된 가정을 했을 때 발생하는 오차로 예측값과 실젯값의 차이고, 분산(Variance)은 훈련 데이터(Training Set)의 내재된 작은 변동으로 발생하는 오차로 데이터의 흩어진 정도이다.

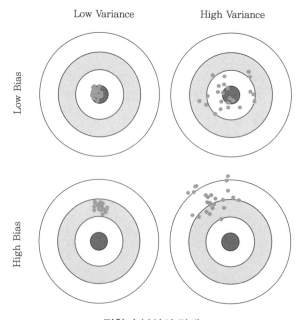

편향과 분산의 관계

출처 : http://scott.fortmann-roe.com

- 이상적인 분석 모형은 낮은 편향(Bias)과 낮은 분산(Variance)으로 설정되어야 한다.
- 예를 들어 예측값들과 정답이 멀리 떨어져 있는 경우 결과의 편향이 높다고 해석하고, 예측값들이 정답과 멀리 떨어져 흩어져 있는 경우 분산이 높다고 해석한다.

(2) 분석 모형 평가 방법 ^{기출}

- 분석 모형 평가 방법은 종속변수 유형에 따라 다르다.

종속변수 유형에 따른 모형 평가 방법

종속변수 유형	주요 분석 모형 평가 방법
범주형	혼동행렬(Confusion Matrix)
연속형	RMSE(평균제곱근오차, Root Mean Squared Error)

(3) 회귀 모형 평가 지표

회귀 모형의 예측 결과는 예측값과 실젯값 사이의 차이를 나타내는 오차 수치로 표현되고, 오차 수치가 작을수록 예측 모형의 정확도가 높다고 할 수 있다.

① 평가 지표 ^{기출}

- 회귀 모형의 성능을 평가할 때 다음 〈회귀 모형 평가 지표〉 오차 수치를 활용한다.
- 지표 계산 시 오차 값이 상쇄되지 않게 하기 위해 오차를 제곱하거나 절댓값을 취해 계산한다.

회귀 모형 평가 지표

명칭	설명	수식
평균절대오차 (MAE: Mean Absolute Error)	모델의 실젯값과 예측값 차이에 절댓값을 취하여 평균한 값	$\frac{1}{n}\sum_{i=1}^{n}\lvert y_i - \hat{y_i}\rvert$
평균제곱오차 (MSE: Mean Squared Error)	모델의 실젯값과 예측값 차이를 제곱하여 평균한 값	$\frac{1}{n}\sum_{i=1}^{n}(y_i - \hat{y_i})^2$

기출 평균제곱근오차 (RMSE: Roof Mean Squared Error)	• 평균제곱오차(MSE)에 제곱근을 씌운 값 • MSE는 값이 커지는 경향이 있으므로 제곱근을 씌운 RMSE를 실무에서 일반적으로 사용한다.	$\sqrt{\dfrac{1}{n}\sum\limits_{i=1}^{n}(y_i-\hat{y}_i)^2}$
평균절대백분율오차 (MAPE: Mean Absolute Percentage Error)	• 평균절대오차(MAE)를 퍼센트로 변환한 값 • 다른 변수 사이의 오차를 비교할 수 있다.	$\dfrac{100}{n}\times\sum\limits_{i=1}^{n}\left\|\dfrac{y_i-\hat{y}}{y_i}\right\|$

② 결정계수(Coefficient of determiniation, R^2)

• 결정계수는 선형회귀 모형의 성능 검증 지표로 많이 사용되고, 회귀 모형의 예측값이 실젯값과 얼마나 유사한지를 나타내는 지표이다.
• 결정계수는 0~1의 범위를 갖고, 결정계수 값이 1에 가까울수록 모형의 설명력이 높다고 할 수 있다.
• 결정계수의 수식

$$R^2=\frac{\text{회귀제곱합}}{\text{전체제곱합}}=\frac{\text{SSR}}{\text{SST}}=\frac{\text{SSR}}{\text{SSR}+\text{SSE}}=\left(1-\frac{\text{SSE}}{\text{SST}}\right)(0\le R^2\le 1)$$

결정계수 검정 요소

구분	설명	수식
SST (Total Sum of Squares)	• 전체 제곱합 • 실제 관측값(y_i)과 표본의 평균값($\bar{y}$)과의 차이(편차)를 제곱하여 더한 값	$\sum\limits_{i=1}^{n}(y_i-\bar{y})^2$
SSR (Regression Sum of Sequares)	• 회귀 제곱합 • 예측값($\hat{y}_i$)과 평균값($\bar{y}$)의 차이를 제곱하여 더한 값	$\sum\limits_{i=1}^{n}(\hat{y}_i-\bar{y})^2$
SSE (Error Sum of Sequares)	• 오차 제곱합 • 실젯값(y_i)과 예측값($\hat{y}_i$)의 차이를 제곱하여 더한 값	$\sum\limits_{i=1}^{n}(y_i-\hat{y})^2$

(4) 분류 모형 평가 지표

분류 모형의 예측 결과는 참(True) 혹은 거짓(False)으로 나타내므로 분류 모형의 예측값이 실젯값과 많이 일치할수록 예측 모델의 설명력이 높다고 할 수 있다.

① 혼동행렬(Confusion Matrix) 기출

혼동행렬은 분석 모델에서 구한 분류의 예측 범주와 데이터의 실제 분류 범주를 교차표 형태로 정리한 것이다.

혼동행렬

		예측 범줏값	
		Predicted Positive	Predicted Negative
실제 범줏값	Actual Positive	True Positive (TP)	False Negative (FN)
	Actual Negative	False Positive (FP)	True Negative (TN)

② 혼동행렬을 통한 분류 모형의 평가 지표 기출

분류 모형 평가 지표

명칭	설명	수식
정확도(Accuracy) =정 분류율	전체 범주 중 정확히 예측한 비율	$\dfrac{TP+TN}{TP+TN+FP+FN}$
오차 비율(Error Rate)	전체 범주 중 잘못 예측한 비율	$\dfrac{FP+FN}{TP+TN+FP+FN}$
참 긍정률(TP Rate) =재현율(Recall) =민감도(Sensitivity)	실제 '긍정' 범주 중 '긍정'의 비율	$\dfrac{TP}{TP+FN}$
특이도(Specificity)	실제 '부정' 범주 중 '부정'의 비율	$\dfrac{TN}{TN+FP}$
거짓 긍정률(FP Rate)	실제 '부정' 범주 중 '긍정'의 비율	$\dfrac{FP}{TN+FP}$
정밀도(Precision)	예측 '긍정' 범주 중 '긍정'의 비율	$\dfrac{TP}{TP+FP}$
F-Measure (F1-Score)	0~1 사이의 범위를 가짐	$2 \times \dfrac{\text{Precision} \times \text{Recall}}{\text{Precision} + \text{Recall}}$

③ ROC 곡선(Receiver Operating Characteristic Curve) 기출

- ROC 곡선은 가로축(x)을 혼동행렬의 거짓 긍정률(FP Rate)로 두고, 세로축(y)을 참 긍정률(TP Rate)로 두어 시각화한 그래프이다.
- ROC 곡선은 가능한 모든 임계값(threshold)에 대한 거짓 긍정률(FPR)과 참 긍정률(TPR)의 비율을 표현한다.
- 그래프가 왼쪽 꼭대기에 가까울수록 분류 성능이 우수하다고 할 수 있다.

- AUC(Area Under the ROC Curve)는 진단의 정확도를 측정할 때 사용하는 것으로 ROC 곡선 아래의 면적을 모형의 평가 지표로 삼는다.
- AUC 값은 항상 0.5~1의 값을 가지며, 1에 가까울수록 좋은 모형이라고 평가한다.

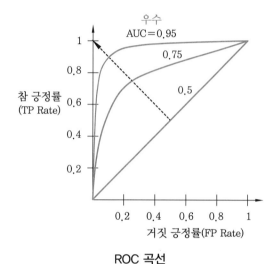

ROC 곡선

② 분석 모형 진단

(1) 분석 모형 진단의 정의

- 분석 모형 진단은 분석에 사용된 데이터가 가정 및 규칙을 잘 지키고 있는지 확인하는 절차이다.
- 정확한 분석 결과를 얻기 위해서는 분석 모형에 대한 기본 가정이 제대로 이루어졌는지 사용된 분석 방법은 적합했는지에 대한 진단이 필요하다.

(2) 데이터 분석 모형의 오류

① 일반화 오류(Generalization Error)
분석 모형을 만들 때 주어진 데이터의 특성이 지나치게 반영되어 발생하는 오류를 의미하고, 이를 과대적합(Over-Fitting)되었다고 표현한다.

② 학습 오류(Training Error)
분석 모형을 만들 때 주어진 데이터의 특성을 지나치게 덜 반영하여 발생하는 오류를 의미하고, 이를 과소적합(Under-Fitting)되었다고 표현한다.

③ 교차 검증(Cross Validation) 기출

- 교차검정은 예측 모델의 정확도를 높이기 위해 데이터를 훈련, 평가 데이터로 나누어 여러 차례 검증하는 방법이다.
- 교차 검증의 목적은 과적합을 피하고, 매개변수를 튜닝하여 일반적인 모델을 만들고, 더욱 신뢰성 있는 모델 평가를 하기 위해서이다.
- 데이터를 분할하여 일부는 분석 모형 학습에 사용하고, 나머지는 모델의 검증에 사용하는 방법을 여러 차례 반복 수행하고, 이를 통해 분석 모형이 새로운 데이터에 대해 일반화된 성능을 보일 수 있을지 확인한다.

교차 검증 방법 기출

방법	설명
K-fold 교차 검증 (K-fold cross validation)	• 학습 데이터를 K개의 그룹(fold)으로 나누어 (K-1)개는 학습에, 나머지 하나는 검증에 사용하는 방법이다. • 방법 : 테스트 데이터를 제외한 데이터를 무작위로 중복되지 않는 K개의 데이터로 분할 → K-1개의 데이터를 학습 데이터로 사용하고, 나머지 1개 데이터를 검증 데이터로 사용 → 검증 데이터를 바꾸며 K번 반복해서 분할된 데이터가 한 번씩 검증 데이터로 사용된다. • LOOCV보다 연산량이 작고, 중간 정도의 편향(Bais)과 분산(Variance)을 가진다.

K-fold 교차 검증

출처: https://velog.io/@hhhs101/%EA%B5%90%EC%B0%A8%EA%B2%80%EC%A6%9DK-foldStratified-k-fold)

홀드 아웃 (Hold-out) 교차 검증	• 데이터를 무작위로 7 : 3 또는 8 : 2 비율로 학습 데이터와 검증 데이터로 나누는 방법이다. • 가장 보편적으로 랜덤 추출을 통해 데이터를 분할하는 방법으로 학습 데이터와 검증 데이터가 60~80%이고, 테스트 데이터가 20~40%이다.
LOOCV (Leave-One-Out Cross Validation)	• N개 데이터 중 1개만 평가 데이터로 사용하고, 나머지 N-1개는 훈련 데이터로 사용하는 과정을 N번 반복하는 방법이다. • 많은 데이터를 훈련 데이터로 활용할 수 있지만 계산량이 많아 실행 시간이 오래 걸린다. • 낮은 편향(Bais)과 높은 분산(Variance)을 가진다.
LpOCV (Leave-p-Out Cross Validation)	데이터 중 p개의 관측치를 검증 데이터로 사용하고, 나머지는 학습 데이터로 사용하는 방법이다.
부트스트랩 (Bootstrap)	주어진 자료에서 단순 랜덤 복원추출 방법을 활용해 동일한 크기의 표본을 여러 개 생성하는 방법이다.

4 모수 유의성 검정

(1) 모집단과 모수

• 모집단(Population)은 연구자가 연구를 통해 실제로 알고 싶은 전체 집단을 의미한다. 예를 들어 초등학생 6학년 평균 신장을 조사하고자 하는 경우 국내 전체 초등학교 6학년 학생들의 키가 모집단이 된다.

• 모수(Population Parameter)란 모집단을 조사하여 얻을 수 있는 통계적인 특성 수치를 의미하고, 모집단 분포의 특성을 규정짓는 척도가 된다. 예를 들어 모평균, 모분산, 모표준편차 등이 있다.

• 표본(Sample)이란 모집단에 대한 분석을 위해 표집되는 부분 집합을 의미한다.

(2) 모집단에 대한 유의성 검정

모집단에 대한 유의성 검정 방법에는 Z-검정, T-검정, 분산 분석, 카이 제곱 검정, F-검정 방법이 있다.

모집단에 대한 유의성 검정 방법

검정 방법	설명
기출 Z-검정 (Z-Test)	• 정규분포를 가정하고, 추출된 표본이 동일 모집단에 속하는지 가설을 검증하기 위해 사용된다. • 분산 또는 표준편차를 알고 있는 경우 사용된다. $$Z_0 = \left| \dfrac{\overline{X} - \mu}{\dfrac{\sigma}{\sqrt{n}}} \right|$$ Z_0 : Z통계량 $\overline{X}$: 표본 평균 μ : 기대 평균 σ : 표준편차 n : 표본 개수
T-검정 (T-Test)	모집단의 분산이나 표준편차를 알지 못할 때, 표본으로부터 추정된 분산이나 표준편차를 이용하여 두 모집단의 평균의 차이를 알아보는 검정 방법이다.
분산 분석 (ANOVA, Analysis of Variance)	• 두 개 이상의 집단 평균 차이를 비교할 때 사용하는 가설 검정 방법이다. • T-검정에서 집단이 두 개 이상인 경우 분산 분석 방법을 사용한다.
기출 공분산 분석 (ANCOVA, Analysis of Covariance)	분산 분석과 회귀 분석을 결합한 모형으로 독립변수가 범주형이고, 종속변수가 연속형일 경우 사용하는 분석 방법이다.
기출 카이제곱 검정 (Chi-Squared Test)	• 어떤 그룹이 서로 독립인지 아닌지 확인하는 방법으로 범주형 데이터에서 사용된다. • 데이터가 예상 분포에 얼마나 잘 맞는지 확인하는 방법으로 모집단이 정규분포를 따르며, 분산을 알고 있는 경우에 사용된다.
F-검정 (F-Test)	두 모집단의 분산의 차이가 있는지를 검정하는 방법으로, F-값이 클수록 두 집단 간의 분산 차이가 존재하는 것을 의미한다.

범주형 데이터
카테고리 A, B, C와 같이 종류를 표시하는 데이터

5 적합도 검정기출

- 적합도 검정(Goodness of Fit Test)은 가정된 확률이 정해져 있을 때 와 가정된 확률이 정해져 있지 않을 때 데이터가 가정된 확률에 적합 하게 따르고 있는가를 검정하는 것이다.
- 가정된 확률이 정해져 있는 경우에는 카이제곱 검정을 이용하여 검정 을 수행하고, 가정된 확률이 정해져 있지 않은 경우에는 정규성 검정 (Normality Test)을 사용하여 검정한다.

(1) 가정된 확률 검정

① 카이제곱 검정(Chi-Squared Test)
- 카이제곱 검정 방법은 어떤 그룹이 서로 독립인지 아닌지 확인하는 방 법으로 카이제곱 검정 유형으로 독립성 검정, 적합성 검정, 동질성 검 정이 있다.
- R언어에서 chisq.test() 함수를 사용하여 나온 결과의 p-value가 0.05보다 큰 경우 관측된 데이터가 가정된 확률을 따른다고 할 수 있 고, 이 경우 귀무가설(H_0)을 채택한다.

(2) 정규성 검정

① 샤피로-윌크 검정(Shapiro-Wilk Test)
- 샤피로-윌크 검정은 데이터가 정규분포를 따르는지 확인하는 검정 방법이다.
- R언어에서 sharpiro.test() 함수를 사용하여 검정하며, p-value가 0.05보다 작은 경우 귀무가설(H_0)을 기각하고, 대립가설(H_1)을 채택 한다.
- 다만 R언어의 sharpiro.test() 함수를 사용하는 경우 데이터의 수는 3 개에서 5,000개 이하로만 사용 가능하다.

② 콜모고로프-스미르노프 적합성 검정

(Kolmogorov-Smirnov Goodness of Fit Test, K-S검정)

- 콜모고로프-스미르노프 적합성 검정은 데이터의 누적 분포 함수와 비교하고자 하는 분포의 누적 분포 함수 간의 최대 거리를 통계량으로 사용하는 가설 검정 방법이다.
- R언어에서 ks.test() 함수를 사용하여 검정하며, p-value가 0.05보다 작은 경우 귀무가설(H_0)을 기각하고, 대립가설(H_1)을 채택한다.

③ Q-Q plot

- Q-Q plot은 그래프를 통해 정규성 가정을 시각적으로 검정하는 방법이다.
- Q-Q plot에서 대각선 참조선을 따라서 데이터가 분포할 경우 정규성 가정을 만족한다고 할 수 있다.
- Q-Q plot 해석은 주관적일 수 있기 때문에 보조 수단으로 사용하는 것이 좋다.

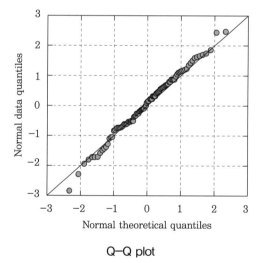

Q-Q plot

출처:https://en.wikipedia.org/wiki/Q%E2%80%93Q_plot

1-2 분석 모형 개선

1 과대적합 방지

(1) 과대적합(Over-Fitting)과 과소적합(Under-Fitting)

• 과대적합(Over-Fitting)이란 학습 모델을 지나치게 복잡하게 학습하여 학습 데이터셋에서는 모델 성능이 높지만, 새로운 데이터가 주어진 경우 정확도가 낮아지는 경우를 의미한다.

• 과소적합(Under-Fitting)이란 학습된 데이터가 충분하지 않아 학습 데이터의 구조 및 패턴을 정확히 확인하지 못하는 경우를 의미한다.

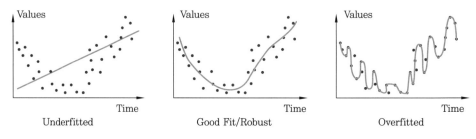

과소적합(좌), 적정적합(중), 과대적합(우)

출처 : https://velog.io/@rapsby/%EA%B3%BC%EC%86%8C%EC%A0%81%ED%95%A9-%EA%B3%BC%EB%8C%80%EC%A0%81%ED%95%A9)

(2) 과대적합 방지 방법 기출

과대접합 방지 방법으로는 데이터 증강, 모델의 복잡도 감소, 가중치 규제 적용, 드롭아웃이 있다.

① 데이터 증강(Data Augmentation)

• 데이터의 개수가 적을 경우 지나치게 세세한 학습이 진행될 수 있기 때문에 과적합을 유발할 수 있어 데이터를 증강시켜 데이터 분석을 위한 충분한 데이터셋을 확보해야 한다.

• 데이터의 양이 적을 경우 데이터 변형, 데이터 표집 등의 방법을 활용하여 데이터의 수를 늘릴 수 있다.

② 모델의 복잡도 감소

• 모델의 복잡도가 높은 경우 데이터 과대적합의 위험이 있다.

• 이 경우 모델의 복잡도와 관련되는 인공신경망 은닉층 수 감소, 매개

변수의 수 조절 등의 방법으로 모델의 복잡도를 감소시킬 수 있다.

③ 가중치 규제 적용

- 가중치 규제(Weight Regularization)란 가중치의 값을 제한하여 모델의 복잡도를 간단하게 만드는 것을 의미한다.
- 가중치 규제의 종류에는 라쏘(L1 노름 규제), 릿지(L2 노름 규제), 엘라스틱 넷이 있다.

노름(norm)
가중치 벡터의 길이 또는 크기를 측정하는 방법

가중치 규제의 종류

구분	설명
L1 노름 규제 (라쏘, Lasso Regression)	• 기존 비용 함수에 모든 가중치(w)들의 절댓값 합계를 추가하여 값이 최소가 되도록 하는 방법 • 불필요한 회귀 계수를 급격하게 감소시켜 0으로 만들고 제거하는 방법 $$\frac{1}{N}\sum_{i=1}^{N}(y_i-\bar{y_i})^2+\lambda\sum_{j=1}^{M}|w_j|$$ ($\frac{1}{N}\sum_{i=1}^{N}(y_i-\hat{y_i})^2$: 기존 비용 함수, $\lambda\sum_{j=1}^{M}|w_j|$: 절댓값 합계, λ :규제의 강도를 정하는 초매개 변수, y : 실젯값, $\hat{y}$: 예측값, w : 가중치)
L2 노름 규제 (릿지, Ridge Regression)	• 기존 비용 함수에 모든 가중치(w)들의 제곱합을 추가하는 방법 • 회귀 계수의 크기를 감소시키는 방법 $$\frac{1}{N}\sum_{i=1}^{N}(y_i-\hat{y_i})^2+\frac{\lambda}{2}\sum_{j=1}^{M}|w_j|^2$$ ($\frac{1}{N}\sum_{i=1}^{N}(y_i-\hat{y_i})^2$: 기존 비용 함수, $\frac{\lambda}{2}\sum_{j=1}^{M}|w_j|^2$: 제곱합)
엘라스틱 넷 (Elastic Net)	기존 비용 함수에 L1 노름 규제와 L2 노름 규제를 결합한 방법 $$\frac{1}{N}\sum_{i=1}^{N}(y_i-\hat{y_i})^2+\alpha\sum_{j=1}^{M}|w_j|^1+\beta\sum_{j=1}^{M}|w_j|^2$$ ($\frac{1}{N}\sum_{i=1}^{N}(y_i-\hat{y_i})^2$: 기존 비용 함수, $\alpha\sum_{j=1}^{M}|w_j|^1$: L1 규제, $\beta\sum_{j=1}^{M}|w_j|^2$: L2 규제)

비용 함수(Cost Function)
실젯값과 가장 오차가 작은 가설 함수를 도출하기 위해 사용되는 함수로 예측값에서 실젯값의 차의 제곱의 평균과 같음

④ 드롭아웃(Drop Out) 기출

- 드롭아웃은 학습 과정에서 신경망 일부를 사용하지 않는 방법이다.
- 드롭아웃은 서로 연결된 연결망에서 0~1 사이의 확률(Drop Out Rate)로 뉴런을 제거하는 방법이다.

- 제거되는 신경망의 종류와 개수는 랜덤하게 드롭아웃 확률(Drop Out Rate)에 의해 결정된다.
- 드롭아웃은 신경망 학습 시에만 사용하고, 예측 시에는 사용하지 않는다.
- 드롭아웃의 유형에는 초기 드롭아웃, 공간적 드롭아웃, 시간적 드롭아웃이 있다.

드롭아웃 종류

종류	설명
초기 드롭아웃	• 학습과정에서 노드들을 p의 확률(보통의 경우 0.5)로 학습 횟수마다 임의로 생략하고 남은 노드들과의 연결선들만을 이용하여 학습 및 추론하는 방법 • 심층신경망(DNN)에서 사용된다.
공간적 드롭아웃	• Feature Map 내의 노드 전체에 대해 드롭아웃의 적용 여부를 결정하는 방법 • 합성곱신경망(CNN)에서 사용된다.
시간적 드롭아웃	• 노드들을 생략하지 않고 노드들의 연결선 일부를 생략하는 방법 • 순환신경망(RNN)에서 사용된다.

② 매개변수 최적화

(1) 매개변수 최적화(Parameter Optimization)의 정의

- 매개변수(parameter)는 함수를 호출할 때 인수로 전달된 값을 함수 내부에서 사용할 수 있게 해주는 변수를 말한다.
- 분석 모형의 결괏값과 실젯값 차이를 손실함수라고 하고, <u>손실함수를 최소화하는 매개변수(가중치, 편향)</u>를 찾아가는 과정을 매개변수 최적화라고 한다.

(2) 매개변수 최적화 기법 기출

① 경사하강법(GD: Gradient Descent)
- 경사하강법이란 예측값과 실젯값의 차이인 손실함수의 크기를 최소화시키는 매개변수(parameter)를 찾는 방법이다.
- 경사하강법에는 배치 경사하강법, 확률적 경사하강법, 미니 배치 경사하강법이 있다.

경사하강법 종류

방법	설명
배치 경사하강법 (BGD: Batch Gradient Descent)	전체 학습 데이터를 하나의 배치(batch, 데이터 소분 단위)로 묶어 학습시키는 방법 **배치 경사하강법**
확률적 경사하강법 (SGD: Stochastic Gradient Descent)	전체 데이터 중 단 하나의 데이터를 사용하여 경사하강 법을 1회(batch size=1) 진행하는 방법 **확률적 경사하강법**
미니 배치 경사하강법 (Mini-Batch Gradient Descent)	SGD와 BGD의 절충안으로 전체 데이터를 사용자가 정 한 크기의 batch size개씩 나누고, 나뉜 배치로 학습 시키는 방법 **미니 배치 경사하강법**

출처 : https://velog.io/@cha-suyeon/%ED%98%BC%EA%B3%B5%EB%A8%B8-
　　　%EB%B0%B0%EC%B9%98%EC%99%80-%EB%AF%B8%EB%8B%88-
　　　%EB%B0%B0%EC%B9%98-%ED%99%95%EB%A5%A0%EC%A0%81-
　　　%EA%B2%BD%EC%82%AC%ED%95%98%EA%B0%95%EB%B2%95

② 모멘텀(Momentum)

- 모멘텀은 확률적 경사하강법의 매개변수 변경 방향에 가속도를 부여하는 방식으로 공이 구르는 듯한 모습을 보인다.
- 모멘텀에서 x의 한 방향으로 일정하게 가속하고, y축 방향의 속도는 일정하지 않다.
- 모멘텀은 확률적 경사하강법에 비해 효율적인 학습을 할 수 있고, 확률적 경사하강법이 갖는 지역 최솟값(Local Minimum)을 해결할 수 있다.

지역 최솟값
(Local Minimun)
경사하강법 손실함수 곡선에서 작은 언덕 부위로 함수의 일부 구간의 최솟값

전역 최솟값
(Global Minimum)
경사하강법 손실함수 곡선에서 갖는 큰 언덕 부위로 전체 구간의 최솟값

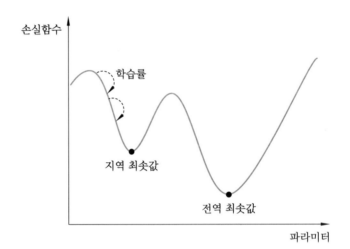

지역 최솟값과 전역 최솟값

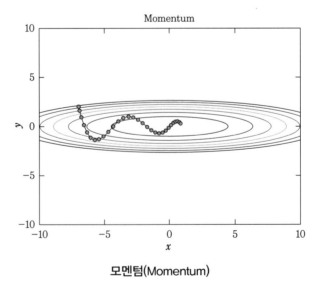

모멘텀(Momentum)

출처 : https://velog.io/@cha-suyeon/DL-%EC%B5%9C%EC%A0%81%ED%99%94-%EC%95%8C%EA%B3%A0%EB%A6%AC%EC%A6%98

- 모멘텀은 경사가 가파른 곳에서는 빠른 속도의 관성을 이기지 못하고 최소지점을 지나쳐서 불필요하게 재연산을 하게 되는 오버슈팅(Over Shooting) 문제가 발생할 수 있다.

③ 네스테로프 모멘텀(Nesterov momentum)
모멘텀의 오버슈팅(Over Shooting) 문제를 개선한 방법으로 모멘텀 방향과 현재 위치에서의 기울기를 반영하여 계산량을 줄이고 정확도를 향상시키는 방법이다.

④ AdaGrad(Adaptive gradient)
AdaGrad는 매개변수 값을 업데이트하면서 각 변수마다 학습률을 다르게 적용하는 방법이다.

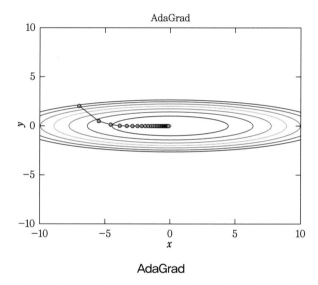

AdaGrad

출처 : https://velog.io/@cha-suyeon/DL-%EC%B5%9C%EC%A0%81%ED%99%94-%EC%95%8C%EA%B3%A0%EB%A6%AC%EC%A6%98

⑤ RMSProp
AdaGrad에서 최적값에 도달하기 전에 학습률이 0에 가까워지는 상황을 방지하기 위해 개선된 방법이다.

⑥ Adam

모멘텀(Momentum)과 AdaGrad가 합쳐진 방법이다.

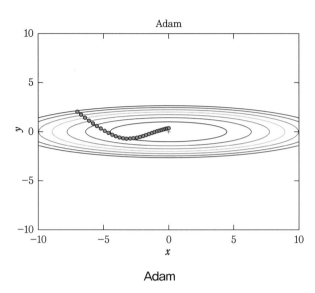

Adam

출처 : https://m.blog.naver.com/PostView.naver?isHttpsRedirect=true&blog
　　　Id=lego7407&logNo=221681014509

(3) 초매개변수 최적화(Hyperparameter Optimization) 기출

• 초매개변수 최적화는 최적값이 존재하는 범위를 조금씩 줄여가면서,
최종적으로 최적값을 찾아내는 방법이다.
• 초매개변수 최적화 방법으로는 매뉴얼 탐색, 그리드 탐색, 랜덤 탐색,
베이지안 최적화가 있다.

초매개변수 최적화

기법	설명
매뉴얼 탐색	사용자가 선택한 조합에서 최적의 조합을 찾는 방법
그리드 탐색	초매개변수의 경우의 수 중에서 최적의 조합을 찾는 방법
랜덤 탐색	초매개변수의 최소, 최댓값을 정하고 정해진 범위 내에서 무작위의 값을 정해진 횟수만큼 추출하여 최적의 조합을 찾는 방법
베이지안 최적화	단순히 무작위로 반복해서 추출하는 것이 아니라 기존에 추출되어 평가된 결과를 바탕으로 향후 탐색할 범위를 조율하여 효율적으로 최적화하는 방법

3 분석 모형 융합

- 분석 모형 융합은 여러 분석 모형을 결합한 것을 의미하고, 이는 앙상블(Ensemble) 모형으로 설명할 수 있다.
- 앙상블은 여러 종류의 분석 모형을 결합하여 보다 좋은 분석 모형을 만드는 것을 의미한다.
- 앙상블 방법에는 보팅(Voting), 배깅(Bagging), 스태킹(Stacking), 부스팅(Boosting)이 있다.

앙상블 방법

방법	설명
보팅 (Voting)	여러 개의 분석 모형 결과를 조합하는 방법으로 직접투표(Hard Voting)와 간접투표(Soft Voting)가 있다.
배깅 (Bagging)	부트스트랩(Bootstrap) 샘플링으로 추출한 여러 개의 표본에 각각 모형을 병렬적으로 학습하고, 추출된 결과를 집계(aggregation)하는 기법이다.
스태킹 (Stacking)	여러 분석 모형의 예측값을 최종 모델의 학습 데이터로 사용하는 예측 방법이다.
부스팅 (Boosting)	예측력이 약한 모형들을 결합하여 예측력이 강한 모형을 만드는 알고리즘으로 분류가 잘못된 데이터에 가중치를 적용하여 표본을 추출하는 기법이다.

4 최종 모형 선정

- 분석 모형 개발 단계에서 구성한 여러 개의 분석 모델을 대상으로 실제 업무에 적용할 수 있는 최종 모형을 선정한다.
- 최종 모형 선정 절차는 최종 모형 평가 기준 선정, 최종 모형 분석 결과 검토, 알고리즘별 결과 비교 순이다.

① 최종 모형 평가 기준 선정
분석 모형 개발 후 분석 알고리즘 수행 결과를 검토하여 최종 모형을 선정한다. 정확도(Accuracy), 정밀도(Precision), 재현율(Recall) 등의 평가 지표를 활용한다.

② 최종 모형 분석 결과 검토
최종 모형 선정 시 업무관계자(데이터 분석가, 데이터 처리자, 고객 등)의 리뷰를 종합하여 최적의 분석 모형을 선정한다.

③ 알고리즘별 결과 비교
분석 알고리즘에 따라 매개변수를 변경하여 결과를 비교하고, 이를 바탕으로 최종 모형을 선정한다.

1. 다음 중 분석 모형 설정에 대한 설명으로 옳은 것은?

① 이상적인 분석 모형은 높은 편향과 높은 분산으로 설정되어야 한다.

② 이상적인 분석 모형은 높은 편향과 낮은 분산으로 설정되어야 한다.

③ 이상적인 분석 모형은 낮은 편향과 낮은 분산으로 설정되어야 한다.

④ 이상적인 분석 모형은 낮은 편향과 높은 분산으로 설정되어야 한다.

> **해설** 이상적인 분석 모형은 낮은 편향과 낮은 분산으로 설정되어야 한다.

2. 다음 중 회귀 모형 평가 지표에 대한 설명으로 틀린 것은?

① 회귀 모형 평가 지표에는 평균절대오차(MAE), 평균제곱오차(MSE), 평균제곱근오차(RMSE), 평균절대백분율오차(MAPE)가 있다.

② 평균제곱오차(MSE)의 수식은 $\frac{1}{n}\sum_{i=1}^{n}|y_i-\hat{y}_i|$와 같다.

③ 평균절대오차(MAE)는 모델의 실젯값과 예측값 차이에 절댓값을 취하여 평균한 값이다.

④ 평균제곱근오차(RMSE)는 평균제곱오차(MSE)에 제곱근을 취한 값으로 실무에서 일반적으로 주로 사용된다.

> **해설** 평균제곱오차(MSE)의 수식은 $\frac{1}{n}\sum_{i=1}^{n}(y_i-\hat{y}_i)^2$ 이다. $\frac{1}{n}\sum_{i=1}^{n}|y_i-\hat{y}_i|$는 평균절대오차(MAE)에 대한 설명이다.

3. 다음 중 분석 모형 평가 방법에 대한 설명으로 틀린 것은?

① 종속변수가 범주형인 경우 RMSE를 활용하여 분석 모형을 평가한다.

② 회귀 모형을 평가하기 위해서는 회귀 모형 평가 지표 혹은 결정계수를 사용한다.

③ 분류 모형을 평가하기 위해서는 분류 모형 평가 지표 혹은 혼동행렬을 사용한다.

④ 결정계수는 0에서 1 사이의 범위를 갖고, 수치가 1에 가까울수록 모델의 설명력이 높다고 할 수 있다.

> **해설** 종속변수가 범주형인 경우 혼동행렬을 활용하여 분석 모형을 평가한다. RMSE(평균제곱근오차)는 종속변수가 연속형일 때 사용한다.

4. 다음 중 결정계수에 대한 설명으로 틀린 것은?

① 결정계수는 선형회귀 모형의 성능 검증 지표로 많이 사용되고, 회귀 모형의 예측값이 실젯값과 얼마나 유사한지를 나타내는 지표이다.

② 결정계수의 수식은 $R^2=1-\dfrac{SSE}{SST}$와 같다.

③ 결정계수 연산을 위해 SST, SSR, SSE를 활용한다.

④ SSE는 회귀제곱합을 의미하고, 예측값($\hat{y}_i$)과 평균값($\bar{y}$)의 차이를 제곱하여 더한 값을 의미한다.

> **해설** SSR은 회귀제곱합을 의미하고, 예측값($\hat{y}_i$)과 평균값($\bar{y}$)의 차이를 제곱하여 더한 값을 의미한다. SSE는 오차제곱합으로 실젯값(y_i)과 예측값($\hat{y}_i$)의 차이를 제곱하여 더한 값을 나타낸다.

※ 다음 혼동행렬을 보고 물음에 답하시오.
(5~6)

예측값\실젯값	Positive	Negative
Positive	60	30
Negative	40	70

5. 주어진 혼동행렬에서 재현율은 얼마인가?

① $\dfrac{2}{3}$ ② $\dfrac{3}{5}$

③ $\dfrac{3}{10}$ ④ $\dfrac{4}{11}$

해설 주어진 혼동행렬에서 재현율은 실제 긍정 범주 중 긍정의 비율을 의미한다.

따라서 재현율은 $\dfrac{60}{60+30} = \dfrac{60}{90} = \dfrac{2}{3}$이다.

예측값\실젯값	Positive	Negative
Positive	60	30
Negative	40	70

6. 주어진 혼동행렬에서 정밀도는 얼마인가?

① $\dfrac{1}{3}$ ② $\dfrac{3}{7}$

③ $\dfrac{3}{5}$ ④ $\dfrac{3}{11}$

해설 주어진 혼동행렬에서 정밀도는 긍정으로 예측한 범주 중 긍정의 비율이다.

따라서 정밀도는 $\dfrac{60}{60+40} = \dfrac{60}{100} = \dfrac{3}{5}$이다.

7. 다음과 같은 ROC 곡선을 갖는 그래프 중에서 가장 정확도가 높은 그래프는?

①
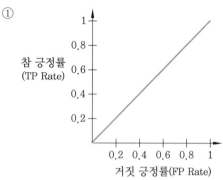

②
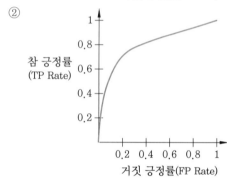

③
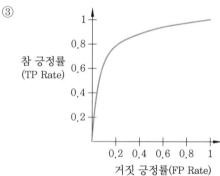

④
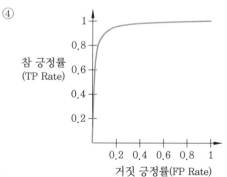

정답   5. ①   6. ③   7. ④

해설 ROC 곡선이 1에 가까울수록 분류 정확도가 우수하다고 할 수 있다. 주어진 그래프에서 1에 가장 가까운 ROC 곡선은 ④번이다.

8. 다음 중 교차 검증 방법에 속하지 <u>않는</u> 것은?

① K-fold 교차 검증
② K-means clustering
③ 부트스트랩
④ LOOCV

해설 교차 검증 방법에는 K-fold 교차 검증, 홀드아웃(Hold-Out) 교차 검증, LOOCV, LpOCV, 부트스트랩(Bootstrap)이 있다. K-means clustering은 그룹을 할당해서 군집화하는 비지도 알고리즘이다.

9. 다음에서 설명하는 교차 검증 기법은?

- 데이터를 무작위로 7 : 3 또는 8 : 2 비율로 학습 데이터와 검증 데이터로 나누는 방법이다.
- 가장 보편적으로 랜덤 추출을 통해 데이터를 분할하는 방법으로 학습 데이터와 검증 데이터가 60~80%이고, 테스트 데이터가 20~40%이다.

① Hold-out 교차 검증
② LOOCV
③ LpOCV
④ K-fold 교차 검증

해설 Hold-out 교차 검증에 대한 설명이다.

10. 다음 중 모집단에 대한 유의성 검정 방법이 아닌 것은?

① Z-검정　　　② T-검정
③ Q-검정　　　④ F-검정

해설 모집단에 대한 유의성 검정 방법에는 Z-검정, T-검정, 분산 분석(ANOVA), 카이제곱 검정(Chi-Squared Test), F-검정이 있다.

11. 다음에서 설명하는 유의성 검정 방법은?

- 어떤 그룹이 서로 독립인지 아닌지 확인하는 방법으로 범주형 데이터에서 사용된다.
- 데이터가 예상 분포에 얼마나 잘 맞는지 확인하는 방법으로 모집단이 정규분포를 따르며, 분산을 알고 있는 경우에 사용된다.

① 카이제곱 검정　　② Z-검정
③ 분산 분석　　　　④ T-검정

해설 카이제곱 검정(Chi-Squared Test)에 대한 설명이다.

12. 다음에서 설명하는 정규성 검정 방법은?

- 이것은 데이터가 정규분포를 따르는지 확인하는 검정 방법이다.
- R언어에서 관련 함수를 사용하여 검정할 수 있고, p-value가 0.05보다 작은 경우 귀무가설(H_0)을 기각하고, 대립가설(H_1)을 채택한다.
- 다만 R언어의 관련 함수를 사용하는 경우 데이터의 수는 3개에서 5,000개 이하로만 사용 가능하다.

① 카이제곱 검정
② Q-Q plot
③ 샤피로-윌크 검정
④ 콜모고로프-스미르노프 적합성 검정

해설 샤피로-윌크 검정(Shapiro-Wilk Test)에 대한 설명이다.

13. 다음 중 학습 모델을 지나치게 복잡하게 학습하여 학습 데이터셋에서는 모델 성능이 높지만 새로운 데이터가 주어진 경우 정확도가 낮아지는 현상을 의미하는 용어는

① 과대적합
② 과소적합
③ 과대표집
④ 과소표집

> **해설** 학습 모델을 지나치게 복잡하게 학습하여 학습 데이터셋에서는 모델 성능이 높지만, 새로운 데이터가 주어진 경우 정확도가 낮아지는 현상은 과대적합(Over-Fitting)이라고 한다.

14. 다음 중 과대적합 방지 기법이 아닌 것은?

① 모델의 복잡도 감소
② 데이터 감소
③ 가중치 규제 적용
④ 드롭아웃

> **해설** 과대적합 방지 기법에는 데이터 증강, 모델의 복잡도 감소, 가중치 규제 적용, 드롭아웃이 있다.

15. 다음의 수식이 의미하는 기법은?

$$\frac{1}{N}\sum_{i=1}^{N}(y_i-\hat{y}_i)^2+\frac{\lambda}{2}\sum_{j=1}^{M}|w_j|^2$$

① Drop Out
② Elastic Net
③ Lasso
④ Ridge

> **해설** L2 노름 규제(릿지, Ridge Regression)에 대한 수식이다.

16. 다음 중 과대적합 방지를 위해 인공신경망의 일부를 사용하지 않는 기법은?

① Ensemble
② L1 norm
③ Drop Out
④ L2 norm

> **해설** 과대적합 방지를 위해 인공신경망의 일부를 사용하지 않는 기법은 드롭아웃(Drop Out)이다.

17. 다음 중 매개변수 최적화 기법인 경사하강법에 속하지 않는 것은?

① 맥스 배치 경사하강법
② 확률적 경사하강법
③ 배치 경사하강법
④ 미니 배치 경사하강법

> **해설** 매개변수 최적화 기법인 경사하강법(GD)에는 배치 경사하강법, 확률적 경사하강법, 미니 배치 경사하강법이 있다.

18. 다음 중 분석 모형 융합인 앙상블 모델이 아닌 것은?

① Voting
② ANN
③ Bagging
④ Boosting

> **해설** 앙상블 모델에는 보팅(Voting), 배깅(Bagging), 스태킹(Stacking), 부스팅(Boosting)이 있다. ANN은 인공신경망을 의미한다.

정답 13. ① 14. ② 15. ④ 16. ③ 17. ① 18. ②

19. 다음 빈칸에 들어갈 알맞은 용어는?

> • (㉠)는 함수를 호출할 때 인수로 전달된 값을 함수 내부에서 사용할 수 있게 해주는 변수를 말한다.
> • 분석 모형의 결괏값과 실젯값 차이를 (㉡)라고 하고, (㉡)를 최소화하는 (㉠)를 찾아가는 과정을 (㉠) 최적화라고 한다.

① ㉠: Hyper Parameter
   ㉡: Activation Function
② ㉠: Hyper Parameter
   ㉡: Loss Function
③ ㉠: Parameter
   ㉡: Loss Function
④ ㉠: Parameter
   ㉡: Activation Function

해설 ㉠은 매개변수(Parameter)에 대한 설명이고, ㉡은 손실함수(Loss Function)에 대한 설명이다. Hyper Parameter는 초매개변수를 의미하고, Activation Function은 활성화함수를 의미한다.

20. 다음에서 설명하는 경사하강법은?

> • 이것은 확률적 경사하강법의 매개변수 변경 방향에 가속도를 부여하는 방식으로 공이 구르는 듯한 모습을 보인다.
> • 이것에서 x의 한 방향으로 일정하게 가속하고, y축 방향의 속도는 일정하지 않다.
> • 이것은 확률적 경사하강법에 비해 효율적인 학습을 할 수 있고, 확률적 경사하강법이 갖는 지역 최솟값(Local Minimum)을 해결할 수 있다.

① Adam
② AdaGrad
③ RMSProp
④ Momentum

해설 Momentum에 대한 설명이다.

2-1 분석 결과 해석

1 분석 모형 해석

(1) 데이터 시각화(Data Visualization)

- 데이터 시각화는 주어진 데이터에 대한 이해를 돕기 위한 방법 중 하나로 데이터의 특성을 묘사하고 표현하는 방법이다.
- 그림, 색상, 그래프, 도형 등 다양한 그래픽 요소를 활용하여 데이터를 설명하는 방법이다.
- 데이터 시각화의 목적은 정보전달과 설득에 있다.
- 데이터 시각화의 유형에는 시간, 공간, 분포, 관계, 비교 시각화가 있다.

(2) 데이터 시각화 도구

데이터 시각화 도구에는 파인 리포트, 차트 블록, 구글 데이터 스튜디오, 태블로, 파이썬 등이 있다.

① 파인 리포트(Fine Report) : 간단한 드래그 앤 드롭(drag & drop) 방식으로 보고서를 쉽게 만들 수 있고, 데이터 의사결정 분석 시스템을 구축할 수 있는 도구이다.

② 차트 블록(Chart Blocks) : 코딩 없이 스프레드시트와 데이터베이스를 활용하여 쉽게 데이터를 시각화하는 도구이다.

③ 구글 데이터 스튜디오(Google Data Studio) : 구글 데이터 스튜디오는 구글 마케팅 플랫폼에 있는 웹 기반의 데이터 시각화 도구이다. 다양한 데이터를 연결, 간단한 시각화 작업, 보고서 공유가 가능하다.

④ 태블로(Tableau) : 클라우드 기반으로 서비스되며, 차트, 그래프 등 다양한 그래픽 기능을 제공하는 시각화 도구이다.

⑤ 파이썬(Python) : 다양한 그래프 라이브러리(library)를 활용한 프로그래밍을 통해 구현할 수 있는 시각화 도구이다.

(3) 데이터 시각화 분류

데이터 시각화는 데이터 시각화, 정보 시각화, 정보 디자인, 인포그래픽으로 분류할 수 있다.

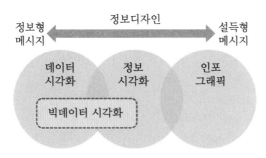

데이터 시각화 분류

분류	설명
데이터 시각화 (Data Visualization)	데이터 분석 결과를 쉽게 이해할 수 있도록 시각적으로 표현하는 방법
정보 시각화 (Information Visualization)	대규모 데이터를 색상, 도표, 이미지 등을 활용하여 요약적으로 표현하는 방법
정보 디자인 (Information Design)	• 정보를 효율적으로 사용할 수 있게 조직하고 구성하는 디자인 기술 및 업무 • 정보를 확인하는 대상이 명확히 이해할 수 있도록 보다 쉽게 시각화하여 표현하는 방법
인포그래픽 (Infographics)	정보를 빠르고 분명하게 표현하기 위해 정보, 자료, 지식을 그래픽을 활용하여 시각적으로 표현하는 방법

(4) 데이터 시각화 절차(프로세스)

구조화 → 시각화(기본 틀) → 시각 표현(차트 완성)

구조화
• 데이터 수집 및 탐색
• 데이터 분류
• 데이터 배열
• 데이터 재배열

⇨

시각화
• 시간 시각화
• 분포 시각화
• 관계 시각화
• 비교 시각화
• 여러 변수 비교
• 공간 시각화

⇨

시각 표현
• 그래픽 7요소
• 그래픽 디자인 기본 원리
• 인터랙션
• 시각정보 디자인 7원칙

그래픽 7요소
명도, 색상, 질감, 형태, 위치, 방향, 크기

그래픽 디자인 기본 원리
정렬, 균형, 반복, 근접성, 대비 및 공간의 원칙

시각정보 디자인 7원칙
시각적 비교 강화, 인과 관계 표시, 다중 변수 표시, 텍스트 및 그래픽과 조화롭게 배치, 콘텐츠 질과 연관성 분명히 표현, 시간 순 아닌 공간 순으로 나열, 정량적 자료의 정량성 유지

2 비즈니스 기여도 평가

비즈니스 기여도 평가 기법 ^{기출}

비즈니스 기여도 평가는 빅데이터 분석 모형을 실제 업무에 적용할 경우 비즈니스 상에 어떠한 개선점이 있는지 정량적으로 확인하기 위한 방법이다. 비즈니스 기여도 평가 기법에는 TCO, ROI, NPV, IRR, PP 등이 있다.

① 총소유 비용(TCO: Total Cost of Ownership)
- 하나의 장비를 획득할 때, 장비의 수명 주기 동안에 발생하게 되는 모든 연관 비용이다.
- 하나의 자산을 획득할 때, 주어진 기간 동안 모든 연관 비용을 고려하여 확인하기 위해 사용한다.

② 투자 대비 효과(ROI: Return On Investment)
- 투자로 얻을 수 있는 순 효과를 총 비용으로 나눈 값이다.
- 자본 투자에 따른 순 효과의 비율(투자 타당성)이다.
- 계산식 : $\dfrac{\text{순이익}}{\text{투자 비용}} \times 100$

③ 순 현재 가치(NPV: Net Present Value)
투자로부터 유입되는 미래 현금의 현재 가치와 해당 투자를 위해 투입된 비용의 차액(미래 시점의 순이익 규모)이다.

④ 내부 수익률(IRR: Internal Rate of Return)
- 어떤 사업에 대해 사업기간 동안의 현금 수익 흐름을 현재 가치로 환산하여 합한 값이 투자 지출과 같아지도록 할인하는 할인율이다.
- 순 현재 가치를 '0'으로 만드는 할인율(연 단위 기대 수익 규모)이다.

⑤ 투자 회수기간(PP: Payback Period)
- 누적 투자 금액과 매출 금액의 합이 같아지는 기간으로 투자에 소요되는 모든 비용을 회수하는 데 걸리는 기간을 의미한다. (흑자 전환 시점)
- 보통 연(year) 단위로 기록한다.

2-2　분석 결과 시각화

1 시공간 시각화

(1) 시간 시각화
- 시간 시각화는 시간의 흐름에 따른 데이터의 변화를 나타낸 것이다.
- 일반적으로 x축은 시간을, y축은 데이터 값(value)을 나타내고, 시계열 데이터를 통한 데이터의 경향성과 흐름을 파악하는 것이 목적이다.

〈시간 시각화 유형〉 기출
시간 시각화의 유형에는 막대그래프, 누적막대그래프, 점그래프, 선그래프, 영역차트, 계단식그래프, 추세선이 있다.

① 막대그래프(Bar Graph)
- 직사각형 형태의 막대를 사용하고, 각 막대는 특정 범주를 나타낸다.
- 막대는 서로 떨어져서 존재하고, x축이 반드시 수량이 아니어도 된다.

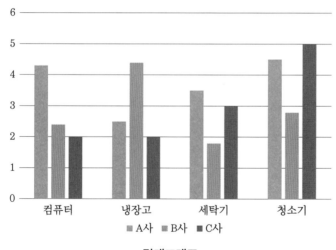

막대그래프

② 누적막대그래프(Stacked Bar Chart)

하나의 막대로 데이터의 여러 범주별 비율을 확인할 수 있는 그래프이다.

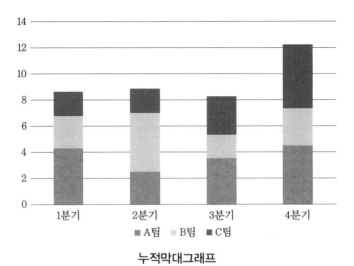

누적막대그래프

③ 점그래프(Dot Plot)

x축에 따른 y축의 값을 점으로 표시한 그래프로, x축이 시간, y축이 데이터인 경우 시간의 흐름에 따른 데이터의 변화를 확인할 수 있다.

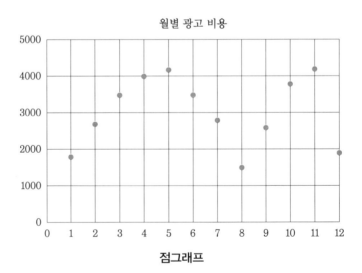

점그래프

④ 선그래프(Line Graph)

각 범주별 측정된 데이터들의 점을 선분으로 이어서 그린 그래프이다.

선분
양쪽에 끝나는 점이 있는
직선 부분

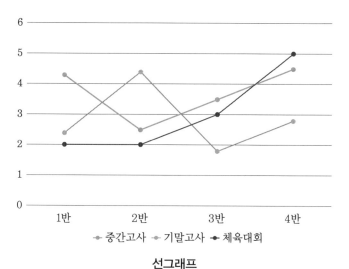

선그래프

⑤ 영역차트(Area Chart)

시간 경과에 따른 수량 변화를 표시하는 그래프로, 그래프 면적을 색으로 채워 표현하고, y축 값이 0부터 시작되는 특징이 있다.

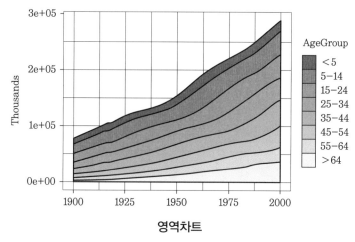

영역차트

출처 : https://m.blog.naver.com/pmw9440/221645694871

⑥ 계단식그래프(Step Line Graph)

각 범주별 측정된 데이터를 선분으로 연결하는 것이 아니라 x축과 평행한 일정한 선을 유지하고 값이 급격히 변하는 지점을 이전 데이터와 계단식으로 이어 표현해 주는 그래프이다.

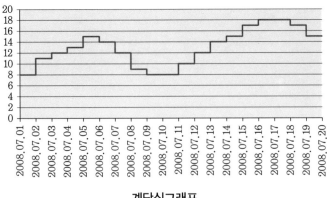

계단식그래프

출처 : http://www.iexceller.com/MyXls/Excel_2007/step_chart.asp

⑦ 추세선(Trend Line)

일정 기간 동안 측정된 데이터들의 경향성을 보여주는 직선 또는 곡선이다.

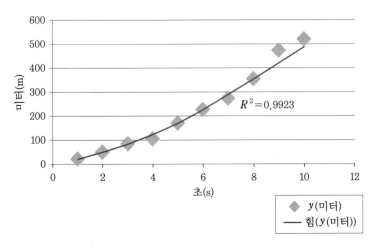

추세선

출처 : https://support.microsoft.com/ko-kr/office/%EB%8D%B0%EC%9D%B4%ED%84%B0%EC%97%90-%EA%B0%80%EC%9E%A5-%EC%A0%81%ED%95%A9%ED%95%9C-%EC%B6%94%EC%84%B8%EC%84%A0-%EC%84%A0%ED%83%9D-1bb3c9e7-0280-45b5-9ab0-d0c93161daa8

(2) 공간 시각화

- 공간 시각화는 공간인 지도상에 데이터를 표시하는 시각화 방법이다.
- 지도 데이터를 활용하기 때문에 위도 경도 정보를 활용하여 시각화한다.

〈공간 시각화 유형〉

공간 시각화의 유형에는 등치지역도, 등치선도, 도트맵, 버블맵, 카토그램이 있다.

① 등치지역도(코로플레스 지도, Choropleth Map)
- 지역별로 색상을 구분하여 지도에 표시하는 그래프이다.
- 색상은 데이터 수칫값을 기반으로 표현한다.

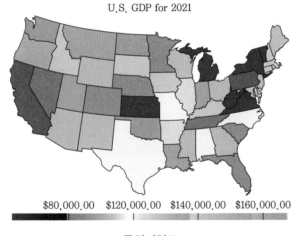

등치지역도

출처 : https://dev.grapecity.co.kr/bbs/board.php?bo_table=component_
bntips&wr_id=103

② 등치선도(Isometric Map)

지도상에서 같은 값을 갖는 데이터를 선으로 이어서 표현한 그래프이다.

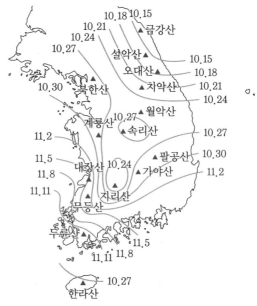

지역별 단풍 절정일

등치선도

출처 : https://www.donga.com/news/Society/article/all/20110917/40375768/1

③ 도트맵(도트플롯맵, Dot Map)

측정된 데이터를 해당 데이터의 위도와 경도에 점으로 표시한 그래프이다.

U.S. Public Libraries

도트맵

출처 : https://www.aprilsmith.org/lesson-13-thematic-maps.html

④ 버블맵(버블플롯맵, Bubble Map)

측정된 데이터의 위치는 위도와 경도를 기반으로 표시하고, 크기는 원형의 사이즈로 구별하여 표시하는 그래프이다.

버블맵

출처 : https://www.lucidchart.com/blog/how-to-make-a-bubble-chart-in-excel

⑤ 카토그램(Catogram)

• 특정한 데이터 수치의 변화에 따라서 지도의 면적이 왜곡되는 그래프이다.

• 주로 의석 수나 선거인단 수, 인구 등의 데이터를 표현한다.

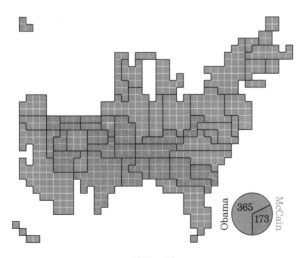

카토그램

출처 : https://ko.wikipedia.org/wiki/%EC%B9%B4%ED%86%A0%EA%B7%B8%EB%9E%A8

(3) 분포 시각화

- 분포 시각화란 데이터의 최솟값, 최댓값, 분포를 나타내는 시각화 방법이다.
- 분포 시각화는 데이터가 차지하는 영역을 나타내는 시각화 방법으로, 시간을 기준으로 구분되는 시계열 데이터와 차이점을 갖는다.

〈분포 시각화 유형〉

분포 시각화의 유형에는 파이차트, 도넛차트, 트리맵, 누적영역그래프가 있다.

① 파이차트(Pie Chart)
- 각 범주별 데이터가 차지하는 부분을 파이를 자른 것과 같이 비율별로 조각을 나누어 구분한 그래프이다.
- 모든 파트의 데이터 값을 합치면 데이터 값 전체의 합이 되고, 비율은 100%가 된다.

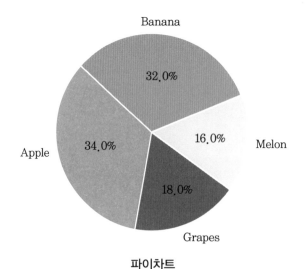

파이차트

출처 : https://wikidocs.net/92114

② 도넛차트(Doughnot Chart)

파이차트와 구조가 비슷하지만, 중심 부분이 비어 있는 도넛 모양의 그래프이다.

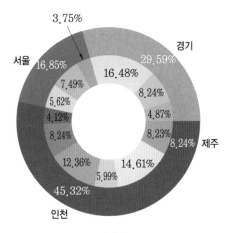

도넛차트

출처 : https://zephyrus1111.tistory.com/47

③ 트리맵(Tree Map)

- 여러 계층 구조(트리 구조)의 데이터를 표현하는 그래프이다.
- 서로 다른 크기의 사각형을 이용하여 데이터의 비율을 나타내고, 사각형을 겹쳐 배치함으로써 데이터의 대분류와 하위분류를 구분한다.

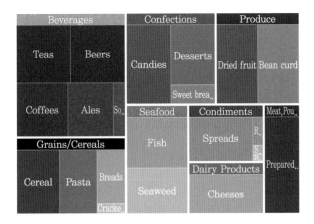

트리맵

출처 : https://demo.grapecity.co.kr/wijmo/docs/Topics/Chart/Advanced/
SpecialCharts/TreeMap

④ **누적영역그래프(누적연속그래프, Stacked Area Graph)**

• 여러 개의 영역 차트를 여러 층으로 쌓아서 표현한 그래프이다.

• x축은 시간을 나타내고, y축은 데이터를 나타낸다.

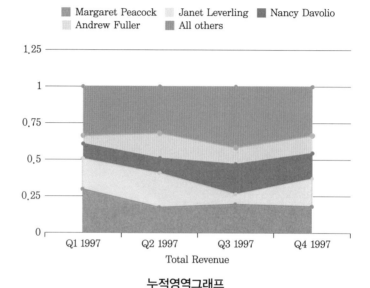

누적영역그래프

출처 : https://modulabs.co.kr/blog/data-visualization/

② 관계 시각화

관계 시각화란 여러 변수들 사이에 존재하는 연관성, 분포, 패턴을 찾는 시각화 방법이다.

〈관계 시각화 유형〉 기출

관계 시각화 유형에는 산점도, 산점도 행렬, 버블차트, 히스토그램, 네트워크그래프가 있다.

① 산점도(Scatter Plot)

• 측정된 데이터들을 x축과 y축을 기반으로 점으로 표시한 그래프이다.

• 측정된 데이터의 분포를 통해 변수간의 관계 파악이 가능하다(상관관계, 군집화, 이상값 등).

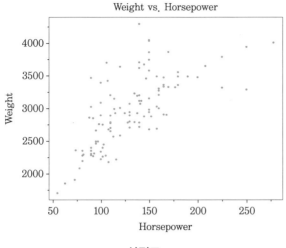

산점도

② 산점도 행렬(Scatter Plot Matrix)

산점도를 여러 개의 변수 조합별로 행렬의 형태로 표현한 그래프이다.

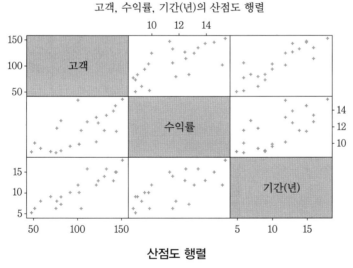

산점도 행렬

③ 버블차트(Bubble Chart)

산점도는 데이터를 점으로 표현하지만, 버블차트는 데이터의 크기를 추가적으로 고려하여 표현한 그래프이다.

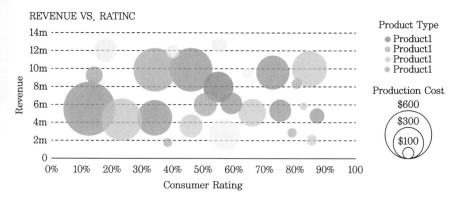

버블차트

출처 : http://newsjel.ly/archives/contents/587

④ 히스토그램(Histogram)

• 데이터의 분포를 서로 붙어 있는 직사각형 형태로 시각화하여 표현하는 그래프이다.

• 가로축은 반드시 수량을 나타내고, 막대의 너비는 항상 일정해야 한다.

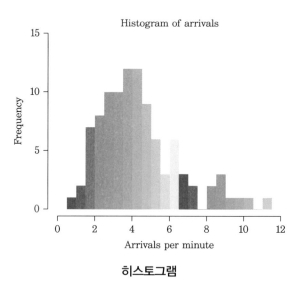

히스토그램

출처 : https://ko.wikipedia.org/wiki/%ED%9E%88%EC%8A%A4%ED%86%A0
%EA%B7%B8%EB%9E%A8

⑤ 네트워크그래프(Network Graph)
- 서로 연관된 개체들 간의 관계를 표현하는 그래프이다.
- 각 개체들은 선으로 연결되며, 연결된 선의 빈도수 등을 통해 개체 간
  의 관계를 파악할 수 있다.

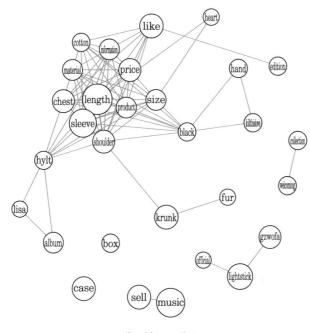

네트워크그래프

출처 : https://e-datanews.tistory.com/91

3 비교 시각화

비교 시각화란 여러 변수의 데이터를 비교하고자 할 때 사용되는 시각화
방법이다.

〈비교 시각화 유형〉 기출

비교 시각화 유형에는 플로팅 바 차트, 히트맵, 체르노프페이스, 스타차
트, 평행좌표그래프가 있다.

① 플로팅 바 차트(Floating Bar Chart)
- 막대그래프를 띄워서 표현한 그래프로 순차별 데이터의 수치를 확인
  할 수 있다.

• 범주 내 데이터의 중복값 및 이상값 파악이 가능하다.

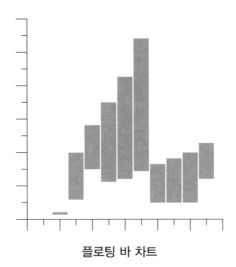

플로팅 바 차트

출처 : https://grapherhelp.goldensoftware.com/Graphs/2d_Floating_Bar_
Chart.htm

② 히트맵(Heat Map)

• 색상으로 표현할 수 있는 다양한 정보를 일정한 이미지 위에 열분포
형태로 표현한 그래프이다.

• 각 칸별 색상은 데이터 값의 크기를 나타내고, 색상이 짙을수록 데이
터 값이 큰 것을 의미한다.

• 주로 웹사이트 방문자 분석에 활용된다.

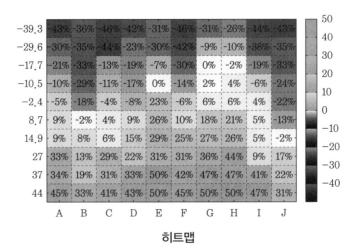

히트맵

출처 : https://blog.naver.com/pmw9440/221576168716

③ 체르노프페이스(Chernoff Faces)

측정된 데이터를 눈, 코, 입 등 사람의 얼굴처럼 표현하는 시각화 방법
이다.

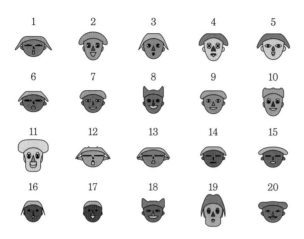

체르노프페이스

출처 : https://rfriend.tistory.com/170

④ 스타차트(거미줄차트, 방사형차트, 레이더차트, Star Chart)

• 하나의 공간에 각각의 변수(3개 이상)를 표현하는 몇 개의 축을 그리
 고, 축에 표시된 해당 변수의 값을 연결하여 별 모양으로 표현한 그래
 프이다.
• 변수 사이의 유사점, 차이점, 이상값을 확인할 수 있다.

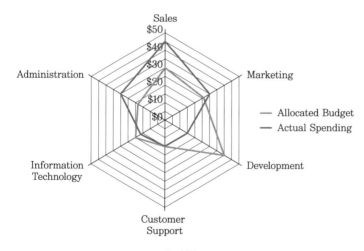

스타차트

출처 : https://amaze9001.tistory.com/179

⑤ 평행좌표그래프(Parallel Coordinates Graph)

- 여러 컬럼들을 비교하여 유사성을 찾기 위해 사용되는 그래프로 x축
  은 컬럼을 나타내고, y축은 컬럼들의 값이 표현된다.
- 유형 및 크기가 전혀 다른 데이터 값을 동일한 데이터 구간으로 표시
  하여 비교하는 그래프이다.
- 측정된 데이터들을 정규화하여 백분율로 표현하고, 이를 하나의 그래
  프 화면에 표현한다.

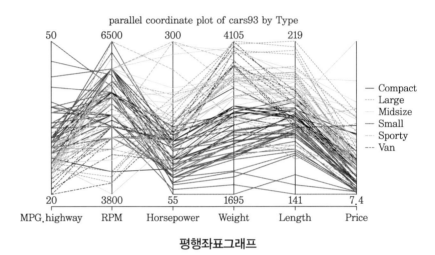

평행좌표그래프

출처 : https://rfriend.tistory.com/168

4 인포그래픽(Inforgraphics) 기출

- 인포그래픽은 정보(Information)와 그래픽(Graphic)의 합성어로 정
  보 제공자가 전달하고자 하는 주요한 정보를 하나의 그래픽으로 표현
  하여 보는 사람들이 쉽고 빠르게 정보를 이해할 수 있도록 만든 시각
  화 방법이다.
- 인포그래픽의 목적은 정보형 메시지와 설득형 메시지를 담는 것이다.
- 정보형 메시지는 전달하는 데이터에 정보가 담겨야 하는 것을 의미하
  고, 설득형 메시지는 정보 제공자가 주장하고자 하는 내용을 담는 것
  을 의미한다.
- 인포그래픽의 종류는 지도형, 도표형, 타임라인형, 스토리텔링형, 만
  화형, 비교분석형이 있다.

인포그래픽 종류

종류	설명	사용 예시
지도형	특정 국가 혹은 지역의 지도를 바탕으로 정보를 표현하는 방식	→ 지역별 투표율
도표형	다양한 도표와 그래프를 사용하여 정보를 표현하는 방식	→ 신규 서비스 사용자 가입률과 기업 인지도 변화
타임라인형	특정 주제와 관련된 히스토리를 타임라인(시간 순서) 형식으로 표현하는 방식	→ 기업의 발전 과정
스토리텔링형	특정 사건 혹은 주제에 대한 정보를 이야기를 들려주듯이 표현하는 방식	→ 추석 차례상 차리는 방법
만화형	캐릭터 또는 애니메이션 작업을 통해 정보를 표현하는 방식	→ 올바른 손씻기 방법
비교분석형	두 가지 이상의 비교 집단에 대한 정보를 비교하여 표현하는 방식	→ 가전 업체 A, B 기업의 노트북 비교

2-3 분석 결과 활용 기출

- 데이터 분석이 완료되면 주어진 절차에 맞게 분석된 결과를 활용하게 된다.

[분석 결과 활용 단계]

> 분석 모형 전개 → 분석 결과 활용 시나리오 개발 → 분석 모형 모니터링 → 분석 모형 리모델링

1 분석 모형 전개(Deployment)

- 분석 모형 전개는 분석한 데이터를 기반으로 각 데이터가 필요한 과정별로 데이터를 배치하는 것을 의미한다.
- 분석 모형 개발 및 운영 프로세스는 분석 목적 정의, 가설 검토, 데이터 준비 및 처리, 모델링 및 분석, 정확도 및 성능평가, 운영 순이다.

분석 모형 개발 및 운영 프로세스

과정	설명
분석 목적 정의	분석을 위해 정확한 분석 목적이 무엇인지 명확히 하는 단계
가설 검토	분석 목적을 정의한 후 문제 해결을 위한 가설 검토 및 수립
데이터 준비 및 처리	분석에 대상이 되는 데이터를 수집하고, 분석을 위한 전처리 진행
모델링 및 분석	분석 목적에 맞는 모델 선택 및 분석 모형 도출
정확도 및 성능평가	도출된 분석 모형을 바탕으로 분석 모형의 정확도 및 성능을 평가
운영	분석 목적에 맞게 분석 모형 활용 및 운영

2 분석 결과 활용 시나리오 개발

(1) 분석 결과 시나리오 개발

분석 결과 시나리오 개발은 분석된 데이터 결과를 기반으로 인사이트를 도출하고, 의사결정을 할 수 있는 방법을 개발하는 것이다.

① 인사이트 발굴 및 확장
분석을 통해 인사이트를 발굴하고 이를 확장시켜 적용할 수 있는 범위를 확인한다.

② 의사결정 방법 선택
도출된 인사이트를 적용할 시점 및 방법을 검토하여 의사결정 방법을 선택한다.

③ 시각화 도구 선택
• 분석 결과를 효율적으로 시각화하여 표현할 수 있는 적합한 시각화 도구를 선택한다.
• R.Studio에서 제공하는 샤이니(Shiny)를 활용하여 모델링 결과를 배포할 수 있다.

(2) 분석 결과 활용 시 고려사항 기출
• 분석 모형 최종 평가 시에는 데이터 학습 때 사용되지 않았던 데이터를 사용한다.
• 평가 지표를 활용하여 분석 모형의 성능을 확인한다.

• 분석 모형 개발과 지속적인 피드백으로 분석 모형의 성능을 향상시킨다.

❸ 분석 모형 모니터링

• 분석 모형 결과는 담당자의 의사결정 자료로 활용되므로 주기적으로 분석 모형을 모니터링하며 모형의 성능을 유지시켜야 한다.
• 분석 모형의 성능지표는 일별, 주별 등 일정 주기로 계산해서 DB 저장한다.
• 분석 모형 성능은 측정 지표는 모델의 유형(회귀, 예측)에 따라 다르다.
• 분석 모형이 시스템에 적용된 이후에도 주기적인 모니터링을 통해 추가적인 학습이 이루어진다. 최신 데이터를 활용한 업데이트 혹은 모델 성능이 떨어졌을 때 새로운 모델을 구축하는 방법이 이에 해당한다.

❹ 분석 모형 리모델링 기출

• 분석 모형을 모니터링한 결과 분석 모형의 성능이 크게 떨어지거나 성능의 저하가 지속되는 경우에는 분석 모형 리모델링을 수행한다.

[분석 모형 리모델링 절차]

> 기존 분석 모형 분석 → 데이터 수집 및 전처리 → 분석 모형 구축 →
> 최종 분석 모형 선정 및 반영

① 기존 분석 모형 분석

모형에 적합한 평가 지표를 활용하여 기존 모형의 성능을 분석한다.

② 데이터 수집 및 전처리

기존 분석 모델의 내용을 참고하여 추가적으로 데이터를 수집하고, 전처리한다.

③ 분석 모형 구축

수집된 데이터를 기반으로 분석 모형을 새롭게 구축한다.

④ 최종 모형 선정 및 반영

구축된 모형을 기반으로 최종 모형을 선정하고, 이를 실제 실무 운영에 반영한다.

1. 다음 중 데이터 시각화에 대한 설명으로 틀린 것은?

① 데이터 시각화는 주어진 데이터에 대한 이해를 돕기 위한 방법 중 하나로 데이터의 특성을 묘사하고 표현하는 방법이다.

② 데이터 시각화는 그림, 색상, 그래프, 도형 등 다양한 그래픽 요소를 활용하여 데이터를 설명하는 방법이다.

③ 데이터 시각화의 목적은 정보전달과 설득에 있다.

④ 데이터 시각화의 유형에는 시간, 공간, 분포, 관계, 비율 시각화가 있다.

해설 데이터 시각화의 유형에는 시간, 공간, 분포, 관계, 비교 시각화가 있다.

2. 다음과 같은 데이터 시각화 분류 이미지에서 빈칸에 알맞은 명칭은?

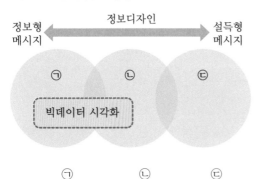

	㉠	㉡	㉢
①	데이터 시각화	정보 시각화	인포그래픽
②	정보 시각화	데이터 시각화	인포그래픽
③	데이터 시각화	인포그래픽	정보 시각화
④	인포그래픽	데이터 시각화	정보 시각화

해설 ㉠ : 데이터 시각화, ㉡ : 정보 시각화, ㉢ : 인포그래픽 순이다.

3. 다음 중 데이터 시각화 도구와 이에 대한 설명이 옳지 않은 것은?

① 파인 리포트는 간단한 드래그 앤 드롭 방식으로 보고서를 쉽게 만들 수 있고, 데이터 의사결정 분석 시스템을 구축할 수 있는 도구이다.

② 구글 데이터 스튜디오는 코딩없이 스프레드시트와 데이터베이스를 활용하여 쉽게 데이터를 시각화하는 도구이다.

③ 태블로는 클라우드 기반으로 서비스되며, 차트, 그래프 등 다양한 그래픽 기능을 제공하는 시각화 도구이다.

④ 파이썬은 다양한 그래프 라이브러리(library)를 활용한 프로그래밍을 통해 구현할 수 있는 시각화 도구이다.

해설 코딩없이 스프레드시트와 데이터베이스를 활용하여 쉽게 데이터를 시각화하는 도구는 차트 블록이다. 구글 데이터 스튜디오는 구글 마케팅 플랫폼에 있는 웹 기반의 데이터 시각화 도구로 다양한 데이터를 연결, 간단한 시각화 작업, 보고서 공유가 가능한 도구이다.

4. 데이터 시각화 절차 중 구조화에 속하지 않는 작업은?

① 데이터 수집 및 탐색

② 데이터 배열

③ 데이터 분류

④ 인터랙션

해설 데이터 시각화 절차 중 구조화에 속하는 작업은 데이터 수집 및 탐색, 데이터 분류, 데이터 배열, 데이터 재배열이다. 인터랙션은 시각표현에 속하는 작업이다.

5. 다음 중 데이터 시각화 절차로 옳은 것은?

① 구조화 → 구체화 → 시각화

② 구조화 → 시각화 → 시각표현

③ 구체화 → 시각표현 → 시각화

④ 구체화 → 시각화 → 시각표현

(해설) 올바른 데이터 시각화 절차는 구조화 → 시각화 → 시각표현이다.

6. 다음 중 데이터 시각화 분류에 대한 설명으로 옳지 <u>않은</u> 것은?

① 정보 시각화는 대규모 데이터를 색상, 도표, 이미지 등을 활용하여 요약적으로 표현하는 방법이다.

② 데이터 시각화는 데이터 분석 결과를 쉽게 이해할 수 있도록 시각적으로 표현하는 방법이다.

③ 정보 디자인은 정보를 제공하는 대상이 정보를 명확하게 파악하기 위해 시각화하는 방법이다.

④ 인포그래픽은 정보를 빠르고 분명하게 표현하기 위해 정보, 자료, 지식을 그래픽을 활용하여 시각적으로 표현하는 방법이다.

(해설) 정보 디자인은 정보를 확인하는 대상이 정보를 명확히 이해할 수 있도록 보다 쉽게 시각화하여 표현하는 방법이다.

7. 데이터 시각화 절차 중 시각화에 속하지 <u>않는</u> 작업은?

① 공공 시각화

② 분포 시각화

③ 비교 시각화

④ 시간 시각화

(해설) 데이터 시각화 절차 중 시각화에 속하는 작업은 시간 시각화, 분포 시각화, 관계 시각화, 비교 시각화, 공간 시각화, 여러 변수 비교가 있다.

8. 다음에 설명하는 알맞은 명칭은?

> • 투자로 얻을 수 있는 순 효과를 총 비용으로 나눈 값을 나타낸다.
> • 자본 투자에 따른 순 효과의 비율을 의미한다.
> • 계산식 : $\dfrac{\text{순이익}}{\text{투자 비용}} \times 100$

① TCO

② NPV

③ ROI

④ IRR

(해설) 투자 대비 효과(ROI: Return On Investment))에 대한 설명이다. TCO는 총 소유 비용, NPV는 순 현재 가치, IRR은 내부 수익률을 의미한다.

9. 다음 중 비즈니스 기여도 평가 기법에 속하지 <u>않는</u> 것은?

① ROI

② PP

③ TCO

④ RR

(해설) 비즈니스 기여도 평가 기법에는 총 소유 비용(TCO: Total Cost of Ownership), 투자 대비 효과(ROI: Return On Investment), 순 현재 가치(NPV: Net Present Value), 내부 수익률(IRR: Internal Rate of Return), 투자 회수기간(PP: Payback Period)이 있다.

10. 다음 중 시간 시각화 유형에 속하지 <u>않는</u> 것은?

① 막대그래프

② 카토그램

③ 계단식그래프

④ 영역차트

(해설) 시간 시각화 유형에는 막대그래프, 누적막대그래프, 점그래프, 선그래프, 영역차트, 계단식그래프, 추세선이 있다. 카토그램은 공간 시각화 유형에 속한다.

정답 5. ② 6. ③ 7. ① 8. ③ 9. ④ 10. ②

11. 다음 중 공간 시각화 유형에 속하지 <u>않는</u> 것은?

① 등치지역도　　　② 도트맵
③ 버블맵　　　　　④ 파이차트

> 해설 공간 시각화 유형에는 등치지역도, 등치선도, 도트맵, 버블맵, 카토그램이 있다. 파이차트는 분포 시각화 유형에 속한다.

12. 다음 그래프에 대한 설명으로 옳지 <u>않은</u> 것은?

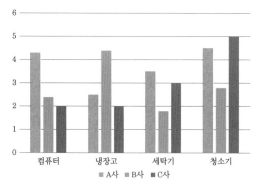

① 하나의 막대로 데이터의 여러 범주별 비율을 확인할 수 있다.
② 직사각형 형태의 막대를 사용하고, 각 막대는 특정 범주를 나타낸다.
③ 막대는 서로 떨어져서 분포한다.
④ 그래프의 축이 반드시 수량이 아니어도 된다.

> 해설 하나의 막대로 데이터의 여러 범주별 비율을 확인할 수 있는 그래프는 누적막대그래프이다.

13. 다음에서 설명하는 시각화 도구는?

> • 특정한 데이터 수치의 변화에 따라서 지도의 면적이 왜곡되는 그래프이다.
> • 주로 의석 수나 선거인단 수, 인구 등의 데이터를 표현한다.

① 버블맵　　　　　② 파이차트
③ 카토그램　　　　④ 버블차트

> 해설 공간 시각화 도구인 카토그램에 대한 설명이다.

14. 다음 중 관계 시각화 도구에 속하는 것은?

> ㉠ 산점도　　　　　ㄴ 히트맵
> ㉢ 버블차트　　　　㉣ 스타차트
> ㉤ 평행좌표그래프　ㅂ 산점도 행렬
> ㉦ 히스토그램　　　ㅇ 누적막대그래프

① ㉠,ㄴ,㉢,ㅂ　　　② ㄴ,㉢,㉦,ㅇ
③ ㉠,㉢,ㅂ,㉦　　　④ ㉠,㉣,㉤,㉦

> 해설 관계 시각화에 속하는 것은 산점도, 버블차트, 산점도 행렬, 히스토그램이다.

15. 다음 설명하는 시각화 도구는?

> • 색상으로 표현할 수 있는 다양한 정보를 일정한 이미지 위에 열분포 형태로 표현한 그래프이다.
> • 각 칸별 색상은 데이터 값의 크기를 나타내고, 색상이 짙을수록 데이터 값이 큰 것을 의미한다.

① 산점도　　　　　② 카토그램
③ 히스토그램　　　④ 히트맵

> 해설 히트맵에 대한 설명이다.

16. 다음 중 비교 시각화에 속하지 <u>않는</u> 것은?

① 플로팅 바 차트　② 버블맵
③ 체르노프페이스　④ 스타차트

해설 비교 시각화의 시각화 유형에는 플로팅 바 차트, 히트맵, 체르노프페이스, 스타차트, 평행 좌표그래프가 있다.

17. 다음 중 인포그래픽에 대한 설명으로 옳지 않은 것은?

① 인포그래픽의 목적은 정보형 메시지와 공유형 메시지를 담는 것이다.

② 인포그래픽은 정보(Information)와 그래픽(Graphic)의 합성어이다.

③ 인포그래픽은 정보 제공자가 전달하고자 하는 주요한 정보를 하나의 그래픽으로 표현하여 보는 사람들이 쉽고 빠르게 정보를 이해할 수 있도록 만든 시각화 방법이다.

④ 정보형 메시지는 전달하는 데이터에 정보가 담겨야 하는 것을 의미한다.

해설 인포그래픽의 목적은 정보형 메시지와 설득형 메시지를 담는 것이다.

18. 다음 중 분석 결과 활용 단계의 순서로 옳은 것은?

① 분석 결과 활용 시나리오 개발 → 분석 모형 전개 → 분석 모형 리모델링 → 분석 모형 모니터링

② 분석 모형 전개 → 분석 모형 모니터링 → 분석 결과 활용 시나리오 개발 → 분석 모형 리모델링

③ 분석 모형 전개 → 분석 결과 활용 시나리오 개발 → 분석 모형 모니터링 → 분석 모형 리모델링

④ 분석 결과 활용 시나리오 개발 → 분석 모형 모니터링 → 분석 모형 리모델링 → 분석 모형 전개

해설 분석 결과 활용 단계의 올바른 순서는 분석 모형 전개 → 분석 모형 모니터링 → 분석 결과 활용 시나리오 개발 → 분석 모형 리모델링 순이다.

19. 다음 중 분석 결과 활용 시 고려사항이 아닌 것은?

① 분석 모형 최종 평가 시에는 데이터 학습 때 사용되지 않았던 데이터를 사용한다.

② 분석 모형 평가 시에는 모델의 유형에 관계없이 동일한 평가지표를 활용한다.

③ 평가지표를 활용하여 분석 모형의 성능을 확인한다.

④ 분석 모형 개발과 지속적인 피드백으로 분석 모형의 성능을 향상시킨다.

해설 분석 모형 평가 시에는 모델의 유형에 따라 각기 다른 평가 지표를 사용한다.

20. 다음 중 분석 모형 모니터링에 대한 설명으로 옳지 않은 것은?

① 분석 모형 성능은 측정 지표는 모델의 유형(회귀, 예측)에 따라 다르다.

② 분석 모형 결과는 담당자의 의사결정 자료로 활용되므로 주기적으로 분석 모형을 모니터링하며 모형의 성능을 유지시켜야 한다.

③ 분석 모형의 성능지표는 보통 1년 단위로 계산해서 DB 저장한다.

④ 분석 모형이 시스템에 적용된 이후에도 주기적인 모니터링을 통해 추가적인 학습이 이루어진다.

해설 분석 모형 모니터링은 주로 일별, 주별 등 단기의 주기로 계산해서 DB 저장한다.

정답 17. ① 18. ② 19. ② 20. ③

마무리 문제

1. 다음 중 회귀 모형 평가 지표에 대한 수식이 잘못된 것은?

① MAE : $\dfrac{1}{n}\sum\limits_{i=1}^{n}|y_i-\hat{y}_i|$

② MSE : $\dfrac{1}{n}\sum\limits_{i=1}^{n}(y_i-\hat{y}_i)^2$

③ RMSE : $\sum\limits_{i=1}^{n}(y_i-\bar{y})^2$

④ MAPE : $\dfrac{100}{n}\times\sum\limits_{i=1}^{n}\left|\dfrac{y_i-\hat{y}}{y_i}\right|$

해설 RMSE의 수식은 MSE에 제곱근을 씌운 $\sqrt{\dfrac{1}{n}\sum\limits_{i=1}^{n}(y_i-\hat{y}_i)^2}$이다. $\sum\limits_{i=1}^{n}(y_i-\bar{y})^2$은 전체 제곱합(SST)에 대한 수식이다.

2. 다음 중 결정계수(R^2)를 구하는 수식으로 옳은 것은?

① $R^2=\dfrac{SSR}{SST}$　　② $R^2=\dfrac{SSE}{SST}$

③ $R^2=\dfrac{SST}{SSR}$　　④ $R^2=\dfrac{SSE}{SSR}$

해설 결정계수(R^2)를 구하는 수식은 $R^2=\dfrac{SSR}{SST}=\left(1-\dfrac{SSE}{SST}\right)$와 같다.

3. 다음과 같은 결정계수 데이터가 나왔을 때, 가장 정확도가 높은 모델은?

- A 모델 : 0.75
- B 모델 : 0.88
- C 모델 : 0.95
- D 모델 : 0.99

① A 모델　　　　② B 모델
③ C 모델　　　　④ D 모델

해설 결정계수는 0~1 사이의 범위를 갖고, 데이터가 1에 가까울수록 모델의 정확도가 높다고 할 수 있다.

4. 다음 중 결정계수(R^2) 연산에 포함되지 않는 것은?

① SST　　　　② SSE
③ SSR　　　　④ STS

해설 결정계수(R^2) 연산에는 SST(전체 제곱합), SSR(회귀 제곱합), SSE(오차 제곱합)이 사용된다.

5. 다음과 같은 혼동행렬에서 빈칸에 알맞은 명칭은?

		예측 범줏값	
		Predicted Positive	Predicted Negative
실제 범줏값	Actual Positive	㉠	㉡
	Actual Negative	㉢	㉣

	㉠	㉡	㉢	㉣
①	TP	FN	FP	TN
②	TP	FP	TN	FN
③	FP	TP	FN	TN
④	FP	TN	TP	FN

해설 ㉠ : TP, ㉡ : FN, ㉢ : FP, ㉣ : TN이다.

6. 다음 중 혼동행렬을 활용한 모형의 평가 지표 연산이 <u>잘못된</u> 것은?

① Recall : $\dfrac{TP}{TP+FN}$

② Specificity : $\dfrac{FP}{TN+FP}$

③ Precision : $\dfrac{TP}{TP+FP}$

④ F1-Score : $2 \times \dfrac{\text{Precision} \times \text{Recall}}{\text{Precision} + \text{Recall}}$

〔해설〕 특이도(Specificity)의 수식은 $\dfrac{TN}{TN+FP}$이다. $\dfrac{FP}{TN+FP}$은 거짓 긍정률(FP Rate)에 대한 수식이다.

※ 다음 혼동행렬을 보고 물음에 답하시오. (7~9)

실젯값 \ 예측값	Positive	Negative
Positive	30	40
Negative	70	10

7. 주어진 혼동행렬에서 정밀도는 얼마인가?

① $\dfrac{5}{10}$

② $\dfrac{3}{10}$

③ $\dfrac{3}{7}$

④ $\dfrac{4}{5}$

〔해설〕 정밀도(Precision)는 예측 긍정 범주 중 긍정의 비율을 의미한다. 따라서 주어진 혼동행렬에서 정밀도를 구하고자 할 경우 $\dfrac{30}{30+70} = \dfrac{30}{100} = \dfrac{3}{10}$과 같이 연산할 수 있다.

8. 주어진 혼동행렬에서 오차비율은 얼마인가?

① $\dfrac{4}{11}$

② $\dfrac{7}{10}$

③ $\dfrac{11}{15}$

④ $\dfrac{4}{15}$

〔해설〕 오차비율(Error Rate)은 전체 범주 중 잘못 예측한 비율을 의미한다. 따라서 주어진 혼동행렬에서 오차비율을 구하고자 할 경우 $\dfrac{70+40}{30+70+40+10} = \dfrac{110}{150} = \dfrac{11}{15}$과 같이 연산할 수 있다.

9. 주어진 혼동행렬에서 F1-Score는 얼마인가?

① $\dfrac{6}{17}$

② $\dfrac{3}{11}$

③ $\dfrac{3}{5}$

④ $\dfrac{4}{7}$

〔해설〕 F1-Score의 연산식은 $2 \times \dfrac{\text{Precision(정밀도)} \times \text{Recall(재현율)}}{\text{Precision(정밀도)} + \text{Recall(재현율)}}$과 같다. 따라서 정밀도와 재현율을 먼저 연산한다. 7번 문제에서 정밀도는 $\dfrac{3}{10}$으로 확인되었으니 재현율만 추가적으로 연산한다. 재현율(Recall)은 실제 긍정 범주 중 긍정의 비율로 주어진 혼동행렬에서 재현율을 구하고자 할 경우 $\dfrac{30}{30+40} = \dfrac{3}{7}$이 된다. 이를 F1-Score 연산식에 대입할 경우 결과는

$2 \times \left(\dfrac{\dfrac{3}{10} \times \dfrac{3}{7}}{\dfrac{3}{10} + \dfrac{3}{7}} \right) = 2 \times \left(\dfrac{\dfrac{9}{70}}{\dfrac{51}{70}} \right) = 2 \times \left(\dfrac{70 \times 9}{70 \times 51} \right)$

$= 2 \times \left(\dfrac{3}{17} \right) = \dfrac{6}{17}$과 같이 연산할 수 있다.

〔정답〕 6. ② 7. ② 8. ③ 9. ①

10. 다음 중 ROC 곡선에 대한 설명으로 옳지 않은 것은?

① ROC 곡선은 가로축(x)을 혼동행렬의 거짓 긍정률(FP Rate)로 두고, 세로축(y)을 참 긍정률(TP Rate)로 두어 시각화한 그래프이다.

② 그래프가 아래쪽에 가까울수록 분류 성능이 우수하다고 할 수 있다.

③ AUC(Area Under the ROC Curve)는 진단의 정확도를 측정할 때 사용하는 것으로 ROC 곡선 아래의 면적을 모형의 평가 지표로 삼는다.

④ AUC 값은 항상 0.5~1의 값을 가지며, 1에 가까울수록 좋은 모형이라고 평가한다.

해설 ROC 곡선은 그래프가 왼쪽 꼭대기에 가까울수록 분류 성능이 우수하다고 할 수 있다.

11. 다음과 같은 특징을 갖는 검증 방법은?

- 데이터를 K개로 나누어 (K−1)개는 학습에, 나머지 하나는 검증에 사용하는 방법이다.
- 검증 절차 : 테스트 데이터를 제외한 데이터를 무작위로 중복되지 않는 K개의 데이터로 분할 → K−1개의 데이터를 학습 데이터로 사용하고, 나머지 1개 데이터를 검증 데이터로 사용 → 검증 데이터를 바꾸며 K번 반복해서 분할된 데이터가 한 번씩 검증 데이터로 사용한다.

① LOOCV
② K-means clustering
③ K-fold cross validation
④ Bootstrap

해설 K-fold 교차 검증(K-fold cross validation)에 대한 설명이다.

12. 다음 수식에 해당하는 가중치 규제 기법은?

$$\frac{1}{N} \sum_{i=1}^{N} (y_i - \hat{y}_i)^2 + \alpha \sum_{j=1}^{M} |w_j|^1 + \beta \sum_{j=1}^{M} |w_j|^2$$

① L1 norm 규제
② Elastic Net
③ L2 norm 규제
④ L3 norm 규제

해설 엘라스틱 넷(Elastic Net)에 대한 설명이다.

13. 다음과 같은 경사하강법 그래프에서 빈칸의 알맞은 명칭은?

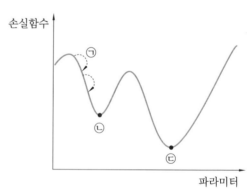

	㉠	㉡	㉢
①	지역 최솟값	전역 최솟값	학습률
②	학습률	전역 최솟값	지역 최솟값
③	전역 최솟값	학습률	지역 최솟값
④	학습률	지역 최솟값	전역 최솟값

해설 ㉠ : 학습률, ㉡ : 지역 최솟값, ㉢ : 전역 최솟값을 의미한다.

14. 다음 설명하는 매개변수 최적화 기법은?

> AdaGrad에서 최적값에 도달하기 전에 학습률이 0에 가까워지는 상황을 방지하기 위해 개선된 방법이다.

① Momentum
② Adam
③ RMSProp
④ Nesterov momentum

해설 RMSProp에 대한 설명이다.

15. 데이터 시각화 절차에서 시각표현에 속하지 않는 것은?

① 여러 변수 비교
② 그래픽 7요소
③ 인터랙션
④ 그래픽 디자인 기본 원리

해설 데이터 시각화 절차에서 시각표현에 속하는 것은 그래픽 7요소, 그래픽 디자인 기본 원리, 인터랙션, 시각정보 디자인 7원칙이다. 여러 변수 비교는 시각화 단계에 포함된다.

16. 다음 설명하는 비즈니스 평가 기법은?

> • 어떤 사업에 대해 사업기간 동안의 현금 수익 흐름을 현재 가치로 환산하여 합한 값이 투자지출과 같아지도록 할인하는 할인율이다.
> • 순 현재 가치를 '0'으로 만드는 할인율을 의미한다.

① IRR   ② ROI
③ NPV   ④ TCO

해설 내부 수익률(IRR)에 대한 설명이다.

17. 다음 중 비즈니스 평가 기법에 대한 설명으로 옳지 <u>않은</u> 것은?

① 비즈니스 기여도 평가는 빅데이터 분석 모형을 실제 업무에 적용할 경우 비즈니스 상에 어떠한 개선점이 있는지 정량적으로 확인하기 위한 방법이다.
② TCO는 투자로 얻을 수 있는 순 효과를 총비용으로 나눈 값을 의미한다.
③ 비즈니스 기여도 평가 기법에는 TCO, ROI, NPV, IRR, PP 등이 있다.
④ PP는 누적투자금액과 매출금액의 합이 같아지는 기간을 의미한다.

해설 TCO는 총소유 비용으로 하나의 자산을 획득할 때, 주어진 기간 동안 모든 연관 비용을 고려하여 확인하기 위해 사용된다. 투자로 얻을 수 있는 순 효과를 총비용으로 나눈 값은 투자 대비 효과(ROI)에 대한 설명이다.

18. 다음과 같은 그래프의 명칭은?

U.S. GDP for 2021

$80,000.00 $120,000.00 $140,000.00 $160,000.00

① 히트맵
② 등치선도
③ 등치지역도
④ 카토그램

해설 등치지역도(코로플레스 지도, Choropleth Map)이다.

19. 다음의 특징을 갖는 시각화 도구는?

> • 여러 계층 구조의 데이터를 표현하는 그래프이다.
> • 서로 다른 크기의 사각형을 이용하여 데이터의 비율을 나타내고, 사각형을 겹쳐 배치함으로써 데이터의 대분류와 하위 분류를 구분한다.

① 스타차트
② 트리맵
③ 버블맵
④ 산점도

해설 트리맵(Tree Mao)에 대한 설명이다.

20. 다음에서 설명하는 내용의 명칭은?

> • 이것은 정보(Information)와 그래픽(Graphic)의 합성어로 정보 제공자가 전달하고자 하는 주요한 정보를 하나의 그래픽으로 표현하여, 보는 사람들이 쉽고 빠르게 정보를 이해할 수 있도록 만든 시각화 방법이다.
> • 이것의 목적은 정보형 메시지와 설득형 메시지를 담는 것이다.
> • 정보형 메시지는 전달하는 데이터에 정보가 담겨야 하는 것을 의미하고, 설득형 메시지는 정보 제공자가 주장하고자 하는 내용을 담는 것을 의미한다.

① 데이터 가공
② 데이터 전처리
③ 데이터 사이언스
④ 인포그래픽

해설 인포그래픽(Inforgraphics)에 대한 설명이다.

부록 1

모의고사

1과목 빅데이터 분석 기획

1. 다음 중 다양한 정보를 체계화하여 유의미한 정보로 분류시킨 대상을 의미하는 것은?

① Data   ② Knowledge

③ Information   ④ Wisdom

2. 다음 중 사용자의 분석으로 데이터 간의 연관 관계 및 의미가 부여된 데이터를 의미하는 것은?

① 지식   ② 정보

③ 지혜   ④ 데이터

3. 다음 중 데이터 크기가 올바른 것은?

① $1MB = 10^6 bytes$

② $1TB = 10^9 bytes$

③ $1PB = 10^{12} bytes$

④ $1ZB = 10^{18} bytes$

4. 다음 중 데이터 크기가 가장 작은 것은?

① YB   ② GB

③ PB   ④ KB

5. 다음 중 빅데이터 특징 5V에 속하지 <u>않는</u> 것은?

① Value   ② Validity

③ Veracity   ④ Velocity

6. 데이터 지식 경영 기법 중 암묵지를 문서화 혹은 정형화하여 형식지로 만드는 과정을 의미하는 명칭은?

① 연결화   ② 표출화

③ 내면화   ④ 공통화

7. 다음 중 데이터의 성질이 <u>다른</u> 것은?

① 수영 세계선수권대회에서 최단기록을 기록한 새로운 배영 기법

② 월드컵에서 최다 득점률을 기록한 장거리 슛 기술

③ 3대째 내려오는 할머니 김치 레시피

④ 고득점을 기록한 피겨스케이팅 트리플 점프 기술

8. 다음 중 빅데이터의 가치에 대한 설명으로 <u>틀린</u> 것은?

① 빅데이터 분석을 통해 데이터 속에 존재하는 유의미한 인사이트를 도출할 수 있다.

② 빅데이터의 가치는 변하지 않고 일정하게 유지되어 그 가치를 산정함에 어려움이 없다.

③ 기업에서는 트렌드와 소비자의 소비 패턴을 분석하여 새로운 비즈니스 모델을 제안할 수 있다.

④ 정부는 다양한 분야의 데이터 분석을 통해 데이터 기반 서비스 제공이 가능하다.

9. 다음 중 빅데이터 가치 에스컬레이터 4단계 중 3단계에 속하는 분석 과정은?

① 진단 분석   ② 예측 분석

③ 묘사 분석   ④ 처방 분석

10. 빅데이터 분석 업무 프로세스 중 빅데이터 플랫폼 구축을 위해 요구사항 분석, 설계, 구현, 테스트를 진행하는 단계는?

① 구축 단계   ② 도입 단계

③ 운영 단계   ④ 분석 단계

11. 다음과 같은 형태의 빅데이터 조직 구조 유형은?

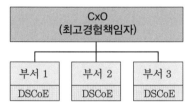

① 분산 구조　　② 분석 구조
③ 기능 구조　　④ 집중 구조

12. 다음 데이터 사이언티스트가 갖추어야 할 역량 중 성격이 다른 하나는?

① 통찰력 있는 분석 능력
② 설득력 있는 전달력
③ 다양한 분야의 협업 능력
④ 빅데이터 관련 이론지식

13. 다음 내용은 무엇에 대한 설명인가?

> • 고가용성 분산형 객체 지향적 플랫폼의 약자로 대용량의 데이터를 적은 비용으로 빠르게 분석할 수 있는 플랫폼을 의미한다.
> • 객체 지향적 작업을 병렬 분산하여 고가용성을 확보할 수 있고, 구조적, 비구조적 데이터를 처리할 수 있다.

① Hadoop　　② RDB
③ Crawling　　④ Data Mining

14. 다음 중 빅데이터 개인정보보호 가이드라인의 주요 내용에 속하지 않는 것은?

① 수집정보 공개조치
② 투명성 확보
③ 개인정보 재식별 조치
④ 민감정보 처리

15. 다음 중 데이터 3법에 해당하는 것으로 묶여진 것은?

> ㉠ 통신비밀보호법
> ㉡ 개인정보보호법
> ㉢ 전자금융거래법
> ㉣ 정보통신망법
> ㉤ 개인정보관리법
> ㉥ 위치정보의 보호 및 이용 등에 관한 법률
> ㉦ 신용정보법
> ㉧ 전자상거래 등에서의 소비자보호에 관한 법률

① ㉡, ㉢, ㉣　　② ㉠, ㉤, ㉥
③ ㉡, ㉣, ㉦　　④ ㉥, ㉦, ㉧

16. 다음 중 분석 문제 접근 방식에 대한 설명으로 틀린 것은?

① 하향식 접근방식(Top Down Approach)은 분석 문제가 정의되어 주어지고, 이에 대한 해법을 찾기 위해 체계적으로 분석하는 방법이다.
② 하향식 접근방식 절차는 문제 탐색 → 문제 정의 → 해결방안 탐색 → 타당성 검토 → 선택 순이다.
③ 상향식 접근방식(Bottom Up Approach)은 문제를 정의할 수 없는 경우 데이터를 기반으로 문제를 지속적으로 개선하는 방식이다.
④ 상향식 접근방식 절차는 분석 요건 정의 → 프로세스 흐름 분석 → 분석 요건 식별 → 프로세스 분류 순이다.

17. 다음 중 분석 방법은 알지만 분석 대상은 모르는 경우에 선택할 수 있는 분석 방법은?

① Insight　　② Optimization
③ Solution　　④ Discovery

18. 다음 중 개인정보보호법에 준하여 개인 정보를 수집할 수 없는 경우는?

① 법률에 특별한 규정이 있거나 법령상 의무를 준수하기 위해 불가피한 경우

② 정보주체자와 친분관계가 있는 자의 요청이 있는 경우

③ 정보주체자와의 계약의 체결 및 이행을 위하여 불가피하게 필요한 경우

④ 공공기관이 법령 등에서 정하는 소관 업무 수행을 위해 불가피한 경우

19. 다음과 같은 특징을 갖는 데이터 수집 기술은?

커넥터를 사용하여 MySQL 또는 Oracle, 메인 프레임과 같은 관계형 데이터베이스 시스템(RDBMS)에서 하둡 파일 시스템(HDFS)으로 데이터를 수집하거나, 하둡 파일 시스템에서 관계형 데이터베이스로 데이터를 보낼 수 있는 기술이다.

① Scrapy   ② Sqoop
③ Flume   ④ CEP

20. 다음과 같은 형태를 갖는 데이터는?

```
{
  "기업명": "데이터 분석회사",
  "사원수": 10,
  "부서명": ["개발팀","분석팀"],
  "매출액" : 500,000,000
}
```

① 비정형 데이터   ② 완정형 데이터
③ 반정형 데이터   ④ 정형 데이터

2과목   빅데이터 탐색

21. 다음과 같은 특징을 갖는 작업은?

• 데이터를 깨끗하게 다듬어서 데이터의 신뢰도를 높이는 작업이다.

• 처리 과정 : 데이터 오류 원인 분석 → 데이터 처리 대상 선정 → 데이터 처리 방법 결정

① 데이터 정제
② 데이터 수집
③ 데이터 전처리
④ 데이터 적재

22. 다음 중 적절한 확률값을 부여한 후 이를 결측값으로 대치하는 통계적 방법은?

① 완전 분석법
② 평균 대치법
③ 단순확률 대치법
④ 단순 대치법

23. 다음에 설명하는 데이터 이상값 발생 원인은?

• 자기 보고식 측정의 경우 피실험자가 데이터 수치를 임의로 사실과 다르게 기재하여 발생하는 오류이다.

• 예를 들어 청소년 흡연율 조사의 경우 조사 대상자들이 흡연 사실을 정확하게 기재하지 않을 가능성이 높고, 이 경우 데이터 이상값이 발생할 수 있다.

① 표본추출 오류
② 고의적인 이상값
③ 실험 오류
④ 측정 오류

24. 다음 중 데이터 오류 원인에 대한 설명으로 틀린 것은?

① 데이터 오류 원인에는 결측값, 노이즈, 이상값이 있다.

② 결측값은 필수 데이터가 입력되지 않고 누락된 값이다.

③ 노이즈는 입력되었으나 입력되지 않았다고 잘못 판단한 값이다.

④ 이상값은 데이터 범위에서 많이 벗어난 값이다.

25. 다음 빈칸에 알맞은 수치는 얼마인가?

> ESD(Extreme Studentized Deviation)는 평균(μ)으로부터 (㉠)시그마(표준편차) 떨어진 값을 이상치로 인식하는 방법으로, (㉠)표준편차에 해당하는 값이 99.7%이므로 양쪽 0.15%에 해당하는 값을 이상치로 인식한다.

① 1　　② 2　　③ 3　　④ 4

26. 다음 중 시각화 도구를 활용하여 이상값을 검출하고 싶은 경우 사용할 수 없는 도구는?

① 확률밀도함수　　② 히스토그램
③ 시계열차트　　④ 카토그램

27. 다음과 같은 형태의 변수 이름은?

> 변수가 명사형으로 이름에 의미를 갖고, 기준에 따라 순서에도 의미를 부여할 수 있는 경우
> 예) 대학교 성적 : A+, A, B+, B, C+, C, D+, D, F

① 순서형 변수　　② 명목형 변수
③ 이산형 변수　　④ 연속형 변수

28. 다음에 설명하는 변수 선택 기법은?

> • 모델 자체에 변수 선택이 포함된 기법으로 모델의 학습 또는 생성과정에서 최적의 변수를 선택하는 기법이다.
> • 이 기법에는 LASSO, Ridge, Elastic-Net, Select From Model 이 있다.

① 혼합 기법　　② 래퍼 기법
③ 임베디드 기법　　④ 필터 기법

29. 다음 중 기존 변수에 특정 조건 혹은 함수 등을 사용해서 새롭게 재정의한 변수는?

① 독립변수　　② 파생변수
③ 종속변수　　④ 매개변수

30. 다음에 설명하는 변수 변환 방법은?

> • 입력된 데이터를 평균이 0이고, 분산이 1인 표준 정규 분포로 변환하는 방법이다.
> • 평균 0을 중심으로 양쪽으로 데이터를 분포시키는 방법이다.
> 예) StandardScaler, RobustScaler

① 표준화　　② 정규화
③ 단순 기능 변환　　④ 스케일링

31. 다음에 설명하는 불균형 데이터 처리 기법은?

> • 소수 클래스의 데이터를 복제 또는 생성하여 데이터 비율을 맞추는 방법이다.
> • 알고리즘 성능은 높지만, 검증 성능은 나빠질 수 있다.
> • 기법 : SMOTE, Borderline-SMOTE, ADASYN

① 앙상블 기법　　② 과소표집
③ 과대표집　　④ 임곗값 이동

32. 다음 중 탐색적 데이터 분석의 특징에 대한 설명으로 옳지 <u>않은</u> 것은?

① 탐색적 데이터 분석의 4가지 특징에는 저항성, 잔차 해석, 자료 재표현, 현시성이 있다.

② 저항성은 오류의 영향을 적게 받는 성질이다.

③ 잔차 해석은 관찰 값들이 주 경향으로부터 벗어난 정도이며, 이를 해석하여 데이터의 특징을 파악한다.

④ 현시성은 데이터 분석 및 해석의 용이성을 위해 변수를 적당한 척도로 바꾸는 것을 의미한다.

33. 다음 중 개별 변수 탐색 방법에 대한 설명으로 <u>틀린</u> 것은?

① 개별 변수 탐색 방법은 데이터 유형이 범주형인지 수치형인지에 따라 나뉜다.

② 범주형 데이터의 시각화하는 방법에는 박스플롯(Box-plot) 또는 히스토그램이 있다.

③ 범주형 데이터는 질적 데이터와 같고, 수치형 데이터는 양적 데이터와 같은 말이라고 할 수 있다.

④ 수치형 데이터는 평균, 분산, 표준편차, 첨도, 왜도 등을 이용하여 데이터 분포의 특징을 정규성 측면에서 파악하는 데이터이다.

34. 다음 중 중심 경향성 통계량에 대한 설명으로 <u>틀린</u> 것은?

① 중심 경향성 통계량에는 평균값, 중위수, 최빈수, 사분편차가 있다.

② 평균값은 자료를 모두 더한 후 자료 개수로 나눈 값이다.

③ 중위수는 모든 데이터를 순서대로 배열했을 때, 중심에 위치한 데이터 값이다.

④ 최빈수는 데이터 값 중에서 빈도수가 가장 높은 데이터 값이다.

35. 마트 이용 고객의 구매 패턴을 분석했을 때, 고구마 판매량이 증가함에 따라 난방 기기 판매량 또한 급격하게 함께 증가한 경우 이 두 가지 변수의 상관관계를 나타내는 그래프는?

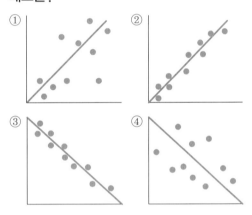

36. 다음과 같은 특징을 갖는 시각화 도구는?

> • 자료의 분포가 직사각형의 형태이다.
> • 가로축은 수치형 데이터이다.
> • 막대는 서로 붙어있고, 막대의 너비는 일정하다.
> • 이상값 확인이 가능하다.

① 누적형 막대그래프

② 막대그래프

③ 히스토그램

④ 플로팅 바 차트

37. 다음과 같은 시각화 도구에서 확인할 수 없는 값은?

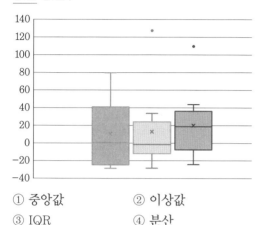

① 중앙값　　　② 이상값
③ IQR　　　　④ 분산

38. 다음 중 시공간 데이터 시각화 도구가 아닌 것은?

① 코로플레스 지도
② 카토그램
③ 버블 플롯 맵
④ 스타차트

39. 다음 중 왜도>0일 때 올바른 순서는?

① 최빈수<중위수<평균
② 최빈수<평균<중위수
③ 평균<중위수<최빈수
④ 평균<최빈수<중위수

40. 다음과 같은 특징을 갖는 표본추출기법은?

> • 모집단을 여러 군집으로 나누고 일부 군집의 전체를 추출하는 방식이다.
> • 데이터 특징이 집단 내에서는 이질적이고, 집단 외에서는 동질한 특징이 있다.

① 군집추출　　　② 계통추출
③ 층화추출　　　④ 집단추출

3과목　빅데이터 모델링

41. 다음 통계기반 분석 모형 선정에 대한 설명 중 틀린 것은?

① 통계기반 분석 모형에는 기술 통계, 추론 통계, 상관 분석, 회귀 분석, 분산 분석, 주성분 분석 등이 있다.
② 기술 통계는 데이터의 특징을 파악하기 위해 평균, 분산, 표준편차 등의 기초통계량을 구하거나 시각화 도구인 그래프를 활용하는 분석 방법이다.
③ 추론 통계는 두 개 이상의 변수 사이에 존재하는 상호 연관성을 분석하는 방법이다.
④ 회귀 분석은 하나 이상의 독립변수(X)가 종속변수(Y)에 끼치는 영향을 추정하는 통계 방법이다.

42. 다음 중 기존 데이터의 분포를 최대한 보존하면서 고차원 공간의 데이터들을 저차원 공간으로 변환하는 분석 방법은?

① 상관 분석　　　② 회귀 분석
③ 주성분 분석　　④ 분산 분석

43. 다음 중 데이터 마이닝 기반 분석 모형 선정에 대한 설명으로 옳지 않은 것은?

① 데이터 마이닝 기반 분석 모델에는 분류, 예측, 군집화, 연관규칙이 있다.
② 분류 모델은 다수의 속성을 갖는 객체들을 사전에 정해진 그룹 중 하나로 분류하는 기법이다.
③ 예측 모델의 예시에는 통계적 기법, 트리 기반 기법, 최적화 기법, 기계학습 모델이 있다.
④ 군집화 모델은 관측된 여러 개의 변숫값에서 유사한 성격을 갖는 몇 개의 군집으로 그룹화하여 그룹들 사이의 관계를 분석하는 다변량 분석기법이다.

44. 다음 중 머신러닝 학습 방법에 속하지 않는 것은?

① 비준지도 학습　　② 강화 학습
③ 지도 학습　　　　④ 비지도 학습

45. 다음 중 분석 모형의 성격이 다른 하나는?

① 로지스틱 회귀 분석
② PCA
③ 인공신경망
④ 랜덤 포레스트

46. 다음 중 독립변수가 연속형 변수이고, 종속변수가 이산형/범주형 변수일 때 사용할 수 없는 분석기법은?

① 인공신경망 모델
② 로지스틱 회귀 분석
③ 판별 분석
④ KNN

47. 다음 중 분석 모형 정의에 대한 설명으로 옳지 않은 것은?

① 분석 모형 정의는 분석 모형을 선정하고 모형에 적합한 변수를 선택하여 모형의 사양을 정의하는 기법이다.
② 선택된 모형에 적합한 변수를 사용하기 위해 매개변수와 초매개변수를 선정한다.
③ 매개변수의 예로는 학습률, 의사결정나무 깊이(Depth) 등이 있다.
④ 초매개변수는 모델 외부 요소로 사용자가 직접 수작업으로 설정해주는 값이다.

48. 다음 중 분석 모형 구축 절차에 대한 설명으로 옳지 않은 것은?

① 분석 모형 구축 절차는 요건 정의, 모델링, 검증 및 테스트, 적용 순으로 진행된다.

② 요건 정의에는 분석요건 도출, 수행계획 설계, 분석요건 확정이 포함된다.
③ 모델링에는 데이터 마트 설계 및 구축, 탐색적 분석 및 유의변수 도출 등이 포함된다.
④ 검증 및 테스트에는 운영시스템 적용 및 자동화, 주기적 리모델링이 포함된다.

49. 다음 중 분석 도구에 대한 설명으로 옳지 않은 것은?

① 빅데이터 분석을 위해 사용되는 대표적인 언어에는 R, Python이 있다.
② R은 데이터 분석에 특화된 언어로 강력한 시각화 기능을 제공한다.
③ Python은 TensorFlow, Keras 등 인공지능 패키지 분석에 용이하다.
④ R은 C언어를 기반으로 만들어진 오픈소스 프로그래밍 언어이다.

50. 다음 중 회귀 분석의 가정에 대한 설명으로 옳지 않은 것은?

① 선형성은 잔차항이 평균 0인 정규분포 형태를 이뤄야 하는 성질을 말한다.
② 회귀 분석은 선형성, 독립성, 등분산성, 정상성의 4가지 가정을 만족해야 한다.
③ 독립성은 잔차와 독립변수의 값이 서로 독립적이어야 하는 성질을 말한다.
④ 등분산성은 잔차의 분산이 독립변수와 무관하게 일정해야 하는 성질을 말한다.

51. 다음과 같은 수식이 갖는 회귀 분석 유형은?

$$Y = aX_1 + bX_2 + \cdots + c$$

① 단순선형회귀　　② 다중선형회귀
③ 다항회귀　　　　④ 곡선회귀

52. 다음 중 결정계수(R^2)의 수식이 <u>아닌</u> 것은?

① $R^2 = \dfrac{SSR}{SST}$

② $R^2 = \dfrac{SSR}{SST + SSE}$

③ $R^2 = 1 - \dfrac{SSE}{SST}$

④ $R^2 = \dfrac{SSR}{SSR + SSE}$

53. 다음 중 다중선형회귀 분석 모형에서 유의수준이 5% 이하인 경우 통계적으로 유의하다고 볼 수 있는 결과는 어느 것인가?

① $p\text{-value} < 2.2e^{-16}$

② $p\text{-value} < 0.07$

③ $p\text{-value} < 1.24$

④ $p\text{-value} < 0.09$

54. 다음 중 벌점화된 선택기준에 대한 설명으로 <u>옳지 않은</u> 것은?

① 모형의 복잡도에 패널티(벌점)를 적용하는 방법으로 AIC 방법과 BIC 방법이 있다.

② 패널티 적용 대상 모델에 AIC와 BIC를 계산하여 그 값이 최소가 되는 모델을 선택한다.

③ AIC 수식은 $AIC = -2\ln(L) + p\ln$와 같다.

④ AIC 값이 낮다는 것은 모형의 적합도가 높은 것을 의미한다.

55. 축구 게임에서 A팀이 승리할 확률이 $\dfrac{1}{3}$인 경우 Odds는 얼마인가?

① $\dfrac{2}{3}$ ② $\dfrac{1}{2}$ ③ $\dfrac{3}{4}$ ④ $\dfrac{1}{5}$

56. 다음 중 의사결정나무의 구성 요소에 대한 설명으로 <u>옳지 않은</u> 것은?

① 의사결정나무의 구성 요소에는 부모 마디, 자식 마디, 뿌리 마디, 끝 마디, 중간 마디, 가지, 깊이가 있다.

② 부모 마디는 자식 마디가 없는 가장 하위 마디를 의미한다.

③ 자식 마디는 하나의 마디로부터 분리되어 있는 2개 이상의 마디를 의미한다.

④ 뿌리 마디는 전체 데이터로 시작점이 되는 마디를 의미한다.

57. 다음과 같은 특징을 갖는 의사결정나무 알고리즘은?

> • AID(Automatic Interaction Detection)를 발전시킨 알고리즘으로 가지치기를 하지 않고 적당한 크기에서 의사결정나무의 성장을 중지하는 알고리즘이다.
> • 독립변수가 이산형일 때 사용 가능하고, 불순도의 척도로 카이제곱 통계량을 사용한다.

① CHAID   ② CART
③ C4.5와 C5.0   ④ QUEST

58. 다음 중 활성화 함수에 대한 설명으로 <u>옳지 않은</u> 것은?

① 활성화 함수는 입력 신호의 총합을 출력 신호로 변환하는 함수이다.

② 활성화 함수에는 시그모이드 함수, tanh 함수, ReLU 함수, Leaky ReLU 함수, 소프트맥스(Softmax) 함수가 있다.

③ tanh 함수는 시그모이드 함수의 기울기 소실 문제를 해결했다.

④ Leaky ReLU 함수는 Dying ReLU 현상을 해결했다.

59. 다음 그림에서 지니 지수는 얼마인가?

① $\frac{23}{32}$ ② $\frac{25}{32}$ ③ $\frac{27}{32}$ ④ $\frac{29}{32}$

60. 다음 중 그림과 같이 선형 분류가 불가능한 데이터를 처리하기 위해 데이터의 차원을 증가시켜 하나의 초평면으로 분리가 가능하도록 하는 기법은?

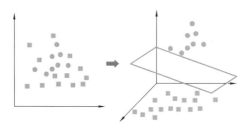

① 이진 분리 ② 오차 역전파
③ 커널 트릭 ④ SOM

4과목 빅데이터 결과 해석

61. 다음 중 회귀 모형 평가 지표에 속하지 <u>않는</u> 것은?

① MAE ② MSE
③ MAPE ④ TMSE

62. 다음 결정계수(R^2)에 대한 설명 중 옳지 <u>않은</u> 것은?

① 결정계수의 범위는 -1~1이다.
② 결정계수 검정 요소에는 SST, SSR, SSE 가 포함된다.
③ SST는 전체제곱합으로 수식은 $\sum\limits_{i=1}^{n}(y_i-\bar{y})^2$ 와 같다.
④ SSR은 회귀제곱합으로 수식은 $\sum\limits_{i=1}^{n}(\hat{y}_i-\bar{y})^2$ 와 같다.

63. 다음과 같은 특징을 갖는 명칭은?

> • 가로축(x)을 혼동행렬의 거짓 긍정률(FP Rate)로 두고, 세로축(y)을 참 긍정률(TP Rate)로 두어 시각화한 그래프이다.
> • 그래프가 왼쪽 꼭대기에 가까울수록 분류 성능이 우수하다고 할 수 있다.

① ROC 곡선 ② AUC
③ 이항분포 ④ 정규분포

※ 다음 혼동행렬을 보고 물음에 답하시오. (64~66)

예측값＼실젯값	Positive	Negative
Positive	40	70
Negative	20	60

64. 다음 혼동행렬에서 오차비율은 얼마인가?

① $\frac{10}{19}$ ② $\frac{9}{19}$ ③ $\frac{7}{19}$ ④ $\frac{13}{19}$

65. 다음 혼동행렬에서 거짓 긍정률은 얼마인가?

① $\frac{7}{13}$ ② $\frac{6}{13}$ ③ $\frac{1}{4}$ ④ $\frac{3}{4}$

66. 다음 혼동행렬에서 특이도는 얼마인가?

① $\frac{1}{13}$ ② $\frac{3}{13}$ ③ $\frac{6}{13}$ ④ $\frac{1}{3}$

67. 다음 중 주어진 데이터에서 p개의 관측치를 검증 데이터로 사용하고, 나머지는 학습 데이터로 사용하는 방법은?

① LOOCV
② LpOCV
③ Hold-out 교차 검증
④ K-fold 교차 검증

68. 다음 설명에서 빈칸에 알맞은 명칭은?

> (㉠)는(은) 모집단을 조사하여 얻을 수 있는 통계적인 특성 수치를 의미하고, 모집단 분포의 특성을 규정짓는 척도가 된다.

① 표본
② 표준편차
③ 분산
④ 모수

69. 다음과 같은 특징을 갖는 검정 방법은?

> 모집단의 분산이나 표준편차를 알지 못할 때, 표본으로부터 추정된 분산이나 표준편차를 이용하여 두 모집단의 평균의 차이를 알아보는 검정 방법이다.

① F-검정
② Z-검정
③ T-검정
④ 카이제곱 검정

70. 다음 중 그래프를 통해 정규성 가정을 시각적으로 검정하는 방법은?

① 산점도
② Q-Q plot
③ 히스토그램
④ Box-plot

71. 다음 중 학습된 데이터가 충분하지 않아 학습 데이터의 구조 및 패턴을 정확히 확인하지 못하는 경우를 뜻하는 명칭은?

① 과소표집
② 과대표집
③ 과소적합
④ 과대적합

72. 다음 설명에서 빈칸에 알맞은 명칭은?

> 모멘텀은 경사가 가파른 곳에서는 빠른 속도의 관성을 이기지 못하고 최소 지점을 지나쳐서 불필요하게 재연산을 하게 되는 (㉠) 문제가 발생할 수 있다.

① 다중공선성
② 기울기 소실
③ 오버슈팅
④ 손실함수

73. 다음 중 분석 모형 융합에 대한 설명으로 옳지 **않은** 것은?

① 보팅(Voting)은 샘플링으로추출한 여러 개의 표본에 각각 모형을 병렬적으로 학습하고 추출된 결과를 집계(aggregation)하는 기법이다.
② 분석 모형 융합은 여러 분석 모형을 결합한 것을 의미하고, 이는 앙상블(Ensemble) 모형으로 설명할 수 있다.
③ 앙상블은 여러 종류의 분석 모형을 결합하여 보다 좋은 분석 모형을 만드는 것을 의미한다.
④ 앙상블 방법에는 보팅(Voting), 배깅(Bagging), 스태킹(Stacking), 부스팅(Boosting)이 있다.

74. 다음 중 최종 모형 선정에 대한 설명으로 옳지 않은 것은?

① 한 번 선정된 최종 모형은 수정되지 않는다.

② 최종 모형 선정 절차는 최종 모형 평가 기준 선정, 최종 모형 분석 결과 검토, 알고리즘별 결과 비교 순이다.

③ 최종 모형 평가 기준 선정 단계에서 분석 모형 개발 후 분석 알고리즘 수행 결과를 검토하여 최종 모형을 선정한다.

④ 최종 모형 분석 결과 검토 단계에서 최종 모형 선정 시 업무관계자(데이터 분석가, 데이터 처리자, 고객 등)의 리뷰를 종합하여 최적의 분석 모형을 선정한다.

75. 다음 중 데이터 시각화에 대한 설명으로 옳지 않은 것은?

① 데이터 시각화의 목적은 단순 정보 제공이다.

② 파인 리프트는 간단한 드래그 앤 드롭 방식으로 보고서를 쉽게 만들 수 있는 시각화 도구이다.

③ 데이터 시각화는 데이터 시각화, 정보 시각화, 정보 디자인, 인포그래픽으로 분류할 수 있다.

④ 정보 시각화는 대규모 데이터를 색상, 도표, 이미지 등을 활용하여 요약적으로 표현하는 방법이다.

76. 다음 설명하는 내용에 알맞은 명칭은?

> 투자로부터 유입되는 미래 현금의 현재 가치와 해당 투자를 위해 투입된 비용의 차액으로 미래 시점의 순이익 규모를 의미한다.

① TCO   ② NPV

③ ROI   ④ IRR

77. 다음 중 측정된 데이터를 해당 데이터의 위도와 경도에 점으로 표시한 그래프는?

① 등치지역도

② 산점도

③ 도트맵

④ 버블맵

78. 다음 중 데이터 시각화 절차 작업 중 성격이 다른 하나는?

① 그래픽 7요소

② 데이터 배열

③ 인터랙션

④ 시각정보 디자인 7원칙

79. 다음과 같은 특징을 갖는 시각화 방법은?

> • 여러 개의 영역 차트를 여러 층으로 쌓아서 표현한 그래프이다.
> • x축은 시간을 나타내고, y축은 데이터를 나타낸다.

① 트리맵

② 누적영역그래프

③ 카토그램

④ 코로플레스 지도

80. 다음 중 유형 및 크기가 전혀 다른 데이터 값을 동일한 데이터 구간으로 표시하여 비교하는 그래프로 측정된 데이터들을 정규화하여 백분율로 표현하고, 이를 하나의 그래프 화면에 표현하는 그래프의 명칭은?

① 스타차트

② 히트맵

③ 체르노프페이스

④ 평행좌표그래프

1과목   빅데이터 분석 기획

1. 다음 중 DIKW 피라미드에 속하지 않는 것은?

① Data
② Wide
③ Knowledge
④ Information

2. 다음 중 빅데이터 특징의 구성 요소가 잘못 짝지어진 것은?

① 3V : Value, Variety, Volume
② 4V : Volume, Variety, Velocity, Value
③ 5V : Veracity, Volume, Variety, Velocity, Value
④ 7V : Validity, Volatility, Veracity, Volume, Variety, Velocity, Value

3. 데이터 지식경영에서 다음 그림의 빈칸 명칭이 바르게 연결된 것은?

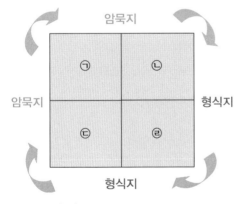

① ㉠ : 표출화
② ㉡ : 연결화
③ ㉢ : 내면화
④ ㉣ : 공통화

4. 다음과 같은 특징을 갖는 빅데이터 조직 구조 유형은?

> • 전사의 분석 업무를 별도의 분석 전담 조직에서 담당
> • 중요도에 따라 우선순위를 정해서 진행 가능
> • 일반 업무 부서의 분석 업무와 중복 혹은 이원화될 가능성 높음

① 기능 구조   ② 집중 구조
③ 분산 구조   ④ 기준 구조

5. 다음 중 데이터 사이언티스트에게 일반적으로 요구되는 역량이 아닌 것은?

① 과학 전 분야에 대한 높은 수준의 이론 지식
② 통찰력 있는 분석 능력
③ 설득력 있는 전달력
④ 다양한 분야의 협업 능력

6. 다음 중 데이터 거버넌스에 대한 설명으로 옳지 않은 것은?

① 데이터 거버넌스는 기업에서 사용하는 데이터의 가용성, 유용성, 통합성, 보안성을 관리하기 위한 정책과 프로세스를 다룬다.
② 데이터 거버넌스의 구성 요소는 원칙, 조직, 프로세스이다.
③ 원칙은 데이터를 관리하기 위한 규칙이다.
④ 조직은 데이터 관리를 위한 활동 과정이다.

7. 다음 중 ETL의 구성 요소가 아닌 것은?

① 추출   ② 변환
③ 적재   ④ 갱신

8. 다음에 설명하는 내용의 올바른 명칭은?

> • 분산 애플리케이션을 위한 코디네이션 시스템이다.
> • 분산 애플리케이션이 안정적인 서비스를 할 수 있도록 분산되어 있는 각 애플리케이션의 정보를 중앙에 집중하여 구성 관리, 그룹 관리 네이밍, 동기화 등의 서비스를 제공한다.

① Impala   ② Oozie
③ Zookepper   ④ Chuckwa

9. 다음 중 인공지능 범위에 대한 올바른 설명은?

① 기계학습 ⊂인공지능 ⊂ 딥러닝
② 딥러닝 ⊂ 기계학습 ⊂ 인공지능
③ 기계학습 ⊂ 딥러닝 ⊂ 인공지능
④ 딥러닝 ⊂ 인공지능 ⊂ 기계학습

10. 다음 중 개인정보 수집 이용을 위해 정보주체의 동의를 받을 때 고지해야 할 사항이 아닌 것은?

① 개인정보 수집 담당자 정보
② 개인정보 수집 · 이용 목적
③ 수집하려는 개인정보의 항목
④ 개인정보의 보유 및 이용 기간

11. 다음에 설명하는 내용의 올바른 명칭은?

> 2018년 5월 25일부터 시행된 EU(유럽연합)의 개인정보보호 법령으로 정보주체의 권리, 기업의 책임성 강화, 개인정보의 EU 역외이전 요건을 명확화한 규칙이다.

① RDB   ② GDPR
③ YARN   ④ Flum

12. 다음 중 개인정보 비식별화 조치 방법이 아닌 것은?

① 데이터 복제
② 데이터 마스킹
③ 데이터 범주화
④ 총계처리

13. 다음과 같은 특징을 갖는 프라이버시 보호 모델은?

> • 주어진 데이터 집합에서 함께 비식별되는 레코드들은 동질 집합에서 적어도 1개의 서로 다른 민감한 정보를 가져야 하는 모델이다.
> • k-Anonymity에 대한 두 가지 취약점 공격인 동질성 공격, 배경지식에 의한 공격을 방어하기 위한 모델이다.

① 다양성   ② 익명성
③ 근접성   ④ 유일성

14. 다음에 설명하는 내용의 올바른 명칭은?

> • 개인이 데이터를 주체적으로 관리하는 것을 넘어 능동적으로 활용하는 일련의 과정을 의미한다.
> • 개인의 데이터 주권인 자기정보결정권으로 개인 데이터의 활용과 관리에 대한 통제권을 개인이 갖는다는 것이 핵심이다.

① 활성화 데이터
② 분석 데이터
③ 메타 데이터
④ 마이 데이터

15. 다음 중 빅데이터 분석 기획 유형에 속하지 않는 것은?

① 최적화   ② 통찰
③ 발견   ④ 복구

16. 다음 중 분석 솔루션 업체 SAS사가 주도한 통계 중심의 분석 방법론은?

① SPSS
② KDD
③ CRISP-DM
④ SEMMA

17. 다음 중 데이터 유형이 다른 데이터는?

① XML
② JSON
③ 이미지
④ HTML

18. 다음 중 TCP/IP 프로토콜을 기반으로 서버, 클라이언트 사이에서 파일을 송수신하기 위한 프로토콜에 대한 올바른 명칭은?

① ETL
② FTP
③ CEP
④ RDB

19. 다음에 설명하는 내용의 데이터 변환 기술은?

> 데이터의 노이즈를 구간과 군집화 등으로 다듬는 기법이다.

① 정규화
② 일반화
③ 평활화
④ 속성 생성

20. 다음에 설명하는 내용의 데이터 저장 기술은?

> • 특정 부서가 필요로 하는 분석 목적에 맞는 데이터를 다루기 위해 구축된 데이터 저장소이다.
> • 데이터 웨어하우스(DW)보다 적은 소스(source)로부터 데이터를 수집한다.

① 데이터베이스
② 데이터 웨어하우스
③ 데이터 레이크
④ 데이터 마트

2과목   빅데이터 탐색

21. 다음 중 귀무가설이 참이라는 전제하에 표본에서 실제로 관측된 통계치와 같거나 더 극단적인 통계치가 관측될 확률을 의미하는 용어는?

① β
② $1-\beta$
③ α
④ p-value

22. 다음 중 표현하는 데이터 성질이 다른 하나는?

① Outlier
② 999999
③ Null
④ NA

23. 다음 중 데이터 결측값 종류가 아닌 것은?

① NMCAR
② MCAR
③ MAR
④ NMAR

24. 다음 그림이 설명하는 변수 선택 기법은?

가장 적합한 하위집합 선택

① 필터 기법
② 래퍼 기법
③ 임베디드 기법
④ 융합 기법

25. 다음 중 단순확률대치법에 포함되지 않는 기술은?

① 결합 방법
② 핫덱 대체
③ 콜드덱 대체
④ 혼합 방법

26. 다음에 설명하는 내용의 이상값 발생 원인은?

> A 중학교 3학년 학생의 평균 신장을 조사할 때, 신장이 190cm가 넘는 농구부 학생이 3명 포함된 경우

① 표본추출 오류
② 고의적인 이상값
③ 자연 오류
④ 측정 오류

27. 다음 중 통계기법을 이용한 데이터 이상값 검출기법이 아닌 것은?

① Dixon Q-Test
② Grubbs T-Test
③ iForest
④ ESD

28. 다음 중 이상값 처리 방법에 대한 설명으로 옳지 않은 것은?

① 이상값 처리 방법에는 삭제, 대체, 변환이 있다.
② 대체는 이상값을 무조건 최빈값으로 대체하는 것이다.
③ 삭제는 이상값으로 확인된 값을 삭제하는 것이다.
④ 변환은 극단적인 값으로 인해 발생된 이상값의 경우 데이터에 자연로그를 취해서 값을 감소시키는 방법이다.

29. 다음 중 변수의 성질이 다른 하나는?

① 만족도 조사 선택지 : 매우 만족, 만족, 보통, 불만족, 매우 불만족
② 설문조사 선택지 : 남, 여
③ 통계조사 문항 : 기혼, 미혼
④ 건강검진 문항 : 흡연, 비흡연

30. 다음 중 차원 축소 기법이 아닌 것은?

① 분산 분석
② 주성분 분석
③ 특이값 분해
④ 요인 분석

31. 다음 중 파생변수 생성 방법이 아닌 것은?

① 표현방식 변환
② 요약 통계량 변환
③ 변수 결합
④ 단위 결합

32. 다음 중 과소표집(Under-Sampling) 기법이 아닌 것은?

① ENN
② CNN
③ ADASYN
④ OSS

33. 다음 중 수집된 데이터를 다양한 방법을 활용하여 탐색적으로 분석하여 데이터의 특징을 정확하게 파악하는 방법은?

① ETL
② FPT
③ EDA
④ ICA

34. 다음 중 탐색적 데이터 분석의 특징에 속하지 않는 것은?

① 현시성(Graphic Representation)
② 정확성(Accuracy)
③ 저항성(Resistance)
④ 잔차 해석(Redidual)

35. 다음 중 통계량의 성질이 다른 하나는?

① 범위
② 표준편차
③ 평균값
④ 분산

36. 상자그림을 활용하여 이상값을 확인하고자 한다. 다음과 같은 정보가 있을 경우 상한값과 하한값은 얼마인가?

data=−15, 4, 10, 12, 4, 6, 10, 20, −8, 30					
Min	Q_1	Median	Mean	Q_3	Max
−15	1	8	7.3	14	30

① (−17.5, 32.5)
② (−18.5, 33.5)
③ (−19.5, 32.5)
④ (−20.5, 34.5)

37. 다음과 같은 형태의 시각화 방법은?

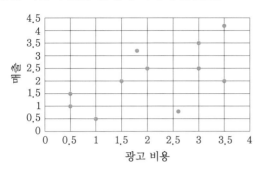

① 스타차트
② 산점도
③ 히트맵
④ 카토그램

38. 다음 중 데이터 분포가 오른쪽 꼬리를 갖는 왜도 형태일 경우 올바른 데이터 순서는?

① 평균＜최빈수＜중위수
② 평균＜중위수＜최빈수
③ 최빈수＜평균＜중위수
④ 최빈수＜중위수＜평균

39. 다음 그림이 설명하는 표본추출 기법은?

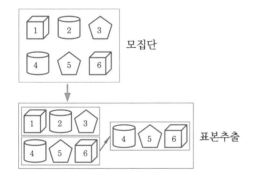

① 단순무작위추출
② 층화추출
③ 군집추출
④ 계통추출

40. 점 추정 조건 중 표본에서 얻은 추정량의 기댓값이 모집단의 모수와 차이가 없어야 하는 것은?

① 불편성   ② 효율성
③ 일치성   ④ 충족성

3과목   빅데이터 모델링

41. 다음 중 데이터의 특징을 파악하기 위해 평균, 분산, 표준편차 등의 기초통계량을 구하거나 시각화 도구인 그래프를 활용하는 분석 방법은?

① 기술 통계   ② 추론 통계
③ 상관 분석   ④ 분산 분석

42. 다음과 같은 조사를 하고자 하는 경우 선택할 수 있는 모델은?

> • 기저귀를 구입하는 고객이 맥주를 구입하는 경우
> • 아이스크림을 구입한 고객이 장난감을 구입하는 경우
> • 아동복을 구입한 고객이 스케치북을 구입한 경우

① 군집화 모델
② 예측 모델
③ 분류 모델
④ 연관규칙 모델

43. 다음 중 정답인 레이블이 포함된 학습 데이터를 통해 컴퓨터를 학습시키는 방법은?

① 비지도 학습
② 지도 학습
③ 강화 학습
④ 준지도 학습

44. 다음 중 매개변수의 예시는?

> ㉠ 학습률
> ㉡ 인공신경망의 가중치
> ㉢ SVM에서 SV
> ㉣ 의사결정나무의 깊이
> ㉤ SVM에서 코스트값인 C
> ㉥ 선형회귀에서 결정계수
> ㉦ KNN에서 K개수
> ㉧ 신경망에서 은닉층의 개수

① ㉠, ㉡, ㉢ ② ㉣, ㉤, ㉧
③ ㉡, ㉢, ㉥ ④ ㉢, ㉦, ㉧

45. 다음 중 C언어를 기반으로 만들어진 데이터 분석과 머신러닝 프로그래밍이 가능한 오픈소스 언어는?

① Swift ② Java
③ R ④ 파이썬

46. 다음 중 회귀 분석 가정에 대한 설명이 잘못된 것은?

① 선형성은 오차와 독립변수간의 관계가 선형적인 관계여야 함을 의미한다.
② 독립성은 잔차와 독립변수의 값이 서로 독립적이어야 함을 의미한다.
③ 등분산성은 잔차의 분산이 독립변수와 무관하게 일정해야 함을 의미한다.
④ 정상성은 잔차항이 평균 0인 정규분포 형태를 이뤄야 함을 의미한다.

47. 다음 중 2차 곡선 형태를 갖는 곡선회귀 수식은?

① $Y = aX_1 + bX_2 + \cdots + c$
② $Y = \beta_0 + \beta_1 X + \beta_2 X^2 + e$
③ $Y = aX_1 + bX_2 + cX_1^2 + \cdots + dX_2^2 + eX_1 X_2 + f$
④ $Y = \alpha e^{-\beta X} + e$

48. 다음에 설명하는 내용의 올바른 명칭은?

> 손글씨 숫자 이미지의 집합으로 숫자 0~9까지의 이미지로 구성되며, 훈련 이미지 60,000장과 시험 이미지 10,000장으로 구성되어 있다.

① MNIST ② DBMS
③ RDB ④ NoSQL

49. 다음 중 SVM에 대한 설명으로 옳지 <u>않은</u> 것은?

① SVM은 두 집단의 데이터를 분리해주는 가장 적합한 결정경계를 찾아주는 지도학습 기반의 이진 선형 분류기이다.
② SVM은 마진(margin)을 최소화하는 것을 목표로 한다.
③ SVM의 SV는 여러 개가 존재할 수 있다.
④ SVM은 사물 인식, 패턴 인식, 손글씨 숫자 인식 등 다양한 분야에서 사용된다.

50. 다음 중 SVM에서 완벽한 이진 분류가 불가능한 경우 선형 분류를 위해 허용된 오차를 위한 변수는?

① 파생변수 ② 슬랙 변수
③ 매개변수 ④ 초매개변수

51. 연속형 변수의 거리 측정 방법으로 다음과 같은 수식으로 연산할 수 있는 거리는?

$$d(i, j) = \sqrt{\sum_{f=1}^{n} (x_{if} - x_{jf})^2}$$

① 민코프스키 거리 ② 맨하탄 거리
③ 유클리드 거리 ④ 표준화 거리

52. 다음과 같은 영수증 데이터에서 [커피 → 라면]에 대한 지지도(Support)는 얼마인가?

> 영수증 1 : 커피, 휴지, 과자
> 영수증 2 : 우유, 커피, 라면
> 영수증 3 : 세제, 라면, 생수, 휴지
> 영수증 4 : 휴지, 커피, 빵
> 영수증 5 : 커피, 라면

① $\dfrac{2}{3}$　② $\dfrac{1}{3}$　③ $\dfrac{3}{5}$　④ $\dfrac{2}{5}$

53. 다음 중 향상도(Lift)가 1보다 큰 경우에 대한 해석으로 옳은 것은?

① 두 변수는 서로 독립적이다.
② 두 변수는 서로 음(−)의 상관관계가 있다.
③ 두 변수는 서로 약한 음(−)의 상관관계가 있다.
④ 두 변수는 서로 양(+)의 상관관계가 있다.

54. 다음 중 계층적 군집분석 방법 중 그림과 같은 거리 측정 방법은?

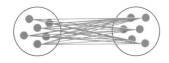

① 평균 연결법
② 최단 연결법
③ 최장 연결법
④ 중심 연결법

55. 다음 중 자기조직화지도(SOM) 분석 절차에 포함되지 않는 과정은?

① 초기화
② 유사도 계산
③ 반복
④ 갱신

56. K-means clustering에서 K값을 선정하는 기법 중 기울기가 완만한 부분에 해당하는 클러스터를 선택하는 기법은?

① 쉐도우 기법
② 실루엣 기법
③ 엘보우 기법
④ 덴드로그램

57. 다음 중 올바른 K-평균 군집분석 절차는?

① K개의 객체 선택 → 중심 갱신 → 반복 → 할당
② K개의 객체 선택 → 할당 → 중심 갱신 → 반복
③ 할당 → K개의 객체 선택 → 중심 갱신 → 반복
④ 중심 갱신 → K개의 객체 선택 → 할당 → 반복

58. 다음과 같은 이원 분할표를 기준으로 상대위험도(RR)를 계산하면 얼마인가?

구분	질환 발생	질환 미발생	합계
음주	10	30	40
비 음주	70	60	130
합계	80	90	170

① $\dfrac{1}{8}$　② $\dfrac{8}{17}$　③ $\dfrac{13}{17}$　④ $\dfrac{13}{28}$

59. 다음 자기회귀 누적 이동평균 모형(ARIMA)에 대한 명칭 중 틀린 것은?

① ARIMA$(0,0,0)$: 다중잡음 모형
② ARIMA$(0,1,0)$: 확률보행 모형
③ ARIMA$(p,0,0)$: 자기회귀 모형
④ ARIMA$(0,0,q)$: 이동평균 모형

60. 다음과 같은 특징을 갖는 알고리즘은?

> - 언어 데이터, 시계열 데이터 등과 같이 연속적인 데이터 분석에 특화된 알고리즘으로 과거 데이터를 기반으로 현재 데이터를 학습하는 특징이 있다.
> - 이 알고리즘은 장기 의존성 문제와 기울기 소실 문제가 발생할 수 있기 때문에 이를 보완한 LSTM(장단기 메모리) 기법이 개발되었다.

① GAN ② DNN ③ RNN ④ CNN

4과목 빅데이터 결과 해석

61. 다음 중 분석 모형의 종속변수가 연속형일 경우 사용할 수 있는 평가 방법은?

① 혼동행렬 ② RMSE
③ SST ④ SSE

62. 다음과 같은 혼동행렬의 빈칸에 알맞은 명칭은?

		예측 범줏값	
		Predicted Positive	Predicted Negative
실제 범줏값	Actual Positive	㉠	㉡
	Actual Negative	㉢	㉣

① ㉠ : FN ② ㉡ : TN
③ ㉢ : FP ④ ㉣ : TP

63. 혼동행렬 평가 지표에서 실제 부정 범주 중 긍정의 비율을 나타내는 값은?

① 거짓 긍정률 ② 정확도
③ 재현율 ④ 정밀도

64. 혼동행렬 평가 지표에서 예측 긍정 범주 중 긍정의 비율을 나타내는 것은?

① 민감도 ② 정밀도
③ 특이도 ④ 오차 비율

65. 다음 ( )에 알맞은 명칭은?

> - (   )는 진단의 정확도를 측정할 때 사용하는 것으로 ROC 곡선 아래의 면적을 모형의 평가 지표로 삼는다.
> - (   )값은 항상 0.5~1의 값을 갖고, 1에 가까울수록 좋은 모형이라고 평가한다.

① MAE ② AUC
③ MSE ④ MAPE

66. 다음 중 N개 데이터 중 1개만 평가 데이터로 사용하고, 나머지 N−1개는 훈련 데이터로 사용하는 과정을 N번 반복하는 교차 검증 방법은?

① LOOCV
② 홀드아웃 교차 검증
③ K-fold 교차 검증
④ LpOCV

67. 다음에 설명하는 내용의 알맞은 명칭은?

> - 두 개 이상 집단의 평균 차이를 비교할 때 사용하는 가설검정 방법이다.
> - T-검정에서 집단이 두 개 이상인 경우 이 방법을 사용한다.

① Z-Test ② ANOVA
③ T-Test ④ F-Test

68. 다음 중 연구자가 연구를 통해 실제로 알고 싶은 전체 집단을 의미하는 용어는?

① 표본
② 모수
③ 모집단
④ 표본집단

69. 다음과 같은 특징을 갖는 정규성 검정 방법은?

> • 데이터의 누적 분포 함수와 비교하고자 하는 분포의 누적 분포 함수 간의 최대 거리를 통계량으로 사용하는 가설 검정 방법이다.
> • R언어에서 ks.test( )함수를 사용하여 검정하며, p-value가 0.05보다 작은 경우 귀무가설(H_0)을 기각하고, 대립가설(H_1)을 채택한다.

① 콜모고로프–스미르노프 적합성 검정
② 샤피로–윌크 검정
③ Q–Q plot
④ 카이제곱 검정

70. 다음 중 과대적합 방지 방법 중 하나로 학습과정에서 신경망 일부를 사용하지 않는 방법을 의미하는 용어는?

① 가지치기
② 드롭아웃
③ 데이터 분할
④ 데이터 삭제

71. 다음 중 손실함수를 최소화하는 매개변수를 찾아가는 과정을 의미하는 용어는?

① 매개변수 최소화
② 매개변수 최적화
③ 매개변수 최대화
④ 매개변수 다중화

72. 다음 중 매개변수 값을 업데이트하면서 각 변수마다 학습률을 다르게 적용하는 매개변수 최적화 기법은?

① Momentum
② Adam
③ AdaGrad
④ RMSProp

73. 다음 중 예측력이 약한 모형들을 결합하여 예측력이 강한 모형을 만드는 알고리즘으로 분류가 잘못된 데이터에 가중치를 적용하여 표본을 추출하는 기법은?

① Stacking
② Voting
③ Boosting
④ Bagging

74. 다음 중 정보를 효율적으로 사용할 수 있게 조직하고 구성하는 디자인 기술 및 업무가 의미하는 용어는?

① 데이터 시각화
② 정보 시각화
③ 인포그래픽
④ 정보 디자인

75. 다음 중 비즈니스 기여도 평가 기법에 대한 설명으로 옳지 않은 것은?

① 총소유비용은 하나의 장비를 획득할 때, 장비의 수명 주기 동안에 발생하게 되는 모든 연관 비용을 의미한다.
② 투자 대비 효과는 투자로 얻을 수 있는 순효과를 총비용으로 나눈 값이다.
③ 순 현재 가치는 투자로부터 유입되는 미래 현금의 현재 가치와 해당 투자를 위해 투입된 비용의 차액을 의미한다.
④ 투자 회수 기간은 적자 전환 시점을 의미한다.

76. 다음과 같은 시각화 유형 그래프의 올바른 명칭은?

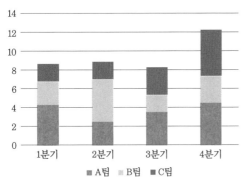

① 막대그래프
② 누적막대그래프
③ 플로팅 바 차트
④ 히스토그램

77. 다음 중 시각화 유형 및 그래프가 잘못 짝지어진 것은?

① 시간 시각화 – 추세선
② 공간 시각화 – 등치선도
③ 분포 시각화 – 카토그램
④ 비교 시각화 – 평행좌표그래프

78. 다음 중 하나의 공간에 각각의 변수를 표현하는 몇 개의 축을 그리고, 축에 표시된 해당 변수의 값을 연결하여 표현한 그래프의 올바른 명칭은?

① 버블차트
② 체르노프페이스
③ 스타차트
④ 히트맵

79. 다음 중 분석 모형 개발 및 운영 프로세스에 대한 설명으로 옳지 않은 것은?

① 분석 목적 정의는 분석 목적에 맞는 모델 선택 및 분석 모형을 도출하는 단계이다.
② 가설 검토는 분석 목적을 정의한 후 문제 해결을 위한 가설을 검토하고 수립하는 단계이다.
③ 데이터 준비 및 처리는 분석에 대상이 되는 데이터를 수집하고, 분석을 위한 전처리를 진행하는 단계이다.
④ 정확도 및 성능평가는 도출된 분석 모형을 바탕으로 분석 모형의 정확도 및 성능을 평가하는 단계이다.

80. 다음 중 분석 모형 리모델링에 대한 설명으로 옳지 않은 것은?

① 분석 모형의 성능이 크게 떨어지거나 성능의 저하가 지속되는 경우에는 분석 모형 리모델링을 수행한다.
② 분석 모형 리모델링 절차는 기존 분석 모형 분석, 데이터 수집 및 전처리, 분석 모형 구축, 최종 분석 모형 선정 및 반영 순이다.
③ 기존 분석 모형 분석 단계에서 모형에 적합한 평가 지표를 활용하여 기존 모형의 성능을 분석한다.
④ 데이터 수집 및 전처리 단계에서 분석 모형을 새롭게 구축한다.

1과목 빅데이터 분석 기획

1. 다음 중 데이터 크기가 가장 큰 단위는?

① PB   ② ZB
③ KB   ④ EB

2. 다음 중 빅데이터 특징의 명칭이 <u>틀린</u> 것은?

① 3V   ② 5V
③ 6V   ④ 7V

3. 데이터 지식 경영 기법 중 형식지의 경험이 공유되어 새로운 지식이 생기는 과정을 의미하는 것은?

① 연결화   ② 표출화
③ 내면화   ④ 공통화

4. 다음과 같은 특징을 갖는 빅데이터 조직 구조 유형은?

- 일반적인 형태로 별도의 분석 조직이 존재하지 않고, 해당 부서에서 분석을 수행한다.
- 전사적 핵심 분석이 어려우며 과거에 국한된 분석을 수행할 가능성이 높다.

① 기능 구조   ② 집중 구조
③ 분산 구조   ④ 결합 구조

5. 다음 중 가트너가 제시한 데이터 사이언티스트 요구 역량에 포함되지 <u>않는</u> 것은?

① 분석 모델링
② 데이터 관리
③ 소프트 스킬
④ 비즈니스 운영

6. 다음 중 하둡 에코 시스템의 정형 데이터 수집 기술은?

① Flume   ② Chuckwa
③ Scribe   ④ Hiho

7. 다음 설명하는 내용에 해당하는 것은?

- 리소스 관리와 컴포넌트 처리를 분리한 아파치 소프트웨어 재단의 서브 프로젝트이다.
- 맵리듀스의 확장성과 속도문제를 해소하기 위해 새롭게 만든 자원 관리 플랫폼이다.

① HBase   ② 맵리듀스
③ YARN   ④ Sqoop

8. 다음 중 개인정보가 유출된 사실을 알게 되었을 때 개인정보보호법에 준하여 개인정보처리자가 개인정보주체자에게 알려야 할 사실이 <u>아닌</u> 것은?

① 유출된 개인정보의 가공 상태
② 유출된 시점과 그 경위
③ 유출된 개인정보의 항목
④ 정보주체에게 피해가 발생한 경우 신고 등을 접수할 수 있는 담당부서 및 연락처

9. 다음 중 분석 로드맵 데이터 분석 체계 도입 단계에 속하지 <u>않는</u> 업무는?

① 분석 기회 발굴
② 분석 과제 유효성 검증
③ 분석 과제 정의
④ 비즈니스 약점 식별

10. 다음 중 상향식 접근 방식 절차로 옳은 것은?

① 분석 요건 정의 → 프로세스 흐름 분석 → 분석 요건 식별 → 프로세스 분류
② 분석 요건 정의 → 프로세스 분류 → 프로세스 흐름 분석 → 분석 요건 식별
③ 프로세스 분류 → 프로세스 흐름 분석 → 분석 요건 식별 → 분석 요건 정의
④ 프로세스 분류 → 분석 요건 식별 → 분석 요건 정의 → 프로세스 흐름 분석

11. 다음 중 빅데이터 분석 방법론 분석 절차에 대한 설명으로 옳지 <u>않은</u> 것은?

① 빅데이터 분석 방법론 분석 절차는 분석 기획 → 데이터 준비 → 데이터 분석 → 시스템 구현 → 평가 및 전개 순이다.
② 분석 기획 단계에서는 비즈니스 분석 및 문제 확인, 프로젝트 정의 및 계획 수립, 프로젝트 위험계획 수립을 한다.
③ 데이터 준비 단계에서는 분석 데이터 정의, 데이터 저장 구조 설계, 데이터 수집 및 정합성 검증을 한다.
④ 데이터 분석 단계에서는 설계 및 구현, 시스템 테스트 및 운영을 한다.

12. 다음과 같은 형태의 개인정보보호 방법은?

> 임꺽정 180cm, 홍길동 170cm,
> 이콩쥐 160cm, 김팥쥐 150cm

⬇

> 물리학과 학생 키 합 : 660cm,
> 평균 키 165cm

① 데이터 범주화 ② 데이터 삭제
③ 총계처리   ④ 가명처리

13. 다음 설명하는 내용에 해당하는 것은?

> 기업에서 사용하는 데이터의 가용성, 유용성, 통합성, 보안성을 관리하기 위한 정책과 프로세스를 다루며 프라이버시 보안성, 데이터 품질, 관리 규정 준수를 강조하는 모델을 의미한다.

① 활성화 데이터
② 메타 데이터
③ 데이터 거버넌스
④ 마이 데이터

14. 다음 중 조직 평가를 위한 성숙도 단계에 대한 설명으로 옳지 <u>않은</u> 것은?

① 조직 평가를 위한 성숙도 단계는 도입 단계, 활용 단계, 확산 단계, 최적화 단계인 4단계로 되어 있다.
② 도입 단계는 분석한 결과를 실제 업무에 적용하는 단계이다.
③ 확산 단계는 전사 차원에서 분석된 내용을 관리 및 공유하는 단계이다.
④ 최적화 단계는 분석 내용을 발전시켜 성과 향상에 기여하는 단계이다.

15. 다음 중 빅데이터 분석 방법론에 대한 설명으로 옳지 <u>않은</u> 것은?

① 빅데이터 분석 방법론 분석 절차는 분석 기획 → 데이터 준비 → 데이터 분석 → 평가 및 전개 → 시스템 구현 순이다.
② 빅데이터 분석 방법론은 빅데이터를 분석하기 위한 계층적 프로세스 모델이다.
③ 빅데이터 분석 방법론의 구성 요소는 절차, 방법, 도구와 기법, 템플릿과 산출물이다.
④ 빅데이터 분석 방법론의 계층은 단계(Phase), 테스크(Task), 스텝(Step)으로 구성된다.

16. 다음과 같은 특징을 갖는 시스템은?

> • 대용량 파일들을 분산된 서버에 저장하고, 그 저장된 데이터를 빠르게 처리할 수 있도록 설계된 하둡 분산 파일 시스템이다.
> • 네임 노드(Master)와 데이터 노드(Slave)로 구성된다.

① Tajo   ② Pig
③ Oozie   ④ HDFS

17. 다음 설명하는 내용에 해당하는 것은?

> • 대규모 데이터를 저장하기 위한 DBMS(Database Management System, 데이터베이스 관리 시스템)이다.
> • 고정된 테이블 스키마가 없고, 조인(JOIN) 연산을 사용할 수 없다.
> • 수평적 확장 가능하다.
> • 대표적 예시로 HBase, Cassandra, MongoDB 등이 있다.

① MySQL   ② NoSQL
③ SQL   ④ PostgreSQL

18. 다음 중 WBS(Work Breakdown Structure)의 절차로 옳은 것은?

① 데이터 분석 과제 정의 → 데이터 분석 모델링 및 검증 → 데이터 준비 및 탐색 → 산출물 정리
② 데이터 준비 및 탐색 → 데이터 분석 과제 정의 → 산출물 정리 → 데이터 분석 모델링 및 검증
③ 데이터 분석 과제 정의 → 데이터 준비 및 탐색 → 데이터 분석 모델링 및 검증 → 산출물 정리

④ 데이터 준비 및 탐색 → 산출물 정리 → 데이터 분석 모델링 및 검증 → 데이터 분석 과제 정의

19. 다음 설명하는 내용에 해당하는 것은?

> 가공되지 않은 다양한 종류의 데이터(Raw Data)를 저장할 수 있는 데이터 저장소를 의미한다.

① 데이터 적재
② 데이터 웨어하우스
③ 데이터 마트
④ 데이터 레이크

20. 데이터 변환 기술 중 데이터를 정해진 구간으로 전환하는 기법은?

① 집계   ② 평활화
③ 정규화   ④ 일반화

2과목   빅데이터 탐색

21. 다음 중 데이터 일관성 유지를 위한 정제 기법이 아닌 것은?

① 변환   ② 삭제   ③ 파싱   ④ 보강

22. 다음 중 데이터 전처리 과정으로 옳은 것은?

① 데이터 정제 → 분석 변수 처리 → 이상값 처리 → 결측값 처리
② 데이터 정제 → 결측값 처리 → 이상값 처리 → 분석 변수 처리
③ 결측값 처리 → 이상값 처리 → 분석 변수 처리 → 데이터 정제
④ 이상값 처리 → 분석 변수 처리 → 결측값 처리 → 데이터 정제

23. 데이터 결측값에서 누락된 자료가 특정 변수와 관련되지만, 그 변수의 결과와는 관계가 없는 경우를 의미하는 것은?

① 무작위 결측
② 완전 무작위 결측
③ 비무작위 결측
④ 완전 비무작위 결측

24. 단순확률대치법에서 진행 중 연구 내부가 아닌 외부 출처 또는 이전의 비슷한 연구에서 대체 값을 가져오는 방법을 의미하는 것은?

① 핫덱 대체
② 콜드덱 대체
③ 혼합 방법
④ 평균 대치법

25. 다음과 같은 이상값 발생 원인에 해당하는 것은?

> 영하의 온도에서 바이러스 종류별(A, B) 생존율을 조사하는 연구에서 A그룹은 영하 10도의 온도를 설정한 뒤 5분 후에 A바이러스를 투입시켰고, B그룹은 영하 10도의 온도를 설정한 뒤 1시간 뒤에 B바이러스를 투입시켰다.

① 자연 오류
② 고의적인 이상값
③ 실험 오류
④ 측정 오류

26. 다음 중 통계기법을 이용한 데이터 이상값 검출 방법 중 하나로 정규분포의 단변량 자료에서 이상값을 검출하는 방법은?

① ESD
② 딕슨의 Q-검정
③ 그럽스 T-검정
④ 카이제곱 검정

27. 다음 중 이상값 처리 방법에 속하지 <u>않는</u> 것은?

① 삭제
② 대체
③ 보강
④ 변환

28. 다음 (   )에 알맞은 용어는?

> 흡연량에 따른 폐암 발생률을 연구하고자 할 경우 흡연량은 (㉠)이고, 흡연량에 따른 폐암 발생률은 (㉡)이다.

	㉠	㉡
①	독립변수	종속변수
②	종속변수	독립변수
③	매개변수	파생변수
④	파생변수	매개변수

29. 다음 중 필터기법에 속하지 <u>않는</u> 것은?

① 카이제곱 검정
② 피셔스코어
③ 상관계수
④ 단변량 선택

30. 다음 중 군집 분석과 유사하게 개체들 사이의 유사성과 비유사성을 측정하여 개체들을 2차원 혹은 3차원 공간상에 점으로 표현하여 개체들 간의 근접성을 시각적으로 표현할 수 있는 차원 축소 기법은?

① 선형 판별 분석
② 다차원 척도법
③ 요인 분석
④ 독립성분 분석

31. 다음과 같은 파생변수 생성 방법은?

> • 미혼/기혼 데이터를 0, 1로 변환한다.
> • 남자/여자 데이터를 1, 2로 변환한다.

① 표현 방식 변환
② 단위 변환
③ 변수 결합
④ 요약 통계량 변환

32. 다음 중 데이터 값을 0~1 사이의 값으로 변환하는 변수 변환 방법은?

① 비닝
② 스케일링
③ 정규화
④ 표준화

33. 다음 중 정규성에 맞지 않는 변수를 정규 분포에 가깝게 로그/지수 변환하는 방법으로 데이터의 분산을 안정화하는 기법은?

① 공통화
② 박스-콕스 변환
③ 단위 변환
④ 변수 결합

34. 다음 중 다차원 데이터 탐색 방법에 대한 설명으로 옳지 않은 것은?

① 다차원 데이터 탐색 방법은 데이터의 조합이 범주형 ↔ 범주형, 수치형 ↔ 수치형, 범주형 ↔ 수치형인 경우로 나뉜다.
② 범주형 ↔ 범주형의 경우 데이터 간의 연관성을 분석할 때 사용된다.
③ 수치형 ↔ 수치형의 경우 데이터 간의 산점도와 기울기를 통해 변수 간의 상관성을 분석할 때 사용된다.
④ 범주형 ↔ 수치형의 경우 시각화는 산점도(Scatter Plot)를 사용한다.

35. 우유 구매에 따른 식빵 구매에 대한 상관관계를 조사하였을 때, 상관계수(r)가 0.9로 확인되었을 경우 올바른 상관관계는?

① 상관관계 없음
② 강한 음의 상관관계
③ 강한 양의 상관관계
④ 보통의 양의 상관관계

36. 다음 중 모든 데이터를 순서대로 배열했을 때, 중심에 위치한 데이터 값으로 이상치에 영향을 받지 않는 값은?

① Mode
② Mean
③ Median
④ Quartile

37. 다음 중 분포 통계량에 대한 설명으로 옳지 않은 것은?

① 데이터의 분포가 기울어진 정도를 설명하는 통계량은 첨도이다.
② 첨도가 0보다 작을 때 데이터는 평용의 형태를 갖는다.
③ 왜도가 0보다 클 때 데이터는 우측 꼬리 형태를 갖는다.
④ 왜도가 0보다 작을 때 데이터는 좌측 꼬리 형태를 갖는다.

※ 다음과 같은 모집단 데이터를 보고 물음에 답하시오. (38~40)

구분	A	B	C	D	E
남자	170cm	173cm	175cm	170cm	167cm
여자	161cm	162cm	161cm	165cm	166cm

38. 주어진 데이터에서 남자 집단의 평균 키는 얼마인가?

① 172cm
② 175cm
③ 173cm
④ 171cm

39. 주어진 데이터에서 여자 집단의 분산은 얼마인가?

① 4.2
② 4.4
③ 4.5
④ 4.7

40. 주어진 데이터에서 여자 집단의 표준편차는 얼마인가? (단, 소수점의 경우 소수점 4자리에서 반올림한다.)

① 2.025
② 2.098
③ 2.074
④ 2.121

3과목　빅데이터 모델링

41. 다음 중 인공지능 학습 방법이 <u>아닌</u> 것은?

① 지도 학습　　　② 비지도 학습
③ 반지도 학습　　④ 강화 학습

42. 다음 중 관측된 여러 개의 변숫값에서 유사한 성격을 갖는 몇 개의 군집으로 그룹화하여 그룹들 사이의 관계를 분석하는 다변량 분석기법은?

① 분류 모델　　　② 예측 모델
③ 연관규칙 모델　④ 군집화 모델

43. 다음 중 지도 학습 모형으로 알맞게 짝지어진 것은?

㉠ K-means	㉡ 회귀 분석
㉢ SOM	㉣ PCA
㉤ 로지스틱 회귀 분석	㉥ SVM
㉦ FDA	㉧ KNN

① ㉠, ㉢, ㉣, ㉦　　② ㉡, ㉤, ㉥, ㉧
③ ㉡, ㉢, ㉧　　　　④ ㉤, ㉥, ㉦

44. 다음 중 모델 외부 요소로 사용자가 직접 수작업으로 설정해주는 값을 의미하는 것은?

① 매개변수　　　② 초매개변수
③ 파생변수　　　④ 종속변수

45. 다음과 같은 분석 모형 구축 절차 단계에 해당하는 것은?

> • 데이터 마트를 설계하고 구축한다.
> • 탐색적 분석을 하고, 유의변수를 도출한다.

① 모델링　　　　② 요건 정의
③ 검증 및 테스트　④ 적용

46. 다음과 같은 형태의 데이터 분석 언어는?

```
import pandas as pd
import numpy as np

df=pd.read_csv("airquality.csv")
df_mean=df['Ozone'].mean()
print(df_mean)
```

① Python　　　② Java
③ R　　　　　④ PHP

47. 다음 ( ) 안에 들어갈 알맞은 것는?

> 모집단으로부터 추정한 회귀식으로 얻은 예측값과 실제 관측값의 차이를 (㉠)라고 하고, 표본으로 추정한 회귀식과 실제 관측값의 차이로 각각의 자료가 직선에 얼마나 잘 맞는지 확인하는 도구를 (㉡)라고 한다.

	㉠	㉡
①	오류	오차
②	잔차	오류
③	잔차	오차
④	오차	잔차

48. 다음과 같은 식이 나타내는 회귀 분석 유형은?

$$Y=\alpha e^{-\beta X}+e$$

① 다중선형회귀　　② 곡선회귀
③ 다항회귀　　　　④ 비선형회귀

49. 다음 중 실제 데이터의 분포와 모형이 예측하는 분포 간의 차이를 나타내는 벌점화된 선택 기준 방법은?

① DIC   ② BIC

③ AIC   ④ EIC

50. 다음 중 로지스틱 회귀 분석에 대한 설명으로 옳지 <u>않은</u> 것은?

① 로지스틱 회귀 분석은 종속변수가 범주형일 때 사용된다.

② 로지스틱 회귀 분석의 수식은 $Y = \dfrac{1}{1+e^{-X}}$ 이다.

③ 오즈(승산비)의 수식은 $odds = \dfrac{1-P}{P}$ (P : 특정 사건의 발생 확률)이다.

④ 로지스틱 모형 식은 독립변수의 수치에 상관없이 종속변수가 항상 0~1 범위에 존재하도록 하는데, 이는 로짓(Logit) 변환을 수행함으로써 얻어진다.

51. 다음 중 시그모이드 함수 값의 범위로 옳은 것은?

① $x : -\infty \sim 0$ ② $x : -\infty \sim +\infty$

③ $x : -1 \sim +\infty$ ④ $x : 0 \sim +\infty$

52. 다음 (　　) 안에 들어갈 알맞은 용어은?

> 의사결정나무에서 나무의 가지를 생성하는 과정을 (　㉠　)라고 하고, 생성된 가지를 잘라내어 모형을 단순화시키는 과정을 (　㉡　)라고 한다.

    ㉠   ㉡

① Enhancing   Punning

② Adding   Cutting

③ Split   Punning

④ Punning   Split

53. 다음 (　　) 안에 들어갈 알맞은 용어는?

> 의사결정나무에서 같은 클래스끼리 섞여있는 정도를 (　㉠　)라고 하고, 여러 가지 클래스가 섞여있는 정도를 (　㉡　)라고 한다.

    ㉠   ㉡

① 정확도   오차 정도

② 명확도   분산도

③ 불순도   순수도

④ 순수도   불순도

54. 열역학에서 쓰는 개념으로 무질서 정도에 대한 측정 지표로 사용되는 불순도 척도는?

① 오차제곱합   ② 카이제곱 통계량

③ 엔트로피 지수   ④ 지니 지수

55. 다음 그림과 같은 형태의 그래프를 갖는 활성화 함수는?

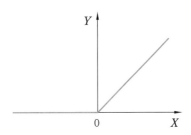

① ReLU 함수   ② 계단 함수

③ 시그모이드 함수   ④ tanh 함수

56. 인공신경망 학습 절차로 옳은 것은?

① 기울기 산출 → 매개변수 갱신 → 미니 배치 학습 → 반복

② 미니 배치 학습 → 기울기 산출 → 매개변수 갱신 → 반복

③ 매개변수 갱신 → 미니 배치 학습 → 기울기 산출 → 반복

④ 매개변수 갱신 → 반복 → 기울기 산출 → 미니 배치 학습

57. 다음 중 SVM의 구성 요소에 속하지 <u>않는</u> 것은?

① SV   ② 초평면
③ 활성화 함수   ④ 슬랙변수

58. 다음과 같은 형태의 모델명은?

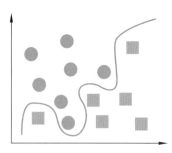

① 리틀 마진 SVM
② 하드 마진 SVM
③ 소프트 마진 SVM
④ 미디엄 마진 SVM

59. 다음 중 향상도에 대한 식으로 옳은 것은?

① 향상도 $= P(A \cap B)$

② 향상도 $= \dfrac{P(A \cap B)}{P(A)}$

③ 향상도 $= \dfrac{P(A \cap B)}{P(A) \times P(B)}$

④ 향상도 $= \dfrac{P(A \cap B)}{P(B)}$

60. 다음과 같은 형태의 군집간 거리 측정 방법은?

① 최단 연결법
② 중심 연결법
③ 와드 연결법
④ 평균 연결법

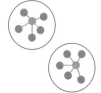

4과목   빅데이터 결과 해석

61. 다음과 같은 수식이 나타내는 회귀 모형 평가 지표는?

$$\sqrt{\frac{1}{n} \sum_{i=1}^{n} (y_i - \hat{y}_i)^2}$$

① 평균절대오차
② 평균제곱근오차
③ 평균제곱오차
④ 평균절대백분율오차

62. 다음 중 회귀제곱합(SSR)에 알맞은 식은?

① $\sum\limits_{i=1}^{n} (y_i - \bar{y})^2$ ② $\sum\limits_{i=1}^{n} (y_i - \hat{y})^2$

③ $\sum\limits_{i=1}^{n} (y_i - y)^2$ ④ $\sum\limits_{i=1}^{n} (\hat{y}_i - \bar{y})^2$

※ 다음 혼동행렬을 보고 물음에 답하시오. (63~65)

		예측 범줏값	
		Predicted Positive	Predicted Negative
실제 범줏값	Actual Positive	㉠	㉡
	Actual Negative	㉢	㉣

63. 주어진 혼동행렬에서 참 긍정률을 구하는 식으로 옳은 것은?

① $\dfrac{㉠}{㉠ + ㉡}$ ② $\dfrac{㉡}{㉠ + ㉡}$

③ $\dfrac{㉠}{㉠ + ㉢}$ ④ $\dfrac{㉢}{㉠ + ㉢}$

64. 주어진 혼동행렬에서 특이도를 구하는 식으로 옳은 것은?

① $\dfrac{ㄹ}{ㄷ+ㄹ}$ ② $\dfrac{ㄷ}{ㄷ+ㄹ}$

③ $\dfrac{ㄴ}{ㄴ+ㄹ}$ ④ $\dfrac{ㄹ}{ㄴ+ㄹ}$

65. 주어진 혼동행렬에서 거짓 긍정률을 구하는 식으로 옳은 것은?

① $\dfrac{ㄱ}{ㄱ+ㄷ}$ ② $\dfrac{ㄹ}{ㄷ+ㄹ}$

③ $\dfrac{ㄷ}{ㄷ+ㄹ}$ ④ $\dfrac{ㄷ}{ㄱ+ㄷ}$

66. 다음 중 AUC 값의 범위는?

① −1~1   ② 0~1.5   ③ 0~1   ④ 0.5~1

67. 다음 중 ROC 곡선의 x축과 y축의 명칭으로 옳은 것은?

	x축	y축
①	거짓 긍정률	참 긍정률
②	참 긍정률	거짓 긍정률
③	거짓 긍정률	특이도
④	참 긍정률	민감도

68. 다음 중 K-fold 교차 검증에 대한 설명으로 옳지 <u>않은</u> 것은?

① 데이터를 K개의 fold로 나눈다.

② 데이터를 K−1개는 검증 데이터로, K개는 학습 데이터에 사용한다.

③ 검증 데이터를 바꾸며 K번 반복하므로 분할된 데이터가 한 번씩 한 번씩 검증 데이터로 사용된다.

④ K-fold 교차 검증은 교차 검증 방법 중 하나로 교차 검증은 데이터를 훈련 데이터와 평가 데이터로 나누어 여러 차례 검증하는 방법이다.

69. 모집단에 대한 유의성 검정 방법 중 정규분포를 가정하고, 추출된 표본이 동일 모집단에 속하는지 가설을 검증하기 위해 사용되는 검정 방법은?

① Q-검정

② T-검정

③ Z-검정

④ F-검정

70. 다음 그래프와 같은 데이터 형태에 해당하는 것은?

① 과소적합

② 과대적합

③ 과대표집

④ 과소표집

71. 다음 수식의 가중치 규제 기법은?

$$\frac{1}{N}\sum_{i=1}^{N}(y_i-\hat{y_i})^2+\frac{\lambda}{2}\sum_{j=1}^{M}|w_j|^2$$

① 엘라스틱 넷

② 라쏘

③ 릿지

④ 혼합 방법

72. 다음 전체 데이터 중 단 하나의 데이터를 사용하여 경사하강법을 1회 진행하는 방법은?

① 모멘텀
② 미니 배치 경사하강법
③ 배치 경사하강법
④ 확률적 경사하강법

73. 다음 앙상블 기법 중 많이 선택된 클래스를 최종 결과로 예측하는 방법을 의미하는 것은?

① 소프트 보팅
② 하드 보팅
③ 미들 보팅
④ 종합 보팅

74. 다음 중 ROI의 계산식으로 옳은 것은?

① $\dfrac{\text{현재 가치}}{\text{투자 비용}} \times 100$

② $\dfrac{\text{투자 비용}}{\text{순이익}} \times 100$

③ $\dfrac{\text{순이익}}{\text{투자 비용}} \times 100$

④ $\dfrac{\text{내부 수익률}}{\text{순이익}} \times 100$

75. 다음 시각화 유형 중 시공간 시각화에 속하지 않는 것은?

① 카토그램
② 버블맵
③ 산점도 행렬
④ 추세선

76. 다음 시각화 유형 중 분포, 관계 시각화에 속하지 않는 것은?

① 버블차트
② 히스토그램
③ 트리맵
④ 히트맵

77. 다음과 같은 형태의 시각화 유형에 해당하는 것은?

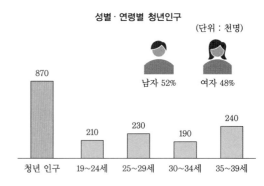

성별·연령별 청년인구

(단위 : 천명)

남자 52%   여자 48%

① 플로팅 바 차트
② 히스토그램
③ 막대그래프
④ 인포그래픽

78. 다음 중 분석 모형 최종 평가 시에 사용 가능한 데이터는?

① 데이터 학습에 한 번 사용된 데이터
② 데이터 학습에 사용된 적 없는 데이터
③ 데이터 검증에 여러 번 사용된 데이터
④ 데이터 검증에 한 번 사용된 데이터

79. 다음 중 분석 모형 개발 및 운영 프로세스에 포함되지 않는 과정은?

① 모델 리모델링
② 분석 목적 정의
③ 가설 검토
④ 모델링 및 분석

80. 다음 분석 모형 리모델링 과정 중 모형에 적합한 평가 지표를 활용하여 기존 모형의 성능을 분석하는 과정은?

① 데이터 수집 및 전처리
② 기존 분석 모형 분석
③ 분석 모형 구축
④ 최종 모형 선정 및 반영

모의고사 정답 및 해설

■ 1회 모의고사 정답 및 해설

1	②	2	②	3	①	4	④	5	②	6	②	7	③	8	②	9	②	10	①
11	③	12	④	13	①	14	①	15	③	16	④	17	①	18	②	19	②	20	③
21	①	22	②	23	③	24	③	25	③	26	④	27	①	28	③	29	②	30	①
31	③	32	④	33	②	34	①	35	②	36	③	37	④	38	④	39	①	40	①
41	③	42	③	43	④	44	①	45	②	46	①	47	③	48	④	49	③	50	①
51	②	52	②	53	①	54	②	55	③	56	②	57	②	58	③	59	①	60	②
61	④	62	①	63	①	64	②	65	①	66	②	67	②	68	④	69	③	70	②
71	③	72	③	73	①	74	①	75	①	76	②	77	③	78	②	79	②	80	④

1과목 빅데이터 분석 기획

1. 다양한 정보를 체계화하여 유의미한 정보로 분류시킨 대상을 의미하는 것은 지식(Knowledge)이다.

2. 사용자의 분석으로 데이터 간의 연관 관계 및 의미가 부여된 데이터를 의미하는 것은 정보(Information)다.

3. 1MB는 bytes이다. 1TB=10^{12}bytes이고, 1PB=10^{15}bytes이며, 1ZB=10^{21}bytes이다.

4. 데이터 크기는 KB<MB<GB<TB<PB<EB<ZB<YB 순이다.

5. 빅데이터 특징 5V는 규모(Volume), 다양성(Variety), 속도(Velocity), 가치(Value), 신뢰성(Veracity)이다. 정확성(Validity)은 7V에 속하는 특징이다.

6. 데이터 지식 경영 기법 중 암묵지를 문서화 혹은 정형화하여 형식지로 만드는 과정은 '표출화'이다.

7. ③은 문서화된 지식으로 전달이 용이한 형식지에 대한 설명이고, ①, ②, ④는 일정 시간을 통해 개인이 자체적으로 학습하게 되는 기술로 공유가 어려운 암묵지에 대한 설명이다.

8. 빅데이터는 데이터 활용방식, 새로운 가치 창출, 분석 기술 발전 등의 이유로 정확한 가치를 산정하기에는 어려움이 있다.

9. 빅데이터 가치 에스컬레이터 4단계는 1단계부터 묘사 분석 → 진단 분석 → 예측 분석 → 처방 분석 순이다.

10. 빅데이터 업무 프로세스 중 빅데이터 플랫폼 구축을 위해 요구사항 분석, 설계, 구현, 테스트를 진행하는 단계는 '빅데이터 구축 단계'이다.

11. 그림과 같은 형태는 빅데이터 조직 구조 유형 중 '기능 구조'이다. 기능 구조는 일반적인 형태로 별도의 분석 조직이 존재하지 않고, 해당 부서에서 분석을 수행하는 유형으로 전사적 핵심 분석이 어려우며, 과거에 국한된 분석을 수행할 가능성이 높다.

12. ④는 하드 스킬(Hard Skill)에 대한 설명이고, ①, ②, ③은 소프트 스킬(Soft Skill)에 대한 설명이다.

13. ② RDB는 관계형 데이터베이스로 키(Key)와 값(Value)들의 관계를 테이블로 만든 데이터베이스를 의미한다. ③ 크롤링(Crawling)은 웹페이지에서 데이터를 긁어와서 수집하는 기술이다. ④ 데이터 마이닝(Data Mining)은 대용량 데이터 속에서 가치있는 데이터를 도출하는 기술이다.

14. 빅데이터 개인정보보호 가이드라인의 주요 내용은 개인정보 비식별화 조치, 투명성 확보, 개인정보 재식별 조치, 민감정보 처리, 수집정보 보호조치가 있다.

15. 데이터 3법은 '개인정보보호법, 정보통신망법, 신용정보법'이다.

16. 상향식 접근방식의 절차는 '프로세스 분류 → 프로세스 흐름 분석 → 분석 요건 식별 → 분석 요건 정의' 순이다.

17. 분석 방법은 알지만 분석 대상은 모르는 경우 '통찰(Insight)' 방법을 사용한다.

18. 개인정보보호법(개인정보의 수집·이용(제15조))에서 개인정보를 수집할 수 있는 경우는 다음과 같다.

---

1. 정보주체의 동의를 얻은 경우
2. 법률에 특별한 규정이 있거나 법령상 의무를 준수하기 위해 불가피한 경우
3. 공공기관이 법령 등에서 정하는 소관 업무 수행을 위해 불가피한 경우
4. 정보주체자와의 계약의 체결 및 이행을 위하여 불가피하게 필요한 경우
5. 정보주체 또는 그 법정대리인이 의사표시를 할 수 없는 상태에 있거나, 주소 불명 등으로 사전 동의를 받을 수 없는 경우로서 명백히 정보주체 또는 제3자의 급박한 생명, 신체, 재산의 이익을 위하여 필요하다고 인정되는 경우
6. 개인정보처리자의 정당한 이익을 달성하기 위하여 필요한 경우로서 명백하게 정보주체의 권리보다 우선하는 경우, 이 경우 개인정보처리자의 정당한 이익과 상당한 관련이 있고 합리적인 범위를 초과하지 아니하는 경우에 한함

---

19. '스크래피(Scrapy)'에 대한 설명이다.

20. '반정형 데이터'에 대한 예시이다.

2과목　빅데이터 탐색

21. '데이터 정제(Data Cleaning)'에 대한 설명이다.

22. 적절한 확률값을 부여한 후 이를 결측값으로 대치하는 통계적 방법은 '단순확률 대치법'이다.

23. '고의적인 이상값'에 대한 설명이다.

24. 노이즈(Noise)는 실제로 입력되지 않았으나 입력되었다고 잘못 판단된 값이다.

25. ESD는 평균으로부터 3시그마(σ, 표준편차) 떨어진 값을 이상치로 인식하는 방법으로, 3표준편차에 해당하는 값이 99.7%이므로 양쪽 0.15%에 해당하는 값을 이상치로 인식한다.

26. 시각화 도구를 활용하여 이상값을 검출하고 싶은 경우 사용할 수 없는 도구는 확률밀도함수, 히스토그램, 시계열차트, 상자수염그림이 있다.

27. '순서형 변수'에 대한 설명이다.

28. '임베디드 기법'에 대한 설명이다.

29. 기존 변수에 특정 조건 혹은 함수 등을 사용해서 새롭게 재정의한 변수는 '파생변수'이다.

30. '표준화(Standardization)'에 대한 설명이다.

31. '과대표집(Over-Sampling)'에 대한 설명이다.

32. 현시성은 데이터 시각화라고도 할 수 있으며, 분석 결과를 쉽게 이해할 수 있도록 데이터를 시각적으로 표현하는 것이다. 데이터 분석 및 해석의 용이성을 위해 변수를 적당한 척도로 바꾸는 것은 '자료 재표현'에 대한 설명이다.

33. 범주형 데이터를 시각화하는 방법에는 막대그래프가 주로 사용된다. 박스플롯 또는 히스토그램은 수치형 데이터의 시각화 방법이다.

34. 중심 경향성 통계량에는 평균값, 중위수, 최빈수, 사분위수가 있다. 사분편차는 산포도 통계량에 속한다.

35. 하나의 변수(고구마 판매량)가 증가함에 따라 또 다른 변수(난방 기기 판매량)가 급격하게 증가하는 것은 두 변수가 강한 양(+)의 상관관계를 갖는 것을 의미한다. 보기 중 강한 양의 상관관계 그래프는 ②이다. ①은 약한 양의 상관관계를, ③은 강한 음의 상관관계를, ④는 약한 음의 상관관계를 나타낸다.

36. 시각화 도구 중 하나인 '히스토그램'에 대한 설명이다.

37. 주어진 시각화 도구는 '박스플롯(상자수염그림)'이다. 박스플롯에는 하위경계, 최솟값, 제1사분위수(Q_1), 제2사분위수(Q_2), 제3사분위수(Q_3), 최댓값, 상위경계, 수염, 이상값이 있다. 박스플롯에는 분산을 포함하지 않는다.

38. 시공간 데이터는 시간 및 공간 데이터로서 이를 위한 시각화 도구에는 막대그래프, 영역차트, 등치선도, 코로플레스 지도, 카토그램, 버블 플롯 맵 등이 있다. 스타차트는 비교 데이터 시각화 도구 중 하나이다.

39. 왜도가 0보다 클 때, 데이터는 최빈수<중위수<평균 순으로 배열된다.

40. 표본추출기법 중 군집추출에 대한 설명이다.

3과목 빅데이터 모델링

41. 추론 통계는 모집단에서 추출된 표본으로부터 모수와 관련된 통계량들의 값을 계산하고, 이것을 이용하여 모집단의 특성을 알아내는 방법이다. 두 개 이상의 변수 사이에 존재하는 상호 연관성을 분석하는 방법은 상관분석이다.

42. 기존 데이터의 분포를 최대한 보존하면서 고차원 공간의 데이터들을 저차원 공간으로 변환하는 분석 방법은 주성분 분석(PCA)에 대한 설명이다.

43. 예측 모델의 예시로는 회귀 분석, 의사결정나무, 시계열 분석, 인공신경망이 있다. 통계적 기법, 트리 기반 기법, 최적화 기법, 기계학습 모델은 분류 모델의 예시이다.

44. 머신러닝 학습 방법에는 지도 학습, 비지도 학습, 강화 학습, 준지도 학습이 있다.

45. 주성분 분석(PCA)은 비지도 학습 분석 모형이다. 로지스틱 회귀 분석, 인공신경망, 랜덤 포레스트는 모두 지도 학습 분석 모형이다.

46. 독립변수가 연속형 변수이고, 종속변수가 이산형/범주형 변수일 때 사용할 수 있는 분석기법은 로지스틱 회귀 분석, 판별 분석, KNN이다. 인공신경망 모델은 독립변수와 종속변수가 모두 연속형일 때, 독립변수가 이산형/범주형이고 종속변수가 연속형일 때, 독립변수와 종속변수가 모두 이산형/범주형일 때 사용 가능하다.

47. 매개변수(parameter)의 예로는 인공신경망의 가중치, SVM에서 SV, 선형회귀에서 결정계수가 있다. 학습률, 의사결정나무 깊이(Depth) 등은 초매개변수에 대한 예시이다.

48. 검증 및 테스트에는 운영 환경 테스트, 비즈니스 영향도 평가가 포함된다. 운영시스템 적용 및 자동화, 주기적 리모델링은 적용 단계에 포함된다.

49. R은 통계 프로그래밍 언어인 S언어를 기반으로 만들어진 오픈소스 프로그래밍 언어이다.

50. 회귀 분석의 가정 중 선형성은 독립변수 변화에 따라 종속변수도 선형적인 일정 크기로 변화해야 하는 성질을 의미한다. 잔차항이 평균 0인 정규분포 형태를 이뤄야 하는 성질은 정상성(정규성)에 대한 설명이다.

51. 주어진 수식은 다중선형회귀에 대한 내용이다.

52. 결정계수의 수식은 다음과 같다.

$$R^2 = \frac{SSR}{SST} = \frac{SSR}{SST + SSE} = 1 - \frac{SSE}{SST}$$

53. 다중선형회귀 분석 모형에서 유의수준이 5% 이하인 경우 p-value가 0.05보다 작으면 추정된 회귀식은 통계적으로 유의하다고 할 수 있다. 보기 중 $2.2e^{-16}$은 $2.2 \times (10^{-16}) = 0.00000000000000022$를 의미한다.

54. AIC 수식은 $AIC = -2\ln(L) + 2p$와 같다.

($\ln(L)$: 모형의 적합도, L : 우도 함수(Likelihood Function), p : 매개변수 개수)

BIC 수식은 $BIC = -2\ln(L) + \ln(n)p$와 같다. (n : 데이터 개수)

55. A팀이 승리할 확률이 $\frac{1}{3}$인 경우 Odds는 다음과 같이 연산할 수 있다.

$$Odds = \frac{\frac{1}{3}}{1 - \frac{1}{3}} = \frac{3}{6} = \frac{1}{2}$$

56. 부모 마디는 자식 마디의 상위 마디를 의미한다. 자식 마디가 없는 가장 하위의 마디는 끝 마디이다.

57. 다지 분할(CHAID: Chi-squared Automatic Interaction Detection)에 대한 설명이다.

58. tanh 함수는 시그모이드 함수의 확장된 형태로 시그모이드보다 학습 속도가 빠른 특징을 갖는다. 시그모이드 함수의 기울기 소실 문제를 해결한 것은 ReLU 함수이다.

59. 그림에서 지니(Gini) 지수를 구할 경우 계산식은 다음과 같다.

$$1 - \left(\frac{2}{8}\right)^2 - \left(\frac{1}{8}\right)^2 - \left(\frac{2}{8}\right)^2 - \left(\frac{3}{8}\right)^2 = \frac{23}{32}$$

60. 선형 분류가 불가능한 데이터를 처리하기 위해 데이터의 차원을 증가시켜 하나의 초평면으로 분리가 가능하도록 하는 기법은 '커널 트릭'이다.

4과목   빅데이터 결과 해석

61. 회귀 모형 평가 지표에는 평균절대오차(MAE), 평균제곱오차(MSE), 평균제곱근오차(RMSE), 평균절대백분율오차(MAPE)가 있다.

62. 결정계수(R^2)는 0~1 사이의 범위를 갖는다.

63. ROC 곡선에 대한 설명이다.

64. 오차 비율은 전체 범주 중 잘못 예측한 비율을 의미한다.

$$\frac{FP + FN}{TP + TN + FP + FN}$$

따라서 주어진 혼동 행렬에서 오차 비율을 연산할 경우 결과는 $\frac{70 + 20}{40 + 60 + 70 + 20} = \frac{9}{19}$와 같다.

65. 거짓 긍정률은 실제 부정 범주 중 긍정의 비율을 의미한다.

$$\frac{FP}{TN+FP}$$

따라서 주어진 혼동행렬에서 거짓 긍정률을 연산할 경우 결과는 $\frac{70}{60+70}=\frac{7}{13}$ 과 같다.

66. 특이도는 실제 부정 범주 중 부정의 비율을 의미한다.

$$\frac{TN}{TN+FP}$$

따라서 주어진 혼동행렬에서 특이도를 연산할 경우 결과는 $\frac{60}{60+70}=\frac{7}{13}$ 과 같다.

67. 주어진 데이터에서 p 개의 관측치를 검증 데이터로 사용하고, 나머지는 학습 데이터로 사용하는 방법은 LpOCV이다.

68. 모수에 대한 설명이다.

69. T-검정에 대한 설명이다.

70. 그래프를 통해 정규성 가정을 시각적으로 검정하는 방법은 Q-Q plot이다.

71. 학습된 데이터가 충분하지 않아 학습 데이터의 구조 및 패턴을 정확히 확인하지 못하는 것은 과소적합이다.

72. 오버슈팅(Over Shooting)에 대한 설명이다.

73. 보팅(Voting)은 여러 개의 분석 모형 결과를 조합하는 방법으로 직접투표(Hard Voting)와 간접투표(Soft Voting)가 있다. 샘플링으로 추출한 여러 개의 표본에 각각 모형을 병렬적으로 학습하고, 추출된 결과를 집계(aggregation)하는 기법은 배깅(Bagging)이다.

74. 최종 모형이 선정된 이후라도 향후 모니터링을 통해 모형의 정확도 혹은 기타 이슈사항에 따라 리모델링될 수 있다.

75. 데이터 시각화의 목적은 정보전달과 설득이다.

76. 순 현재 가치(NPV: Net Present Value)에 대한 설명이다.

77. 측정된 데이터를 해당 데이터의 위도와 경도에 점으로 표시한 그래프는 도트맵이다.

78. ② 데이터 배열은 데이터 시각화 절차 중 '구조화'에 속하는 작업이다. ①, ③, ④ 는 모두 데이터 시각화 절차 중 '시각표현'에 속하는 작업이다.

79. 분포 시각화 유형 중 누적영역그래프에 대한 설명이다.

80. 유형 및 크기가 전혀 다른 데이터 값을 동일한 데이터 구간으로 표시하여 비교하는 그래프로 측정된 데이터들을 정규화하여 백분율로 표현하고, 이를 하나의 그래프 화면에 표현하는 그래프는 '평행좌표그래프' 이다.

■ 2회 모의고사 정답 및 해설

1	②	2	①	3	③	4	②	5	①	6	④	7	④	8	③	9	②	10	①
11	②	12	①	13	①	14	④	15	④	16	④	17	③	18	②	19	③	20	③
21	④	22	①	23	①	24	②	25	①	26	①	27	③	28	②	29	①	30	①
31	④	32	③	33	③	34	②	35	③	36	②	37	②	38	④	39	③	40	①
41	①	42	④	43	②	44	③	45	④	46	①	47	②	48	①	49	②	50	②
51	③	52	④	53	④	54	①	55	④	56	③	57	②	58	④	59	②	60	③
61	②	62	③	63	①	64	②	65	③	66	①	67	②	68	②	69	①	70	②
71	②	72	③	73	②	74	④	75	④	76	②	77	③	78	③	79	①	80	④

1과목　빅데이터 분석 기획

1. DIKW 피라미드에 속하는 요소는 데이터(Data), 정보(Information), 지식(Knowledge), 지혜(Wisdom)이다.

2. 빅데이터 특징의 구성 요소는 다음과 같다.

명칭	구성 요소
3V	Volume(규모), Variety(다양성), Velocity(속도)
4V	3V+Value(가치)
5V	4V+Veracity(신뢰성)
7V	5V+Validity(정확성), Volatility(휘발성)

3. 데이터 지식경영에서 빈칸의 명칭은 다음과 같다.

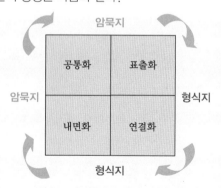

4. 집중 구조에 대한 설명이다. 빅데이터 조직 구조 유형에는 집중 구조, 기능 구조, 분산 구조가 있다.

5. 데이터 사이언티스트에게 요구되는 일반적인 역량으로는 다양한 분야의 협업 능력, 통찰력 있는 분석 능력, 설득력 있는 전달력, 분석 기술의 숙련 정도, 빅데이터 관련 이론 지식이다.

6. 조직은 데이터를 관리할 수 있는 조직의 역할과 책임이다. 데이터 관리를 위한 활동 과정은 프로세스에 대한 설명이다.

7. ETL의 구성 요소는 추출(Extract), 변환(Transform), 적재(Load)이다.

8. 하둡 에코 시스템 기술 중 분산 코디네이터 기술인 주키퍼(Zookeeper)에 대한 설명이다. 우지(Oozie)는 하둡 작업을 관리하는 워크플로우 및 코디네이터 시스템이고, 임팔라(Impala)는 하둡 기반의 실시간 SQL 질의 시스템이다. 척와(Chuckwa)는 분산된 환경에서 생성되는 데이터를 HDFS에 안정적으로 저장시키는 플랫폼이다.

9. 올바른 인공지능 범위는 '딥러닝 ⊂ 머신러닝(기계학습) ⊂ 인공지능' 이다.

10. 개인정보보호법 ②항에 의거하여 개인정보 수집 이용을 위해 정보주체의 동의를 받을 때 고지해야 할 사항은 다음과 같다.
1. 개인정보 수집 · 이용 목적
2. 수집하려는 개인정보의 항목
3. 개인정보의 보유 및 이용 기간
4. 동의를 거부할 권리가 있다는 사실 및 동의 거부에 따른 불이익이 있는 경우에는 그 불이익의 내용

11. GDPR(General Data Protection Regulation, 일반 데이터 보호규칙)에 대한 설명이다.

12. 개인정보 비식별화 조치 방법에는 가명처리, 총계처리, 데이터 값 삭제, 범주화, 데이터 마스킹이 있다.

13. 프라이버시 보호 모델 중 l-다양성(l-Diversity)에 대한 설명이다.

14. 마이 데이터에 대한 설명이다.

15. 빅데이터 분석 기획 유형에는 최적화, 통찰, 솔루션, 발견이 있다.

16. 분석 솔루션 업체 SAS사가 주도한 통계 중심의 분석 방법론은 SEMMA 분석 방법론이다. SPSS는 통계분석 및 데이터 마이닝에 사용되는 통계 분석 프로그램이다.

17. ③ 이미지는 비정형 데이터의 예시이다. JSON, XML, HTML은 모두 반정형 데이터의 예시이다.

18. TCP/IP 프로토콜을 기반으로 서버, 클라이언트 사이에서 파일을 송수신하기 위한 프로토콜은 FTP(File Transfer Protocol)에 대한 설명이다.

19. 데이터 변환 기술 중 '평활화'에 대한 설명이다. 데이터 변환 기술은 다음과 같다.

명칭	설명
평활화	데이터의 노이즈를 구간과 군집화 등으로 다듬는 기법
집계	다양한 차원으로 데이터를 요약하는 기법
일반화	특정 구간으로 값을 스케일링하는 기법
정규화	데이터를 정해진 구간으로 전환하는 기법
속성 생성	여러 데이터를 대표할 수 있는 새로운 속성값을 생성하는 기법

20. 데이터 저장 기술 중 데이터 마트(DM, Data Mart)에 대한 설명이다.

21. 귀무가설이 참이라는 전제하에 표본에서 실제로 관측된 통계치와 같거나 더 극단적인 통계치가 관측될 확률을 의미하는 용어는 p-value이다. α는 유의수준으로 제1종 오류를 범할 최대 확률을 나타내고, β는 베타수준으로 제2종 오류를 범할 최대 허용확률을 나타낸다. $1-\beta$는 검정력으로 귀무가설이 참이 아닌 경우 이를 기각할 수 있는 확률을 나타낸다.

22. Outlier는 이상치를 나타낸다. 999999, Null, NA는 모두 결측치를 나타낸다.

23. 데이터 결측값 종류에는 완전 무작위 결측(MCAR: Missing Completely At Random), 무작위 결측(MAR: Missing At Random), 비무작위 결측(MNAR: Missing Not At Random)이 있다.

24. 그림이 설명하는 변수 선택 기법은 '래퍼 기법'이다.

25. 단순확률대치법에 포함되는 기술은 핫덱(Hot-Deck) 대체, 콜드덱(Cold-Deck) 대체, 혼합 방법이 있다.

26. 데이터 샘플링이 잘못된 경우로 표본추출 오류에 해당된다.

27. 통계기법을 이용한 데이터 이상값 검출 방법에는 ESD, 기하평균을 활용한 방법, 사분위수를 활용한 방법, 표준화점수(Z-Score)를 활용한 방법, 딕슨의 Q-검정(Dixon Q-Test), 그럽스 T-검정(Grubbs T-Test), 카이제곱 검정(Chi-Square Test)이 있다. iForestt(Isolation Forest)는 의사결정나무를 이용하여 이상값을 확인하는 방법이다.

28. 대체는 이상값으로 확인된 데이터를 평균 또는 중위수로 대체하는 방법이다.

29. ①은 변수가 명사형으로 이름에 의미를 갖고 기준에 따라 순서에도 의미를 부여할 수 있는 경우로 '순서형 변수'에 해당한다. ②, ③, ④는 모두 명사의 이름으로만 의미를 부여할 수 있는 경우로 '명목형 변수'에 해당한다.

30. 차원 축소 기법에는 주성분 분석(PCA: Principal Component Analysis), 선형 판별 분석(LDA: Linear Discriminant Analysis), 특이값 분해(SVD: Singular Value Decomposition), 요인 분석(Factor Analysis), 독립성분 분석(ICA: Independent Component Analysis), 다차원척도법(MDS: Multi-Dimensional Scaling)이 있다. 분산 분석(ANOVA)은 모집단에 대한 유의성 검정 방법 중 하나이다.

31. 파생변수 생성 방법은 단위 변환, 표현방식 변환, 요약 통계량 변환, 정보추출, 변수 결합, 조건문 이용이 있다.

32. 과소표집(Under-Sampling) 기법에는 랜덤 과소표집, ENN, 토멕링크 방법, CNN, OSS가 있다. ADASYN은 과대표집(Over-Sampling) 기법 중 하나이다.

33. 수집된 데이터를 다양한 방법을 활용하여 탐색적으로 분석하여 데이터의 특징을 정확하게 파악하는 방법은 탐색적 데이터 분석(EDA)이다. ETL은 데이터 수집 기술 중 하나로서 데이터를 추출, 변환, 적재하는 작업을 의미하고, FTP는 TCP/IP 기반 파일 송수신 프로토콜이다. ICA는 독립성분 분석이다.

34. 탐색적 데이터 분석의 4가지 특징에는 저항성(Resistance), 잔차 해석(Redidual), 자료 재표현(Re-expression), 현시성(Graphic Representation)이 있다.

35. 평균값은 중심 경향성 통계량에 속한다. 범위, 표준편차, 분산은 산포도 통계량에 속한다.

36. 하한값은 $Q_1-(1.5 \times \text{IQR})$이고, 상한값은 $Q_3+(1.5 \times \text{IQR})$이다. IQR은 Q_3-Q_1으로 연산할 수 있으므로 13이 되고, $1.5 \times \text{IQR}$은 19.5가 된다. 따라서 하한값은 $1-19.5=-18.5$가 되고, 상한값은 $14+19.5=33.5$가 된다.

37. 그림은 시각화 도구인 산점도이다.

38. 데이터 분포가 오른쪽 꼬리를 갖는 경우 왜도가 0보다 큰 경우이다. 이 경우 데이터는 최빈수<중위수<평균의 형태를 갖는다.

39. 그림이 설명하는 표본추출 기법은 집단 내에서는 이질적이고, 집단 외에서는 동질한 특징이 있는 '군집추출'이다.

40. 점 추정 조건 중 표본에서 얻은 추정량의 기댓값은 모집단의 모수와 차이가 없어야 하는 '불편성(불편의성)'에 대한 설명이다.

3과목　빅데이터 모델링

41. 데이터의 특징을 파악하기 위해 평균, 분산, 표준편차 등의 기초통계량을 구하거나 시각화 도구인 그래프를 활용하는 분석 방법은 '기술 통계(Descriptive Statistic)'에 대한 설명이다.

42. 주어진 데이터에서 동시에 발생하는 사건 혹은 항목 간의 규칙을 수치화하는 기법으로 '장바구니 분석' 혹은 '연관규칙 모델'이라고 한다.

43. 머신러닝 학습 방법 중 정답인 레이블이 포함된 학습 데이터를 통해 컴퓨터를 학습시키는 방법은 '지도 학습'이다.

44. 매개변수는 모델 내부에서 확인 가능한 변수로 데이터를 통해 자동으로 산출되는 값이다. 이에 대한 예시는 인공신경망의 가중치, SVM에서 SV, 선형회귀에서 결정계수가 있다. 학습률, 의사결정나무의 깊이, SVM에서 코스트값인 C, KNN에서 K개수, 신경망에서 은닉층의 개수는 모두 초매개변수에 대한 예시이다.

45. C언어를 기반으로 만들어진 데이터 분석과 머신러닝 프로그래밍이 가능한 오픈소스 언어는 파이썬(Python)이다.

46. 회귀 분석 가정에서 선형성은 독립변수 변화에 따라 종속변수도 선형적인 일정 크기로 변화함을 의미한다.

47. 2차 곡선 형태를 갖는 곡선회귀 수식은 $Y=\beta_0+\beta_1X+\beta_2X^2+e$ 와 같다.
$Y=aX_1+bX_2+\cdots+c$ 는 다중선형회귀, $Y=aX_1+bX_2+cX_1^2+\cdots+dX_2^2+eX_1X_2+f$ 는 다항회귀, $Y=\alpha e^{-\beta X}+e$ 는 비선형회귀 수식이다.

48. MNIST(Modified National Institute of Standards and Technology) 데이터셋에 대한 설명이다.

49. 서포트 벡터 머신(SVM)은 마진(margin)을 최대화하는 것을 목표로 한다.

50. SVM에서 완벽한 이진 분류가 불가능한 경우 선형 분류를 위해 허용된 오차를 위한 변수는 '슬랙 변수(여유 변수)'이다.

51. 연속형 변수의 거리 측정 방법으로 주어진 수식과 같이 연산되는 거리 계산법은 '유클리드 거리'다.

52. 지지도(Sopport)는 전체 거래 중 항목 A와 B를 동시에 포함하는 거래의 비율을 의미한다. 따라서 전체 거래 수(5) 중 커피와 라면을 동시에 포함하는 비율(2)은 $\frac{2}{5}$ 와 같다.

53. 향상도(Lift)가 1보다 큰 경우에는 두 변수가 양(+)의 상관관계를 갖는다고 해석할 수 있다.

54. 그림은 계층적 군집분석 방법 중 '평균 연결법'을 활용한 거리 측정 방법이다.

55. 자기조직화지도(SOM) 분석 절차는 '초기화 → 입력 벡터 → 유사도 계산 → 프로토타입 벡터 탐색 → 강도 재조정 → 반복' 순이다.

56. K-means clustering에서 K값을 선정하는 기법 중 기울기가 완만한 부분에 해당하는 클러스터를 선택하는 기법은 '엘보우(Elbow) 기법'이다.

57. K-평균 군집 분석 절차는 K개의 객체 선택 → 할당 → 중심 갱신 → 반복과 같다.

58. 상대위험도(RR)는 위험인자에 노출되었을 때 A 집단의 사건 발생 확률과 B 집단의 사건 발생 확률에 대한 확률이다. 따라서 주어진 분할표를 기준으로 상대위험도를 계산하면
$$\frac{\text{A 집단의 위험률}}{\text{B 집단의 위험률}}=\frac{\dfrac{10}{10+30}}{\dfrac{70}{70+60}}=\frac{13}{28}$$
과 같다.

59. 자기회귀 누적 이동평균 모형(ARIMA)에서 ARIMA(0,0,0)는 백색잡음 모형이다.

60. 순환신경망 알고리즘(RNN)에 대한 설명이다.

4과목 빅데이터 결과 해석

61. 분석 모형의 종속변수가 연속형일 경우 사용할 수 있는 평가 방법은 평균제곱근오차(RMSE) 이다.

62. 주어진 혼동행렬에서 ㉠은 True Positive(TP)이고, ㉡은 False Negative(FN)이며, ㉣은 True Negative(TN) 이다.

63. 혼동행렬 평가 지표에서 실제 부정 범주 중 긍정의 비율을 나타내는 값은 '거짓 긍정률(FP Rate)'이다.

64. 혼동행렬 평가 지표에서 예측 긍정 범주 중 긍정의 비율을 나타내는 것은 '정밀도(Precision)' 이다.

65. AUC(Area Under the ROC Curve)에 대한 설명이다. MAE는 평균절대오차이고, MSE는 평균제곱오차이며, MAPE는 평균절대백분율오차를 나타낸다.

66. N개 데이터 중 1개만 평가 데이터로 사용하고, 나머지 N-1개는 훈련 데이터로 사용하는 과정을 N번 반복하는 교차 검증 방법은 'LOOCV(Leave-One-Out Cross Validation)'에 대한 설명이다.

67. 모집단에 대한 유의성 검정 방법 중 분산 분석(ANOVA, Analysis of Variance)에 대한 설명이다.

68. 연구자가 연구를 통해 실제로 알고 싶은 전체 집단은 모집단(Population)이다.

69. 콜모고로프-스미르노프 적합성 검정(Kolmogorov-Smirnov Goodness of Fit Test, K-S 검정)에 대한 설명이다.

70. 과대적합 방지 방법 중 하나로 학습과정에서 신경망 일부를 사용하지 않는 방법은 '드롭아웃(Drop-Out)'이다.

71. 손실함수를 최소화하는 매개변수를 찾아가는 과정은 '매개변수 최적화(Parameter Optimization)'이다.

72. 매개변수 값을 업데이트하면서 각 변수마다 학습률을 다르게 적용하는 매개변수 최적화 기법은 'AdaGrad(Adaptive gradient)'이다.

73. 예측력이 약한 모형들을 결합하여 예측력이 강한 모형을 만드는 알고리즘으로 분류가 잘못된 데이터에 가중치를 적용하여 표본을 추출하는 기법은 '부스팅(Boosting)'이다.

74. 정보를 효율적으로 사용할 수 있게 조직하고 구성하는 디자인 기술 및 업무가 의미하는 용어는 '정보 디자인(Information Design)'이다.

75. 투자 회수 기간은 누적투자금액과 매출금액의 합이 같아지는 기간으로 흑자 전환 시점을 의미한다.

76. 그림은 시간 시각화 유형 중 '누적막대그래프'를 나타낸다.

77. 분포 시각화에는 파이차트, 도넛차트, 트리맵, 누적영역그래프가 있다. 카토그램은 공간 시각화에 속한다.

78. 하나의 공간에 각각의 변수를 표현하는 몇 개의 축을 그리고, 축에 표시된 해당 변수의 값을 연결하여 표현한 그래프는 '스타차트'이다.

79. 분석 모형 개발 및 운영 프로세스에서 분석 목적 정의는 분석을 위해 정확한 분석 목적이 무엇인지 명확히 하는 단계이다. 분석 목적에 맞는 모델 선택 및 분석 모형을 도출하는 단계는 모델링 및 분석에 대한 설명이다.

80. 데이터 수집 및 전처리 단계에서는 기존 분석 모델의 내용을 참고하여 추가적으로 데이터를 수집하고 전처리한다. 분석 모형을 새롭게 구축하는 것은 분석 모형 구축 단계에서 진행된다.

■ 3회 모의고사 정답 및 해설

1	②	2	③	3	①	4	①	5	④	6	④	7	③	8	①	9	②	10	③
11	④	12	③	13	③	14	②	15	①	16	④	17	②	18	③	19	④	20	③
21	②	22	②	23	①	24	②	25	③	26	③	27	②	28	①	29	④	30	②
31	①	32	③	33	③	34	④	35	③	36	③	37	①	38	④	39	②	40	②
41	③	42	④	43	②	44	④	45	①	46	①	47	④	48	④	49	③	50	③
51	②	52	③	53	④	54	③	55	①	56	②	57	③	58	②	59	③	60	③
61	②	62	④	63	①	64	①	65	③	66	④	67	②	68	②	69	③	70	②
71	③	72	④	73	②	74	③	75	③	76	④	77	④	78	②	79	①	80	②

1과목 빅데이터 분석 기획

1. 데이터 크기 순서는 KB < MB < GB < TB < PB < EB < ZB < YB이다. 주어진 보기에서 가장 큰 데이터 크기 단위는 ZB이다.

2. 빅데이터 특징의 명칭은 3V, 4V, 5V, 7V가 있다.

3. 데이터 지식 경영 기법 중 형식지의 경험이 공유되어 새로운 지식이 생기는 과정은 '연결화'이다.

4. 빅데이터 조직 구조 유형 중 '기능 구조'에 대한 설명이다.

5. 가트너가 제시한 데이터 사이언티스트 요구 역량은 분석 모델링, 데이터 관리, 소프트 스킬, 비즈니스 분석이다.

6. 하둡 에코 시스템의 정형 데이터 수집 기술에는 스쿱(Sqoop), 히호(Hiho)가 있다. 척와(Chuckwa), 플럼(Flume), 스크라이브(Scribe)는 비정형 데이터 수집 기술이다.

7. 하둡 에코 시스템의 리소스 관리 기능을 갖는 얀(YARN, Yet Another Resource Negotiator)에 대한 설명이다. HBase는 분산 데이터 베이스이고, 맵리듀스는 분산 데이터 처리 프레임 워크이다. 스쿱(Sqoop)은 정형 데이터 수집 기술이다.

8. 개인정보가 유출된 사실을 알게 되었을 때 개인정보보호법 개인정보 유출 통지 제 34조 ①항에 준하여 개인정보처리자가 개인정보주체자에게 알려야 할 사실은 다음과 같다.
   1. 유출된 개인정보의 항목
   2. 유출된 시점과 그 경위
   3. 유출로 인하여 발생할 수 있는 피해를 최소화하기 위하여 정보주체가 할 수 있는 방법 등에 관한 정보
   4. 개인정보처리자의 대응조치 및 피해 구제 절차
   5. 정보주체에게 피해가 발생한 경우 신고 등을 접수할 수 있는 담당부서 및 연락처

9. 분석 로드맵의 데이터 분석 체계 도입 단계에 속하는 과정은 분석 기회 발굴, 분석 과제 정의, 비즈니스 약점 식별이다. 분석 과제 유효성 검증은 데이터 분석 유효성 검증 단계에서 수행된다.

10. 상향식 접근 방식 절차는 '프로세스 분류 → 프로세스 흐름 분석 → 분석 요건 식별 → 분석 요건 정의' 순이다.

11. 빅데이터 분석 방법론 분석 절차에서 데이터 분석 단계에서는 분석 데이터 준비, 텍스트 분석, 탐색적 분석(EDA), 모델링, 모델 평가 및 검증, 모델 적용 및 운영 방안수립을 한다. 설계 및 구현, 시스템 테스트 및 운영을 하는 것은 '시스템 구현' 단계이다.

12. 데이터 비식별 조치 방법에는 가명처리, 총계처리, 데이터 삭제, 데이터 범주화, 데이터 마스킹이 있다. 〈보기〉는 데이터 비식별 조치 방법 중 총계처리에 해당한다.

13. '데이터 거버넌스'에 대한 설명이다.

14. 도입 단계는 분석을 시작하여 환경과 시스템을 구축하는 단계이다. 분석한 결과를 실제 업무에 적용하는 단계는 활용 단계이다.

15. 빅데이터 분석 방법론 분석 절차는 분석 기획 → 데이터 준비 → 데이터 분석 → 시스템 구현 → 평가 및 전개 순이다.

16. 하둡 에코 시스템에서 분산 데이터를 저장하는 기능을 갖는 HDFS(Hadoop Distributed File System)에 대한 설명이다. Tajo는 하둡 기반 데이터 웨어하우스 시스템이다. Pig는 대용량 데이터를 고차원으로 분석하기 위한 플랫폼이고, Oozie는 하둡 작업을 관리하는 워크플로우 및 코디네이터 시스템이다.

17. 비관계형 데이터베이스(NoSQL)에 대한 설명이다. MySQL은 가장 보편적으로 많이 사용되는 오픈소스의 관계형 데이터베이스 관리 시스템이다. SQL은 관계형 데이터베이스 관리 시스템의 데이터를 관리하기 위해 설계된 프로그래밍 언어이다. PostgreSQL은 확장 가능성 및 표준 준수를 강조하는 객체-관계형 데이터베이스 관리 시스템이다.

18. WBS의 올바른 절차는 데이터 분석 과제 정의 → 데이터 준비 및 탐색 → 데이터 분석 모델링 및 검증 → 산출물 정리 순이다.

19. '데이터 레이크'에 대한 설명이다.

20. 데이터 변환 기술 중 데이터를 정해진 구간으로 전환하는 기법은 '정규화'이다.

2과목 빅데이터 탐색

21. 데이터 일관성 유지를 위한 정제 기법에는 변환(Transform), 파싱(Parsing), 보강(Enhancement)이 있다.

22. 데이터 전처리 과정은 '데이터 정제 → 결측값 처리 → 이상값 처리 → 분석변수 처리' 순이다.

23. 데이터 결측값에서 누락된 자료가 특정 변수와 관련되지만, 그 변수의 결과와는 관계가 없는 경우는 '무작위 결측(MAR)'이다.

24. 단순확률대치법에서 진행 중 연구 내부가 아닌 외부 출처 또는 이전의 비슷한 연구에서 대체 값을 가져오는 방법은 '콜드덱(Cold-Deck) 대체'이다.

25. 동일하지 않은 실험 조건에서 발생하는 오류로 '실험 오류'에 해당한다.

26. 통계기법을 이용한 데이터 이상값 검출 방법 중 하나로, 정규분포의 단변량 자료에서 이상값을 검출하는 방법은 그럽스 T-검정이다.

27. 이상값 처리 방법에는 삭제, 대체, 변환이 있다.

28. 흡연량에 따른 폐암 발생률을 연구하고자 할 경우 흡연량은 독립변수이고, 흡연량에 따른 폐암 발생률은 종속변수이다. 독립변수는 다른 변수에 영향을 받지 않고, 종속변수에 영향을 주는 변수로 연구자가 의도적으로 변화시키는 변수를 의미한다. 종속변수는 다른 변수에 영향을 받는 변수로 독립변수의 변화에 따라 어떻게 변하는지 연구하는 변수이다.

29. 필터 기법의 예시에는 정보 소득, 카이제곱 검정, 피셔스코어, 상관계수가 있다. 단변량 선택은 래퍼기법의 사례 중 하나이다.

30. 군집분석과 유사하게 개체들 사이의 유사성과 비유사성을 측정하여 개체들을 2차원 혹은 3차원 공간상에 점으로 표현하여 개체 간의 근접성을 시각적으로 표현할 수 있는 차원 축소 기법은 다차원 척도법이다.

31. 표현 방식을 단순화하는 변환 방법으로 표현 방식 변환에 해당한다.

32. 데이터의 값을 0~1 사이의 값으로 변환하는 변수 변환 방법은 정규화이다. 비닝은 데이터 값을 몇 개의 Bin으로 분할하여 계산하는 방법이다. 스케일링은 데이터의 성질은 유지한 채 데이터의 범위를 조정하는 기법이다. 표준화는 입력한 데이터를 평균이 0이고, 분산이 1인 표준 정규 분포로 변화하는 방법이다.

33. 정규성에 맞지 않는 변수를 정규분포에 가깝게 로그/지수 변환하는 방법으로 데이터의 분산을 안정화하는 기법은 박스-콕스 변환이다.

34. 다차원 데이터 탐색 방법에서 범주형 ↔ 수치형의 경우 시각화는 박스플롯을 사용한다. 산점도를 사용하는 유형은 수치형 ↔ 수치형 유형이다.

35. 상관관계 조사에서 두 변수 사이의 연관성을 수치로 나타낸 상관계수(r)는 -1~1의 범위를 갖고, 1에 가까울수록 강한 양의 상관관계를, -1에 가까울수록 강한 음의 상관관계를 갖는다. 0에 가까울수록 상관관계가 거의 없음을 나타낸다. 문제에서 상관계수가 0.9로 확인되었으므로 두 변수는 강한 양의 상관관계를 갖는다고 해석할 수 있다.

36. 모든 데이터를 순서대로 배열했을 때, 중심에 위치한 데이터 값으로 이상치에 영향을 받지 않는 값은 중위수(Median)이다. Mode는 중위수, Mean은 평균, Quartile은 사분위수를 의미한다.

37. 데이터 분포가 기울어진 정도를 설명하는 통계량은 왜도이다.

38. 주어진 데이터에서 남자 집단의 평균 키는 $\dfrac{170+173+175+170+167}{5}=\dfrac{855}{5}=171$이다.

39. 주어진 데이터에서 여자 집단의 분산을 구하기 위해 먼저 평균을 구한다. 여자 집단의 평균은 $\dfrac{161+162+161+165+166}{5}=\dfrac{815}{5}=163$이다.

분산은 편차 제곱의 평균이므로 다음과 같이 연산된다.

$$\frac{(161-163)^2+(162-163)^2+(161-163)^2+(165-163)^2+(166-163)^2}{5}=\frac{22}{5}=4.4$$

40. 표준편차는 분산에 양의 제곱근을 취한 값을 의미하므로, 여자 집단의 표준편차는 $\sqrt{4.4}=$ 2.098과 같다.

3과목 빅데이터 모델링

41. 인공지능 학습 방법에는 지도 학습, 비지도 학습, 강화 학습, 준지도 학습이 있다.

42. 관측된 여러 개의 변숫값에서 유사한 성격을 갖는 몇 개의 군집으로 그룹화하여 그룹들 사이의 관계를 분석하는 다변량 분석기법은 군집화 모델이다.

43. 지도 학습 분석 모형에는 회귀 분석, 로지스틱 회귀 분석, 나이브 베이즈, KNN(K-최근접 이웃 알고리즘), 의사결정나무, 인공신경망, 서포트 벡터 머신(SVM), 랜덤 포레스트, 감성 분석이 있다. 비지도 학습 분석 모형에는 군집화(K-means, SOM, 계층군집 등), 차원 축소(주성분 분석, 선형판별 분석 등), 연관 분석, 자율학습 인공신경망이 있다.

44. 모델 외부 요소로 사용자가 직접 수작업으로 설정해주는 값은 초매개변수이다.

45. 분석 모형 구축 절차 단계 중 모델링에 대한 설명이다.

46. 주어진 코드는 파이썬(Python) 언어에 대한 코드이다.

47. 모집단으로부터 추정한 회귀식으로 얻은 예측값과 실제 관측값의 차이를 오차라고 하고, 표본으로 추정한 회귀식과 실제 관측값의 차이로 각각의 자료가 직선에 얼마나 잘 맞는지 확인하는 도구를 잔차라고 한다.

48. 주어진 식 $Y=\alpha e^{-\beta X}+e$는 회귀 분석 유형 중 비선형회귀를 나타낸다.

49. 실제 데이터의 분포와 모형이 예측하는 분포 간의 차이를 나타내는 벌점화된 선택 기준 방법은 AIC(Akaike Information Criterion)이다.

50. 오즈(승산비)의 식은 $odds = \dfrac{P}{1-P}$(P : 특정 사건의 발생 확률)이다.

51. 시그모이드 함수에서 x값의 범위는 $-\infty \sim +\infty$이다. y값은 $0 \sim 1$의 범위를 갖는다.

52. 의사결정나무에서 나무의 가지를 생성하는 과정을 가지 분할(Split)이라고 하고, 생성된 가지를 잘라내어 모형을 단순화시키는 과정을 가지치기(Punning)라고 한다.

53. 의사결정나무에서 같은 클래스끼리 섞여있는 정도를 순수도라고 하고, 여러 가지 클래스가 섞여 있는 정도를 불순도라고 한다.

54. 열역학에서 쓰는 개념으로 무질서 정도에 대한 측정 지표로 사용되는 불순도 척도는 엔트로피 지수이다.

55. 주어진 그래프는 활성화 함수 중 ReLU 함수에 대한 그래프이다.

56. 인공신경망 학습 절차는 미니 배치 학습 → 기울기 산출 → 매개변수 갱신 → 반복이다.

57. SVM의 구성 요소에는 결정경계, 초평면, 마진, 서포트 벡터, 슬랙변수(여유변수)가 있다.

58. 주어진 그림은 하드 마진 SVM을 나타낸다.

59. 향상도(Lift)는 규칙이 연관성의 정도를 측정하는 척도로 수식은 $\dfrac{P(A \cap B)}{P(A) \times P(B)}$와 같다.

60. 주어진 그림은 계층적 군집분석에서 군집간 거리를 측정하는 방법 중 와드 연결법을 나타낸다. 와드 연결법은 다른 군집 내의 오차제곱합에 기초하여 군집을 연결하는 방법이다.

4과목 빅데이터 결과 해석

61. 주어진 식은 회귀 모형 평가 지표에서 평균제곱근오차(RMSE)를 나타낸다.

62. 회귀제곱합(SSR)의 식은 $\sum\limits_{i=1}^{n} (\hat{y_i} - \bar{y_i})^2$이다.
①은 전체제곱합(SST), ②는 오차제곱합(SSE)의 식이다.

63. 참 긍정률은 실제 긍정 범주에서 긍정의 비율을 나타낸다. 따라서 주어진 혼동행렬에서 참 긍정률의 식은 $\dfrac{\bigcirc}{\bigcirc + \bigcirc}$과 같다.

64. 특이도는 실제 거짓 범주에서 거짓의 비율을 나타낸다. 따라서 주어진 혼동행렬에서 특이도의 식은 $\dfrac{\textcircled{ㄹ}}{\textcircled{ㄷ} + \textcircled{ㄹ}}$과 같다.

65. 거짓 긍정률은 실제 부정 범주 중 긍정의 비율을 나타낸다. 따라서 주어진 혼동행렬에서 거짓 긍정률의 식은 $\dfrac{\textcircled{ㄷ}}{\textcircled{ㄷ} + \textcircled{ㄹ}}$과 같다.

66. AUC(Area Under the ROC Curve)는 진단의 정확도를 측정할 때 사용하는 것으로 ROC 곡선의 아래 면적을 모형의 평가 지표로 삼는다. AUC의 값은 항상 0.5~1의 범위를 갖고, AUC 값이 1에 가까울수록 좋은 모형이라고 평가한다.

67. ROC 곡선의 x축은 거짓 긍정률(FP Rate)을 나타내고, y축은 참 긍정률(TP Rate)를 나타낸다.

68. K-fold 교차 검증에서는 데이터를 K개의 fold로 나누고, K-1개는 학습 데이터로 나머지 하나를 검증 데이터로 사용한다.

69. 모집단에 대한 유의성 검정 방법 중 정규분포를 가정하고, 추출된 표본이 동일 모집단에 속하는지 가설을 검증하기 위해 사용되는 검정 방법은 Z-검정이다.

70. 주어진 그래프는 과대적합(Over-Fitting)을 나타낸다.

71. 주어진 식은 L2 노름 규제(릿지, Ridge Regression)이다.

72. 전체 데이터 중 단 하나의 데이터를 사용하여 경사하강법을 1회 진행하는 방법은 '확률적 경사하강법'이다.

73. 앙상블 기법 중 많이 선택된 클래스를 최종 결과로 예측하는 방법은 직접 투표(Hard Voting)이다.

74. 투자 대비 효과(ROI)의 올바른 식은 $\dfrac{순이익}{투자\ 비용} \times 100$이다.

75. 산점도 행렬은 관계 시각화 유형에 속한다. 추세선은 시간 시각화에 속하고, 카토그램과 버블맵은 공간 시각화에 속한다.

76. 히트맵은 비교 시각화 유형에 속한다. 버블차트와 히스토그램은 관계 시각화 유형에 속하고, 트리맵은 분포 시각화 유형에 속한다.

77. 주어진 그림은 정보와 그래픽을 함께 담고 있는 인포그래픽(Inforgraphics)이다.

78. 분석 모형 최종 평가 시에는 데이터 학습 때 사용되지 않았던 데이터를 사용한다.

79. 분석 모형 개발 및 운영 프로세스 과정은 분석 목적 정의, 가설 검토, 데이터 준비 및 처리, 모델링 및 분석, 정확도 및 성능 평가, 운영 순이다.

80. 분석 모형 리모델링 과정 중 모형에 적합한 평가 지표를 활용하여 기존 모형의 성능을 분석하는 과정은 기존 분석 모형 분석 과정이다.

부록 2

기출 복원문제

2회(2021년 4월 17일) 기출 복원문제

1과목 빅데이터 분석 기획

1. 다음 중 분석을 위한 데이터를 데이터 저장소로 이동시키기 위해 다양한 소스 시스템으로부터 필요한 원본 데이터를 추출, 변환하여 적재하는 기술은?

① CEP
② API
③ ETL
④ FTP

2. 다음 중 딥러닝에 대한 설명으로 옳지 않은 것은?

① 오차 역전파를 사용한다.
② 주로 시그모이드 함수를 사용한다.
③ 드롭아웃은 학습과정에서 무작위로 뉴런을 제거하여 과적합을 방지한다.
④ 딥러닝의 은닉층은 가중치를 통해 연산되므로 그 결과의 해석이 용이하다.

3. 다음 중 빅데이터 분석 방법론의 절차로 옳은 것은?

① 분석 기획 → 데이터 준비 → 데이터 분석 → 시스템 구현 → 평가 및 전개
② 데이터 준비 → 데이터 분석 → 분석 기획 → 시스템 구현 → 평가 및 전개
③ 분석 기획 → 데이터 분석 → 시스템 구현 → 데이터 준비 → 평가 및 전개
④ 데이터 준비 → 분석 기획 → 시스템 구현 → 데이터 분석 → 평가 및 전개

4. 다음 중 정답인 레이블(Label)이 포함된 학습 데이터를 통해 모델을 학습시키는 방법은?

① 비지도 학습
② 지도 학습
③ 강화 학습
④ 준지도 학습

5. 다음 중 비식별화 조치에 대한 설명으로 옳지 않은 것은?

① k-익명성은 주어진 데이터 집합에서 같은 값이 적어도 k개 이상 존재하도록 하여 쉽게 다른 정보와 결합할 수 없도록 한 모델이다.
② l-다양성은 주어진 데이터 집합에서 함께 비식별되는 레코드들은 동질 집합에서 적어도 l개의 서로 다른 민감한 정보를 가져야 하는 모델이다.
③ t-근접성은 동질 집합에서 특정 정보의 분포와 전체 데이터 집합에서 정보의 분포가 t-이상의 차이를 보여야 하는 모델이다.
④ m-유일성은 원본 데이터와 동일한 속성의 값 조합이 비식별 결과 데이터에 최소 m개 이상 존재하도록 만들어 재식별 가능성의 위험을 낮춘 모델이다.

6. 다음 중 개인정보 익명처리 기법이 아닌 것은?

① 가명
② 일반화
③ 치환
④ 삭제

7. 다음 중 데이터의 특징을 파악하기 위해 평균, 분산, 표준편차 등의 기초통계량을 구하거나 시각화 도구인 그래프를 활용하는 분석 방법을 의미하는 것은?

① 시각화
② 기술통계
③ 모델링
④ EDA

8. 다음 중 분석 대상과 분석 방법을 모두 알고 있는 경우 선택할 수 있는 분석 기획 유형은?

① 솔루션
② 최적화
③ 발견
④ 통찰

9. 다음 중 개인정보 수집 시 정보주체자의 동의를 받아야 하는 경우는?

① 사전 동의를 받을 수 없는 경우로서 명백히 정보주체 또는 제3자의 급박한 생명, 신체, 재산의 이익을 위하여 필요하다고 인정되는 경우
② 회사가 입사 지원자의 범죄 이력을 조회하는 경우
③ 정보주체와의 계약의 체결을 위하여 불가피하게 필요한 경우
④ 요금 부과를 위해 회사가 사용자의 정보를 조회하는 경우

10. 다음 중 수집된 정형 데이터의 품질 검증 방법이 아닌 것은?

① 정규 표현식 활용
② 데이터 프로파일링 활용
③ 비업무 규칙 적용
④ 메타 데이터 활용

11. 다음 중 수집된 데이터를 다양한 방법을 활용하여 탐색적으로 분석하여 데이터의 특징을 정확하게 파악하는 분석 방법은?

① 데이터 전처리
② 분산 분석
③ 주성분 분석
④ EDA

12. 다음 중 빅데이터 분석 절차에서 문제의 단순화를 통해 변수 간의 관계로 정의하는 것을 의미하는 것은?

① 모형화
② 사전조사
③ 탐색적 데이터 분석
④ 요인분석

13. 다음 중 진단분석에 대한 설명으로 옳은 것은?

① 과거에는 무슨 일이 일어났고 현재는 무슨 일이 일어나고 있는가?
② 왜 발생했는가?
③ 향후 무슨 일이 일어날 것인가?
④ 향후 어떠한 대응을 해야 할 것인가?

14. 다음 중 데이터 범위에서 많이 벗어난 매우 크거나 작은 값은?

① 변량　　　　　② 이상치
③ 결측치　　　　④ 분산

15. 다음 중 데이터 수집 방법에 대한 설명으로 옳지 않은 것은?

① Open API로 센서 데이터를 수집한다.
② FTP로 문서를 수집한다.
③ DBMS로부터 크롤링한다.
④ 스트리밍(Streaming)을 통해 동영상 데이터를 수집한다.

16. 다음 중 조직을 평가하기 위한 성숙도 단계에 속하지 않는 것은?

① 활용　　　　　② 도입
③ 최적화　　　　④ 인프라

17. 다음 중 개인정보 수집 시 정보사용자가 정보주체자에게 고지해야 하는 사항이 아닌 것은?

① 개인정보 파기 사유
② 개인정보의 보유 및 이용 기간
③ 개인정보 수집 항목
④ 동의를 거부할 수 있는 권리

18. 다음 중 상향식 접근 방식의 절차로 옳은 것은?

① 프로세스 흐름 분석 → 프로세스 분류 → 분석 요건 식별 → 분석 요건 정의

② 프로세스 분류 → 프로세스 흐름 분석 → 분석 요건 식별 → 분석 요건 정의

③ 프로세스 분류 → 분석 요건 식별 → 분석 요건 정의 → 프로세스 흐름 분석

④ 프로세스 흐름 분석 → 분석 요건 식별 → 분석 요건 정의 → 프로세스 분류

19. 데이터 품질 평가 요소 중 동일한 데이터의 구조, 값, 형태가 일관되는 특징을 의미하는 것은?

① 완전성　　　　　② 일관성

③ 정확성　　　　　④ 유용성

20. 다음 중 기업에서 사용하는 데이터의 가용성, 유용성, 통합성, 보안성을 관리하기 위한 정책과 프로세스를 다루며 프라이버시 보안성, 데이터 품질, 관리 규정 준수를 강조하는 모델을 의미하는 것은?

① 데이터 웨어하우스

② 데이터 마트

③ 데이터 거버넌스

④ 데이터 레이크

2과목　빅데이터 탐색

21. 머신러닝 과정 중 데이터 불균형 문제를 해결할 수 있는 방법이 아닌 것은?

① 불균형 클래스를 그대로 두고 학습할 경우 과대적합 문제가 발생할 수 있다.

② 과소표집은 다수 클래스의 데이터 중 일부만 선택하여 데이터 비율을 맞추는 방법이다.

③ 과대표집은 소수 클래스의 데이터를 복제 또는 생성하여 데이터 비율을 맞추는 방법이다.

④ 불균형 문제를 처리하지 않으면 정확도는 낮아지고, 분포가 작은 클래스의 재현율은 높아진다.

22. 다음 중 박스플롯으로 확인할 수 없는 통계량은?

① IQR

② 중앙값

③ 분산

④ 이상값

23. 변수 선택 기법 중 가장 큰 영향을 주는 변수를 하나씩 추가하는 방법은?

① 전진 선택법

② 필터 기법

③ 단계적 방법

④ 후진 소거법

24. 한 회사에서 A공장은 부품을 50% 생산하고 불량률이 1%이고, B공장은 부품을 30% 생산하고 불량률이 2%이며, C공장은 부품을 20% 생산하고 불량률이 3%이다. 불량품이 발생했을 때 B공장에서 생산할 부품일 확률은 얼마인가?

① $\dfrac{5}{17}$　　　　② $\dfrac{6}{17}$

③ $\dfrac{2}{3}$　　　　④ $\dfrac{1}{5}$

25. 다음 중 파생변수에 대한 설명으로 옳지 않은 것은?

① 파생변수는 기존 변수에 특정 조건 등을 사용하여 새롭게 재정의한 변수로 객관적인 특징이 있다.

② 요약 통계량을 변환하여 파생변수를 생성할 수 있다.

③ 파생변수를 생성할 때는 논리적 타당성과 명확한 기준을 갖춰야 한다.

④ 조건문을 이용하여 파생변수를 생성할 수 있다.

26. 모표준편차(σ)가 8인 정규분포를 따르는 모집단에서 표본의 크기가 25인 표본을 추출했을 때, 표본 평균($\overline{X}$)이 70이다. 모평균(μ)에 대한 90% 신뢰도의 신뢰구간은 얼마인가? (단, $Z_{0.05}=1.645$, $Z_{0.025}=1.96$, $Z_{0.005}=2.575$이다.)

① $67.368 \leq \mu \leq 72.632$

② $66.364 \leq \mu \leq 73.136$

③ $67.368 \leq \mu \leq 73.132$

④ $65.88 \leq \mu \leq 74.12$

27. 지수 분포를 따르는 확률밀도함수에서 표본 3, 1, 2, 3, 4가 추출되었다. 최대우도 추정법을 이용해서 최대우도 추정치(θ)를 구하면 얼마인가? (단, 표본은 서로 독립적이다.)

① $\dfrac{7}{16}$ ② $\dfrac{5}{13}$

③ $\dfrac{5}{12}$ ④ $\dfrac{6}{13}$

28. 다음 중 두 변수 사이의 상관관계를 알 수 있는 관계 시각화 유형으로서 좌표상의 점들로 데이터를 표현하는 시각화 방법은?

① 버블맵   ② 히스토그램
③ 산점도   ④ 스타차트

29. 다음 중 상관관계 분석에 대한 설명으로 옳지 않은 것은?

① 두 변수 사이의 직선 관계를 파악하기 위해서 상관계수를 활용한다.

② 수치형 데이터는 Q-test 방법을 활용하여 분석한다.

③ 순서형 데이터는 스피어만 상관계수를 활용하여 분석한다.

④ 명목형 데이터는 카이제곱 검정을 활용하여 분석한다.

30. 다음과 같은 특징을 갖는 차트 이름은?

> • 여러 컬럼들을 비교하여 유사성을 찾기 위해 사용되는 그래프로 축은 컬럼을 나타내고, 축은 컬럼들의 값이 표현된다.
> • 유형 및 크기가 전혀 다른 데이터 값을 동일한 데이터 구간으로 표시하여 비교하는 그래프이다.
> • 측정된 데이터들을 정규화하여 백분율로 표현하고, 이를 하나의 그래프 화면에 표현한다.

① 누적영역그래프
② 카토그램
③ 평행좌표그래프
④ 히트맵

31. A학교 3학년의 중간고사 영어 점수 평균이 75점이고 분산은 25였다. 시험에서 80점 맞은 학생의 Z-score는 얼마인가?

① 3   ② 2
③ 1   ④ 4

32. 다음 중 추론통계에 대한 설명으로 옳지 **않은** 것은?

① 점 추정은 모집단의 모수를 하나의 값으로 추정하는 것이다.

② 신뢰수준은 추정값이 존재하는 구간에 모수가 포함될 확률을 의미한다.

③ 신뢰구간은 신뢰수준을 기준으로 추정된 통계적으로 유의미한 모수의 범위이다.

④ p-값은 대립가설이 참이라는 전제 하에 표본에서 실제로 관측된 통계치와 같거나 더 극단적인 통계치가 관측될 확률을 의미한다.

33. 다음과 같은 표에서 제1종 오류와 제2종 오류를 순서대로 표시한 것은?

		참값(실제 현상)	
		H_0	H_1
채택 (통계적 결정)	H_0	㉠	㉡
	H_1	㉢	㉣

① ㉠, ㉡

② ㉢, ㉡

③ ㉡, ㉢

④ ㉢, ㉣

34. 다음 중 주성분 분석에 대한 설명으로 옳은 것은?

① 두 개 이상의 변수 사이에 존재하는 상호 연관성을 분석하는 방법이다.

② 데이터를 특정한 직선에 사영(projection)하여 두 범주를 잘 구분할 수 있는 직선을 찾는 기법이다.

③ 기존 데이터의 분포를 최대한 보존하면서 고차원 공간의 데이터들을 저차원 공간으로 변환하는 방법이다.

④ 가장 독립적인 축을 찾는 기법으로 다변량의 신호를 통계적으로 독립적인 하부 성분으로 분리하여 차원을 축소하는 기법이다.

35. 다음과 같은 〈사례〉에서 A농구팀 연봉의 대푯값을 산출하기 위해 가장 적절한 통계량은?

〈사례〉
A농구팀 일부 팀원의 연봉이 구단 전체 연봉의 60% 이상을 차지하고, 나머지 선수들은 일반적인 연봉 범위에 포함된다.

① 중위수

② 평균

③ 최빈값

④ 최댓값

36. 다음 중 모집단을 여러 계층으로 나누고 계층별로 무작위추출하는 방식으로 데이터 특징이 층내에서는 동질하고, 층간에서는 이질한 특징이 있는 표본추출 기법은?

① 단순무작위추출법

② 층화추출법

③ 계통추출법

④ 군집추출법

37. 다음 중 불균형 데이터 처리 기법이 **아닌** 것은?

① 가중치 적용

② 임곗값 이동

③ 앙상블 기법

④ 과대표집

38. 다음 중 데이터 분포의 성격이 다른 하나는?

① 정규분포

② 베르누이 분포

③ Z-분포

④ T-분포

39. 다음 중 확률분포에 대한 설명으로 옳지 않은 것은?

① 푸아송 분포는 주어진 시간 또는 영역에서 어떤 사건의 발생 횟수를 나타내는 확률분포이다.

② F-분포는 모집단이 정규분포라는 정도만 알고 모표준편차(σ)는 모를 때, 모집단의 평균을 추정하기 위해 사용하는 분포이다.

③ 베르누이 분포는 특정 실험의 결과가 성공 또는 실패로 두 가지 중 하나의 결과를 얻는 확률분포이다.

④ 카이제곱 분포는 서로 독립적인 표준정규 확률변수를 각각 제곱한 다음 합해서 얻는 분포이다.

40. 다음과 같은 수식을 갖는 연속확률분포는?

$$F(x) = \frac{1}{\sigma\sqrt{2\pi}} e^{-\frac{(x-\mu)^2}{2\sigma^2}}$$

(σ^2 : 모분산, μ : 모평균, x : 확률변수, e : 자연상수(2.718…))

① Z-분포
② T-분포
③ 정규분포
④ X^2분포

3과목　빅데이터 모델링

41. 다음 변수 선택 기법 중 가장 적은 영향을 주는 변수를 하나씩 제거하는 방법은?

① 임베디드 기법
② 전진 선택법
③ 단계적 방법
④ 후진 소거법

42. 다음 중 인공신경망에서 목적으로 확인하고자 하는 값은?

① 손실값
② 커널값
③ 뉴런
④ 가중치

43. CNN 알고리즘에서 입력층 원본 이미지가 5×5에서 Stride가 1이고 필터가 3×3일 때, Feature Map은 얼마인가?

① (1, 1)
② (2, 2)
③ (3, 3)
④ (4, 4)

44. 다음 중 선형회귀 모형의 가정에서 잔차항과 관련 없는 것은?

① 정상성
② 독립성
③ 선형성
④ 등분산성

45. 다음 중 서포트 벡터 머신(SVM)에 대한 설명으로 옳지 않은 것은?

① 다른 모형에 비해 연산속도가 빠르다.
② 다른 모형에 비해 과대적합 가능성이 낮다.
③ 서포트 벡터(SV)가 여러 개 존재할 수 있다.
④ 서포트 벡터 머신은 마진을 최대화하는 것을 목표로 한다.

46. 다음 중 다차원 척도법에 대한 설명으로 옳지 않은 것은?

① 개체들 사이의 유사성, 비유사성을 측정하여 2차원 또는 3차원 공간상에 점으로 표현하여 개체들 사이의 집단화를 시각적으로 표현하는 방법이다.

② 공분산행렬을 사용하여 고윳값이 1보다 큰 주성분의 개수를 이용한다.

③ 스트레스값이 0에 가까울수록 적합도가 좋다.

④ 유클리드 거리와 유사도를 이용하여 개체 간의 거리를 구한다.

47. 다음과 같은 수식의 가중치 규제 기법은?

$$\frac{1}{N}\sum_{i=1}^{N}(y_i-\bar{y_i})^2 + \lambda\sum_{j=1}^{M}|w_j|$$

① 엘라스틱 넷
② 릿지
③ 라쏘
④ L2 노름 규제

48. 다음 중 빅데이터 분석 절차로 옳은 것은?

① 데이터 수집 → 연구 조사 → 문제 인식 → 모형화 → 분석 결과 공유 → 데이터 분석
② 문제 인식 → 데이터 수집 → 연구 조사 → 모형화 → 분석 결과 공유 → 데이터 분석
③ 연구 조사 → 문제 인식 → 데이터 수집 → 데이터 분석 → 모형화 → 분석 결과 공유
④ 문제 인식 → 연구 조사 → 모형화 → 데이터 수집 → 데이터 분석 → 분석 결과 공유

49. 다음 중 로지스틱 회귀 분석에 대한 설명으로 옳은 것은?

① 데이터가 정규분포 형태를 따른다.
② 독립변수와 종속변수가 모두 연속형이어야 한다.
③ 반응변수가 범주형일 때 사용된다.
④ 종속변수만 연속형일 때도 사용 가능하다.

50. 다음은 암 진단을 예측한 것과 실제 암 진단 결과를 혼동행렬로 나타낸 것이다. 아래의 혼동행렬을 보고 TPR과 FPR의 확률은 얼마인가? (단, 결과가 음성이라는 뜻의 0을 Positive로 한다.)

		예측 값	
		0	1
실젯값	0	40	10
	1	5	70

① $TPR=\frac{4}{5}$, $FPR=\frac{1}{10}$

② $TPR=\frac{8}{9}$, $FPR=\frac{1}{15}$

③ $TPR=\frac{4}{5}$, $FPR=\frac{1}{15}$

④ $TPR=\frac{2}{3}$, $FPR=\frac{4}{5}$

51. 다음 중 예측력이 약한 모형을 연결하여 강한 모형을 만드는 기법으로 오분류된 데이터에 가중치를 주어 표본을 추출하지만 과적합의 위험이 있는 앙상블 기법은?

① 배깅-AdaBoost
② 배깅-랜덤 포레스트
③ 부스팅-랜덤 포레스트
④ 부스팅- GBM

52. 사건 A, B가 있다. x가 발생했을 때 B가 일어날 확률인 $P(B|x)$를 구하는 식으로 옳은 것은?

① $P(B|x)=\dfrac{P(x|B)\cdot P(B)}{P(x|A)\cdot P(A)+P(x|B)\cdot P(B)}$

② $P(B|x)=\dfrac{P(B|x)\cdot P(B)}{P(A|x)\cdot P(A)+P(B|x)\cdot P(B)}$

③ $P(B|x)=\dfrac{P(B|x)\cdot P(x)}{P(A|x)\cdot P(x)+P(B|x)\cdot P(x)}$

④ $P(B|x)=\dfrac{P(x|B)\cdot P(x)}{P(x|A)\cdot P(x)\cdot P(x|B)\cdot P(x)}$

53. 다음 중 전체 데이터를 K개의 fold로 나누어 (K-1)개는 학습에, 나머지 하나는 검증에 사용하는 교차 검증 방법은?

① Hold-out ② K-fold
③ LOOCV ④ Bootstrap

54. 다음 중 비지도 학습 알고리즘의 사례로 알맞은 것은?

① 과거 날씨 데이터를 분석하여 향후 날씨 예측
② 과거 가격 정보를 분석하여 향후 가격 예측
③ 페이스북 사진으로 사람을 분류
④ 부동산 정보를 활용하여 지역별 집값 예측

55. 다음과 같은 이미지 판별을 위해 사용될 수 있는 가장 적합한 분석 방법은?

```
0 0 0 0 0 0 0 0 0 0 0 0 0 0 0 0 0
1 1 1 1 1 1 1 1 1 1 1 1 1 1 1 1
2 2 2 2 2 2 2 2 2 2 2 2 2 2 2 2 2
3 3 3 3 3 3 3 3 3 3 3 3 3 3 3
4 4 4 4 4 4 4 4 4 4 4 4 4 4
5 5 5 5 5 5 5 5 5 5 5 5 5 5 5
6 6 6 6 6 6 6 6 6 6 6 6 6 6
7 7 7 7 7 7 7 7 7 7 7 7 7 7 7
8 8 8 8 8 8 8 8 8 8 8 8 8 8 8
9 9 9 9 9 9 9 9 9 9 9 9 9 9 9
```

① 군집 ② 예측
③ 회귀 ④ 분류

56. 학생들의 교복 표준 사이즈를 정하기 위해 학생들의 팔길이, 키, 가슴둘레를 기준으로 할 때 어떤 방법이 가장 적절한가?

① 분류 ② 회귀
③ 군집 ④ 예측

57. 다음 중 시계열 모형이 아닌 것은?

① 백색잡음 ② 이항분포
③ 자기회귀 ④ 이동평균

58. 다음 중 비정형 데이터에 대한 설명으로 옳지 않은 것은?

① 사진은 RGB 방식으로 저장한다.
② 웹 문서 데이터는 크롤링 기술을 활용하여 수집한다.
③ 오디오 데이터는 토큰화하여 저장한다.
④ 텍스트 데이터는 자연어 처리하여 유의미한 정보를 추출할 수 있다.

59. 다음 중 랜덤 포레스트에 대한 설명으로 옳지 않은 것은?

① 분류기를 여러 개 쓸수록 성능이 좋아진다.
② 모델에 사용되는 모델의 개수가 많을수록 모델의 정확도가 높아진다.
③ 여러 개의 의사결정 트리가 모여서 랜덤 포레스트 구조가 된다.
④ 이상치의 영향을 적게 받는다.

60. 다음 중 K-fold에 대한 설명으로 옳지 않은 것은?

① 데이터를 K개로 나눈 뒤 검증한다.
② 1개를 훈련 데이터로, K-1개를 검증 데이터로 사용한다.
③ 데이터 검증을 K번 반복한다.
④ 결과의 평균을 모델의 성능으로 한다.

4과목　빅데이터 결과 해석

61. 다음 중 이상적인 분석 모형을 위해 Bias와 Variance는 어떻게 설정되어야 하는가?

① Bias : 낮음, Variance : 높음
② Bias : 높음, Variance : 낮음
③ Bias : 낮음, Variance : 낮음
④ Bias : 높음, Variance : 높음

62. 다음 중 초매개변수로 설정 가능한 것은?

① 인공신경망의 가중치
② SVM의 SV
③ 편향
④ KNN에서 K개수

63. 다음 중 산점도와 비슷한 시각화 유형은?

① 버블차트
② 파이차트
③ 히트맵
④ 등치선도

64. 다음 중 하나의 공간에 각각의 변수를 표현하는 몇 개의 축을 그리고, 축에 표시된 해당 변수의 값을 연결하는 그래프의 이름은?

① 산점도 행렬
② 스타차트
③ 플로팅 바 차트
④ 버블맵

65. 불균형 데이터 세트로 이진 분류 모형을 생성할 때, 불균형을 해소하기 위한 방법으로 옳지 않은 것은?

① 다수 클래스의 데이터를 일부만 선택하여 데이터의 비율을 맞춘다.
② 소수 클래스의 데이터를 복제 또는 생성하여 데이터의 비율을 맞춘다.
③ 임곗값은 데이터가 적은 쪽으로 이동시킨다.
④ 여러 가지 모형들의 예측 및 분류 결과를 종합하여 최종적인 의사결정에 활용한다.

66. 다음 중 ROC 곡선에 대한 설명으로 옳지 않은 것은?

① y축은 민감도를 나타낸다.
② x축은 정밀도를 나타낸다.
③ AUC가 1에 가까울수록 분석 모형의 성능이 우수하다고 할 수 있다.
④ AUC값은 항상 0.5~1의 범위를 갖는다.

67. 다음 중 분류의 예측 범주와 데이터의 실제 분류 범주를 교차표 형태로 정리한 것을 의미하는 것은?

① 혼동행렬
② RMSE
③ 분석 모형
④ 분류표

68. 다음 중 매개변수와 초매개변수에 대한 설명으로 옳지 않은 것은?

① 매개변수는 연구자가 수작업으로 설정할 수 있다.
② 매개변수의 예시로는 선형회귀의 결정계수가 있다.
③ 초매개변수는 모델 외부 요소로 사용자가 직접 수작업으로 설정해주는 값이다.
④ 초매개변수의 예시로는 의사결정나무의 깊이가 있다.

69. 다음 중 K-mean clustering 알고리즘에서 K값을 구하는 기법은?

① 앙상블 기법
② 적합도 검정
③ 엘보우 기법
④ 역전파 알고리즘

70. 다음 중 F1-score 연산에 필요한 지표는?

① Accuracy, Precision
② Specificity, Recall
③ Recall, Specificity
④ Recall, Precision

71. 종속변수가 범주형이고, 독립변수가 수치형 변수 여러 개로 이루어진 변수 간의 관계를 분석하기 위해 적용할 수 있는 방법은?

① 로지스틱 회귀 분석
② K-평균 군집 분석
③ 주성분 분석
④ DBSCAN

72. 회귀 모형의 잔차를 분석한 결과가 다음과 같을 때 이에 대한 설명으로 옳은 것은?

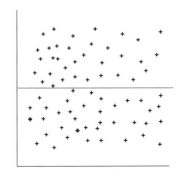

① 잔차가 등분산 가정을 만족한다.
② 종속변수를 log로 변환하여 문제를 해결한다.
③ 독립변수 중 하나를 제곱하여 문제를 해결한다.
④ 잔차가 정규분포를 따르지 않는다.

73. 다음 중 적합도 검정에 대한 설명으로 옳지 <u>않은</u> 것은?

① 적합도 검정은 가정된 확률이 정해져 있을 때와 가정된 확률이 정해져 있지 않을 때 데이터가 가정된 확률에 적합하게 따르고 있는가를 검정하는 것이다.
② 가정된 확률이 정해져 있는 경우에는 정규성 검정을 사용한다.
③ 정규성 검정 방법에는 샤피로-윌크 검정, 콜모고로프-스미르노프 적합성 검정이 있다.
④ 샤피로-윌크 검정은 데이터가 정규분포를 따르는지 확인하는 검정 방법이다.

74. 다음과 같은 시계열 분해 그래프를 통해 파악 가능한 내용이 <u>아닌</u> 것은?

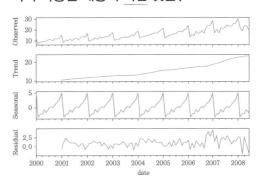

① 계절   ② 예측   ③ 추세   ④ 잔차

75. 다음 중 인포그래픽에 대한 설명으로 옳지 <u>않은</u> 것은?

① 빅데이터는 많은 양의 데이터를 표현해야 하므로 결과가 복잡하고 이해가 어려울 수 있다.
② 다양한 정보를 그래픽화하여 나타낸 시각화 방법이다.
③ 정보를 온라인상에 쉽고 빠르게 공유할 수 있다.
④ 도표, 글에 비해 정보 이용자가 쉽게 이해할 수 있고, 오래 기억할 수 있다.

76. 다음 중 분석 모형 평가 지표에 대한 설명으로 옳지 <u>않은</u> 것은?

① 종속변수의 유형에 따라 평가 지표가 달라질 수 있다.

② 종속변수가 범주형일 때 임곗값이 변하더라도 정분류율은 변하지 않는다.

③ 종속변수의 유형이 연속형일 때는 RMSE를 사용한다.

④ 종속변수의 유형이 범주형일 때는 혼동행렬을 사용한다.

77. 다음 중 혼동행렬에 대한 설명으로 옳지 <u>않은</u> 것은?

① 카파 값(Kappa Value)은 0~1 범위의 값을 갖고, 1에 가까울수록 예측값과 실젯값이 일치한다.

② 실제 긍정 범주 중 긍정의 비율은 민감도이고, $\dfrac{TP}{TP+FN}$와 같이 연산된다.

③ 실제 부정 범주 중 부정의 비율을 거짓 긍정률이라고 한다.

④ 전체 범주 중 잘못 예측한 비율을 오차비율이라고 한다.

78. 다음 중 분석 모형 검증에 대한 설명으로 옳지 <u>않은</u> 것은?

① 데이터 수가 적으면 교차 검증을 하는 것이 좋다.

② 교차 검증을 통해 분석 모형의 일반화 성능을 확인할 수 있다.

③ 데이터 수가 많으면 검증 데이터로 충분하므로 평가 데이터는 불필요하다.

④ K-fold 교차 검증은 (K-1)개를 훈련 데이터로, 나머지 1개를 평가 데이터로 검증한다.

79. 다음 중 분석 결과 활용에 대한 설명으로 옳지 <u>않은</u> 것은?

① 분석 모형 최종 평가 시에는 학습에 사용되지 않았던 데이터를 사용한다.

② 분석 결과는 비즈니스 업무 담당자, 시스템 엔지니어 등 관련 인원들에게 모두 공유되어야 한다.

③ 정확도, 재현율 등의 평가 지표를 분석 모형 성능 지표로 활용한다.

④ 분석 모형 개발과 피드백 적용 과정을 반복하는 것을 지양한다.

80. 다음과 같은 회귀 모형 결과를 바르게 해석한 것은?

	Estimate	Std.Error	t value	$Pr(>|t|)$
(Intercept)	41.107678	2.842426	14.462	1.62e-14
X1	0.007473	0.011845	0.631	0.00651
X2	-3.635677	1.040138	-3.495	0.00160
X3	-4.784944	0.607110	-2.940	0.53322

㉠ 변수 X3은 회귀 모형에서 제거 가능하다.

㉡ 유의수준 0.05에서 변수 X2의 계수는 41.107678이다.

㉢ 유의수준 0.05에서 변수 X1과 X2는 유의하다고 해석할 수 있다.

① ㉠

② ㉠, ㉢

③ ㉡, ㉢

④ ㉠, ㉡, ㉢

3회(2021년 10월 2일) 기출 복원문제

1과목   빅데이터 분석 기획

1. 다음 설명하는 빅데이터 분석 방법론 분석 절차 중 해당하는 단계는?

> 프로젝트 진행을 위한 방향성을 설정하고, 비즈니스 문제에 대한 과제 현황을 파악한다. 실제 분석을 수행하기에 앞서 분석을 수행할 과제의 정의 및 의도했던 결과를 도출할 수 있도록 이를 적절하게 관리할 수 있는 방안을 사전에 계획하는 단계이다.

① 분석 문제 정의 　② 분석 기획
③ 분석 마스터플랜 　④ 분석 로드맵 설정

2. 다음 중 데이터 분석 시 고려해야 할 사항으로 적절하지 <u>않은</u> 것은?

① 데이터 분석은 규모가 아니라 어떠한 시각과 통찰을 얻을 수 있는지에 대한 문제이다.
② 데이터 분석은 분석 기술과 방법론을 기반으로 여러 형태의 데이터를 구축, 탐색, 분석 및 시각화까지 수행하는 것이다.
③ 분석 결과를 사전에 가정하여 정의하고 목적에 맞는 탐색적 데이터 분석을 진행해야 한다.
④ 데이터 분석을 수행하기 위한 분석적 방법과 성과에 대한 이해의 부족을 지양해야 한다.

3. 다음 중 하나 이상의 데이터 소스로부터 정형 데이터를 추출 및 가공하여 데이터 웨어하우스 등 다양한 응용 시스템에 저장하는 기술은?

① RSS   ② ETL   ③ Kafka ④ FTP

4. 다음 중 재현자료(Synthetic Data)에 대한 설명 및 특징으로 옳지 <u>않은</u> 것은?

① 모집단의 통계적 특성들을 유지하면서도 민감한 정보를 외부에 직접 공개하지 않는다.
② 재현자료는 실제로 측정된 데이터를 생성하는 모형이 존재한다고 가정하고, 추정된 모형에서 새롭게 생성한 데이터이다.
③ 개인이 제공한 데이터가 아닌 임의로 생성한 데이터로 개인정보보호 관련 법규의 규제 제약사항이 있다.
④ 베이지안 방법이나 기계학습 모형을 통해 재현자료를 생성한다.

5. 다음 중 분석 마스터플랜에 대한 설명으로 옳은 것은?

① 데이터 수집 및 확보와 분석 데이터 준비 단계는 순차적으로 진행하고, 모델링 단계는 반복적으로 수행한다.
② 분석 마스터플랜은 분석 목표를 기반으로 분석 과제를 수행하기 위해 필요한 기준 등을 담아 만든 종합적인 계획이다.
③ 단계별로 추진하고자 하는 목표를 명확하게 정의하고, 추진 과제별 선행 관계를 고려하여 단계별 추진 내용을 정렬한다.
④ 분석 마스터플랜 과정에서는 전략적 중요도, 비즈니스 성과와 ROI 및 분석 과제의 실행 용이성을 고려하여 과제의 우선순위 기준을 설정한다.

6. 다음 중 데이터 분석 방법론의 데이터 분석 과정에서 수행하는 업무가 <u>아닌</u> 것은?

① 탐색적 데이터 분석 및 데이터 시각화
② 텍스트 데이터 확인, 수집 및 데이터 분석
③ 모델 평가 및 모델 검증
④ 데이터 수집, 저장 및 정합성 검증

7. 기존의 기계적 학습 알고리즘과 비교했을 때 빅데이터 기반 인공지능의 장점이 <u>아닌</u> 것은?

① 현대적 컴퓨터 기술의 발전과 함께 대규모 데이터 집합의 효율적 처리가 가능하다.
② 시각 지능과 같은 특정 영역에서는 인간 수준 혹은 그 이상의 지식 체계 구현이 가능하다.
③ 일정 문제 영역에서 인간의 통찰력을 활용하여 필요한 특징을 직접 설정할 수 있다.
④ 이종 문제 영역으로의 확장이 가능하다.

8. 다음 중 개인정보처리법에 따른 개인정보처리 원칙으로 거리가 먼 것은?

① 개인정보처리자는 개인정보의 처리 방법 및 종류 등에 따라 정보주체의 권리가 침해받을 가능성과 그 위험 정도를 고려하여 개인정보를 안전하게 관리하여야 한다.
② 개인정보처리자는 개인정보의 처리 목적에 필요한 범위에서 적합하게 개인정보를 처리하여야 하며, 그 목적 외의 용도로 활용해서는 안 된다.
③ 개인정보처리자는 개인정보를 익명으로 처리하여도 개인정보 수집 목적을 달성할 수 있는 경우 익명에 의하여 처리해야 한다.
④ 개인정보처리자는 개인정보의 처리 목적을 명확하게 하여야 하고, 그 목적에 필요한 범위에서 최소한의 개인정보만을 적법하고 정당하게 수집하여야 한다.

9. 다음 중 일반적인 데이터 분석가와 비교했을 때 데이터 사이언스의 역량에 해당하지 <u>않는</u> 것은?

① 풀 수 있는 문제로 변환한 비즈니스 문제를 IT 및 소프트웨어 역량을 활용하여 체계적으로 분석 및 해결하는 능력

② 비즈니스 문제를 새롭게 정의하고 그것을 풀 수 있는 문제로 변환하는 능력
③ IT 및 소프트웨어 역량을 활용하여 비즈니스 문제 해결을 위한 데이터 수집, 분석 및 가공 단계와 프로세스를 설계하고 구현하는 능력
④ 데이터 가공 과정을 소프트웨어를 활용해 자동적으로 구현하고 필요한 데이터를 만들기 위한 시스템을 개발하는 능력

10. 하둡 시스템 중 HDFS(Hadoop Distributed File System)에 저장된 빅데이터 ETL(Extract, Transform, Load) 작업이 가능한 시스템은?

① Oozie
② HBase
③ Pig
④ Tajo

11. 2018년 5월 EU에서 시행된 법령으로 정보주체의 권리와 기업의 책임성 강화 등을 주요 내용으로 하고 있는 개인정보보호법은 무엇인가?

① PDA
② DPA
③ STD
④ GDPR

12. 다음 중 가트너가 정의한 빅데이터 처리 플랫폼 특징 3V에 속하지 <u>않는</u> 것은?

① Volume
② Value
③ Velocity
④ Variety

13. 다음 중 민감정보에 해당하지 <u>않는</u> 것은?

① 건강정보
② 정치적 견해
③ 취미생활
④ 사상과 신념

14. 다음 중 데이터 분석 절차 순서로 가장 적절한 것은?

① 데이터 준비 → 분석 기획 → 데이터 분석 → 시스템 구현 → 평가 및 전개
② 분석 기획 → 데이터 준비 → 데이터 분석 → 시스템 구현 → 평가 및 전개
③ 분석 기획 → 데이터 준비 → 데이터 분석 → 평가 및 전개 → 시스템 구현
④ 데이터 준비 → 분석 기획 → 데이터 분석 → 평가 및 전개 → 시스템 구현

15. 다음 중 분석 문제 정의 단계에서 수행하는 업무에 대한 내용이 <u>아닌</u> 것은?

① 데이터의 크기 및 형태를 고려한다.
② 데이터 분석 주기는 분석 단계에서 결정될 수 있으므로 이 단계에서는 고려하지 않는다.
③ 데이터 분석을 통해 달성할 목표를 고려한다.
④ 분석 문제 정의의 주체로 개인과 조직을 나누어 고려한다.

16. 트랜잭션 중심의 데이터베이스와 비교하여 데이터 웨어하우스를 설명하는 것으로 옳지 <u>않은</u> 것은?

① 소멸성
② 주제 정확성
③ 통합적
④ 시간에 따라 변함

17. 다음 중 데이터의 정확성, 상호운영성, 적절성 등 명시된 요구와 내재된 요구를 만족하는 데이터 품질 기준은?

① 접근성
② 일관성
③ 효율성
④ 기능성

18. 빅데이터 정보 관리 중 Hbase, Cassandra와 같이 비정형 및 반정형 데이터 처리에 가장 유용한 것은?

① RDBMS
② 인 메모리 데이터 관리 기술
③ NoSQL
④ 분산 파일 시스템

19. 개인정보 비식별화 방법으로 적절하지 <u>않은</u> 것은?

① 범주화
② 가명 처리
③ 값 대체
④ 데이터 마스킹

20. 다음 설명하는 내용에 해당하는 것은?

> A기업이 가진 이용자 개인정보를 B기업에 제공하려면 이용자의 동의를 구해야 하는데, 이를 통하면 B기업이 이용자에게 직접 동의를 구해 A기업에 개인정보 제공을 요청할 수 있다.

① 마이 데이터
② 개인정보 포털
③ 개인정보 동의 간소화
④ 기업 간 정보 공유

2과목 빅데이터 탐색

21. 다음 중 데이터 정제에 대한 설명으로 옳은 것은?

① 데이터 정제는 결측값을 채우거나 제거하는 과정을 통해 데이터의 신뢰도를 높이는 작업이다.

② 데이터 정제는 모든 데이터를 대상으로 하지 않는다.

③ 노이즈와 이상값은 비정형 데이터보다는 정형 데이터에서 자주 발생하므로 데이터 특성에 맞는 정제 규칙을 수립하여 점검해야 한다.

④ 데이터 정제 과정은 데이터 분석 과정에서 반드시 수행할 필요는 없다.

22. 차원 축소의 목적과 특징에 대한 설명으로 옳지 않은 것은?

① 작은 차원으로만 로버스트(robust)한 결과를 도출할 수 있다면 많은 차원을 다루는 것보다 효율적이다.

② 차원 축소의 목적은 데이터 분석의 효율성 측면에서 복잡도를 축소하고, 과적합을 방지하며, 해석력을 확보하는 것에 있다.

③ 차원 축소의 기법에는 주성분 분석, 요인 분석, 특이값 분석, 다차원 척도법 등이 있다.

④ 알고리즘을 통한 학습을 위해 차원이 증가하면서 학습 데이터의 수가 차원의 수보다 커지면서 성능이 저하되는 차원의 저주 현상을 해결할 수 있다.

23. 다음 중 이상값에 대한 설명으로 옳지 않은 것은?

① 데이터 측정 중에 발생하는 오류로 인해 생성된 값은 이상값으로 정의하여 처리할 수 없다.

② 상자그림, 산점도 등과 같은 시각화를 이용하여 이상값을 검출할 수 있다.

③ 정규화를 통해 특정 구간을 벗어난 경우를 이상값으로 판별할 수 있다.

④ 상한값과 하한값을 벗어나는 값들을 하한, 상한값으로 변경하여 활용하는 극단값 조정 방법이 있다.

24. 차원 축소의 기법 중 요인 분석에 대한 설명으로 옳지 않은 것은?

① 영향력이 큰 주요 변수와 유사한 변수를 제거하면서 소수의 요인으로 축약하는 기법이다.

② 모형을 세운 뒤 관찰 가능한 데이터를 이용하여 해당 잠재 요인을 도출하고 데이터 안의 구조를 해석하는 기법이다.

③ 독립변수와 종속변수 구분이 없고, 주로 기술통계에 의한 방법을 이용한다.

④ 변수를 축소하거나 변수 특성을 파악하고, 파생변수를 생성할 때도 활용이 가능하다.

25. 변수변환기법 중 Box-Cox변환기법에 대한 설명으로 옳지 않은 것은?

① 기존 변수에 특정 조건 혹은 함수 등을 적용하여 새롭게 재정의한 통계량을 활용하여 분석을 수행한다.

② 데이터가 가진 스케일이 심하게 차이가 나는 경우 그 차이를 그대로 반영하기보다는 상대적 특성이 반영된 데이터로 변환하는 과정이다.

③ 변수들의 분포가 오른쪽으로 기울어진 것을 감소시키기 위해 로그 변환을 수행하기도 한다.

④ 변수에 제곱근을 취하면 오히려 선형적인 특징을 가지게 되어 의미를 해석하기 쉬워진다.

26. 다음 중 데이터 스케일링의 방법에 해당하지 않는 것은?

① Z-스코어 활용
② 변수 범주화
③ 최소-최대 정규화
④ 로버스트 스케일링

27. 다음 중 주성분 분석에 대한 설명으로 옳지 않은 것은?

① 음수를 포함하지 않은 두 행렬의 곱으로 분해하는 알고리즘을 적용한다.
② 행의 수와 열의 수가 같은 정방행렬에서만 사용할 수 있다.
③ 주성분 분석은 분포된 데이터들의 특성을 설명할 수 있는 하나 또는 복수 개의 특징을 찾는 것을 의미한다.
④ 변수들의 공분산 행렬이나 상관행렬을 이용한다.

28. 다음 중 상관관계에 대한 설명으로 옳은 것은?

① 상관계수의 값이 −1에 가까우면 강한 양의 상관관계를 갖는다고 해석한다.
② 상관계수의 값이 +1에 가까우면 강한 음의 상관관계를 갖는다고 해석한다.
③ 한 변수의 값이 감소할 때 다른 변수의 값이 감소하는 경향을 보이면 양의 상관관계가 있다고 표현한다.
④ 한 변수의 값이 증가할 때 다른 변수의 값이 감소하는 경향을 보이면 양의 상관관계가 있다고 표현한다.

29. 다음 기초통계량 중 성격이 다른 하나는?

① 평균값
② 중앙값
③ 최빈값
④ 범위

30. 다음 중 평균에 대한 설명으로 옳지 않은 것은?

① 평균은 일반적으로 모든 자료들을 합한 후 전체 자료수로 나누어 계산한다.
② 평균의 종류에는 산술평균, 기하평균, 조화평균이 있다.
③ 평균물가상승률, 경제성장률 등을 구할 때 조화평균을 이용한다.
④ 기하평균은 N개의 자료에 대해서 관측치를 곱한 후 n 제곱근으로 계산한다.

31. 다음 중 모집단에 대하여 표본추출을 수행할 때 전수조사를 수행해야 하는 것은?

① 우주선의 부품 검사
② 전구의 성능 조사
③ 환자의 암 진단
④ 바다에 사는 고래 수

32. 다음 중 대푯값에 대한 설명과 특징으로 옳지 않은 것은?

① 중앙값은 자료를 크기 순으로 나열할 때 가운데 위치한 값이며, 이상값에 민감하다.
② IQR은 제3사분위수와 제1사분위수의 차이 값이며, 상자그림을 통해 직관적으로 파악할 수 있다.
③ 분산은 평균으로부터 얼마나 떨어져 있는지를 나타내는 값이며, 표본분산은 자유도로 나눠서 계산한다.
④ 왜도는 데이터 분포의 기울어진 정도를 설명하며, 왜도가 0보다 크면 최빈값 < 중앙값 < 평균의 특징을 갖는다.

33. 다음 중 점 추정의 조건에 해당하지 않는 것은?

① 일치성
② 불편성
③ 효율성
④ 편이성

34. 시각적 데이터 탐색을 수행할 때 활용하는 차트 혹은 기법이 <u>아닌</u> 것은?

① 산점도   ② 인코딩
③ 히스토그램   ④ 박스플롯

35. 다음 중 표본분포에 대한 설명으로 옳지 <u>않은</u> 것은?

① 표본집단의 특성을 나타내는 특성값은 통계량이라고 하며, 이를 통해 모집단의 모수를 추론한다.
② 표본분포는 모집단에서 추출한 일정한 개수의 표본에 대한 분포 상태이다.
③ 모집단의 크기와 관계없이 표본평균의 표준오차는 동일하게 산출한다.
④ 표본평균의 표준편차를 평균의 표준오차라고 하며, 표본분포의 퍼짐 정도를 나타낸다.

36. 다음 중 표본추출 기법의 종류 중 집단 내에서는 서로 이질적이며, 집단 간에는 서로 동질적인 표본추출 기법은?

① 군집추출
② 단순무작위추출
③ 계통추출
④ 층화추출

37. 확률변수 X의 평균은 4이고, 확률변수 Y의 평균은 9이며, X와 Y 모두 푸아송 분포를 따른다고 가정한다. 다음에서 제시한 기댓값과 분산은 각각 얼마인가?

$$E\left(\frac{3X+2Y}{6}\right),\ Var\left(\frac{3X+2Y}{6}\right)$$

① 2, 2   ② 2, 5
③ 5, 2   ④ 5, 5

38. 다음 중 가설검정에 대한 설명으로 옳은 것은?

① 귀무가설은 연구자가 모수에 대해 새로운 통계적 입증을 이루어 내고자 하는 가설이다.
② 유의수준이 높을수록 연구자는 귀무가설을 기각하고 자신의 주장에 확신을 가질 수 있다.
③ 제2종 오류는 귀무가설이 참일 때 대립가설을 채택하도록 결정하는 오류이다.
④ 제1종 오류는 귀무가설이 참일 때 귀무가설을 기각하도록 결정하는 오류이다.

39. 다음 중 모집단과 표본의 통계량에 대한 설명으로 옳지 <u>않은</u> 것은?

① 모집단의 분포와 상관없이 표본의 수가 큰 표본평균의 분포는 정규분포를 따른다.
② 표본분포의 평균은 모집단의 평균과 동일하다.
③ 표본평균의 분산은 n의 크기와 관계없이 모평균의 분산을 따른다.
④ 동일한 모집단의 표준편차에서 표본의 크기가 커지면 커질수록 표준오차는 줄어든다.

40. 불균형 데이터를 분석하는 경우 고려해야 할 사항으로 옳지 <u>않은</u> 것은?

① 가중치가 더 높은 클래스를 예측하려고 하기 때문에 정확도는 높아질 수 있지만, 분포가 작은 클래스의 특이도가 낮아지는 문제가 발생할 수 있다.
② 데이터에서 각 클래스가 갖고 있는 데이터의 양의 차이가 큰 경우에는 언더샘플링, 오버샘플링, 앙상블 기법을 통해 불균형 데이터 처리를 수행해야 한다.
③ 데이터 클래스 비율이 차이가 나면 단순히 데이터가 큰 클래스를 선택할 가능성이 높아져서 모델 검증이 어려워진다.

④ 트레인 데이터셋에서는 높은 성능으로 보이지만, 테스트 데이터에서는 예측 성능이 더 낮게 나올 가능성이 높다.

3과목 빅데이터 모델링

41. 다음 중 샘플링 데이터의 가중치를 조정하여 모델을 연속적으로 학습하여 오차를 줄이는 방법은?

① 배깅
② 스태킹
③ 랜덤 포레스트
④ 부스팅

42. 활성화 함수 중 하나인 소프트맥스(Softmax)에 대한 설명으로 적절하지 <u>않은</u> 것은?

① 세 개 이상의 다중 클래스 분류에 사용되는 활성화 함수이다.
② 각 클래스에 속할 확률이 아닌 클래스 값을 추정한다.
③ 시그모이드 함수와 같이 출력층에서 주로 사용한다.
④ 각 클래스에 속할 확률이 아닌 클래스 값을 추정한다.

43. 다음 중 활성화 함수에 대한 설명으로 적절하지 <u>않은</u> 것은?

① 하이퍼볼릭탄젠트(tanh) 함수는 −1에서 1 사이의 값을 출력한다.
② 시그모이드(sigmoid) 함수는 0에서 가장 작은 미분값을 갖는다.
③ 비선형 함수를 사용해야 다수의 은닉층을 추가할 수 있다.
④ ReLU는 상대적으로 가중치 업데이트 속도가 빠르다.

44. 다음 중 다중공선성에 대한 대책으로 적절하지 <u>않은</u> 것은?

① 비즈니스 중요도와 상관없이 상관관계가 높은 변수는 제거한다.
② 라쏘(Lasso), 릿지(Ridge)와 같은 정규화 모델로 어느 정도 방지할 수 있다.
③ 주성분 분석을 통해 변수를 요약한 주성분을 변수로 활용한다.
④ 데이터를 추가 수집하여 변수를 변형시키거나 새로운 관측치를 이용한다.

45. 종속변수가 이산형 변수일 때 의사결정나무의 분류 기준으로 적절하지 <u>않은</u> 것은?

① 카이제곱 통계량
② 지니 지수
③ 엔트로피 지수
④ F−통계량

46. 다음 중 시계열 분해 요소가 <u>아닌</u> 것은?

① 추세 요인
② 계절 요인
③ 순환 요인
④ 공통 요인

47. 다음 중 서포트 벡터 머신(SVM)의 커널 함수로 Radial Basis Function(RBF)을 사용할 때 적절하지 <u>않은</u> 것은?

① 사용자가 지정한 차수의 다항식을 활용하는 커널이다.
② 가우시안 커널이라고도 하며, 하이퍼파라미터로 C, gamma가 있다.
③ 하이퍼파라미터로 gamma값이 커질수록 과적합 위험이 높아진다.
④ 고차항이 될수록 특성의 중요도는 감소한다.

48. 비정상 시계열에 대한 시계열 모델로서 자기회귀누적 이동평균 모형(ARIMA)에 대한 설명으로 적절하지 <u>않은</u> 것은?

① 차수가 p, d, q인 모델은 ARIMA(p, d, q)로 나타낸다.

② 비정상 시계열을 안정적으로 정상화하기 위해 차수 d는 되도록 크게 설정해야 한다.

③ 차수 d가 0인 경우 ARMA(p, q) 모델을 사용한 것과 동일하다.

④ AR은 자기회귀 모델을 나타내고, MA는 이동평균 모델을 나타낸다.

49. 다음 중 약의 효과를 확인하기 위해 약 복용 전후를 비교하는 비모수 검정 방법으로 적절한 것은?

① 윌콕슨 부호 순위 검정

② 부호 검정

③ 크루스칼–왈리스 검정

④ 대응표본 t–검정

50. 다음 중 비모수적 추론에 대한 설명으로 적절하지 <u>않은</u> 것은?

① 데이터 샘플의 크기가 매우 작은 경우에도 사용할 수 있다.

② 순위와 부호를 기반으로 하여 이상치의 영향을 받지 않는다.

③ 모집단의 분포에 대한 가정을 필요로 하지 않는다.

④ 데이터가 연속형 측정값인 경우에만 사용할 수 있다.

51. 다음의 각 과제에 대한 분석 방법이 적절하게 연결된 것은?

> 가. 영화 감상평에 대한 긍정/부정 판단
>
> 나. 사원증 대신 얼굴 인식으로 출입 가능한 보안게이트 설치
>
> 다. 사용자가 업로드한 이미지에 대한 설명을 제공하는 앱 개발
>
> 라. 공장 로봇이 돌발 상황에 적절하게 대응할 수 있도록 운동능력 훈련

① 가 : 순환신경망, 나 : 합성곱신경망, 다 : 순환신경망+합성곱신경망, 라 : 강화학습

② 가 : 순환신경망, 나 : 강화학습, 다 : 합성곱신경망, 라 : 순환신경망+합성곱신경망

③ 가 : 합성곱신경망, 나 : 순환신경망, 다 : 강화학습, 라 : 순환신경망+합성곱신경망

④ 가 : 합성곱신경망, 나 : 순환신경망+합성곱신경망, 다 : 순환신경망, 라 : 강화학습

52. 과일 판매에 대한 데이터가 다음과 같을 때 [오렌지, 사과 → 자몽]에 대한 신뢰도와 지지도는 얼마인가?

> [오렌지, 사과, 딸기]
>
> [오렌지, 사과, 자몽]
>
> [오렌지, 바나나]
>
> [사과, 바나나, 딸기]
>
> [오렌지, 사과, 바나나, 자몽]

① 신뢰도=66.6%, 지지도=60%

② 신뢰도=66.6%, 지지도=40%

③ 신뢰도=33.3%, 지지도=40%

④ 신뢰도=33.3%, 지지도=60%

53. 다음 중 로지스틱 회귀 모델에 대한 설명으로 옳지 <u>않은</u> 것은?

① 로지스틱 회귀 분석은 정규분포를 따른다.

② 로지스틱 회귀 분석의 목표변수는 범주형이다.

③ 로지스틱 회귀 분석의 경우 0~1 사이의 값을 갖는다.

④ 로지스틱 회귀 분석의 시그모이드 함수 수식은 $Y=\dfrac{e^X}{1+e^X}$이다.

54. 다음 중 심층신경망에 대한 설명으로 적절하지 <u>않은</u> 것은?

① 심층신경망은 입력층과 출력층 사이에 여러 개의 은닉층들로 이루어진 인공신경망이다.

② 심층신경망은 오류역전파 알고리즘으로 학습될 수 있다.

③ 심층신경망의 가중치(weight) 파라미터는 경사하강법을 통하여 갱신될 수 있다.

④ 합성곱신경망은 합성곱 계층으로 일반적인 인공신경망 계층을 대신한다.

55. 사회관계망 분석(Social Network Analysis)에서 중심성 분석으로 적절하지 <u>않은</u> 것은?

① 근접 중심성   ② 매개 중심성
③ 아이겐벡터 중심성 ④ 포괄 중심성

56. 다음 중 기계학습 모델 구축 절차로 가장 적절한 것은?

① 과제 정의 → 데이터 수집 → EDA 및 데이터 전처리 → 모델 학습 → 모델 성능 평가

② 과제 정의 → 데이터 수집 → 모델 학습 → EDA 및 데이터 전처리 → 모델 성능 평가

③ 과제 정의 → 데이터 수집 → EDA 및 데이터 전처리 → 모델 성능 평가 → 모델 학습

④ 과제 정의 → 데이터 수집 → 모델 학습 → 모델 성능 평가 → EDA 및 데이터 전처리

57. 선형 회귀 분석과 로지스틱 회귀 분석에 대한 설명으로 적절하지 <u>않은</u> 것은?

① 선형 회귀 분석은 정규분포를 따르고, 로지스틱 회귀 분석은 이항분포를 따른다.

② 선형 회귀 분석의 결정계수는 파라미터이고, 로지스틱 회귀 분석의 결정계수는 하이퍼파라미터이다.

③ 선형 회귀 분석의 종속변수는 연속형이고, 로지스틱 회귀 분석의 종속변수는 범주형이다.

④ 선형 회귀 분석은 $-\infty \sim \infty$ 사이의 값을 갖고, 로지스틱 회귀 분석은 0~1 사이의 값을 갖는다.

58. 데이터 분할 시 주의사항으로 적절하지 <u>않은</u> 것은?

① 학습 데이터가 부족하면 알고리즘 학습이 어려워질 수 있다.

② 검증 데이터와 테스트 데이터는 일치할 수 있다.

③ 불균형 데이터의 경우 불균형 범주의 비율을 유지하도록 분할하기도 한다.

④ 학습 데이터와 테스트 데이터는 일부 겹칠 수 있다.

59. 다음 중 측정값이 시차(time lag)에 따라 전후 값들 사이에 상관관계를 갖는 시계열 특성은?

① 자기회귀
② 정상성
③ 계절성
④ 이동평균

60. 다음의 신경망에서 활성화 함수로 항등 함수를 사용한다고 한다. 입력값이 ($x=1$, $y=2$)일 때 출력값은 얼마인가?

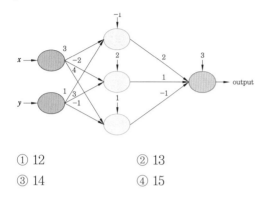

① 12   ② 13
③ 14   ④ 15

4과목   빅데이터 결과 해석

61. 다음 중 초매개변수에 대한 설명으로 옳지 <u>않은</u> 것은?

① 모델 성능을 개선하기 위해 파라미터 값에 영향을 준다.
② 데이터 학습 결과로 자동으로 결정된다.
③ 모델 외부 요소로 사용자가 직접 설정한다.
④ 그리드 서치, 랜덤 서치 등의 튜닝 방법이 있다.

62. 다음 중 경사하강법이 <u>아닌</u> 것은?

① Adam
② AdaGrad
③ RMSProp
④ AdaBoost

63. 다음 중 관계 시각화에 대한 설명으로 적절하지 <u>않은</u> 것은?

① 산점도, 산점행렬, 버블차트, 히스토그램 등이 있다.

② 모든 수치형 변수 간의 산점도를 행렬로 나타내어 전반적인 관계를 확인할 수 있다.
③ 히스토그램의 X축은 범주형 변수의 각 범주를 나타내고, Y축은 빈도수를 나타낸다.
④ 변수 간의 연관성이나 분포, 패턴을 찾기 위한 시각화 방법이다.

64. 다음과 같은 시각화 분석 방법에 해당하는 것은?

> • 다변량 데이터에 대하여 변수 간의 연관성 및 패턴을 분석한다.
> • 버블차트, 밀도차트 등을 활용한다.

① 비교 시각화
② 관계 시각화
③ 시간 시각화
④ 공간 시각화

65. 다음 중 데이터 값에 따라 지도상 지역의 면적을 왜곡하는 시각화 방법은?

① 등치선도
② 버블 플롯
③ 카토그램
④ 스캐터 플롯

66. 다음 중 신경망의 과적합을 방지하는 방법으로 옳지 <u>않은</u> 것은?

① L1 규제, L2 규제와 같은 가중치 규제를 적용하여 모델의 복잡도를 줄인다.
② 학습 과정에서 일부 노드를 사용하지 않는 드롭아웃 기법을 활용한다.
③ 일반적인 패턴을 학습할 수 있도록 데이터를 추가 수집한다.
④ 모델의 복잡도를 줄이기 위해 은닉층이나 은닉노드 수를 늘린다.

67. 다음은 1973년 미국의 지역별 강력 범죄율 데이터를 주성분 분석하여 도출된 결과이다. 제3주성분을 기준으로 했을 때 누적 기여율은 얼마인가?

importance of components :				
	Comp. 1	Comp. 2	Comp. 3	Comp. 4
standard deviation	1.5748783	0.9948694	0.5971291	0.41644938
Proportion of Variance	0.6200604	0.2474413	0.0891408	0.04335752
Cumulative proportion	0.6200604	0.8675017	0.9566425	1.00000000

① 95.66% ② 90.00%

③ 85.69% ④ 59.71%

68. 다음 중 회귀 분석 결과로 도출된 분산 분석표(ANOVA)에 대한 설명으로 옳지 않은 것은?

① F-value는 모형의 전체적인 유의성을 검정하는 것으로 분산 분석표에서 주어지는 값들로 연산할 수 있다.

② 결정계수(R^2)는 회귀 모형의 설명력을 나타내는 지표로서 SSR을 SSE로 나누어 연산한다.

③ p-value는 F-value에 대한 유의확률을 의미한다.

④ 일반적으로 p-value의 값이 0.05보다 작으면 귀무가설을 기각하므로 회귀 모형은 유의하다.

69. 다음 중 카이제곱 통계량 수식으로 옳은 것은?

① $X^2 = \sum\limits_{i=1}^{k} \dfrac{(O_i - E_i)^2}{O_i}$

② $X^2 = \sum\limits_{i=1}^{k} \left| \dfrac{O_i - E_i}{O_i} \right|$

③ $X^2 = \sum\limits_{i=1}^{k} \left| \dfrac{(O_i - E_i)^2}{O_i} \right|$

④ $X^2 = \sum\limits_{i=1}^{k} \dfrac{(O_i - E_i)^2}{E_i}$

70. 다음 중 이진분류 평가 지표로 적합하지 않은 것은?

① RMSE ② 재현율

③ 정확도 ④ ROC

71. 다음과 같은 데이터 분포에서 왜도의 부호 및 평균, 중앙값, 최빈값의 올바른 배열은?

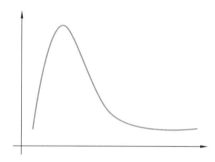

① 왜도 < 0, 최빈값 < 평균 < 중앙값

② 왜도 < 0, 최빈값 < 중앙값 < 평균

③ 왜도 > 0, 최빈값 < 중앙값 < 평균

④ 왜도 > 0, 중앙값 < 평균 < 최빈값

72. 다음과 같은 혼동행렬에서 민감도와 정밀도는 얼마인가?

		예측 값	
		참	거짓
실젯값	참	17	10
	거짓	3	40

① $\dfrac{17}{27}, \dfrac{17}{20}$ ② $\dfrac{17}{20}, \dfrac{17}{27}$

③ $\dfrac{3}{34}, \dfrac{10}{27}$ ④ $\dfrac{1}{5}, \dfrac{3}{20}$

73. 다음 중 분석 모델을 활용한 비즈니스 문제 해결에 적합하지 <u>않은</u> 것은?

① 기업 직원들의 재택근무 비율 감소
② 고객의 선호도를 고려한 상품 추천
③ 제조 공장에서 불량품 발생 가능성 예측
④ 신용불량 위험이 높은 고객을 사전에 감지

74. 다음 중 회귀 분석 모형의 적합성 평가에 대한 설명으로 옳지 <u>않은</u> 것은?

① 잔차의 정규성 검정을 위해 Q-Q plot을 활용할 수 있다.
② 잔차는 서로 상관성이 없고, 동일한 분산을 가져야 한다.
③ 결정계수 값이 1에 가까울수록 모형의 설명력이 높다.
④ 회귀계수 추정값이 0이어도 y절편 추정값이 0이 아니면 모형은 유의하다.

75. 다음 중 ROC 곡선에 대한 설명으로 옳지 <u>않은</u> 것은?

① ROC 곡선이 왼쪽 위로 크게 휘어질수록 모델의 분류 성능이 좋다.
② 최적의 임곗값을 찾으면 모델의 재학습 없이도 민감도와 특이도를 모두 높일 수 있다.
③ AUC 값이 0.5인 경우 모델의 분류 능력이 없다고 해석할 수 있다.
④ x축은 1-speciality를 나타내고, y축은 recall을 나타낸다.

76. 다음 중 평균절대백분율오차(MAPE)의 올바른 수식은?

① $\dfrac{1}{n} \sum\limits_{i=1}^{n} |y_i - \hat{y}_i|$

② $\dfrac{1}{n} \sum\limits_{i=1}^{n} (y_i - \hat{y}_i)^2$

③ $\dfrac{100}{n} \times \sum\limits_{i=1}^{n} \left| \dfrac{y_i - \hat{y}}{y_i} \right|$

④ $\sqrt{\dfrac{1}{n} \sum\limits_{i=1}^{n} (y_i - \hat{y}_i)^2}$

77. 다음 설명하는 검증방법에 해당하는 것은?

> • 데이터를 무작위로 7 : 3 또는 8 : 2 비율로 학습 데이터와 검증 데이터로 나누는 방법이다.
> • 가장 보편적으로 랜덤추출을 통해 데이터를 분할하는 방법으로 데이터가 편향되지 않도록 한다.

① K-fold 교차 검증
② 드롭아웃
③ 홀드아웃
④ 부트스트랩

78. 회귀 모형 진단을 위해 사용되는 적합도 검정기법과 가장 거리가 <u>먼</u> 것은?

① 샤피로-윌크 검정
② Q-Q Plot
③ 잔차의 히스토그램
④ 종속변수의 절편

79. 다음 중 여러 개의 수치형 변수에 대해 각각 축을 그리고, 축에 표시된 해당 변수의 값을 연결하여 표현한 그래프로 비교분석이 가능한 차트 이름은?

① 스타차트 ② 버블차트
③ 히스토그램 ④ 히트맵

80. 다음 중 실제 음성(False)을 음성(False)으로 정확히 예측한 평가 지표는?

① 민감도 ② 정밀도
③ 특이도 ④ 정확도

4회(2022년 4월 9일) 기출 복원문제

1과목 빅데이터 분석 기획

1. 다음 중 HDFS에 대한 설명으로 옳은 것은?

① Replication의 횟수는 3회로 사용자가 바꿀 수 없다.
② 네임노드는 삭제 데이터가 저장된 데이터노드를 관리한다.
③ GFS(Google File System)을 기반으로 만들어졌다.
④ NTFS가 상위 파일 시스템이다.

2. 다음 중 인공지능학습에 대한 설명으로 옳지 않은 것은?

① 지도 학습이란 데이터의 정답이 주어진 상태에서 학습하는 것을 의미한다.
② 강화 학습이란 특정 조건에서 최적의 행동을 선택하도록 하는 학습 방법이다.
③ 사용하는 알고리즘이 훌륭할 경우 학습을 생략할 수 있다.
④ 강인공지능은 인간의 지성을 컴퓨터 정보처리능력으로 구현한 시스템으로 특정한 분야의 문제 해결을 위해 만든 약인공지능에 반대되는 말이다.

3. DIKW 피라미드 중 지혜에 해당되는 것은?

① A마트의 과일은 1,000원이고, B마트의 과일은 2,000원이다.
② A마트의 과일이 더 저렴하다.
③ 과일은 A마트에서 구입하는 것이 더 저렴하다.
④ 채소도 A마트에서 구입하는 것이 B마트보다 더 저렴할 것이다.

4. 다음 중 분산파일 시스템에 대한 설명으로 옳은 것은?

① 여러 컴퓨터를 하나의 서버 환경처럼 연결하여 데이터를 저장, 처리하는 시스템이다.
② 하나의 컴퓨팅 자원을 다수의 시스템에 연결하여 병목현상의 문제가 발생할 수 있다.
③ 비관계형 DB와 같은 의미를 지니며, 대표적으로 NoSQL이 있다.
④ 대규모의 데이터가 아닌 양질의 소규모 데이터를 관리하기 위해 고안되었다.

5. 다음 중 분석 로드맵 수립 시 우선적으로 고려해야 할 항목이 아닌 것은?

① 비즈니스 성과 및 ROI
② 시급성 및 중요도
③ 분석 모델 활용 방안
④ 실현 가능성

6. 다음 중 빅데이터 분석 기획 절차로 옳은 것은?

① 프로젝트 정의 → 비즈니스 이해 및 범위 설정 → 프로젝트 수행 계획 수립 → 프로젝트 위험관리 계획 수립
② 비즈니스 이해 및 범위 설정 → 프로젝트 정의 → 프로젝트 수행 계획 수립 → 프로젝트 위험관리 계획 수립
③ 비즈니스 이해 및 범위 설정 → 프로젝트 정의 → 프로젝트 위험관리 계획 수립 → 프로젝트 수행 계획 수립
④ 프로젝트 정의 → 비즈니스 이해 및 범위 설정 → 프로젝트 위험관리 계획 수립 → 프로젝트 수행 계획 수립

7. 다음 중 개인정보 비식별화에 대한 설명으로 옳지 <u>않은</u> 것은?

① 비식별화는 개인을 알아볼 수 없도록 하는 조치이다.

② 비식별 정보는 비식별 조치 후에도 모니터링과 기술적 보호 조치를 수행해야 한다.

③ 비식별 정보는 제3자 제공이 가능하며, 원칙적으로 불특정 다수에 대한 공개가 가능하다.

④ 비식별 정보는 사전에 개인정보 해당 여부에 대해 검토하고, 개인정보가 아닌 것을 활용 가능하도록 한다.

8. 다음 중 가트너가 정의한 빅데이터 처리 플랫폼 특징 중 3V에 속하지 <u>않는</u> 것은?

① Volume

② Velocity

③ Value

④ Variety

9. 다음 중 데이터 크기에 대한 설명으로 옳은 것은?

① $1PB = 2^{40}bytes$

② $1ZB = 2^{70}bytes$

③ $1GB = 2^{20}bytes$

④ $1EB = 2^{50}bytes$

10. 다음 설명하는 내용에 해당하는 것은?

> 대표적인 빅데이터 분산처리 엔진으로 인메모리 기반으로 대용량 데이터를 처리할 수 있어 성능이 빠르다.

① Map Reduce

② Hive

③ Pig

④ Spark

11. 다음 중 빅데이터 분석 모델링 과정에서 수행하는 업무가 <u>아닌</u> 것은?

① 데이터셋 분할

② 프로젝트 성과 분석 및 평가 보고

③ 분석 모델 적용 및 운영 방안 수립

④ 분석 모형 모델링

12. 다음 중 개인정보 비식별화 기술에 대한 설명으로 옳지 <u>않은</u> 것은?

① 총계처리 : 데이터의 총합 값으로 처리하여 개별 데이터의 값을 보이지 않도록 하는 기술

② 데이터 마스킹 : 개인 식별에 중요한 데이터 값을 삭제하는 것

③ 범주화 : 데이터의 값을 범주의 값으로 변환하여 값을 변경하는 기술

④ 가명처리 : 개인 식별에 중요한 데이터를 식별할 수 없는 다른 값으로 변경

13. 다음 중 정형 데이터와 비정형 데이터에 대한 설명으로 옳은 것은?

① 동영상, 오디오 데이터는 정형 데이터이다.

② 정형과 반정형 성질을 모두 갖고 있는 데이터는 비정형 데이터이다.

③ XML과 JSON은 반정형 데이터이다.

④ 형태소는 정형 데이터를 분석하기 위한 단위이다.

14. 다음 중 고품질 데이터의 특성이 <u>아닌</u> 것은?

① 적시성

② 불편성

③ 정확성

④ 일관성

15. 다음 설명하는 내용에 해당하는 것은?

> 클라이언트와 서비스 사이에 위치하여 클라이언트로부터 받은 다양한 요청을 서버에 전달하고, 서버에서 처리한 결과를 다시 클라이언트에 전달하는 프록시(Proxy, 중계) 역할을 한다.

① 데이터베이스
② API 게이트웨이
③ PaaS
④ ESB

16. 다음 중 데이터 3법에 포함되지 <u>않는</u> 것은?

① 정보통신산업진흥법
② 개인정보보호법
③ 정보통신망 이용 촉진 및 정보보호 등에 관한 법률
④ 신용정보의 이용 및 보호에 관한 법률

17. 다음 중 공공 데이터 포털에서 제공하는 파일 형식이 <u>아닌</u> 것은?

① CSV   ② SQL
③ JSON   ④ XML

18. 다음 설명하는 내용에 해당하는 것은?

> 다양한 소스(Source)에서 수집된 대량의 원시 데이터를 주제별로 장기간 저장하는 데이터 저장소로 보통의 경우 구조화된 정형 데이터를 보관하는 저장소이다.

① Data Mining
② Data Mart
③ Data Lake
④ Data Warehouse

19. 다음 중 데이터에 노이즈를 추가하여 개인정보보호와 데이터 분석을 모두 진행할 수 있는 개인정보기법은?

① 가명화
② 개인정보 차등보호
③ k-익명성
④ l-다양성

20. 다음 중 빅데이터 저장기술은?

① 맵리듀스
② 가시화
③ SQL
④ NoSQL

2과목   빅데이터 탐색

21. $H_0 : \mu < 35$, $H_1 : \mu \geq 35$를 만족할 때 표본의 평균은 38, 모집단의 표준편차는 6이고, 표본의 개수는 36개이다. 신뢰도 99%를 만족할 때 Z값, 귀무가설 검정으로 옳은 것은?

	0,00	0,01	0,02	0,03	0,04	0,05	0,06	0,07	0,08	0,09
2,0	0,9772	0,9778	0,9783	0,9788	0,9793	0,9798	0,9803	0,9808	0,9812	0,9817
2,1	0,9821	0,9826	0,9830	0,9834	0,9838	0,9842	0,9846	0,9850	0,9854	0,9857
2,2	0,9861	0,9864	0,9868	0,9871	0,9875	0,9878	0,9881	0,9884	0,9887	0,9890
2,3	0,9893	0,9896	0,9898	0,9901	0,9904	0,9906	0,9909	0,9911	0,9913	0,9916
2,4	0,9918	0,9920	0,9922	0,9925	0,9927	0,9929	0,9931	0,9932	0,9934	0,9936
2,5	0,9938	0,9940	0,9941	0,9943	0,9945	0,9946	0,9948	0,9949	0,9951	0,9952
2,6	0,9953	0,9955	0,9956	0,9957	0,9959	0,9960	0,9961	0,9962	0,9963	0,9964
2,7	0,9965	0,9966	0,9967	0,9968	0,9969	0,9970	0,9971	0,9972	0,9973	0,9974
2,8	0,9974	0,9975	0,9976	0,9977	0,9977	0,9978	0,9979	0,9979	0,9980	0,9981
2,9	0,9981	0,9982	0,9982	0,9983	0,9984	0,9984	0,9985	0,9985	0,9986	0,9986
3,0	0,9987	0,9987	0,9987	0,9988	0,9988	0,9989	0,9989	0,9989	0,9990	0,9990
3,1	0,9990	0,9991	0,9991	0,9991	0,9992	0,9992	0,9992	0,9992	0,9993	0,9993
3,2	0,9993	0,9993	0,9994	0,9994	0,9994	0,9994	0,9994	0,9995	0,9995	0,9995
3,3	0,9995	0,9995	0,9995	0,9996	0,9996	0,9996	0,9996	0,9996	0,9996	0,9997
3,4	0,9997	0,9997	0,9997	0,9997	0,9997	0,9997	0,9997	0,9997	0,9997	0,9998
3,5	0,9998	0,9998	0,9998	0,9998	0,9998	0,9998	0,9998	0,9998	0,9998	0,9998
3,6	0,9998	0,9998	0,9999	0,9999	0,9999	0,9999	0,9999	0,9999	0,9999	0,9999
3,7	0,9999	0,9999	0,9999	0,9999	0,9999	0,9999	0,9999	0,9999	0,9999	0,9999
3,8	0,9999	0,9999	0,9999	0,9999	0,9999	0,9999	0,9999	0,9999	0,9999	0,9999

① $Z=3.0$, H_0 채택
② $Z=3.0$, H_0 기각
③ $Z=2.0$, H_0 채택
④ $Z=2.0$, H_0 기각

22. 다음 중 가설 검정에서 제1종 오류를 범할 확률을 의미하는 것은?

① 유의수준 ② 베타수준
③ 신뢰수준 ④ 검정력

23. 다음 중 시공간 데이터로 옳지 <u>않은</u> 것은?

① GIS 데이터 ② 패널 데이터
③ 코로플레스맵 ④ 격자 데이터

24. 다음 중 이상값을 찾는 방법에 대한 설명으로 옳지 <u>않은</u> 것은?

① 박스플롯과 산점도 등에서 멀리 떨어진 값을 찾는다.
② 표준정규분포에서 표준편차가 3 이상인 값을 찾는다.
③ 도메인 지식에서 이론적이나 물리적으로 맞지 않는 값을 찾는다.
④ 가설 검정의 노이즈 값을 찾는다.

25. 다음 중 상관계수에 대한 설명으로 옳지 <u>않은</u> 것은?

① 상관계수는 −1~1의 범위를 갖는다.
② 상관계수가 1인 경우 강한 양의 상관관계를 갖는다.
③ 상관계수가 0인 경우 약한 양의 상관관계를 갖는다.
④ 상관계수는 두 변수 사이의 선형적 관계를 확인하는 분석 방법이다.

26. 다음 중 박스플롯에서 3Q보다 항상 작은 값을 갖는 것은?

① 중앙값 ② IQR 사분위수 범위
③ 80퍼센트 ④ 최댓값

27. 정규분포를 따르고 평균이 150, 분산이 16인 자료 X_i에 대해 모든 자료에 $\dfrac{(X_i - 150)}{4}$의 스케일링을 적용하면 자료는 어떠한 분포를 따르는가?

① $N(150, 16)$ ② $N(0, 1)$
③ $N\left(0, \dfrac{1}{10}\right)$ ④ $N\left(0, \dfrac{1}{100}\right)$

28. 다음 중 주성분 분석에 대한 설명으로 옳지 <u>않은</u> 것은?

① 기존 변수들을 선형 결합하여 새로운 변수를 만든다.
② 주성분들이 설명하는 분산이 최대한 커지도록 한다.
③ 주성분 분석의 결과와 해석을 직관적으로 이해할 수 있다.
④ 데이터가 이산형, 연속형인 경우 사용한다.

29. 다음 좌표에 대하여 A지점으로부터 C지점까지 맨하탄 거리는 얼마인가?

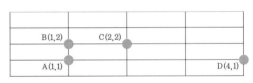

① 1 ② 2
③ 3 ④ 4

30. 어떤 제품의 생산량이 A공장에서 50%, B공장에서 30%, C공장에서 20%이고, 제품의 불량률은 A공장이 3%, B공장이 2%, C공장이 1%이다. 불량 제품이 발생하였을 때 A공장에서 생산된 제품일 확률은 얼마인가?

① 65.21% ② 26.08%
③ 70.23% ④ 8.69%

31. 다음 중 비정형 텍스트 전처리 기법으로 옳지 <u>않은</u> 것은?

① Streaming

② Tokenizing

③ Pos tagging

④ Stemming

32. 다음 중 항목 집합의 지지도를 산출하여 발생 빈도와 최소지지도를 기반으로 거래의 연관성을 밝히는 알고리즘은?

① 인공신경망

② 어간추출

③ 의사결정나무

④ Apriori

33. 다음 중 데이터 분포가 다음과 같은 경우 알맞은 통계량 분포는?

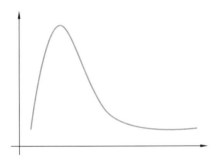

① 왜도<0, 최빈값<중앙값<평균

② 왜도<0, 중앙값<평균<최빈값

③ 왜도>0, 평균<최빈값<중앙값

④ 왜도>0, 최빈값<중앙값<평균

34. 다음 중 불균형 데이터 처리 방법에 대한 설명으로 옳은 것은?

① 불균형 데이터 처리 기법에는 과소표집, 과대표집, 임곗값 이동, 앙상블 기법이 있다.

② 과소표집 기법에는 SMOTE, ADASYN이 있다.

③ 과대표집 기법에는 ENN(Edited Nearest Neighbor), 토멕링크 방법이 있다.

④ 임곗값 이동은 데이터가 적은 쪽으로 이동시키는 방법으로 학습 단계에서 이동한다.

35. 다음과 같은 조건에서 기초통계량은 얼마인가?

> 평균이 $\bar{x}$이고, 표준편차가 σ인 확률변수 x_i에 대해 x_1+x_2의 표준편차는 얼마인가? (단, x_i는 서로 상호 독립이다.)

① σ ② $\sqrt{2}\sigma$ ③ σ^2 ④ $\dfrac{\sigma}{\sqrt{2}}$

36. 다음 중 빅데이터 탐색에 대한 설명으로 옳지 <u>않은</u> 것은?

① 데이터 분석 과정에서 최종 분석 결과를 도출한다.

② 빅데이터 전체 분포를 대략적으로 검토하는 과정이다.

③ 데이터 탐색 시 잠재적 문제를 발견하는 과정이다.

④ 데이터 탐색 시 데이터를 기반으로 패턴을 찾는 과정이다.

37. 다음 중 표준화와 자료분포에 대한 설명으로 옳은 것은?

① 표준화된 자료의 표준편차는 0이다.

② 표준화는 단위가 다른 자료에 대하여 평균=0, 분산=1이 되도록 변환하는 과정이다.

③ 표준화는 각 요소에서 평균을 뺀 값에 분산을 나눈다.

④ 정규 분포는 평균과 표준편차에 따라 모양이 달라지지 않기 때문에 표준화가 필요 없다.

38. 다음 중 변동계수에 대한 설명으로 옳지 않은 것은?

① 표준편차와 분산을 사용하여 두 가지 자료의 산포도를 측정할 수 있다.

② 상대표준편차라고도 한다.

③ 단위가 다른 두 데이터를 비교할 때 단위에 영향을 받지 않는 변동성 척도이다.

④ 평균과 표준편차를 나누어서 서로 다른 단위의 산포도를 비교할 수 있다.

39. 다음 중 초기하 분포에 대한 설명으로 옳지 않은 것은?

① 자료는 이산형 분포를 따른다.

② 비복원추출로 인해 각 시행의 성공 확률은 일정하지 않다.

③ 복원추출을 하는 경우에는 이항분포를 사용해야 한다.

④ 각 시행의 성공 확률은 상호 독립적이다.

40. 다음 중 박스플롯에서 확인할 수 없는 통계량은?

① 사분위수 범위

② 분산

③ 중앙값

④ 이상값

3과목 빅데이터 모델링

41. 다음 중 텍스트 마이닝에서 문장을 2개 이상의 단어로 분리하는 방법은?

① 토픽 모델링

② TF-IDF

③ N-gram

④ Dendrogram

42. 다음 (   ) 안에 들어갈 내용으로 바르게 된 것은?

> 비지도 학습이란 타겟 변수의 (A)이(가) 안 된 모형을 의미하며, 대표적인 모형 예시로는 (B)이 있다.

① A : 라벨링, B : 군집 모형

② A : 토큰화, B : 로지스틱 모형

③ A : 라벨링, B : 인공신경망 모형

④ A : 토큰화, B : 연관분석 모형

43. 다음 중 선형 회귀 모형의 가정에 대한 특성으로 옳지 않은 것은?

① 독립성　　　　② 정규성

③ 수렴성　　　　④ 등분산성

44. 다음 설명하는 시계열에 대한 명칭은?

> 주, 월, 분기, 반기 단위 등 특정 시간의 주기로 나타나는 패턴

① 추세　　　　② 계절

③ 주기　　　　④ 불규칙

45. 다음 중 오차 역전파 알고리즘을 이용하여 모수를 추정하는 예측 모형은?

① 다층인공신경망 모형

② 로지스틱 회귀 모형

③ 서포트 벡터 머신

④ 랜덤 포레스트 모형

46. 다음 중 단층인공신경망에서 수행하지 못하는 논리 문제는?

① AND　　　　② OR

③ NOR　　　　④ XOR

47. 다음 중 오토 인코더(Auto Encoder)에 대한 설명으로 옳지 <u>않은</u> 것은?

① 입력층의 뉴런 수는 은닉층의 뉴런 수보다 항상 작다.
② 신경망을 활용한 비지도 학습 기법이다.
③ 입력 특성 간 상관관계를 학습하여 출력을 재구성한다.
④ 인코드(Encode) 입력 수와 디코드(Decode) 출력 수는 동일하다.

48. 다음과 같은 구조에서 불린 베이지안 함수 계산으로 옳지 <u>않은</u> 것은?

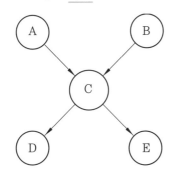

① $P(A, B|C) = P(A|C)P(B|C)$
② $P(A, B, C) = P(A)P(B)P(C|A, B)$
③ $P(D, E|C) = P(D|C)P(E|C)$
④ $P(D, E, C) = P(D, E|C)P(C)$

49. 다음 중 의사결정나무에 대한 설명으로 옳지 <u>않은</u> 것은?

① 지니 지수, 엔트로피 지수 등을 통해 분리 규칙을 설정한다.
② 자식 노드의 가지 수가 하나만 남을 때까지 계속하여 학습을 진행한다.
③ 두 범주 간의 차이가 없다고 판단되면 분리를 멈춘다.
④ 과적합을 방지하기 위해 가지치기(Punning) 작업을 수행한다.

50. 시계열 분석은 정상성을 만족해야 한다. 정상성은 시점에 상관없이 시계열의 특성이 일정하다는 것을 의미한다. 다음 중 비정상 시계열에 대한 설명이 <u>아닌</u> 것은?

① 평균이 일정하지 않다.
② 분산이 시점에 의존한다.
③ 백색잡음 과정은 대표적인 비정상 시계열이다.
④ 공분산은 시차와 시점에 의존한다.

51. 다음과 같은 혼동행렬에서 민감도는 얼마인가?

예측값 실젯값	True	False	합계
True	30	4	34
False	5	1	6
합계	35	5	40

① $\dfrac{2}{17}$　② $\dfrac{15}{17}$　③ $\dfrac{1}{7}$　④ $\dfrac{6}{7}$

52. 다음 중 불균형 데이터를 평가하기 위한 분류 모형의 지표로 옳지 <u>않은</u> 것은?

① 정확도
② 민감도
③ 오분류율
④ ROC 곡선

53. 기존 모형을 일반화 모형으로 확장하기 위해서는 연결 함수가 필요하다. 다음 중 자연로그 함수를 연결 함수로 사용하는 자료 분포로 옳은 것은?

① 정규 분포
② 이항 분포
③ 푸아송 분포
④ 감마 분포

54. 다음 중 복잡도에 벌점(Penalty)을 주는 방법에 대한 설명으로 옳지 <u>않은</u> 것은?

① AIC 값이 낮을수록 모형의 적합도가 낮다.

② AIC(Akaike Information Criterion)는 실제 데이터의 분포와 모형이 예측하는 분포 사이의 차이를 나타낸 지표이다.

③ AIC의 단점은 표본이 커질수록 부정확해진다는 점인데 이를 보완한 지표가 BIC(Bayesian Information Criterion)이다.

④ BIC는 표본의 크기가 커질수록 복잡한 모형을 더 강하게 처벌한다.

55. 다음 중 배깅에 대한 설명으로 옳지 <u>않은</u> 것은?

① 편향(Bias)이 낮은 과소적합(Underfit) 모델에 효과적이다.

② 편향(Bias)이 높은 과대적합(Overfit) 모델에 효과적이다.

③ 가중치를 활용하여 약 분류기를 강 분류기로 만드는 방법이다.

④ 훈련 데이터에서 다수의 부트스트랩 자료를 생성하고, 각 부트스트랩 자료를 결합하여 최종 예측 모형을 만드는 알고리즘이다.

56. 다음의 수식이 나타내는 회귀 종류는?

$$\frac{1}{N} \sum_{i=1}^{N} (y_i - \hat{y}_i)^2 + \frac{\lambda}{2} \sum_{j=1}^{M} |w_j|^2$$

① 라쏘 회귀

② 릿지 회귀

③ 엘라스틱 회귀

④ 다항 회귀

57. 다음과 같은 Scree Plot에서 확인 가능한 최적의 군집 수는?

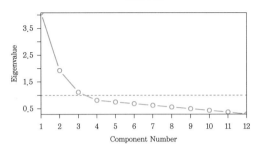

① 2

② 7

③ 3

④ 4

58. 다음 중 윌콕슨 부호 순위 검정과 윌콕슨 순위 합 검정에 대한 설명으로 옳지 <u>않은</u> 것은?

① 윌콕슨 순위 합 검정은 모수 분포를 가정한 방법이다.

② 윌콕슨 부호 순위 검정은 단일 표본 검정 기법이다.

③ 윌콕슨 순위 합 검정은 이변수 검정 기법이다.

④ 윌콕슨 순위 합 검정은 자료의 분포에 대한 대칭성 가정이 필요하다.

59. 다음 중 과대적합을 방지하기 위한 기법이 <u>아닌</u> 것은?

① Gradient Vanishing

② Regularization

③ Drop Out

④ Max Pooling

60. 다음 중 인공신경망 모형에 대한 설명으로 옳지 <u>않은</u> 것은?

① 히든레이어의 노드에 사용되는 활성화 함수는 시그모이드 함수, ReLU 함수, than 함수, Softmax 함수가 있다.

② Drop Out은 딥러닝 학습 과정에서 일부 노드를 생략하는 것으로 과적합을 방지하기 위해 수행한다.

③ 역전파 알고리즘은 출력층의 오차를 역으로 입력층으로 전파해 가중치를 조정하는 과정으로 오차를 줄이기 위한 목적으로 사용된다.

④ 입력된 이미지 데이터의 특징을 추출하는 합성곱 과정을 거치면 이미지의 사이즈는 점점 더 작아진다.

4과목 빅데이터 결과 해석

61. 다음 중 시공간 시각화 기법으로 옳은 것은?

① 히스토그램　　② 체르노프페이스

③ 평행좌표계　　④ 카토그램

62. 다음 중 초매개변수 최적화 기법으로 옳지 <u>않은</u> 것은?

① 베이지안 최적화

② 경사하강법

③ 그리드 탐색

④ 랜덤 탐색

63. 다음 중 비교 시각화 기법이 <u>아닌</u> 것은?

① 지도 맵핑

② 히스토그램

③ 체르노프페이스

④ 평행좌표그래프

64. 다음 중 분류 모형 평가 지표에 대한 설명으로 옳지 <u>않은</u> 것은?

① 특이도는 실제 거짓인 데이터 중 모형이 거짓으로 예측한 데이터의 비율이다.

② F1 스코어는 정밀도와 재현율의 조화평균으로 데이터가 불균형일 경우 사용하는 지표이다.

③ 참 긍정률은 실제 참인 데이터 중 모형이 참으로 예측한 데이터의 비율이며, 민감도와 같다.

④ 거짓 긍정률은 실제 거짓인 데이터 중 모형이 참으로 예측한 데이터의 비율이며, 1−민감도와 같다.

65. 다음과 같은 형태의 차트 이름은?

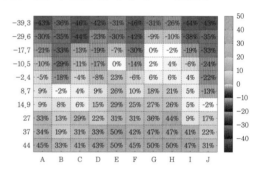

① 히트맵

② 막대그래프

③ 누적영역차트

④ 네트워크그래프

66. 다음 중 ROC 곡선에 대한 설명으로 옳지 <u>않은</u> 것은?

① ROC 곡선의 가로축의 값이 증가할수록 특이도가 증가한다.

② 민감도 0, 특이도 1인 점을 지난다.

③ 민감도 1, 특이도 0인 점을 지난다.

④ 가장 이상적인 것은 민감도 1, 특이도 1일 때이다.

67. 다음과 같은 혼동행렬에서 민감도는 얼마인가?

		예측값	
		참	거짓
실젯값	참	30	70
	거짓	40	60

① $\dfrac{6}{13}$　　② $\dfrac{7}{10}$

③ $\dfrac{3}{4}$　　④ $\dfrac{3}{10}$

68. 다음은 머신러닝 분석 모형의 처리과정이다. ( ) 안에 알맞은 것은?

> 표현 → 평가 → ( ) → 일반화

① 정규화　　② 시각화
③ 최적화　　④ 합리화

69. 다음과 같은 A상품의 인지도를 확인하기 위한 테이블이 있을 경우 분석 내용으로 옳지 않은 것은?

구분	알고 있음	모름	합계
아이가 있는 남자	460	40	500
아이가 없는 남자	440	60	500
합계	900	100	1000

① 임의로 추출한 남자가 아이가 있으면서 A 상품을 모를 확률은 4%이다.
② 임의로 추출한 남자가 아이가 없으면서 A 상품을 모를 확률은 6%이다.
③ 임의로 추출한 남자가 아이가 없을 때 A 상품을 알고 있을 확률은 68%이다.

④ 임의로 추출한 남자가 아이가 있으면서 A 상품을 알고 있을 확률은 92%이다.

70. 다음 중 K-fold 교차 검증에 대한 설명으로 옳지 않은 것은?

① 1개의 데이터 집합을 평가 데이터로 선정한다.
② 데이터 집합을 K개의 fold로 나눈다.
③ (K-1)개의 데이터를 학습 데이터로 사용한다.
④ K값이 증가하면 수행시간과 계산량이 줄어든다.

71. 다음과 같은 특징을 갖는 매개변수 최적화 기법은?

> • x의 한 방향으로 일정하게 가속하고, y축 방향의 속도는 일정하지 않다.
> • 확률적 경사하강법의 매개변수 변경 방향에 가속도를 부여하는 방식으로 공이 구르는 듯한 모습을 보인다.
> • 확률적 경사하강법이 갖는 지역 최솟값을 해결할 수 있으나 오버슈팅의 문제가 발생할 수 있다.

① Adam　　② AdaGrad
③ Momentum　　④ SGD

72. 다음 중 그림의 화살표와 관련이 있는 초매개변수는?

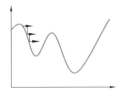 

① Leaning Rate　　② Iteration
③ Epoch　　④ Batch Size

73. 다음 중 히스토그램에 대한 설명으로 옳지 않은 것은?

① 종속변수를 확률 단위로도 표현 가능하다.
② 데이터 표현을 잘 하려면 구간을 잘 정해야 한다.
③ 누적해서 표현하면 누적확률밀도함수를 항상 갖는다.
④ 범주형 자료 표현에 사용된다.

74. 다음 중 홀드아웃에 관련된 데이터가 아닌 것은?

① 학습 데이터   ② 검증 데이터
③ 증강 데이터   ④ 평가 데이터

75. 다음 중 시각화 유형이 다른 것은?

① 등치지역도   ② 히트맵
③ 도트 플롯맵   ④ 버블 플롯맵

76. 다음 중 인포그래픽에 대한 설명으로 옳지 않은 것은?

① 그래픽과 텍스트를 균형 있게 조합한다.
② 정보를 SNS 상에 쉽고 빠르게 전달할 수 있다.
③ 최대한 많은 정보를 표현한다.
④ 지능형, 도표형, 스토리텔링 형태로 표현이 가능하다.

77. 다음 중 혼동행렬에서 FN에 해당하는 것은?

① 실제 Positive 예측 Positive
② 실제 Positive 예측 Negative
③ 실제 Negative 예측 Positive
④ 실제 Negative 예측 Negative

78. 다음 중 분석 결과 활용 시나리오를 적용해야 하는 이유가 아닌 것은?

① 빅데이터 분석 이해관계자의 이해를 돕기 위해 적용한다.
② 분석 업무 프로세스가 내재화되면 분석을 수동으로 시행한다.
③ 기존 프로세스가 변경되거나 신규 프로세스가 생성되는 등 최신 업무 형태를 반영한다.
④ 주요 업무 의사결정에 분석 결과가 어떻게 활용되어 업무를 효과적으로 수행할 수 있는지를 명확하게 이해하도록 도움을 준다.

79. 다음 중 p-value인 유의확률과 유의수준에 대한 설명으로 옳은 것은?

① p-value가 유의수준보다 작으면 귀무가설을 채택한다.
② p-value가 유의수준보다 작으면 귀무가설을 기각한다.
③ p-value가 유의수준보다 크면 대립가설을 채택한다.
④ p-value가 유의수준보다 크면 귀무가설을 기각한다.

80. 다음 중 분석 모형 리모델링에 대한 설명으로 옳지 않은 것은?

① 최종 분석 모형을 선정할 때는 기존 분석 모형과 비교하는 과정이 필요하다.
② 최신 데이터를 활용하여 주기적으로 수행해야 한다.
③ 분석 모형의 성능이 크게 떨어졌을 경우 수행한다.
④ 새로운 데이터셋을 추가하거나 새로운 알고리즘을 반영할 수 있다.

5회(2022년 10월 1일) 기출 복원문제

1과목 빅데이터 분석 기획

1. 다음 중 빅데이터 분석 기획 단계 중 WBS(Work Breakdown Structure)를 사용하는 단계로 옳은 것은?

① 프로젝트 정의 및 계획 수립 단계
② 도메인 및 프로세스 이해 단계
③ 모델링 방안 수립 단계
④ 필요 데이터 정의 단계

2. CRISP-DM 분석 방법론 단계로 옳은 것은?

① 비즈니스 이해 → 데이터 준비 → 데이터 처리 → 모델링 → 평가 → 전개
② 비즈니스 이해 → 데이터 이해 → 데이터 처리 → 모델링 → 평가 → 전개
③ 비즈니스 이해 → 데이터 이해 → 데이터 준비 → 모델링 → 평가 → 전개
④ 비즈니스 이해 → 데이터 준비 → 데이터 처리 → 평가 → 모델링 → 전개

3. 다음 중 인공지능, 딥러닝, 머신러닝의 관계로 옳은 것은?

① 머신러닝 ⊃ 딥러닝 ⊃ 인공지능
② 딥러닝 ⊃ 머신러닝 ⊃ 인공지능
③ 인공지능 ⊃ 딥러닝 ⊃ 머신러닝
④ 인공지능 ⊃ 머신러닝 ⊃ 딥러닝

4. 다음 중 기업의 데이터를 정형 데이터베이스에서 Hadoop 기반 비정형 데이터베이스로 이관하려고 할 때 이관 프로세스 정립, 모니터링, 테스트를 주도하는 직군은?

① Data Analyst
② Data Scientist
③ Data Architect
④ Data Engineer

5. 다음 중 개인정보 비식별화 조치에 대한 설명으로 옳지 <u>않은</u> 것은?

① 범주화는 개인정보 식별이 가능한 특정 데이터 값을 삭제 처리하는 기법이다.
② 가명처리는 개인정보 중 주요 식별정보를 다른 값으로 대체하는 기법이다.
③ 총계처리는 개별 데이터의 값 대신 데이터의 총합으로 대체하는 기법이다.
④ 데이터 마스킹은 개인정보 중 주요 식별정보의 전체 또는 일부분을 대체값으로 변화하는 기법이다.

6. 다음 중 데이터 품질 진단 절차에서 데이터를 측정하고 분석하여 수치를 산출하는 단계는?

① 데이터 품질 진단 계획 수립
② 데이터 품질 측정
③ 데이터 품질 측정 결과 분석
④ 품질 기준 및 진단 대상 정의

7. 다음 중 개인정보보호법과 관련된 내용으로 옳지 <u>않은</u> 것은?

① 데이터 3법 개정으로 가명처리 후 활용 시 정보주체자의 동의가 필요하다.
② 빅데이터 처리 사실 및 목적 등의 공개를 통해 투명성을 확보해야 한다.
③ 개인정보가 재식별될 경우 즉시 파기하거나 비식별화 조치를 추가로 취해야 한다.
④ 데이터 3법은 개인정보보호법, 정보통신망법, 신용정보법의 개정안을 의미한다.

8. 다음 중 값과 형식에서 일관성을 가지지 않지만, 메타 데이터나 데이터 스키마 정보를 포함하는 데이터는?

① 정형 데이터
② 스트림 데이터
③ 반정형 데이터
④ 비정형 데이터

9. 다음 중 총계처리 기법에 대한 단점이 아닌 것은?

① 데이터가 집계 처리되어 정밀한 분석이 어렵다.
② 집계 수량이 적을 경우 데이터 결합 과정에서 개인정보 예측이 가능하다.
③ 총계처리는 비식별화가 불가능하다.
④ 재배열 방법의 경우 개개인의 특성을 파악하기 힘들다.

10. 다음 중 자료 수집 방법에 대한 설명으로 옳은 것은?

① 브레인스토밍은 두 개 후보의 차이점을 비교하는 방법이다.
② FGI(Focus Group Interview)는 전문가 설문조사 후 온·오프라인 면담을 수행하는 방법이다.
③ 인터뷰는 다수의 사람들에게 질문지를 배포하는 방법이다.
④ 스캠퍼(SCAMPER)는 이해관계자와 이야기하는 방법이다.

11. 데이터 수집 기술에 대한 설명으로 옳지 않은 것은?

① RSS : 여러 이벤트 소스로부터 발생한 실시간 이벤트 수집
② 크롤링 : 웹 문서 수집
③ FTP : 대용량 파일 수집
④ Open API : 실시간 데이터 수집

12. 다음과 같은 특징을 갖는 데이터 변환 기법은?

> • Feature의 값이 평균과 일치하면 0으로 정규화되고, 평균보다 작으면 음수, 평균보다 크면 양수로 변환하는 방법이다.
> • 데이터 정규화로 이상치 문제는 처리할 수 있지만, 정규화된 데이터를 생성하지 못한다는 단점이 있다.

① 최소−최대 정규화
② Z−점수 정규화
③ 지수 변환
④ 행렬 변환

13. 데이터 분석 방법론 과정 중 Raw 데이터를 이해하고 수집하는 단계는?

① 데이터 준비 단계
② 분석 기획 단계
③ 데이터 분석 단계
④ 시스템 구현 단계

14. 데이터 및 자원 할당 관리, 빅데이터 애플리케이션 실행을 위한 서비스 제공을 하는 빅데이터 플랫폼 계층 구조는?

① 소프트웨어 계층
② 하드웨어 계층
③ 플랫폼 계층
④ 인프라스트럭처 계층

15. 다음 중 데이터베이스의 특징이 아닌 것은?

① 데이터 무결성
② 데이터 중복 최대화
③ 데이터 독립성
④ 데이터 보안성

16. 다음 중 빅데이터 분석에 대한 설명으로 옳지 않은 것은?

① 신제품의 경쟁력을 예측하고, 각종 리스크를 미리 점검할 수 있다.

② 정부는 날씨, 교통 등 통계 데이터를 수집해서 사회 변화를 추정하고 대응할 수 있다.

③ 빅데이터 분석 결과로 항상 경제적인 이익을 얻을 수 있다.

④ 개인 프라이버시 침해 위험이 있다.

17. 다음 중 데이터 변환 기술에 대한 설명으로 옳지 않은 것은?

① 평활화는 주어진 여러 데이터 분포를 대표할 수 있는 새로운 속성이나 특징을 만드는 방법이다.

② 정규화는 데이터를 특정 구간으로 바꾸는 방법이다.

③ 일반화는 특정 구간에 분포하는 값으로 스케일을 변화시키는 방법이다.

④ 집계는 다양한 차원의 방법으로 데이터를 요약하는 방법이다.

18. 다음 설명하는 내용에 해당하는 것은?

> 다양한 데이터 소스 시스템에서 필요한 원천 데이터를 추출하고 변환하여 적재하는 작업 및 기술이다.

① CEP   ② ETL
③ EAI   ④ RDB

19. 빅데이터 분석 방법론 분석 절차 중 분석 기획 단계에 속하지 않는 것은?

① 비즈니스 이해 및 범위 설정
② 모델 발전 계획
③ 프로젝트 위험 계획 수립
④ 프로젝트 정의 및 계획 수립

20. 다음 중 데이터 저장 기술이 아닌 것은?

① NoSQL
② HDFS
③ RDB
④ 텍스트 마이닝

2과목   빅데이터 탐색

21. 다음 중 단위 시간 혹은 영역에서 발생한 특정 사건의 수를 표현하는 확률 분포는?

① 베르누이 분포
② 지수 분포
③ 정규 분포
④ 푸아송 분포

22. 빅데이터분석기사 시험 응시자 나이의 평균을 추정하려고 한다. 나이의 모표준편차는 12이고, 표본은 144개이다. 평균이 33일 때 95% 신뢰구간에 대한 추정값은 얼마인가?

Z	0.00	0.01	0.02	0.03	0.04	0.05	0.06	0.07	0.08	0.09
1.0	0.8413	0.8438	0.8461	0.8485	0.8508	0.8531	0.8554	0.8577	0.8599	0.8621
1.1	0.8643	0.8665	0.8686	0.8708	0.8729	0.8749	0.8770	0.8790	0.8810	0.8630
1.2	0.8849	0.8869	0.8888	0.8907	0.8925	0.8944	0.8962	0.8980	0.8997	0.9015
1.3	0.9032	0.9049	0.9066	0.9082	0.9099	0.9115	0.9131	0.9147	0.9162	0.9177
1.4	0.9192	0.9207	0.9222	0.9236	0.9251	0.9265	0.9279	0.9292	0.9306	0.9319
1.5	0.9332	0.9345	0.9357	0.9370	0.9382	0.9394	0.9406	0.9418	0.9429	0.9441
1.6	0.9452	0.9463	0.9474	0.9484	0.9495	0.9505	0.9515	0.9525	0.9535	0.9545
1.7	0.9554	0.9564	0.9573	0.9582	0.9591	0.9599	0.9608	0.9616	0.9625	0.9633
1.8	0.9641	0.9649	0.9656	0.9664	0.9671	0.9678	0.9686	0.9693	0.9699	0.9706
1.9	0.9713	0.9719	0.9726	0.9732	0.9738	0.9744	0.9750	0.9756	0.9761	0.9767
2.0	0.9772	0.9778	0.9783	0.9788	0.9793	0.9798	0.9803	0.9808	0.9812	0.9817
2.1	0.9821	0.9826	0.9830	0.9834	0.9838	0.9842	0.9846	0.9850	0.9854	0.9857
2.2	0.9861	0.9864	0.9868	0.9871	0.9875	0.9878	0.9881	0.9884	0.9887	0.9890
2.3	0.9893	0.9896	0.9898	0.9901	0.9904	0.9906	0.9909	0.9911	0.9913	0.9916
2.4	0.9918	0.9920	0.9922	0.9925	0.9927	0.9929	0.9931	0.9932	0.9934	0.9936
2.5	0.9938	0.9940	0.9941	0.9943	0.9945	0.9946	0.9948	0.9949	0.9951	0.9952
2.6	0.9953	0.9955	0.9956	0.9957	0.9959	0.9960	0.9961	0.9962	0.9963	0.9964
2.7	0.9965	0.9966	0.9967	0.9968	0.9969	0.9970	0.9971	0.9972	0.9973	0.9974
2.8	0.9974	0.9975	0.9976	0.9977	0.9977	0.9978	0.9979	0.9979	0.9980	0.9981
2.9	0.9981	0.9982	0.9982	0.9983	0.9984	0.9984	0.9985	0.9985	0.9986	0.9986

① $31.04 < \mu < 34.96$

② $31.355 < \mu < 34.645$

③ $30.425 < \mu < 35.575$

④ $31.18 < \mu < 34.82$

23. 임의의 집단을 대상으로 새로 개발된 고혈압약의 투약 전후 효과를 비교하려고 한다. 신약 투여 후 약의 효과가 있는지 검정할 때 사용되는 가설 검정 방법은?

① 독립 표본 단측 검정
② 대응 표본 단측 검정
③ 대응 표본 양측 검정
④ 독립 표본 양측 검정

24. 다음 중 공분산에 대한 설명으로 옳지 않은 것은?

① 두 확률변수의 공분산 $Cov(X, Y)$가 0이면 두 확률변수 X, Y는 항상 상호 독립이다.
② 공분산 값은 측정 단위에 따라 달라진다.
③ 두 확률변수 X, Y가 독립이면 공분산 $Cov(X, Y)$는 0이다.
④ 두 확률변수의 공분산 $Cov(X, Y) > 0$인 경우 X값이 상승할 때 Y값도 상승한다.

25. 다음 중 클래스 불균형 처리 방법으로 옳지 않은 것은?

① 정규화　　　　② 임곗값 이동
③ 과소표집　　　④ 과대표집

26. 다음과 같은 산점도 자료에 대한 알맞은 피어슨 상관계수는?

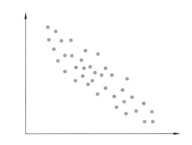

① 0.8　　　　　② 0.7
③ 0.0　　　　　④ −0.8

27. 다음 중 주어진 데이터의 최솟값과 최댓값 차이가 크고, 데이터 분포가 한쪽으로 치우친 변수가 있는 경우 적합한 변수 변환 방법은 어느 것인가?

① 비닝
② 로그 변환
③ 최소−최대 정규화
④ RobustScaler

28. 다음과 같은 형태의 데이터가 주어졌을 때 알맞은 전처리 방법은?

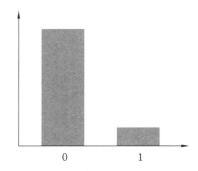

① 클래스 불균형 처리
② 차원 축소
③ 이상치 제거
④ 결측값 제거

29. 다음과 같은 피어슨 상관계수 행렬표에서 분석을 위해 변수를 제거하고자 할 때 가장 먼저 제거하면 좋은 변수는?

구분	A	B	C	D
A	1	0.6	0.11	0.45
B	0.6	1	0	0.14
C	0.11	0	1	0.59
D	0.45	0.14	0.59	1

① B 또는 D 제거　　② A 또는 B 제거
③ C 또는 D 제거　　④ A 또는 C 제거

30. 다음 중 모집단이 정규분포라는 정도만 알고, 모표준편차를 모르는 경우 평균의 차이에 대한 검정을 수행하기 위해 사용되는 분포와 자유도는? (n : 표본의 수)

① 자유도 n, Z-분포

② 자유도 n, T-분포

③ 자유도 $n-1$, Z-분포

④ 자유도 $n-1$, T-분포

31. 다음 중 복원추출에 대한 설명으로 옳지 않은 것은?

① 복원추출에 의해 추출된 데이터는 크기가 커져도 중심극한 정리가 성립하지 않는다.

② 표본의 개수가 많아지면 표준오차가 줄어든다.

③ 복원추출은 한 번 뽑은 표본을 모집단에 다시 넣고, 다른 표본을 추출하는 방식이다.

④ 표본의 크기가 커질수록 정규분포를 따른다.

32. 다음 중 인코딩 기법에 대한 설명으로 옳지 않은 것은?

① 인코딩은 데이터의 형태나 형식을 변환하는 처리 방법이다.

② 인코딩 방법에는 원-핫 인코딩, 레이블 인코딩, 카운트 인코딩, 대상 인코딩이 있다.

③ 원-핫 인코딩은 표현하고 싶은 데이터를 0값으로, 그렇지 않은 데이터를 1값으로 표현하는 방식이다.

④ 레이블 인코딩은 범주형 변수의 문자열 데이터를 수치형으로 변환하는 방식이다.

33. 다음 중 주성분 분석에 대한 설명으로 옳지 않은 것은?

① 주성분 분석은 데이터 전체 변동을 최대한 보존해주는 주성분을 생성하는 차원 축소 방법이다.

② 누적 기여율이 85% 이상이면 주성분의 수로 결정할 수 있다.

③ 분산이 가장 작은 요인을 제1주성분으로 한다.

④ 주성분 분석은 고윳값, 고유벡터를 통해 분석한다.

34. 다음 중 통계량에 대한 설명으로 옳지 않은 것은?

① 첨도는 데이터의 뾰족한 정도를 나타낸다.

② IQR은 $Q_4 - Q_1$으로 연산된다.

③ 변동계수는 자료의 흩어진 정도를 비교할 때 사용되고, 표준편차를 평균으로 나눈 값이다.

④ 사분편차는 IQR의 절반 값을 의미한다.

35. 다음 중 회귀 분석에 대한 설명으로 옳지 않은 것은?

① 단순 선형 회귀는 독립변수 1개이고, 종속변수와의 관계가 직선인 경우이다.

② 다항 회귀는 독립변수와 종속변수와의 관계가 1차 함수 이상인 경우이다.

③ 회귀 분석의 종속변수는 2개 이상이다.

④ 독립변수가 2개이고, 2차 함수인 다항회귀의 수식은 $Y = aX_1 + bX_2 + cX_1^2 + \cdots + dX_2^2 + eX_1X_2 + f$이다.

36. 다음 중 범주형 자료 분석에 대한 설명으로 옳지 않은 것은?

① 범주형 자료 분석은 독립변수와 종속변수가 모두 범주형이거나 두 변수 중 하나가 범주형일 때 사용하는 분석 방법이다.

② 범주형 변수는 데이터의 순서가 없는 명목형 변수만을 사용한다.

③ 독립변수와 종속변수가 모두 범주형인 경우 분할표 분석, 카이제곱 검정 방법을 사용할 수 있다.

④ 독립변수가 수치형이고, 종속변수가 범주형인 경우 로지스틱 회귀 분석 방법을 사용한다.

37. 다음과 같은 차트가 나타내는 시각화 방법은?

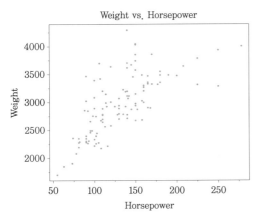

① 버블차트   ② 히스토그램
③ 산점도   ④ 산점도 행렬

38. 다음과 같은 데이터 분포를 갖는 경우 결측값이 발생했을 때 대치할 수 있는 값으로 가장 적절한 것은?

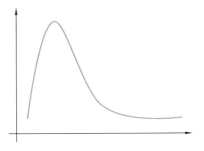

① 표준편차   ② 중앙값
③ 평균   ④ 최솟값

39. 다음 중 상자수염그림에 대한 설명으로 옳지 않은 것은?

① 수염은 IQR의 1.5배와 3배 사이를 연결한 것이다.

② 상자의 범위는 $Q_1 \sim Q_3$이다.
③ 수염보다 바깥에 존재하는 데이터가 이상치이다.
④ 상자수염그림에서 중앙값을 확인할 수 있다.

40. 다음 중 확률 분포에 대한 설명으로 옳지 않은 것은?

① 이산확률 분수는 셀 수 있는 값들을 변수로 갖는 확률 변수이다.
② 이산확률 분포에는 이항 분포, 푸아송 분포가 있다.
③ 연속확률 분포에는 초기하 분포, 지수 분포가 있다.
④ 확률밀도 함수의 면적이 그 구간에 해당하는 확률값이다.

3과목   빅데이터 모델링

41. 다음 중 텍스트 마이닝의 텍스트 벡터화 방법이 아닌 것은?

① TF-IDF   ② Word Embedding
③ Word2Vec   ④ POS Tagging

42. 다음 중 변수 선택법으로 옳지 않은 것은?

① 전진 선택법   ② 차수 선택법
③ 후진 소거법   ④ 단계별 선택법

43. 다음 중 일자별 기온에 대한 분석을 위해 가장 적합한 분석 방법은?

① 상관분석   ② 군집분석
③ 의사결정나무   ④ 시계열 분석

44. 다음 중 요인분석(Factor Analysis)에 대한 설명으로 옳지 <u>않은</u> 것은?

① 요인은 상관계수가 높은 변수를 제거하여 신규로 생성한 변수의 집합이다.
② 변수들 간의 상관관계를 고려한 분석 방법이다.
③ 요인이란 특정 현상에 영향을 미치는 중요한 인자를 말한다.
④ 요인분석은 고차원의 데이터를 저차원으로 축소한다.

45. 다음 중 분석 모형에 대한 고려사항으로 적합하지 <u>않은</u> 것은?

① 관련이 없는 변수가 모형에 포함된 경우 모델의 예측 성능이 저하될 수 있다.
② 복잡한 모형은 항상 단순한 모형에 비해 성능이 우수하다.
③ 일반적으로 설명력이 좋은 모형의 예측력은 떨어진다.
④ 데이터에 비해 모형이 너무 간단하면 과소적합이 발생할 수 있다.

46. 다음 중 A상품을 구입했을 때 B상품도 구입하는 지표는?

① 연관도   ② 향상도
③ 지지도   ④ 신뢰도

47. 다음 덴드로그램에서 $y=4$ 그룹의 개수는?

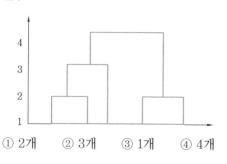

① 2개   ② 3개   ③ 1개   ④ 4개

48. 다음과 같이 주어진 표에 대한 해석으로 옳은 것은?

약	조기 암 환자		말기 암 환자		전체 암 환자	
	생존	사망	생존	사망	생존	사망
A	14	8	6	12	20	20
B	7	3	9	21	16	24

(생존율 : 생존/(생존+사망), 사망률 : 100-생존율)

① 조기 암 환자 생존율은 A약이 더 높다.
② A약과 B약의 전체 암 환자 생존율의 차이는 25%이다.
③ 조기, 말기 암 환자 모두에게 A약의 효과가 더욱 높았다.
④ A약의 전체 암 환자 생존율은 50%이다.

49. 다음 중 로지스틱 회귀 분석에 대한 설명으로 옳은 것은?

① 반응 변수가 수치형인 경우 사용되는 분석 방법이다.
② 반응 변수를 0과 1로 이진분류하는 경우 사용된다.
③ 반응 변수를 로짓으로 변환할 때 오즈(Odds)는 사용되지 않는다.
④ 로짓 변환 후에 반응 변수는 $-1 \sim 1$ 사이의 값을 갖는다.

50. 다음 중 ARIMA에 대한 설명으로 옳지 <u>않</u>은 것은?

① ARMA의 일반화 형태이다.
② 일간, 주간, 월간 단위로 예측이 가능하다.
③ AR 모델은 변수의 과거 값을 사용한다.
④ 백색잡음은 독립적이지 않다.

51. 다음 중 학습된 모형을 기반으로 최종 출력층을 바꾸어 재학습하는 알고리즘은?

① 지도 학습   ② 전이 학습

③ 준지도 학습   ④ 강화 학습

52. 다음 중 인공신경망에서 과대적합 방지를 위한 기법으로 옳지 <u>않은</u> 것은?

① 가중치 규제
② 드롭아웃
③ 학습 데이터 수 증가
④ 가지치기

53. 다음 중 인공신경망에서 Dropout과 같은 효과를 나타내는 것은?

① 부스팅   ② 커널 트릭
③ 은닉층 수 감소   ④ 배깅

54. 다음 중 독립변수와 종속변수의 유형에 따른 분석 방법으로 적합하지 <u>않은</u> 것은?

① 공분산 분석(ANCOVA)은 종속변수가 범주형, 독립변수가 연속형인 분석 방법이다.
② T-검정은 종속변수가 수치형이고, 2개 범주의 독립변수를 사용하여 분석하는 방법이다.
③ 로짓 모형은 종속변수가 범주형이고, 독립변수가 수치형 또는 범주형일 때 사용하는 분석 방법이다.
④ 카이제곱 검정은 독립변수와 종속변수가 모두 범주형일 때 사용하는 분석 방법이다.

55. 다음 중 순환신경망에서 발생하는 기울기 소실(Gradient Vanishing), 기울기 폭발(Gradient Exploding)에 대한 설명으로 적합한 것은?

① RNN은 LSTM(Long Shore Term Memory)의 장기의존성 문제를 보완하기 위한 알고리즘이다.
② 순환신경망은 입력 게이트, 망각 게이트, 출력 게이트로 구성된다.

③ 기울기 클리핑(Gradient Clipping)은 기울기 소실을 막기 위해 기울기 값을 자르는 방법이다.
④ 기울기 소실이란 오차 역전파 과정에서 입력층으로 갈수록 가중치에 따른 결과값의 기울기가 작아져 0에 수렴하는 문제이다.

56. 다음 중 비모수 통계 검정으로 옳지 <u>않은</u> 것은?

① 피어슨 상관계수
② 부호 검정
③ 윌콕슨 부호 순위 검정
④ 만-위트니 검정

57. 다음 중 분석기법에 대한 설명으로 옳지 <u>않은</u> 것은?

① 로지스틱 회귀 분석은 독립변수가 수치형이고, 종속변수가 범주형인 경우 사용하는 회귀 분석 모형이다.
② 서포트 벡터 머신은 벡터 공간에서 훈련 데이터가 속한 2개의 그룹을 분류하는 선형 분리자를 찾는 모델이다.
③ 순환신경망은 시각적 이미지 분석에 사용되는 심층신경망이다.
④ 회귀 분석은 독립변수와 종속변수 간의 선형적인 관계를 도출하여 하나 이상의 독립변수가 종속변수에 미치는 영향을 분석하고, 독립변수를 통해 종속변수를 예측하는 분석 방법이다.

58. 다음 중 데이터 분석 결과 산출물로 옳지 <u>않은</u> 것은?

① 알고리즘 보안 계획서
② 변수 정의서
③ 분석 모델
④ EDA 보고서

59. 다음 중 의사결정나무 분석 결과에서 뿌리 노드만 남는 이유는?

① 모델이 과적합되었기 때문이다.
② 변수들 간의 관계가 비선형적이기 때문이다.
③ 불필요한 가지가 제거되었기 때문이다.
④ 변별력 있는 변수가 없어서 분리를 정지했기 때문이다.

60. 다음 중 회귀 분석에 대한 설명으로 옳은 것은?

① 설명 변수들 사이에 비선형 관계가 존재할 경우 다중공선성 문제가 발생한다.
② 다중회귀 모형에서 통계적 유의성을 확인하는 방법은 Z-통계량이다.
③ 독립변수와 종속변수와의 관계가 1차 함수 이상인 경우는 다항 회귀 모형이다.
④ 회귀 모형의 변수 선택 방법에는 전진 선택법, 후진 소거법, 주성분 분석이 있다.

4과목   빅데이터 결과 해석

61. 다음 중 ROC 곡선 축을 구성하는 지표로 바르게 짝지어진 것은?

① 정확도, 정밀도
② 정밀도, 특이도
③ 특이도, 민감도
④ 재현율, f1-score

62. 다음 중 교차 검증에 대한 설명으로 옳지 않은 것은?

① 훈련 데이터, 검증 데이터, 테스트 데이터의 비율은 보통 2 : 3 : 5의 비율로 구성된다.

② 홀드아웃 교차 검증은 데이터를 무작위로 7 : 3 또는 8 : 2 비율로, 학습 데이터와 검증 데이터로 나누는 방법이다.
③ 교차 검증은 과적합을 방지하기 위해 사용된다.
④ 데이터의 수가 적은 경우에 사용될 수 있다.

63. 다음 중 최종 모델을 평가하는 기준으로 옳지 않은 것은?

① 평가 지표
② 업무 관계자의 의견
③ 시스템 구현 가능성
④ 표본의 충분성

64. 다음과 같은 차트가 나타내는 시각화 기법은?

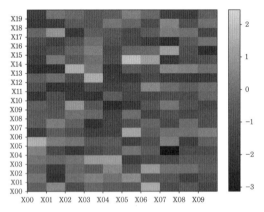

① 트리맵　　　　② 카토그램
③ 히트맵　　　　④ 산점도 행렬

65. 다음 중 분류 모형 평가에 대한 설명으로 옳지 않은 것은?

① F1-Score는 정밀도와 재현율의 조화평균 값이다.
② 혼동행렬에서 모델이 참으로 예측한 수치는 TP+FP이다.

③ ROC Curve로 혼동행렬을 구할 수 있다.

④ AUC 값이 1에 가까울수록 모델의 분류 성능이 좋다.

66. 다음 중 분석 모형 평가 지표에 대한 수식으로 옳지 <u>않은</u> 것은?

① MAE : $\frac{1}{n} \sum\limits_{i=1}^{n} |y_i - \hat{y}_i|$

② MSE : $\frac{1}{n} \sum\limits_{i=1}^{n} (y_i - \hat{y}_i)$

③ MAPE : $\frac{100}{n} \times \sum\limits_{i=1}^{n} \left| \frac{y_i - \hat{y}}{y_i} \right|$

④ RMSE : $\sqrt{\frac{1}{n} \sum\limits_{i=1}^{n} (y_i - \hat{y}_i)^2}$

67. 다음 중 정규성 검정 기법으로 옳지 않은 것은?

① 샤피로–윌크 검정

② Q-Q plot

③ 콜모고로프–스미르노프 검정

④ 카이제곱 검정

68. 다음 중 데이터 시각화에 대한 설명으로 옳지 <u>않은</u> 것은?

① 데이터 구조화 단계에서는 시각화를 위한 요건을 정의하고, 사용자에 따른 시나리오를 작성한다.

② 데이터 시각표현 단계에서는 데이터 모델링을 수행한다.

③ 데이터 시각화 단계에서는 여러 변수를 비교하여 분석 정보의 시각화를 구현한다.

④ 데이터 시각표현 단계에서는 데이터가 목적과 의도에 맞게 시각적으로 잘 표현되었는지 확인한다.

69. 다음 중 비교 시각화 기법이 <u>아닌</u> 것은?

① 히스토그램 ② 스타차트

③ 플로팅 바 차트 ④ 체르노프페이스

70. 다음 중 관계 시각화 기법이 <u>아닌</u> 것은?

① 산점도 행렬 ② 누적막대그래프

③ 네트워크그래프 ④ 버블차트

71. 민감도가 0.6, 정밀도가 0.4인 경우 F1-Score는 얼마인가?

① 0.24 ② 0.48

③ 0.5 ④ 0.6

72. 다음 앙상블 모형에 대한 설명 중 옳은 것을 모두 고른 것은?

> 가. 랜덤 포레스트가 대표적인 앙상블 모델이다.
> 나. 배깅은 부트스트랩 샘플을 사용한다.
> 다. 부스팅은 정답에 더 높은 가중치를 적용하여 모델의 성능을 높이는 방법이다.

① 가 ② 가, 나, 다

③ 나, 다 ④ 가, 나

73. 다음 중 신경망 모델에서 발생하는 기울기 소실 문제에 대한 설명으로 옳은 것은?

① 오차 역전파 과정에서 기울기가 감소하여 가중치가 업데이트되지 않은 현상을 말한다.

② 은닉층의 활성화 함수로 시그모이드 함수를 사용하면 문제가 완화된다.

③ 그래디언트 클리핑을 하면 문제가 완화된다.

④ 신경망 학습 과정에서 기울기가 점차 커지다가 발산하는 현상이다.

74. 의사결정나무에 대한 설명으로 옳지 않은 것은?

① 가지분할은 의사결정나무에서 나무의 가지를 생성하는 과정이다.
② 의사결정나무의 해석이 어려운 이유는 계산 결과가 의사결정나무에 직접적으로 나타나지 않기 때문이다.
③ 의사결정나무는 전체 자료를 몇몇의 소집단으로 분류하거나 예측하는 방법이다.
④ 연속적으로 발생하는 의사결정 문제를 시각화해서 의사결정이 이루어지는 시점과 성과 파악이 쉽다.

75. 다음 중 재현율 공식으로 옳은 것은?

① $\dfrac{TP}{(TP+FN)}$　② $\dfrac{FP}{(FP+TN)}$
③ $\dfrac{TP}{(TP+FP)}$　④ $\dfrac{FN}{(FN+TN)}$

76. 다음 중 인포그래픽에 대한 설명으로 옳지 않은 것은?

① 인포그래픽은 정보 제공자가 전달하고자 하는 주요한 정보를 하나의 그래픽으로 표현하여 보는 사람들이 쉽고 빠르게 정보를 이해할 수 있도록 만든 시각화 방법이다.
② 인포그래픽은 정보를 SNS 상에 쉽고 빠르게 전달할 수 있다.
③ 전문 분야에 대한 데이터를 전달하기 위해서는 전문적 용어를 위주로 사용하여 표현한다.
④ 복잡한 데이터를 쉽게 이해할 수 있도록 그래픽과 텍스트를 적절하게 조합하여 표현한다.

77. 다음 중 특정 기준에 따라 회귀계수에 벌점을 부여하여 모형의 복잡도를 낮추는 분석 기법은?

① 랜덤 포레스트　　② 벌점화 회귀
③ 로지스틱 회귀　　④ 다항선형 회귀

78. 다음 중 과대적합에 대한 설명으로 옳지 않은 것은?

① 비선형 모형은 선형 모형보다 과대적합 발생 가능성이 낮다.
② 과대적합은 모형이 과도하게 복잡해진 상태이다.
③ 과대적합 모형은 분산이 크다.
④ 과대적합 모형은 일반화 성능이 낮다.

79. 다음 중 데이터 시각화 절차에 해당하는 요소가 아닌 것은?

① 구조화
② 시각화
③ 시각표현
④ 데이터 보충

80. 다음 중 설명력이 가장 좋은 ROC 곡선은?

① AUC : −0.95
② AUC : 0.88
③ AUC : 0.77
④ AUC : 0.5

6회(2023년 4월 8일) 기출 복원문제

1과목 빅데이터 분석 기획

1. 맵리듀스 디자인 패턴 중 다른 데이터와 연결하여 분석하는 패턴은?

① 요약 패턴　　　② 조인 패턴
③ 필터링 패턴　　④ 메타 패턴

2. 다음 중 데이터 탐색에 대한 설명으로 옳지 않은 것은?

① 데이터 탐색은 수집한 데이터를 분석하기 전에 통계적인 방법을 이용하여 다양한 각도에서 데이터의 특징을 파악하는 분석 방법이다.
② 탐색적 데이터 분석의 특징으로는 저항성, 잔차해석, 자료 재표현, 현시성이 있다.
③ 범주형↔범주형 데이터의 시각화는 막대형그래프를 사용한다.
④ 데이터 탐색은 모형 해석 시에 필요하다.

3. 다음 중 외부 공공데이터 이용의 장점은?

① 데이터 제공자와 상호협약에 의한 의사소통이 가능하다.
② 제공되는 데이터의 범위가 넓다.
③ 주로 정형 데이터 형태로 수집이 용이하다.
④ 개인정보보호에 관한 문제점을 사전에 점검할 수 있다.

4. 다음 중 빅데이터 시대 위기 요인이 아닌 것은?

① 데이터 오용
② 책임 원칙 훼손
③ M2M시대 본격화
④ 사생활 침해

5. 다음 중 탐색적 데이터 분석에 대한 설명으로 옳은 것은?

① 탐색적 데이터 분석으로 데이터를 시각화할 수는 없다.
② 변숫값과 자료구조 간의 관계를 알 수 있다.
③ 범주형 데이터의 시각화는 주로 박스플롯을 사용한다.
④ 수치형 데이터의 시각화는 주로 막대형그래프를 사용한다.

6. 다음 중 데이터 전처리 과정에 해당하는 분석 과정은?

① 데이터 시각화　　② 모델링
③ 적합도 검정　　　④ 데이터 축소

7. 다음 중 데이터 사이언스에 대한 설명으로 옳은 것은?

① 인문, 사회, 공학 등 전반적인 영역에 골고루 퍼져 있다.
② 데이터 사이언스에는 딥러닝 기술이 활용되지 않는다.
③ 데이터 사이언스를 위해 활용되는 데이터는 주로 소규모 데이터이다.
④ 데이터 사이언스에 필요한 기술에 비즈니스 관련 기술은 포함되지 않는다.

8. 다음 중 분석 준비도의 척도가 아닌 것은?

① 분석 문화　　　② 분석 업무
③ 분석 결과 활용　④ 분석 인력

9. 다음 중 연속형 변수가 아닌 것은?

① 형광등 수명　　② 혈액형
③ 키　　　　　　④ 나이

10. 빅데이터를 정형, 비정형, 반정형으로 나눌 경우 빅데이터의 어떠한 특성을 기준으로 나눈 것인가?

① 저장 위치   ② 변수 개수
③ 수집방법   ④ 다양성

11. 다음 중 데이터셋의 noise를 제거하거나 최소화하기 위한 알고리즘은?

① 일반화(generalization)
② 집계(aggregation)
③ 평활(smoothing)
④ 속성 생성(feature construction)

12. 다음 중 데이터 분석 조직 구조에 대한 설명으로 옳지 않은 것은?

① 빅데이터 조직 구조 유형에는 집중 구조, 기능 구조, 분산 구조가 있다.
② 집중 구조는 별도의 분석 조직이 존재하고, 협업 부서와 기능이 겹치지 않는다.
③ 기능 구조는 전사적 핵심 분석이 어려우며, 과거에 국한된 분석 수행 가능성이 높다.
④ 분산 구조는 업무 과다, 이원화 가능성이 존재할 수 있기 때문에 부서 분석 업무와 역할 분담이 명확해야 한다.

13. 다음 중 데이터 거버넌스의 3요소가 아닌 것은?

① 원칙   ② 조직
③ 시스템   ④ 프로세스

14. 다음 중 네트워크를 기반으로 파일의 수집 및 공유가 가능한 시스템은?

① 관계형 데이터베이스
② NoSQL
③ HBase
④ 분산 파일 시스템

15. 다음 중 데이터 분석 수행을 위한 현황 파악 및 분석을 통한 문제를 정의하는 단계는?

① 분석 목표 수립
② 프로젝트 계획 수립
③ 보유 데이터 자산 확인
④ 도메인 이슈 도출

16. 다음 중 분석 마스터플랜에 대한 설명으로 옳은 것은?

① 전략적 중요도, 비즈니스 성과 및 ROI, 분석 과제의 실행 용이성을 고려하여 분석 구현 로드맵을 수립한다.
② 업무 내재화 적용 수준, 분석 데이터 적용 수준, 기술 적용 수준을 고려하여 우선순위를 설정한다.
③ ISP는 정보기술 및 정보 시스템을 전략적으로 활용하기 위해 중장기 마스터플랜을 수립하는 절차이다.
④ 과제 우선순위 평가기준의 시급성에는 분석 수준, 분석 적용 비용이 포함된다.

17. 다음 중 기업의 분석 수준 진단에 대한 설명으로 옳지 <u>않은</u> 것은?

① 확산형은 기업에 필요한 분석 구성 요소를 갖추고 있고, 높은 성숙도를 갖는 유형이다.
② 정착형은 조직 및 인력, 분석 업무, 분석 기법이 내부에 오픈되어 있다.
③ 도입형은 기업에서 활용하는 분석 업무 및 기법은 부족하지만 준비도가 높아 바로 도입할 수 있는 유형이다.
④ 준비형은 기업에 필요한 구성 요소 등이 준비되지 않아 사전 준비가 필요한 유형이다.

18. 다음 설명하는 파생변수 생성 방법에 해당하는 것은?

> 타이타닉 생존자 데이터에서 형제, 부모 데이터를 가족 데이터로 결합

① 단위 변환
② 표현방식 변환
③ 요약 통계량 변환
④ 변수 결합

19. 다음 중 데이터 정제 방법이 아닌 것은?

① 삭제
② 표준화
③ 대체
④ 예측값 삽입

20. 다음 중 개인정보 비식별화 조치에 대한 설명으로 옳지 않은 것은?

① 가명처리는 개인정보의 일부를 삭제하거나 일부 또는 전부를 대체하는 등의 방법으로 추가 정보 없이는 특정 개인을 알아볼 수 없도록 처리하는 방법이다.
② 데이터 범주화는 특정 정보를 해당 그룹의 대푯값으로 변환하거나 구간값으로 변환하여 특정 개인을 식별할 수 없도록 하는 방법이다.
③ 총계처리는 통계값을 적용하여 특정 개인을 식별할 수 없도록 하는 방법이다.
④ 데이터 마스킹은 민감 데이터 부분을 국소적으로 삭제하는 것이다.

2과목 빅데이터 탐색

21. 다음 중 주성분 분석(PCA)에 대한 설명으로 옳지 않은 것은?

① 비정방 행렬을 음상관 행렬의 곱으로 바꾼다.
② 가장 보편적으로 사용되는 차원 축소 기법 중 하나다.
③ 원본 데이터를 최대한 보존하면서 고차원 공간의 데이터를 저차원 공간 데이터로 변환하는 기법이다.
④ 기존 변수들을 조합하여 서로 연관성이 없는 새로운 변수를 생성한다.

22. 다음 설명하는 결측값 대치법에 해당하는 것은?

> 단순대치법을 한 번 하지 않고, n번 대치를 통해 n개의 완전한 자료를 만들어 분석하는 방법으로, 대치 → 분석 → 결합의 3단계로 구성된다.

① 핫-덱 대체
② 콜드덱 대체
③ 다중대치법
④ 혼합방법

23. 다음 중 표현하고 싶은 데이터를 1값으로, 그렇지 않은 데이터를 0값으로 표현하는 인코딩 방식은?

① 레이블 인코딩
② 대상 인코딩
③ 카운트 인코딩
④ 원-핫 인코딩

24. 다음 중 데이터 일관성 유지를 위한 방법이 아닌 것은?

① 삭제
② 변환
③ 파싱
④ 보강

25. 다음 중 이상값 처리에 대한 설명으로 옳지 <u>않은</u> 것은?

① 이상값 처리 방법에는 삭제, 대체, 변환이 있다.
② 평균값으로 이상값을 대체해도 데이터 변환 시에 신뢰도 문제가 발생하지 않는다.
③ ESD는 평균(μ)으로부터 3시그마(σ, 표준편차) 떨어진 값을 이상치로 인식하는 방법으로, 양쪽 0.15%에 해당하는 값을 이상치로 인식한다.
④ 머신러닝 기법을 활용하여 이상값을 검출할 수 있다.

26. 다음과 같은 표본집단 데이터의 평균값과 분산은 얼마인가?

> 2, 4, 6, 8, 10

	평균	분산
①	5	10
②	5	8
③	6	10
④	6	8

27. 다음 중 데이터 정제(Data Cleansing)에 대한 설명으로 옳지 <u>않은</u> 것은?

① 데이터 정제는 원본 데이터를 다듬어서 데이터의 신뢰도를 높이는 작업이다.
② 데이터 정제의 목적은 데이터를 이해하기 쉽게 표현하는 것이다.
③ 데이터 정제 과정은 데이터 오류 원인 분석 → 데이터 정제 대상 선정 → 데이터 정제 방법 결정 순이다.
④ 데이터 정제 방법에는 삭제, 대체, 예측값 삽입이 있다.

28. 다음 중 산포도 통계량에 대한 설명으로 옳지 <u>않은</u> 것은?

① 산포도 통계량은 데이터의 흩어진 정도를 나타내는 통계량이다.
② IQR은 사분위수 범위로 $Q_3 - Q_1$와 같이 연산된다.
③ 사분편차는 IQR의 절반 값이다.
④ 변동계수는 분산을 평균으로 나눈 값이다.

29. 다음 설명에 해당하는 확률 분포는?

> • 단위시간 또는 영역에서 어떤 사건의 발생횟수를 나타내는 확률 분포이다.
> • 수식은 $P = \dfrac{\lambda^n e^{-\lambda}}{n!}$ (λ : 평균, n : 발생횟수)와 같이 표현된다.

① 베르누이 분포
② 푸아송 분포
③ 이항 분포
④ 연속확률 분포

30. 다음과 같은 형태의 차트 이름은?

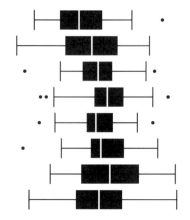

① Catogram
② Box-plot
③ Histogram
④ Heat Map

31. 시간 시각화 자료 중 일정 기간 동안 측정된 데이터들의 경향성을 보여주는 직선 또는 곡선은?

① 누적막대그래프　　② 추세선
③ 점그래프　　　　　④ 계단그래프

32. 다음 중 표본분포에 대한 설명으로 옳지 않은 것은?

① 중심 극한 정리는 데이터의 크기가 작아지면 데이터의 표본분포는 최종적으로 정규분포의 형태를 따른다는 것이다.
② 표본분포는 모집단에서 추출한 일정한 크기의 표본에 대한 분포 상태를 의미한다.
③ 모수는 모집단 분포 특성을 규정짓는 척도로 관심의 대상이 되는 모집단의 대푯값이다.
④ 큰 수의 법칙은 데이터를 많이 선택할수록 표본평균의 분산은 0에 가까워진다는 것이다.

33. 다음 중 클래스 불균형에 대한 설명으로 옳지 않은 것은?

① 불균형 클래스 처리를 위해서 다수 클래스의 데이터 중 일부만 선택하여 사용하는 것을 과소표집이라고 한다.
② 가중치 균형(weight balancing)으로는 불균형 클래스를 처리할 수 없다.
③ 임곗값은 학습 단계에서는 변화 없이 학습하고, 테스트 단계에서 이동한다.
④ 과대표집 기법으로는 SMOTE, ADASYN 등이 있다.

34. 다음 중 기초 통계량에 대한 설명으로 옳지 않은 것은?

① 표준편차는 분산에 양의 제곱근을 취한 값이다.

② 사분편차는 사분위수 범위(IQR)의 절반 값이다.
③ 첨도는 데이터 분포의 뾰족한 정도를 나타내는 통계량이다.
④ 사분위수는 3분위수에서 1사분위수를 뺀 값이다.

35. 다음 중 파생변수 사용 예시로 옳지 않은 것은?

① 크루즈 탑승자 명단에서 형제, 부모 데이터를 가족 데이터로 변환하여 사용한다.
② A, B, O, AB 혈액형 데이터를 0, 1, 2, 3으로 변환하여 사용한다.
③ 화장품 업체의 분기별 매출 자료를 총 매출액으로 사용한다.
④ 차량 번호판에서 개인소유 혹은 렌터카 여부를 확인하여 사용한다.

36. 측정된 데이터들을 x축과 y축을 기반으로 점으로 표시한 그래프로, 측정된 데이터의 분포를 통해 변수간의 관계 파악이 가능한 그래프는?

① 점그래프　　　　　② 산점도
③ 버블차트　　　　　④ 네트워크그래프

37. 다음 중 차원 축소에 대한 설명으로 옳은 것은?

① 데이터가 많고 고차원일수록 모델의 정확도가 높다.
② 선형판별 분석은 다변량의 신호를 통계적으로 독립적인 하부 성분으로 분리하여 차원을 축소하는 기법이다.
③ 차원 축소는 분석에 활용되는 데이터의 변수 정보는 최대한 유지하면서 데이터셋 변수의 개수를 줄이는 데이터 분석 기법이다.

④ 주성분 분석(PCA)은 행과 열의 크기가 다른 임의의 M×N 차원의 행렬에서 특이값을 추출하여 효율적으로 차원을 축소하는 기법이다.

38. 세 학생의 중간고사 성적이 각각 60, 70, 80점이었다. 최소-최대 정규화를 했을 때, 세 학생의 성적의 합은 얼마인가?

① 1.5
② 1
③ 0.5
④ 2

39. 다음 중 다중회귀 분석의 가정이 <u>아닌</u> 것은?

① 잔차와 독립변수의 독립성
② 잔차와 종속변수의 선형성
③ 잔차의 분산이 독립변수와 무관한 등분산성
④ 잔차항의 정규성

40. 다음 설명에 해당되는 시스템은?

> • 대규모 데이터를 저장하기 위한 데이터 베이스 관리 시스템이다.
> • 고정된 테이블 스키마가 없고, 조인 (JOIN) 연산을 사용할 수 없다.
> • 수평적 확장이 가능하다.
> • 활용 예시로는 HBase, Cassandra, MongoDB 등이 있다.

① RDBMS
② MySQL
③ DFS
④ NoSQL

3과목   빅데이터 모델링

41. 다음 중 Causality Analysis에 대한 설명으로 옳은 것은?

① 하나 이상의 독립변수가 종속변수에 끼치는 영향을 추정하는 통계 방법이다.
② 두 개 이상의 변수 사이에 존재하는 상호 연관성을 분석하는 방법이다.
③ 독립변수와 종속변수 간의 인과관계를 분석하는 방법이다.
④ 서로 다른 집단의 평균에서 분산값을 비교하여 집단 간의 통계학적 차이를 확인하는 방법이다.

42. 다음 중 다중공선성을 진단하기 위한 지표는?

① 회귀계수(Regression Coefficient)
② 분산팽창지수(Variance Inflation Factor)
③ 자카드계수(Jaccard)
④ 순위상관계수(Rank Correlation Coeffecient)

43. 교차 검증 방법 중 N개 데이터 중 1개만 평가 데이터로 사용하고, 나머지 N-1개는 훈련 데이터로 사용하는 과정을 N번 반복하는 검증 방법은?

① K-fold 교차 검증
② Hold-out 교차 검증
③ LOOCV
④ LpOCV

44. 다음 중 인공신경망에 대한 설명으로 옳지 <u>않은</u> 것은?

① 머신러닝은 딥러닝의 일부이다.
② 인공신경망은 활성화 함수를 사용하고, 가중치를 알아내는 것이 목적이다.

③ 인공신경망의 활성화 함수는 입력 신호의 총합을 출력 신호로 변환하는 함수이다.

④ 퍼셉트론은 XOR 선형 분리 불가 문제가 발생하여 이를 보완하기 위해 다중 퍼셉트론이 개발되었다.

45. 다음과 같은 분할표에서 흡연 여부에 따른 폐암 발생률에 대한 오즈비는 얼마인가?

구분	폐암 발생	폐암 미발생	합계
흡연	6	5	11
비흡연	2	10	12
합계	8	15	23

① 8
② 4
③ 10
④ 6

46. 다음 중 분석 모형 구축 절차로 옳은 것은?

① 비즈니스 영향도 평가 → 유의변수 도출 → 분석요건 확정 → 운영시스템 적용

② 유의변수 도출 → 비즈니스 영향도 평가 → 분석요건 확정 → 운영시스템 적용

③ 분석요건 확정 → 유의변수 도출 → 비즈니스 영향도 평가 → 운영시스템 적용

④ 비즈니스 영향도 평가 → 분석요건 확정 → 운영시스템 적용 → 유의변수 도출

47. 다음 중 시계열 데이터의 장기의존성 문제에 대한 LSTM기법을 보완한 방법은?

① SMOTE
② LOF
③ SEMMA
④ GRU

48. 다음 중 앙상블 분석에 대한 설명으로 옳지 않은 것은?

① 앙상블 분석 방법에는 배깅, 부스팅, 랜덤 포레스트, 보팅, 스태킹이 있다.

② 배깅(Bagging)은 데이터 사이즈가 크거나 결측값이 없는 경우에 사용하기 유리하다.

③ 부스팅(Boosting)의 알고리즘에는 AdaBoost, GBM, XGBoost이 있다.

④ 간접투표(Soft Voting)는 각 모형의 클래스 확률값을 평균내어 확률이 가장 높은 클래스를 최종 결과로 예측하는 방법이다.

49. 다음 중 기계학습과 통계분석에 대한 설명으로 옳지 않은 것은?

① 기계학습은 다양한 알고리즘을 활용한 학습 방법을 의미한다.

② 통계분석은 다양한 통계량을 활용한 분석 방법으로 분석 결과를 시각화하여 표현할 수 있다.

③ 기계학습은 통계분석과 다르게 결과물에 대한 수식을 도출할 수 없다.

④ 기계학습을 위한 알고리즘 선정은 분석 대상에 따라 다르게 설정된다.

50. 다음 중 데이터 분할(split) 방법에 대한 설명으로 옳지 않은 것은?

① 데이터가 충분하지 않은 경우에는 학습 데이터와 검증 데이터로만 분할하여 분석하기도 한다.

② 훈련 데이터셋으로 학습한다.

③ 검증 데이터는 하이퍼파라미터의 성능을 평가하는 데 사용된다.

④ 테스트 데이터셋으로 성능을 확인한다.

51. 다음 중 과적합 방지 방법이 아닌 것은?

① 데이터 삭제
② LASSO
③ 데이터 증강
④ Drop Out

52. 다음 중 랜덤 포레스트에 대한 설명으로 옳지 <u>않은</u> 것은?

① 랜덤 포레스트는 의사결정나무 기반 앙상블 알고리즘이다.

② 이상치의 영향을 적게 받는다.

③ 분류기를 여러 개 사용할수록 예측편향이 줄어든다.

④ 랜덤 포레스트 모형에서는 모든 변수(Feature)를 학습시킨다.

53. 다음 중 변수의 성질이 <u>다른</u> 하나는?

① 결과변수

② 회귀변수

③ 실험변수

④ 통제변수

54. 다음 중 종속변수가 범주형일 때 사용되는 분석 기법이 <u>아닌</u> 것은?

① 판별 분석

② KNN

③ 다중선형 회귀 분석

④ 로지스틱 회귀 분석

55. 다음 중 다중선형 회귀 모형의 평가 지표는?

① ROC 곡선

② 결정계수(R^2)

③ 정밀도

④ 재현율

56. 다음 중 시계열 데이터의 공분산 기법은?

① 연관 분석

② 계절성 분석

③ 추세 분석

④ 자기상관 분석

57. 다음 중 시계열 데이터 예측 방법에 대한 설명으로 옳지 <u>않은</u> 것은?

① 시계열 데이터 예측 방법은 확률적 방법과 고전적 방법으로 나뉜다.

② 지수평활법은 과거 값에 가중치를 두고, 최근 값에 적은 비중을 두는 방법이다.

③ 이동평균법은 일정 기간의 관측치를 이용하여 평균을 구하고, 이를 이용해 예측하는 방법이다.

④ 확률적 방법은 주파수 영역과 시간 영역으로 나뉜다.

58. 다음과 같은 의사결정나무에서 B에 해당하는 X1값과 D에 해당하는 X2값은?

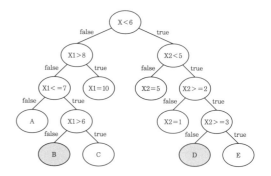

	B(X1)	D(X2)
①	6	1
②	8	0
③	6	2
④	7	2

59. 다음 중 ReLU 함수의 뉴런이 죽는 현상(Dying ReLU)을 해결한 활성화 함수는?

① Sigmoid

② tanh

③ Leaky ReLU

④ Softmax

60. 다음과 같은 분석 방법에 해당하는 것은?

> - 독립변수가 종속변수에 얼마나 부정적인(−) 혹은 긍정적인(+) 영향을 주는지 확인하는 분석 방법으로 주로 의료통계 분야에서 많이 사용된다.
> - 종속변수(Y)가 이진 형태(남성 또는 여성, 성공 또는 실패, 증가 또는 감소)여야 하고, 독립변수(X)는 연속형 또는 범주형일 수 있다.

① 비선형 회귀 분석
② 다중선형 회귀 분석
③ 로지스틱 회귀 분석
④ 이항 로지스틱 회귀 분석

4과목 빅데이터 결과 해석

61. 다음 중 K-fold 교차 검증 학습 과정에 대한 설명으로 옳지 않은 것은?

① 데이터 학습과 검증 과정에서 테스트 데이터는 사용되지 않는다.
② K−1개의 검증 데이터를 만들고, 1개의 훈련 데이터를 만들어서 학습한다.
③ 데이터를 학습, 검증, 테스트 데이터로 나누어 교차 검증하는 방법이다.
④ 검증 데이터를 계속 바꾸어 사용하기 때문에 분할된 데이터는 한 번씩 검증 데이터로 사용된다.

62. 다음 중 시간 시각화에 대한 설명으로 옳지 않은 것은?

① 시간 시각화는 시간의 흐름에 따른 데이터의 변화를 나타낸 것을 의미한다.

② 추세선은 일정 기간 동안 측정된 데이터들의 경향성을 보여주는 직선 또는 곡선이다.
③ 일반적으로 y축은 시간을, x축은 데이터 값을 나타낸다.
④ 점그래프의 점들을 선으로 연결하면 선그래프로 표현할 수 있다.

63. 다음 설명에 해당하는 분석 방법은?

> - 비계층적 군집분석 방법 중 하나로, 군집의 수를 지정하지 않아도 된다.
> - 밀도를 기반으로 군집을 이루기 때문에 기하학적인 모양의 군집도 찾을 수 있고, 이상값을 검출할 수 있다.

① K-means clustering
② DBSCAN
③ SOM
④ SVM

64. 다음 중 파라미터 최적화 방법으로 옳지 않은 것은?

① 손실함수 최소화
② AdaGrad
③ 확률적 경사하강법(SGD)
④ 베이지안 최적화(Bayseian Optimization)

65. 다음 중 ROC 곡선에 대한 설명으로 옳지 않은 것은?

① ROC 곡선의 x축은 1-Specificity이고, y축은 Sensitivity이다.
② ROC 곡선은 항상 0.5 이상의 값을 갖는다.
③ ROC 곡선은 가능한 모든 임곗값에 대한 참 긍정률과 거짓 긍정률을 확인한다.
④ ROC 곡선은 회귀 모형 평가 지표이다.

66. 다음 중 혼동행렬(Confusion Matrix)에 대한 설명으로 옳지 <u>않은</u> 것은?

① TPR은 $\dfrac{TP}{TP+FN}$와 같이 연산된다.

② F1-Score는 정밀도와 재현율의 기하평균이다.

③ Specificity는 실제 '부정' 범주 중 '부정'의 비율이다.

④ Precision은 $\dfrac{TP}{TP+FP}$와 같이 연산된다.

67. 다음 중 특정 사건 혹은 주제에 대한 정보를 이야기 들려주듯이 표현하는 인포그래픽 종류는?

① 비교분석형
② 만화형
③ 스토리텔링형
④ 타임라인형

68. 다음 중 역사적 사건이나 특정 주제와 관련된 히스토리를 시간 순서 형식으로 표현한 것으로 기업의 발전과정을 표현할 때 사용되는 인포그래픽 유형은?

① 통계
② 프로세스
③ 도표
④ 타임라인

69. 다음 중 스타차트에 대한 설명으로 옳지 <u>않은</u> 것은?

① 스타차트의 중요도는 별의 개수로 확인할 수 있다.
② 스타차트는 비교 시각화 유형에 속한다.
③ 스타차트의 축은 3개 이상이다.
④ 스타차트로 데이터의 이상값을 확인할 수 있다.

70. 다음과 같은 실젯값과 예측값 데이터가 있을 때 평균제곱근오차(RMSE)는?

실젯값	10	20	15	8
예측값	8	18	13	6

① 1
② 2
③ 3
④ 4

71. 다음 중 (   ) 안에 알맞은 것은?

- (㉠)은 학습 알고리즘에서 잘못된 가정으로 인한 오류를 의미하고, (㉡)은 학습 데이터의 내재된 작은 변동으로 발생하는 오차를 의미한다.
- 이상적인 분석 모형은 낮은 (㉠)과 낮은 (㉡)으로 설정되어야 한다.

	㉠	㉡
①	오차	편향
②	잔차	분산
③	분산	편향
④	편향	분산

72. 다음과 같은 혼동행렬에서 정밀도는 얼마인가?

		예측 범줏값	
		Predicted Positive	Predicted Negative
실제 범줏값	Actual Positive	50	150
	Actual Negative	60	140

① 0.54
② 0.45
③ 0.25
④ 0.75

73. 다음 중 비즈니스 기여도 평가 기법에 대한 설명으로 옳지 <u>않은</u> 것은?

① 순 현재 가치(NPV)는 투자로부터 유입되는 미래 현금의 현재 가치와 해당 투자를 위해 투입된 비용의 차액으로 미래 시점의 순이익 규모이다.

② 투자대비효과(ROI)는 $\dfrac{순이익}{투자비용} \times 100$으로 계산된다.

③ 투자회수기간(PP)은 누적투자금액과 매출금액의 합이 같아지는 기간으로 투자에 소요되는 모든 비용을 회수하는 데 걸리는 기간으로 보통 월(month) 단위로 기록한다.

④ 내부 수익률(IRR)은 순 현재 가치를 '0'으로 만드는 할인율이다.

74. 다음 중 시간 시각화 유형에 속하지 <u>않는</u> 그래프는?

① 선그래프　　　② 히스토그램
③ 계단식그래프　④ 막대그래프

75. 정밀도가 80%이고, 재현율이 90%일 때 F1-Score는 얼마인가?

① 80.2%　② 83.1%　③ 84.7%　④ 85.3%

76. 다음 중 실젯값과 가장 오차가 작은 가설 함수를 도출하기 위해 사용되는 함수는?

① 손실 함수　　　② 비용 함수
③ 활성화 함수　④ 확률밀도 함수

77. 다음 중 교차 검증에 대한 설명으로 옳지 <u>않은</u> 것은?

① Hold-Out 교차 검증은 가장 보편적으로 랜덤추출을 통해 데이터를 분할하는 방법으로 학습 데이터와 검증 데이터가 20~40%이고, 테스트 데이터가 60~80%이다.

② Bootstrap은 주어진 자료에서 단순 랜덤 복원추출 방법을 활용해 동일한 크기의 표본을 여러 개 생성하는 방법이다.

③ LOOCV는 N개 데이터 중 1개만 평가 데이터로 사용하고, 나머지 N-1개는 훈련 데이터로 사용하는 과정을 N번 반복하는 방법이다.

④ K-fold 교차 검증은 데이터를 K개의 fold로 나누어 (K-1)개는 학습에, 나머지 하나는 검증에 사용하는 방법이다.

78. CNN에서 원본 이미지가 3×3, stride가 2, 필터가 5×5, padding의 크기가 2일 때 Feature Map은 얼마인가?

① (4, 4)　② (3, 3)　③ (1, 1)　④ (2, 2)

79. 다음 설명에 해당하는 오류는?

> 분석 모형을 만들 때 주어진 데이터의 특성이 지나치게 반영되어 발생하는 오류를 의미하고, 이를 과대적합(Over-Fitting)되었다고 표현한다.

① 분석 오류　　　② 가정 오류
③ 일반화 오류　④ 학습 오류

80. 다음 중 드롭아웃(DropOut)에 대한 설명으로 옳지 <u>않은</u> 것은?

① 드롭아웃은 학습과정에서 신경망의 일부를 사용하지 않는 기법이다.

② 제거되는 신경망의 종류와 개수는 랜덤하게 드롭아웃 확률에 의해 결정된다.

③ 드롭아웃은 서로 연결된 연결망에서 0~1 사이의 확률(Drop Out Rate)로 뉴런을 제거하는 방법이다.

④ 드롭아웃은 신경망 예측 시에 사용하고, 학습 시에는 사용하지 않는다.

기출 복원문제 정답 및 해설

■ 2회(2021년 4월 17일) 기출 복원문제 정답 및 해설

1	③	2	④	3	①	4	②	5	③	6	④	7	②	8	②	9	②	10	③
11	④	12	①	13	②	14	②	15	③	16	④	17	①	18	②	19	②	20	③
21	④	22	③	23	①	24	②	25	①	26	①	27	②	28	③	29	②	30	③
31	③	32	④	33	②	34	③	35	①	36	②	37	①	38	②	39	②	40	③
41	④	42	④	43	③	44	③	45	①	46	②	47	①	48	④	49	③	50	③
51	④	52	①	53	②	54	③	55	④	56	③	57	②	58	③	59	②	60	②
61	③	62	④	63	①	64	②	65	①	66	②	67	②	68	①	69	③	70	④
71	①	72	②	73	②	74	②	75	①	76	②	77	③	78	③	79	④	80	②

1과목　빅데이터 분석 기획

1. 분석을 위한 데이터를 데이터 저장소로 이동시키기 위해 다양한 소스 시스템으로부터 필요한 원본 데이터를 추출, 변환하여 적재하는 기술은 ETL(Extract Transform Load)이다.

2. 딥러닝은 은닉층을 사용하여 결과의 해석이 어렵다.

3. 빅데이터 분석 방법론의 올바른 절차는 분석 기획 → 데이터 준비 → 데이터 분석 → 시스템 구현 → 평가 및 전개이다.

4. 정답인 레이블(Label)이 포함된 학습 데이터를 통해 모델을 학습시키는 방법은 강화 학습이다.

5. t-근접성은 동질 집합에서 특정 정보의 분포와 전체 데이터 집합에서 정보의 분포가 t-이하의 차이를 보여야 하는 모델이다.

6. 개인정보 익명처리 기법에는 가명, 일반화, 섭동, 치환(순열)이 있다.

7. 데이터의 특징을 파악하기 위해 평균, 분산, 표준편차 등의 기초통계량을 구하거나 시각화 도구인 그래프를 활용하는 분석 방법은 기술통계이다.

8. 분석 대상과 분석 방법을 모두 알고 있는 경우 선택할 수 있는 분석 기획 유형은 최적화이다.

9. 입사 지원자에 대한 범죄이력을 조회하기 위해서는 정보주체자(당사자)의 동의가 있어야 한다.

10. 수집된 정형 데이터의 품질 검증 방법에는 메타 데이터 활용, 정규 표현식 활용, 데이터 프로파일링 활용이 있다.

11. 수집된 데이터를 다양한 방법을 활용하여 탐색적으로 분석하여 데이터의 특징을 정확하게 파악하는 분석 방법은 탐색적 데이터 분석(EDA)이다.

12. 데이터 분석 절차에서 문제의 단순화를 통해 변수 간의 관계로 정의하는 것은 모형화이다.

13. 진단분석은 현재 이 문제가 왜 발생했는지에 대한 분석이다.

14. 데이터 범위에서 많이 벗어난 매우 크거나 작은 값은 이상치이다.

15. DBMS는 데이터베이스를 운영하고 관리하는 소프트웨어로 DBMS의 데이터 수집은 Open API, ETL 등을 이용한다. 크롤링은 웹사이트에서 정보를 수집하는 기술이다.

16. 조직 평가를 위한 성숙도 단계는 도입, 활용, 확산, 최적화 단계이다.

17. 개인정보 수집 시 정보사용자는 정보주체자에게 다음과 같은 사실을 고지해야 한다.

> 1. 개인정보 수집 · 이용 목적
> 2. 수집하려는 개인정보의 항목
> 3. 개인정보의 보유 및 이용 기간
> 4. 동의를 거부할 권리가 있다는 사실 및 동의 거부에 따른 불이익이 있는 경우에는 그 불이익의 내용

18. 상향식 접근 방식의 절차는 프로세스 분류 → 프로세스 흐름 분석 → 분석 요건 식별 → 분석 요건 정의 순이다.

19. 데이터 품질 평가 요소 중 동일한 데이터의 구조, 값, 형태가 일관되는 특징은 일관성이다.

20. 기업에서 사용하는 데이터의 가용성, 유용성, 통합성, 보안성을 관리하기 위한 정책과 프로세스를 다루며 프라이버시 보안성, 데이터 품질, 관리 규정 준수를 강조하는 모델은 데이터 거버넌스이다.

2과목　빅데이터 탐색

21. 불균형 문제를 처리하지 않으면 모델은 가중치가 높은 클래스를 위주로 예측하려고 하므로 정확도는 높아지지만, 작은 클래스의 재현율은 낮아지는 문제가 발생할 수 있다.

22. 박스플롯으로 분산은 알 수 없다. 박스플롯으로 알 수 있는 통계량은 다음과 같다.

> - 하위경계(Lower fence) : 제1사분위에서 1.5 * IQR을 뺀 위치
> - 최솟값(Minimum observation) : 하위경계 내의 관측치의 최솟값
> - 제1사분위수(Q_1) : 자료들의 하위 25%의 위치
> - 제2사분위수(Q_2, 중위수, Median) : 자료들의 50% 위치로 중위수를 의미, 두꺼운 막대로 가시성을 높여 표현
> - 제3사분위수(Q_3) : 자료들의 하위 75% 위치
> - 최댓값(Maximum obervation) : 상위 경계 내의 관측치의 최댓값
> - 상위경계(Upper fence) : 제3사분위에서 IQR의 1.5배 위치
> - 수염 : Q_1, Q_3로부터 IQR의 1.5배 내에 있는 가장 멀리 떨어진 데이터까지 이어진 선
> - 이상값(Outlier) : 수염보다 바깥에 존재하는 데이터

23. 변수 선택 기법 중 가장 큰 영향을 주는 변수를 하나씩 추가하는 방법은 전진 선택법이다.

24. 다음과 같이 베이즈 정리로 연산한다.

> A_1 : A공장, A_2 : B공장, A_3 : C공장, B : 불량률
>
> $P(A_1)$: A공장 부품생산율 50%, $P(B|A_1)$: A공장 불량률 1%
>
> $P(A_2)$: B공장 부품생산율 30%, $P(B|A_2)$: B공장 불량률 2%
>
> $P(A_3)$: C공장 부품생산율 20%, $P(B|A_3)$: C공장 불량률 3%
>
> $P(A_3|B)$: 불량품이 C공장에서 생산될 확률
>
> $$ = \frac{P(A_2)P(B|A_2)}{P(A_1)P(B|A_1)+P(A_2)P(B|A_2)+P(A_3)P(B|A_3)}$$
> $$= \frac{30\% \times 2\%}{(50\% \times 1\%)+(30\% \times 2\%)+(20\% \times 3\%)}$$
> $$= \frac{60}{50+60+60} = \frac{6}{17}$$

25. 파생변수는 연구자가 기존 변수에 특정 조건 등을 사용하여 새롭게 재정의한 변수로 주관적인 특징을 갖는다. 따라서 파생변수를 생성할 때에는 논리적 타당성 및 명확한 기준을 갖춰야 한다.

26. 모표준편차가 알려져 있는 경우 모평균 신뢰구간은 다음과 같이 연산할 수 있다.

> $$\bar{X} - Z_{\frac{\alpha}{2}} \frac{\sigma}{\sqrt{n}} \leq \mu \leq \bar{X} + Z_{\frac{\alpha}{2}} \frac{\sigma}{\sqrt{n}}$$
>
> ($\bar{X}$: 표본평균, σ : 모표준편차, n : 표본수, μ : 모평균, $Z_{\frac{\alpha}{2}}$: 유의수준이 $\frac{\alpha}{2}$ 인 Z-분포)
>
> $$70 - 1.645 \frac{8}{\sqrt{25}} \leq \mu \leq 70 + 1.645 \frac{8}{\sqrt{25}}$$
> $$\rightarrow 67.368 \leq \mu \leq 72.632$$

27. 확률밀도함수 3, 1, 2, 3, 4의 값을 가질 때 최대우도법을 이용하여 최대우도값을 구할 경우 다음과 같이 연산할 수 있다.

> 우도 함수는 $L(\gamma) = L(\gamma, x_1, x_2, x_3, \cdots\cdots, x_n) = \prod\limits_{}^{n} f(x_i; \gamma) = \gamma^n e^{-r \sum\limits_{i=1}^{n} x}$ 이다. 연산의 편의성을 위해 자연로그를 취하고, 양 변을 미분하여 0이 되게 하는 감마(γ)를 찾는다.
>
> $$-n\gamma + \sum\limits_{i=1}^{n} + x_i r^2 = -5 \times \gamma + (3+1+2+3+4) \times \gamma^2 = 0 \rightarrow \frac{5}{3+1+2+3+4} = \frac{5}{13}$$

28. 두 변수 사이의 상관관계를 알 수 있는 관계 시각화 유형으로서 좌표상의 점들로 데이터를 표현하는 시각화 방법은 산점도이다.

29. 수치형 데이터는 피어슨 상관계수를 활용하여 분석한다.

30. 평행좌표그래프에 대한 설명이다.

31. 표준편차를 기준으로 데이터가 평균에서 얼마나 떨어져 있는지 보여주는 Z-score는 다음과 같이 연산한다.

$$\frac{\text{데이터값}(X) - \text{평균}(\mu)}{\text{표준편차}(\sigma)} \rightarrow \frac{80-75}{5} = 1$$

32. p-값(p-value)은 귀무가설이 참이라는 전제 하에 표본에서 실제로 관측된 통계치와 같거나 더 극단적인 통계치가 관측될 확률을 의미한다.

33. 주어진 표의 빈칸은 다음과 같다.
　　㉠ : 신뢰수준($1-\alpha$)
　　㉡ : 제2종 오류(β)
　　㉢ : 제1종 오류(α)
　　㉣ : 검정력($1-\beta$)

34. 두 개 이상의 변수 사이에 존재하는 상호 연관성을 분석하는 방법은 상관 분석이고, 데이터를 특정한 직선에 사영(projection)하여 두 범주를 잘 구분할 수 있는 직선을 찾는 기법은 선형 판별 분석 방법이다. 가장 독립적인 축을 찾는 기법으로 다변량의 신호를 통계적으로 독립적인 하부 성분으로 분리하여 차원을 축소하는 기법은 독립성분 분석이다.

35. 일부 팀원의 연봉이 기준 이상으로 높은 경우 이는 이상치에 해당한다. 이상치에 영향을 받지 않는 통계량은 중위수이다.

36. 모집단을 여러 계층으로 나누고 계층별로 무작위추출하는 방식으로 데이터 특징이 층내에서는 동질하고, 층간에서는 이질한 특징이 있는 표본추출 기법은 층화추출법이다.

37. 불균형 데이터 처리 기법으로는 과소표집, 과대표집, 임곗값 이동, 앙상블 기법, 가중치 균형이 있다.

38. 베르누이 분포는 이산확률분포에 속한다. 정규분포, Z-분포, T-분포는 연속확률분포에 속한다.

39. F-분포는 독립적인 X^2 분포(카이제곱 분포)가 있을 때, 두 확률변수의 비를 나타낸다. 모집단이 정규분포라는 정도만 알고 모표준편차(σ)는 모를 때, 모집단의 평균을 추정하기 위해 사용하는 분포는 T-분포이다.

40. 수식은 정규분포(가우스 분포)를 나타낸다.

3과목　빅데이터 모델링

41. 변수 선택 기법 중 가장 적은 영향을 주는 변수를 하나씩 제거하는 방법은 후진 소거법이다.

42. 인공신경망의 목적은 각 노드의 가중치를 조절하여 입력값에 따른 출력값을 결정하는 것이다.

43. CNN 알고리즘의 Feature Map은 다음과 같이 연산한다.

$$
\begin{aligned}
FeatureMAP &= \left(\frac{n+sp-f}{s}+1, \ \frac{n+sp-f}{s}+1 \right) \\
&= \left(\frac{n+sp-f}{s}+1 \right) \times \left(\frac{n+sp-f}{s}+1 \right) \\
&= \left(\frac{5+0-3}{1}+1 \right) \times \left(\frac{5+0-3}{1}+1 \right) \\
&= (3, \ 3)
\end{aligned}
$$

44. 선형회귀 모형은 선형성, 독립성, 등분산성, 정상성(정규성)의 4가지 가정을 만족해야 한다. 이 중 잔차와 관련 없는 가정은 선형성이다.

가정	설명
선형성	• 독립변수 변화에 따라 종속변수도 선형적인 일정 크기로 변화함 • 산점도를 통해 선형성 확인 가능
독립성	• 잔차와 독립변수의 값이 서로 독립적이어야 함 • 더빈–왓슨 검정을 통해 통계량 확인 가능
등분산성	• 잔차의 분산이 독립변수와 무관하게 일정해야 함 • 잔차가 고르게 분포되어 있어야 함
정상성 (정규성)	• 잔차항이 평균 0인 정규분포 형태를 이뤄야 함 • 샤피로–윌크 검정, 콜모고로프–스미르노프 검정을 통해 통계량 확인 가능 • Q–Q plot에서 잔차가 오른쪽으로 치우친 직선 형태의 경우 정규성을 띈다고 할 수 있음

45. 서포트 벡터 머신(SVM)은 다른 모형에 비해 연산속도가 느리다.

46. 공분산행렬을 사용하여 고윳값이 1보다 큰 주성분의 개수를 이용하는 것은 주성분 분석(PCA)에 대한 설명이다. 스트레스값이 0에 가까울수록 적합도가 좋고, 1에 가까울수록 적합도가 나쁘다.

47. 주어진 수식은 라쏘(L1 노름 규제)에 대한 내용이다.

48. 빅데이터 분석 절차는 문제 인식 → 연구 조사 → 모형화 → 데이터 수집 → 데이터 분석 → 분석 결과 공유 순이다.

49. 로지스틱 회귀 분석의 종속변수(반응변수)는 범주형이다.

50. 주어진 혼동행렬에서 참 긍정률(TPR)과 거짓 긍정률(FPR)은 다음과 같이 연산한다.

$$
\text{참 긍정률(TPR)} = \frac{TP}{TP+FN}, \ \text{거짓 긍정률(FPR)} = \frac{FP}{TP+FP}
$$

$$
TPR = \frac{40}{40+10} = \frac{4}{5}, \ FPR = \frac{5}{5+70} = \frac{1}{15}
$$

51. 예측력이 약한 모형을 연결하여 강한 모형을 만드는 기법으로 오분류된 데이터에 가중치를 주어 표본을 추출하지만, 과적합의 위험이 있는 앙상블 기법은 부스팅 기법의 GBM(Gradient Boosting Machine)에 대한 설명이다.

52. $P(B|x)$를 구하는 수식은

$$P(B|x) = \frac{P(x|B) \cdot P(B)}{P(x|A) \cdot P(A) + P(x|B) \cdot P(B)}$$ 와 같다.

53. 전체 데이터를 K개의 fold로 나누어 (K-1)개는 학습에, 나머지 하나는 검증에 사용하는 교차 검증 방법은 K-fold 교차 검증이다.

54. ③은 페이스북 사진으로 사람을 분류하는 것은 정답이 주어지지 않은 상태에서 결과를 도출하는 비지도 학습 알고리즘 사례에 속한다. ①, ②, ④는 정답 레이블을 포함하여 향후 결과를 예측하는 지도 학습 알고리즘 사례에 속한다.

55. MNIST 데이터셋으로 라벨링되어 있는 각 숫자 범주에 맞게 분류하는 것이 적합한 분석 방법이다.

56. 교복 사이즈를 정하기 위해서는 팔길이, 키, 가슴둘레별로 군집화하여 사이즈를 확인할 수 있다.

57. 시계열 모형에는 백색잡음 모형, 확률보행 모형, 자귀회귀 모형, 이동평균 모형이 있다.

58. 오디오 데이터는 시간에 따른 진폭(Amplitude) 형태로 저장한다. 토큰화하여 저장하는 것은 텍스트 데이터이다.

59. 모델의 개수가 많아질 경우 과적합이 발생할 수 있다.

60. K-fold 교차 검증은 데이터를 K개의 fold로 나누어 (K-1)개는 학습에, 나머지 하나는 검증에 사용하는 방법이다.

4과목   빅데이터 결과 해석

61. 이상적인 분석 모형은 낮은 편향(Bias)과 낮은 분산(Variance)으로 설정되어야 한다.

62. 초매개변수로 설정 가능한 것은 학습률, 의사결정나무 깊이(Depth), 신경망에서 은닉층 (Hidden Layer)의 개수, SVM에서 코스트 값인 C, KNN에서 K개수이다.

63. 산점도는 관계 시각화 유형에 속한다. 관계 시각화 유형에는 산점도, 산점도 행렬, 버블차트, 히스토그램, 네트워크그래프가 있다.

64. 하나의 공간에 각각의 변수를 표현하는 몇 개의 축을 그리고, 축에 표시된 해당 변수의 값을 연결하는 그래프는 스타차트이다.

65. 불균형 데이터 처리 시 임곗값은 데이터가 많은 쪽으로 이동시킨다.

66. ROC 곡선의 x축은 거짓 긍정률을 나타내고, y축은 참 긍정률(재현율, 민감도)을 나타낸다.

67. 분류의 예측 범주와 데이터의 실제 분류 범주를 교차표 형태로 정리한 것은 혼동행렬이다.

68. 매개변수는 모델 내부에서 확인 가능한 변수로 데이터를 통해 자동으로 산출된 값이며, 수작업으로 측정되지 않는다.

69. K-mean clustering 알고리즘에서 K값을 구하는 기법에는 엘보우 기법, 실루엣 기법, 덴드로그램이 있다.

70. F1-score(F-Measure) 연산에는 정밀도(Precision)와 재현율(Recall)이 사용된다.

$$\text{F1-score}=2\times\frac{\text{Precision}\times\text{Recall}}{\text{Precision}+\text{Recall}}$$

71. 종속변수가 범주형이고, 독립변수가 수치형 변수 여러 개로 이루어진 변수 간의 관계를 분석하기 위해 적용할 수 있는 방법은 로지스틱 회귀 분석이다.

72. 주어진 그래프는 잔차가 등분산 가정을 만족하지 않은 형태이다. 이 경우 종속변수를 log로 변환하거나 WLS(Weighted Least Square)를 사용한다.

73. 적합도 검정에서 가정된 확률이 정해져 있는 경우에는 카이제곱 검정을 이용하여 검정을 수행하고, 가정된 확률이 정해져 있지 않은 경우에는 정규성 검정(Normality Test)을 사용하여 검정한다.

74. 시계열 분해 그래프의 관측치를 통해 추세(Trend), 계절성(Seasonal), 잔차(Residual)를 확인할 수 있다.

75. 인포그래픽은 복잡한 데이터를 그래픽을 활용하여 간단하게 표현하는 시각화 기법이다.

76. 종속변수가 범주형일 때, 임곗값이 변하면 정분류율(정확도)도 변한다.

77. 실제 부정 범주 중 부정의 비율은 특이도(Specificity)이다.

78. 데이터 수가 많더라도 분석 모형 검증을 위해 평가 데이터를 통한 모델 평가가 필요하다.

79. 분석 모형 개발과 피드백 적용 과정을 반복적으로 수행함으로써 모형의 성능을 향상시킬 수 있다.

80. 유의수준 0.05에서 변수 X2의 계수는 -3.635677이다. X3은 $Pr(>|t|)$ 값이 0.05보다 크므로 통계적으로 유의하지 않아 삭제할 수 있다.

■ 3회(2021년 10월 2일) 기출 복원문제 정답 및 해설

1.	②	2.	③	3.	②	4.	③	5.	④	6.	④	7.	③	8.	③	9.	④	10.	④
11.	④	12.	②	13.	③	14.	②	15.	②	16.	①	17.	④	18.	③	19.	③	20.	①
21.	①	22.	④	23.	①	24.	①	25.	①	26.	②	27.	①	28.	③	29.	④	30.	③
31.	③	32.	①	33.	④	34.	②	35.	③	36.	①	37.	③	38.	④	39.	④	40.	①
41.	④	42.	④	43.	②	44.	①	45.	④	46.	④	47.	①	48.	②	49.	①	50.	④
51.	①	52.	②	53.	①	54.	④	55.	③	56.	①	57.	③	58.	④	59.	①	60.	③
61.	②	62.	④	63.	④	64.	③	65.	③	66.	④	67.	①	68.	②	69.	④	70.	①
71.	③	72.	①	73.	①	74.	④	75.	②	76.	③	77.	③	78.	④	79.	①	80.	③

1과목　빅데이터 분석 기획

1. 총 5단계의 빅데이터 분석 방법론 분석 절차에서 분석 기획 단계에서는 비즈니스 분석, 문제 확인, 프로젝트 정의 및 계획 수립, 프로젝트 위험계획 수립을 한다.

2. 데이터 분석 시 분석 결과를 사전에 가정하고 정의하는 것은 지양해야 한다. 또한 탐색적 데이터 분석은 목적을 정하고 진행하기보다는 열린 시각으로 새로운 통찰(insight)을 창출할 수 있는 방향으로 분석해야 한다.

3. ETL(Extract Transform Load)은 분석을 위한 데이터를 데이터 저장소인 DW(Data Warehouse) 및 DM(Data Mart)으로 이동시키기 위해 다양한 소스 시스템으로부터 필요한 원본 데이터를 추출(Extract)하고, 변환(Transform)하여 적재(Load)하는 작업 및 기술이다.

4. 재현자료(Synthetic Data)는 개인이 제공한 데이터가 아니라 임의로 생성한 데이터로서 개인정보보호 관련 법규의 제약에서 자유로운 특징이 있다.

5. 분석 마스터플랜 과정에서는 전략적 중요도, 비즈니스 성과 및 ROI, 분석 과제의 실행 용이성을 고려하여 우선순위를 설정한다. ①, ②, ③은 분석 로드맵에 대한 설명이다.

6. 데이터 수집, 저장 및 정합성 검증은 데이터 준비 단계의 업무이다.

7. 인공지능은 일정 영역에서 인간의 통찰력 없이 자동적으로 필요한 특징을 설정할 수 있어야 한다.

8. 개인정보보호법 제3조 개인정보보호원칙에 준하여 개인정보처리자는 개인정보를 익명 또는 가명으로 처리하여도 개인정보수집 목적을 달성할 수 있는 경우 익명처리가 가능한 경우에는 익명에 의하여, 익명처리로 목적을 달성할 수 없는 경우에는 가명에 의하여 처리될 수 있도록 하여야 한다.

9. 데이터 가공 과정을 소프트웨어를 활용해 자동적으로 구현하고 필요한 데이터를 만들기 위한 시스템을 개발하는 능력은 데이터 엔지니어의 역량에 해당한다.

10. 아파치 타조(Apach Tajo)는 2010년 고려대학교 컴퓨터학과 데이터베이스 연구실에서 처음 시작되어 2014년 3월에 아파치 재단의 최상위 프로젝트로 승격되었다. 하둡 기반의 대용량 데이터 웨어하우스 시스템인 타조는 SQL 표준을 지원하기 때문에 ETL 질의를 그대로 사용할 수 있다. 또한 타조는 Long Time Query에 해당하는 ETL작업뿐만 아니라 Low Latency Query도 지원한다.

11. 2018년 5월 EU에서 시행된 법령으로 정보주체의 권리와 기업의 책임성 강화 등을 주요 내용으로 하고 있는 개인정보보호법은 유럽 연합 일반 데이터 보호 규칙(GDPR: General Data Protection Regulation)이다.

12. 가트너가 정의한 빅데이터 처리 플랫폼 특징 3V는 규모(Volume), 다양성(Variety), 속도(Velocity)이다. 가치(Value)는 빅데이터 특징 4V에 포함된다.

13. 취미생활은 민감정보에 속하지 않는다. 개인정보보호법 제23조에서 정의하는 민감정보란 사상·신념, 노동조합·정당의 가입·탈퇴, 정치적 견해, 건강, 성생활 등에 관한 정보, 그 밖에 정보주체의 사생활을 현저히 침해할 우려가 있는 개인정보로서 대통령령이 정하는 정보를 의미한다.

14. 데이터 분석 절차는 분석 기획 → 데이터 준비 → 데이터 분석 → 시스템 구현 → 평가 및 전개 순이다.

15. 데이터 분석 정의 단계에서 필요 데이터, 데이터 수집과 난이도, 소스 데이터, 분석 주기, 분석 방법, 분석 결과 검증 책임자 등을 정의한다.

16. 데이터 웨어하우스의 특징에는 주제 지향적(Subject-Oriented), 통합적(Integrated), 시계열적(Time-Variant), 비휘발성이 있다.

17. 데이터의 정확성, 상호운영성, 적절성 등 명시된 요구와 내재된 요구를 만족하는 비데이터 품질 기준은 기능성(Functionality)이다.

18. NoSQL(비관계형 데이터베이스)은 대규모 데이터를 저장하기 위한 DBMS(Database Management System, 데이터베이스 관리 시스템)로 NoSQL DB로는 HBase, Cassandra, MongoDB 등이 있다.

19. 개인정보 비식별화 기술에는 가명처리(Pseudonymization), 총계처리(Aggregation), 데이터 삭제(Date Reduction), 데이터 범주화(Data Suppression), 데이터 마스킹(Data Masking)이 있다.

20. 마이 데이터(My Data)는 개인이 데이터를 주체적으로 관리하는 것을 넘어 능동적으로 활용하는 일련의 과정을 의미한다.

21. 데이터 정제는 모든 데이터를 대상으로 하고, 분석과정에서 반드시 수행하도록 한다. 또한, 노이즈와 이상값은 정형 데이터보다 반정형 및 비정형 데이터에서 자주 발생한다.

22. 차원의 저주 현상은 알고리즘을 통한 학습을 위해 차원이 증가하면서 학습 데이터의 수가 차원의 수보다 작아지면서 성능이 저하되는 현상을 의미한다.
※ 로버스트(robust)하다 : 극단값들에 민감하지 않다.

23. 데이터 측정 중에 발생하는 오류로 인해 생성된 값 역시 측정오류에 의한 이상값으로 정의하여 처리할 수 있다.

24. 요인 분석은 영향력이 큰 주요 변수와 유사한 변수를 제거하면서 소수의 요인으로 축약하는 것이 아니라 변수들 간의 상관관계를 고려하여 유사한 변수끼리 묶어서 변수의 요인(Factor)을 축소시키는 차원 축소 기법이다.

25. 박스-콕스(Box-Cox)변환기법은 정규성에 맞지 않는 변수를 정규분포에 가깝게 로그/지수변환하는 방법으로 데이터의 분산을 안정화하는 변수변환기법이다. 기존 변수에 특정 조건 혹은 함수 등을 적용하여 새롭게 재정의한 통계량을 활용하여 분석을 수행하는 것은 파생변수를 활용한 분석방법에 해당한다.

26. 변수 범주화는 비닝(Binning)에 대한 설명이다.

27. 음수를 포함하지 않은 두 행렬의 곱으로 분해하는 알고리즘을 적용하는 것은 음수 미포함 행렬분해이다.

28. 상관계수 값이 +1에 가까우면 강한 양의 상관관계를 갖고, −1에 가까우면 강한 음의 상관관계를 갖는다. 한 변수의 값이 증가할 때 다른 변수의 값이 감소하는 경향을 보이면 음의 상관관계가 있다고 표현한다.

29. 범위는 산포도 통계량에 해당한다. 평균값, 중앙값, 최빈값은 중심 경향성 통계량에 해당한다.

30. 인구증가율, 평균물가상승률, 경제성장률 등과 같이 연속적인 변화율 데이터를 기반으로 어느 구간에서의 평균변화율을 구할 때 기하평균을 이용한다. 기하평균은 변화율에 대한 데이터 값들을 모두 곱한 후에 데이터의 개수로 n 제곱근을 취한 값이다. 조화평균은 각각의 데이터 값의 역수를 취하여 산술평균을 구한 후, 다시 역수를 취하는 값으로 평균 속력을 구할 때 사용된다. 산술평균은 우리가 알고 있는 일반적인 평균이다.

31. 많은 시간과 비용을 필요로 하는 전수조사는 전체 모집단에 대한 확인이 필요한 경우 수행한다. 환자의 암진단과 같은 경우 전체 집단에 명확한 결과 확인이 필요하므로 전수조사가 진행되어야 한다. 표본조사는 전체 모집단에 대한 조사가 어려운 경우 일부 표본을 표집하여 조사를 진행하는 것을 말한다. ①, ②, ④는 모두 표본조사 대상에 해당한다.

32. 중앙값은 자료를 크기 순으로 나열할 때 가운데 위치한 값으로 이상값에 민감하지 않다. 이상값에 민감한 값은 평균값이다.

33. 점 추정 조건에는 불편성, 효율성, 일치성, 충족성이 있다.

34. 시각적으로 데이터를 탐색하기 위해 주로 사용되는 시각화 도구에는 히스토그램, 막대형그래프, 박스플롯, 산점도가 있다. 인코딩(Encoding)은 정보의 형태나 형식을 변환하는 처리나 처리방식을 의미한다.

35. 모집단의 크기에 따라 표본평균의 표준오차는 다르게 산출된다. 모집단의 크기가 무한대일 경우 표본평균의 표준오차는 $\dfrac{\sigma}{\sqrt{n}}$이고, 모집단의 크기가 유한한 경우 표본평균의 표준오차는 $\sqrt{\dfrac{N-n}{N-1}}\dfrac{\sigma}{\sqrt{n}}$으로 계산한다.

36. 표본추출기법의 종류 중 집단 내에서는 서로 이질적이며, 집단 간에는 서로 동질적인 표본추출 기법은 군집추출이다.

37. 확률변수가 푸아송 분포를 따를 경우 $E(X)=V(X)$와 같이 평균과 분산이 동일하게 정의된다. 또한 확률변수의 특징에 따라 기댓값은 $E(aX)=aE(X)$와 같은 특징을 갖고, 분산은 $Var(aX)=a^2Var(X)$와 같은 특징을 갖는다.

따라서 기댓값은 $E\left(\dfrac{3X+2Y}{6}\right)=\dfrac{1}{2}E(X)+\dfrac{1}{3}E(Y)=\left(\dfrac{1}{2}\times 4\right)+\left(\dfrac{1}{3}\times 9\right)=5$가 되고,

분산은 $Var\left(\dfrac{3X+2Y}{6}\right)=\left(\dfrac{1}{2}\right)^2 V(X)+\left(\dfrac{1}{3}\right)^2 V(Y)=\left(\dfrac{1}{4}\times 4\right)+\left(\dfrac{1}{9}\times 9\right)=2$이다.

38. 대립가설은 연구자가 모수에 대해 새로운 통계적 입증을 이루어내고자 하는 가설이다. 유의수준이 낮을수록 연구자는 귀무가설을 기각하고 자신의 주장에 확신을 가질 수 있다. 제2종 오류는 귀무가설이 거짓인데 이를 채택하게 되는 오류이다.

39. 표본평균의 평균은 모평균과 동일하고, 표본평균의 분산은 모분산을 표본의 크기로 나눈 것이다. 따라서 모집단의 분산이 σ^2인 경우 표본분포의 분산은 $\dfrac{\sigma^2}{n}$이다.

40. 가중치가 더 높은 클래스를 예측하려고 하기 때문에 정확도는 높아질 수 있지만, 분포가 작은 클래스의 재현율이 낮아지는 문제가 발생할 수 있다.

3과목 빅데이터 모델링

41. 부스팅(Boosting)은 예측력이 약한 모형들을 결합하여 예측력이 강한 모형을 만드는 알고리즘으로 분류가 잘못된 데이터에 가중치를 적용하여 표본을 추출하는 앙상블 기법이다.

42. 활성화 함수 소프트맥스(Softmax)는 분류될 클래스의 개수가 n인 경우 n차원의 벡터를 입력받아 각 클래스에 속할 확률을 추정한다.

43. 시그모이드 함수에서 정의역의 절댓값이 0에서 멀어질수록 미분값이 0으로 수렴한다. 이로 인해 기울기 소실의 문제가 발생할 수 있다.

44. 다중공선성 해결을 위해 높은 상관관계가 있는 예측 변수를 제거해야 하지만, 비즈니스 중요도 역시 고려해야 한다.

45. 종속변수가 이산형 변수일 때 의사결정나무의 분류 기준은 카이제곱 통계량, 지니 지수, 엔트로피 지수이다. 종속변수가 연속형일 경우 분류 기준은 F-통계량, 분산 감소량을 이용한다.

46. 시계열 분해 구성 요소에는 추세, 계절, 순환, 불규칙 요인이 있다.

47. 사용자가 지정한 차수의 다항식을 활용하는 커널 함수는 Polynomial kernel이다.

48. 비정상 시계열을 설명하기 위해서는 단순히 차분의 횟수(차수)를 높이는 것이 아니라 적절한 수치로 설정해야 한다.

49. 한 집단의 실험 전후의 평균을 비교하고 싶을 때, 모집단이 정규성을 만족할 경우 모수적 통계방법인 대응표본 t-검정을 활용할 수 있다. 반면 모집단이 정규성을 만족하지 않을 경우 비모수적 통계방법인 윌콕슨-부호 순위 검정을 활용할 수 있다.

50. 비모수적 추론은 데이터를 부호 혹은 순위로 추론한다. 따라서 데이터가 연속형이 아닌 경우에도 사용이 가능하다.

51. 순환신경망(RNN)은 언어 데이터, 시계열 데이터 등과 같이 연속적인 데이터 분석에 특화된 알고리즘이다. 합성곱신경망(CNN)은 주로 시각적 이미지 분석에서 많이 사용된다. 강화학습은 컴퓨터가 선택 가능한 행동(Action) 중 보상(Reward)을 최대화하는 행동을 선택하도록 하는 학습 방법으로 학습 결과에 대한 높은 정확도를 기대할 수 있다.

52. 신뢰도는 A를 구입했을 때 B를 구입할 확률이다. 지지도는 전체 거래 중 A와 B를 동시에 포함하는 거래의 비율이다. 따라서 신뢰도는 [오렌지, 사과]를 구입한 거래 중 [오렌지, 사과, 자몽]을 구입한 거래의 비율이 된다. 이를 계산하면 신뢰도는 $\frac{2}{3}=0.66$과 같다. 지지도 는 전체 거래 수 중에서 [오렌지, 사과, 자몽]을 구입한 거래의 비율이다. 이를 계산하면 지지도는 $\frac{2}{5}=0.4$와 같다.

53. 로지스틱 회귀 분석은 이항분포를 따르고, 단순선형 회귀 분석은 정규분포를 따른다.

54. 합성곱신경망은 합성곱 계층과 일반적인 인공신경망 계층으로 구성된다.

55. 사회관계망 분석(사회연결망 분석)에서 중심성 측정 지표는 연결 중심성, 근접 중심성, 매개 중심성, 위세 중심성(아이겐벡터 중심성)이 있다.

56. 기계학습 모델 구축 절차는 과제 정의 → 데이터 수집 → EDA 및 데이터 전처리 → 모델 학습 → 모델 성능 평가 순이다.

57. 선형 회귀 분석과 로지스틱 회귀 분석의 결정계수는 모두 파라미터(매개변수)이다.

58. 평가 데이터(Test Data)는 학습 과정에서 사용되지 않는다.

59. 측정값이 시차(time lag)에 따라 전후 값들 사이에 상관관계를 갖는 특성은 자기회귀 (autoregressive)이다.

60. 항등 함수(Identity Function)는 입력값을 그대로 출력해주는 함수이다. 따라서 다음과 같이 연산할 수 있다.

$$(1 \times 3 + 2 \times 1 - 1) \times 2 + (1 \times -2 + 2 \times 3 + 2) \times 1 + (1 \times 4 + 2 \times -1 + 1) \times -1 + 3 = 14$$

4과목　빅데이터 결과 해석

61. 초매개변수(Hyper Parameter)는 사용자가 직접 수작업으로 설정하는 변수이다. 데이터 학습 결과로 자동으로 결정되는 것은 매개변수(Parameter)에 대한 설명이다.

62. AdaBoost는 부스팅(Boosting)의 알고리즘 중 하나로 초기 모형을 약한 모형으로 설정하고, 매 과정마다 가중치를 적용하여 이전 모형의 약점을 보완하는 새로운 모형을 적합(fitting)하여 최종 모델을 생성하는 알고리즘이다. 경사하강법에는 Momentum, Nesterov momentum, AdaGrad, RMSProp, Adam이 있다.

63. 히스토그램에서 X축(가로축)은 수치형 데이터를 나타낸다.

64. 시각화 유형 중 관계 시각화에 대한 설명이다.

65. 데이터 값에 따라 지도상 지역의 면적을 왜곡하는 시각화 방법은 공간 시각화 유형에 속하는 카토그램(Catogram)이다.

66. 모델의 은닉층이나 은닉노드 수를 늘리면 모델의 복잡도가 증가하여 과적합을 유발할 수 있다.

67. PCA 분석 결과에서 standard deviation는 표준편차를 의미하고, proportion of variance는 각 주성분의 차지하는 분산 비율로 이 값이 클수록 영향도가 높다는 것을 의미한다. cumulative proportion는 분산 누적 합계를 의미한다. 주어진 데이터에서 주성분 3개에 대한 누적기여율은 95.66%이다.

68. 결정계수(R^2)는 회귀 모형의 설명력을 나타내는 지표로서 $R^2 = \dfrac{SSR}{SST(SSR + SSE)}$ 과 같이 연산된다.

69. 카이제곱 통계량 수식은 $X^2 = \sum\limits_{i=1}^{k} \dfrac{(O_i - E_i)^2}{E_i}$ 이다.

70. 평균제곱근오차(RMSE)는 회귀 모형 평가 지표이다.

71. 데이터 분포가 우측 긴 꼬리 형태의 경우에는 왜도 > 0이고, 최빈값 < 중앙값 < 평균의 형태를 갖는다.

72. 민감도는 실제 긍정 범주에서 긍정의 비율을 의미하고, 정밀도는 예측 긍정 범주에서 긍정의 비율을 의미한다. 따라서 민감도와 정밀도는 $\dfrac{17}{27}$, $\dfrac{17}{20}$ 이다.

73. ②는 추천 알고리즘을 활용한 예시이고, ③, ④는 예측 알고리즘을 활용한 예시이다.

74. 회귀계수 추정값이 0일 경우 해당 모형은 설명력이 낮아 유의하지 않다고 해석한다.

75. 학습이 완료된 모델의 경우 민감도와 특이도는 상충 관계(trade-off)를 가지므로 임곗값이 조정된다하여도 두 값을 높일 수 없다.

76. 평균절대백분율오차(MAPE)의 올바른 수식은 $\dfrac{100}{n} \times \sum\limits_{i=1}^{n} \left| \dfrac{y_i - \hat{y}_i}{y_i} \right|$ 이다. 평균절대오차(MAE)의 수식은 $\dfrac{1}{n} \sum\limits_{i=1}^{n} |y_i - \hat{y}_i|$ 이고, 평균제곱오차(MSE)의 수식은 $\dfrac{1}{n} \sum\limits_{i=1}^{n} (y_i - \hat{y}_i)^2$ 이다.
평균제곱근오차(RMSE)의 수식은 $\sqrt{\dfrac{1}{n} \sum\limits_{i=1}^{n} (y_i - \hat{y}_i)^2}$ 이다.

77. 교차 검증 방법 중 홀드아웃(Hold-out)에 대한 설명이다.

78. 정규성 검정 방법에는 샤피로-윌크 검정, 콜모고로프-스미르노프 적합성 검정, Q-Q Plot 검정, 잔차의 히스토그램이 있다

79. 여러 개의 수치형 변수에 대해 각각 축을 그리고, 축에 표시된 해당 변수의 값을 연결하여 표현한 그래프로 비교분석이 가능한 차트는 스타차트이다.

80. 실제 음성(False)을 음성(False)으로 정확히 예측한 평가 지표는 특이도(Specificity)이다.

■ 4회(2022년 4월 9일) 기출 복원문제 정답 및 해설

1	③	2	③	3	④	4	①	5	③	6	②	7	③	8	③	9	②	10	④
11	②	12	②	13	③	14	②	15	②	16	①	17	②	18	④	19	②	20	④
21	②	22	①	23	②	24	④	25	③	26	①	27	②	28	③	29	②	30	①
31	①	32	④	33	④	34	①	35	②	36	①	37	②	38	①	39	④	40	②
41	②	42	①	43	④	44	②	45	①	46	④	47	①	48	①	49	②	50	③
51	②	52	①	53	③	54	①	55	③	56	②	57	④	58	①	59	①	60	①
61	④	62	②	63	①	64	④	65	①	66	①	67	②	68	③	69	③	70	④
71	③	72	①	73	④	74	③	75	②	76	③	77	②	78	②	79	②	80	②

1과목 빅데이터 분석 기획

1. 데이터 복제(Replication) 횟수의 초깃값은 3회로 사용자가 수정할 수 있다. 네임노드는 HDFS의 메타 데이터를 관리하고 클라이언트가 HDFS에 저장된 파일에 접근할 수 있도록 한다. NTFS(New Technology File System)는 윈도우 NT계열 운영체제의 파일 시스템이다.

2. 인공지능 학습은 특정 알고리즘을 활용하여 학습하는 것을 의미한다. 따라서 알고리즘의 종류를 막론하고 학습과정이 생략될 수 없다.

3. 지혜(Wisdom)는 데이터에 대한 누적된 이해를 바탕으로 도출되는 창의적 판단을 의미한다.

4. 분산 파일 시스템(DFS: Distributed File System)은 대용량 파일들을 분산된 서버에 저장하고, 그 저장된 데이터를 빠르게 처리할 수 있도록 설계된 시스템이다.

5. 분석 마스터플랜 과정에서는 전략적 중요도, 비즈니스 성과 및 ROI, 분석 과제의 실행 용이성을 고려하여 우선순위를 설정한다.

6. 빅데이터 분석 방법론의 분석 기획 절차는 비즈니스 이해 및 범위 설정 → 프로젝트 정의 → 프로젝트 수행 계획 수립 → 프로젝트 위험관리 계획 수립이다.

7. 비식별화된 개인정보라고 하여도 불특정 다수에게 공개할 수 없다.

8. 가트너가 정의한 빅데이터 특징 3V의 구성 요소는 규모(Volume), 다양성(Variety), 속도(Velocity)이다.

9. 올바른 데이터 크기는 다음과 같다.
$1PB = 2^{50}bytes$, $1GB = 2^{30}bytes$, $1EB = 2^{60}bytes$

10. 하둡 에코 시스템 기술 중 아파치 스파크(Apache Spark)에 대한 설명이다.

11. 프로젝트 성과 분석 및 평가 보고는 검증 및 테스트 단계에 해당한다.

12. 데이터 마스킹은 *와 같은 기호를 활용하여 데이터를 숨기는 기술이다.

13. 반정형 데이터는 데이터의 구조 정보를 데이터와 함께 제공하는 형식의 데이터로 대표적인 예로 JSON, XML, HTML이 있다.

14. 고품질 데이터의 특성에는 정확성, 완전성, 적시성, 일관성이 있다. 불편성(Unbiasedness, 불편의성)은 표본에서 얻은 추정량의 기댓값은 모집단의 모수와 차이가 없다는 것을 의미하는 점 추정 조건 중 하나이다.

15. API 게이트웨이에 대한 설명이다.

16. 데이터 3법은 개인정보보호법, 정보통신망 이용 촉진 및 정보보호 등에 관한 법률(정보통신망법), 신용정보의 이용 및 보호에 관한 법률(신용정보법)을 일컫는다.

17. 구조적 질의 언어(SQL: Structured Query Language)는 관계형 데이터베이스에 정보를 저장하고, 처리하기 위한 프로그래밍 언어이다. 공공 데이터 포털에서는 CSV, JSON, HTML 형식으로 데이터를 제공한다.

18. 데이터웨어하우스(Data Warehouse)에 대한 설명이다.

19. 개인정보 차등보호(차등 프라이버시, Differential Privacy)란 인공지능 학습용 데이터에 포함된 개인정보를 보호하기 위해 해당 데이터 세트에 임의의 노이즈를 삽입함으로써 개인정보가 제3자에게 노출되지 않도록 보호하는 기법이다.

20. 비관계형 데이터베이스(NoSQL)는 대규모 데이터를 저장하기 위한 데이터베이스 관리 시스템(DBMS: Database Management System)이다.

2과목 빅데이터 탐색

21. 99%의 신뢰도를 갖는 경우 유의수준(α)은 0.01이 된다. Z값을 구할 경우 다음과 같이 연산된다.

$$Z = \frac{\overline{X} - \mu}{\frac{\sigma}{\sqrt{n}}} = \frac{38 - 35}{\frac{6}{\sqrt{36}}} = 3$$

Z값이 3일 때 p-value는 0.0013이 된다. p-value가 유의수준(α) 0.01보다 작으므로 귀무가설(H_0)을 기각한다.

22. 가설 검정에서 제1종 오류를 범할 확률은 유의수준(Level of Significance)이다.

23. 패널 데이터(Panel Data)는 여러 개체들을 복수의 시간에 걸쳐서 추적하여 얻는 데이터를 말한다. 지리정보 시스템(GIS: Geographic Information System)은 생활에 필요한 지리정보를 컴퓨터 데이터로 변환하여 효율적으로 활용하기 위한 정보 시스템이다. 코로플레스 맵은 등치지역도와 같은 말이다. 격자 데이터(Raster Data)는 행과 열로 이루어진 그리드(grid)에서 지리적 특성값을 갖는 개별 픽셀로 표현되는 데이터를 의미한다.

24. 이상값 검출 방법에는 통계기법을 이용한 이상값 검출, 시각화를 이용한 이상값 검출, 머신러닝 기법을 활용한 이상값 검출, 마할라노비스 거리를 활용한 이상값 검출, LOF 활용 이상값 검출, iForest 활용 이상값 검출이 있다.

25. 두 변수의 상관계수가 0인 경우 두 변수는 선형적 상관관계가 없다고 해석할 수 있다.

26. 박스플롯에서 중앙값(Q_2, Median)은 3사분위수(Q_3)보다 항상 작다.

27. 정규분포의 데이터를 표준화시키면 데이터는 평균이 0이고, 분산이 1인 데이터 분포를 갖는다.

28. 주성분 분석은 분산에 초점을 둔 방식으로 전체 변수들의 분산을 재생성하며, 각 주성분들은 변수의 공통적인 특성과 고유한 특성을 모두 반영한다. 이로 인해 결과 해석이 용이하지 않다

29. 맨하탄 거리는 두 점 간 차의 절댓값을 합한 값이다. 따라서 A지점과 C지점의 맨하탄 거리는 $|2-1|+|2-1|=2$이다.

30. 베이즈 정리에 의해 다음과 같이 연산할 수 있다.

$$\frac{(50\% \times 3\%)}{(50\% \times 3\%)+(30\% \times 2\%)+(20\% \times 1\%)}=\frac{15}{23}=65.21\%$$

31. 스트리밍(Streaming)은 오디오나 비디오와 같은 형태의 미디어 데이터를 실시간으로 받아오는 기법이다. 스테밍(Stemming)은 어간추출로서 텍스트 데이터에서 접사 등을 제거하고 그 단어의 어간을 분리해내는 기술이다. 토큰화(Tokenizing)는 텍스트 데이터의 문장을 토큰 단위로 나누는 기술이다. 형태소 분석(POS(Part-of-Speech) tagging)이란 문장 내 단어들의 품사를 식별하여 태그를 붙여주는 기술이다.

32. 항목 집합의 지지도를 산출하여 발생 빈도와 최소지지도를 기반으로 거래의 연관성을 밝히는 알고리즘은 아프리오리(Apriori) 알고리즘이다.

33. 데이터가 우측 긴 꼬리 형태의 경우 왜도는 0보다 크고, 데이터는 최빈값<중앙값<평균 형태를 갖는다.

34. 과대표집 기법에는 랜덤 과대표집, SMOTE, Borderline-SMOTE, ADASYN(Adaptive Synthetic Sampling)이 있고, 과소표집 기법에는 랜덤 과소표집, ENN(Edited Nearest Neighbor), 토멕링크 방법, CNN(Condensed Nearest Neighbor), OSS (One Sided Selection)이 있다. 임계값 이동은 데이터가 많은 쪽으로 이동시키는 방법으로 학습 단계에서는 변화 없이 학습하고, 테스트 단계에서 임계값 이동한다.

35. 공분산을 활용하여 연산하면 $V(X+Y)$는 $V(X)+V(Y)+2Cov(X, Y)$이다. 이때 X와 Y가 독립이므로 $V(X+Y)$는 $V(X)+V(Y)$가 된다. (X와 Y가 독립적일 경우 $Cov(X, Y)=0$이 되므로) 총분산은 $2\sigma^2$이므로 표준편차는 $\sqrt{2}\sigma$가 된다.

36. 빅데이터 탐색은 다양한 방법으로 데이터를 분석하고 관찰하여 데이터에 대한 전체적인 패턴을 파악하는 과정이다. 데이터 분석과정에서 최종 분석 결과를 도출하는 것은 분석 모델링 작업 이후에 진행된다.

37. 표준화된 자료의 표준편차는 1이다. 표준화는 각 요소에서 평균을 뺀 값에 표준편차를 나눈다. 정규분포는 평균과 표준편차에 따라 모양이 달라지기 때문에 확률변수 X에 대한 표준화가 필요하다.

38. 표준편차와 분산은 한 가지 자료의 산포도를 측정하는데 사용된다. 두 가지 자료의 산포도를 측정할 때는 변동계수를 사용한다.

39. 초기하 분포는 비복원추출에서 N개의 모집단 중 n개를 추출할 때 K번 성공할 확률에 대한 분포이다. 초기하 분포는 비복원추출을 하기 때문에 현재의 시행은 다음 성공확률에 영향을 미칠 수 있다.

40. 박스플롯에서는 분산을 확인할 수 없다. 일반적으로 평균 역시 확인할 수 없으나 차트 표시 옵션을 변경할 경우 박스플롯 화면에서 평균값을 확인할 수 있다.

3과목 빅데이터 모델링

41. N-gram은 통계학 기반 언어 모델 중 하나로 n개의 연속된 단어 나열을 의미한다. 토픽 모델링은 기계학습 및 자연어처리 분야에서 추상적인 주제를 발견하기 위한 통계적인 모델 중 하나로 텍스트 본문의 숨겨진 의미 구조를 발견하기 위해 사용된다. TF-IDF는 정보 검색과 텍스트 마이닝에서 이용하는 가중치로 여러 문서로 이루어진 문서군이 있을 때 어떤 단어가 특정 문서 내에서 얼마나 중요한 것인지를 나타내는 통계적 수치이다. 덴드로그램(Dendrogram)은 계층 군집을 트리 구조로 시각화한 도구이다.

42. 비지도 학습은 타겟 변수의 라벨링이 안 된 모형을 의미하고, 대표적인 모형의 예시로는 군집 모형, 연관 분석, 주성분 분석 등이 있다.

43. 선형 회귀 모형의 가정은 선형성, 정규성, 독립성, 등분산성이다.

44. 주, 월, 분기, 반기 단위 등 특정 시간의 주기로 나타나는 패턴은 시계열 요소 중 계절에 대한 설명이다.

45. 역전파 알고리즘은 다층신경망 모델에서 출력층 단계에서 연산 결과와 정답의 오차 정도를 확인한 뒤 오차의 값이 큰 경우 다시 입력층으로 돌아가서 오차의 값이 낮아지도록 반복하여 재연산하는 과정이다.

46. 단층인공신경망(단층 퍼셉트론)에서는 XOR 문제를 해결하지 못한다. 이러한 단층인공신경망의 단점을 보완하기 위해 다중 퍼셉트론이 개발되었다.

47. 오토 인코더의 입력층의 뉴런 수가 은닉층의 뉴런 수보다 항상 작은 것은 아니다.

48. A, B, C는 V-구조로서 C가 조건부로 주어졌을 때 A와 B는 독립적이지 않다. 따라서 $P(A, B|C) \neq P(A|C)P(B|C)$이다.

49. 자식 노드의 가지 수가 하나만 남을 때까지 계속하여 학습을 진행할 경우 과적합의 위험이 있기 때문에 학습 중간에 가지치기(Punning) 작업을 수행한다.

50. 백색잡음(White Noise)은 시점에 상관없이 평균이 0이고, 분산이 σ^2인 시계열 자료를 말하며, 정상 시계열의 대표적인 예이다. 비정상 시계열의 대표적인 예로는 확률 보행(Random Walk)이 있다. 확률 보행은 임의의 방향으로 연속적인 걸음이 나타난다는 의미로 예측 불가능한 변동이 발생하는 것을 뜻한다. 시계열 데이터의 정상성은 시점에 상관없이 시계열 특성이 일정한 것을 의미한다. 정상성의 조건은 평균이 일정하고, 분산이 시점에 의존하지 않으며, 공분산은 시차에만 의존하고 시점에는 의존하지 않는다는 것이다.

51. 혼동행렬에서 민감도는 실제 긍정 범주에서 긍정의 비율을 나타낸다. 따라서 주어진 혼동행렬에서 민감도는 $\dfrac{30}{30+4} = \dfrac{15}{17}$이다.

52. 불균형 데이터에서 모델의 성능이 좋지 않은 경우에도 정확도는 높게 나올 수 있기 때문에 불균형 데이터 평가 지표로 정확도는 사용되지 않는다.

53. 푸아송 분포는 주어진 시간 또는 영역에서 어떤 사건의 발생 횟수를 나타내는 확률분포이고, 푸아송 분포의 연결 함수(범주형 종속변수를 계량형 척도로 변환해주는 함수)는 자연로그 함수, 제곱근 및 항등원 함수이다.

54. AIC 값이 낮을수록 모형의 적합도가 높다.

55. 가중치를 활용하여 약 분류기를 강 분류기로 만드는 알고리즘은 부스팅(Boosting)이다.

56. 주어진 수식은 릿지(L2 노름 규제) 회귀에 대한 내용이다.

57. 최적의 군집의 수를 찾기 위해서는 데이터가 팔꿈치처럼 굴곡이 생긴 부분을 찾으면 된다. 주어진 차트에서 확인되는 최적의 군집의 수는 4개이다.

58. 윌콕슨 부호 순위 검정은 비모수적 방법이다.

59. Gradient Vanishing은 기울기 소실을 의미한다. Regularization은 정규화, 규제를 의미하고, 모델이 가질 수 있는 매개변수의 값에 제약을 부여하여 과적합을 방지하는 방법이다. Drop Out은 학습 과정에서 신경망 일부를 사용하지 않는 방법이다. MaxPooling은 CNN 알고리즘에서 활성화지도(Activation map)를 MxN 크기로 잘라낸 후 그 안에서 가장 큰 값을 추출하는 작업이다. MaxPooling을 사용할 경우 전체 데이터의 사이즈가 줄어들게 되어 연산에 필요한 컴퓨팅 리소스가 적어지고, 데이터의 크기를 줄이게 되면서 과적합을 방지할 수 있다.

60. Softmax 함수는 다중분류 출력층에서 사용되는 활성화 함수이다. Softmax 함수는 입력받은 값을 출력할 때 0~1 사이의 값으로 모두 정규화하며, 출력값의 총합은 항상 1이 된다.

4과목　빅데이터 결과 해석

61. 시간 시각화 유형에는 막대그래프, 누적막대그래프, 선그래프, 영역차트, 계단식그래프, 추세선이 있다. 공간 시각화 유형에는 등치지역도, 등치선도, 도트맵, 버블맵, 카토그램이 있다.

62. 경사하강법은 매개변수(parameter) 최적화 기법이다. 초매개변수 최적화 기법에는 매뉴얼 탐색, 그리드 탐색, 랜덤 탐색, 베이지안 최적화가 있다.

63. 비교 시각화 유형에는 플로팅 바 차트, 히트맵, 체르노프페이스, 스타차트, 평행좌표그래프가 있다.

64. 거짓 긍정률은 실제 거짓인 데이터 중 모형이 참으로 예측한 데이터의 비율이며, 1−특이도와 같다.

65. 비교 시각화 유형 중 하나인 히트맵(Heat Map)이다.

66. ROC 곡선의 가로축(x축)은 거짓 긍정률로 1−특이도와 같다. 따라서 가로축 값이 커질수록 특이도는 감소한다.

67. 민감도는 실제 긍정 범주에서 긍정의 비율을 나타낸다. 따라서 주어진 혼동행렬의 정밀도는 $\dfrac{30}{30+70}=\dfrac{3}{10}$과 같다.

68. 머신러닝 분석 모형 처리 과정은 표현 → 평가 → 최적화 → 일반화 순이다.

69. 주어진 데이터를 조건부 확률로 연산할 경우 남자가 아이가 없을 때 A상품을 알고 있을 확률은 P(A상품을 알고 있음 | 아이 없음)와 같다.

이를 연산할 경우 조건부 확률은 $\dfrac{0.44}{0.5}=0.88$과 같다.

70. K−fold 교차 검증에서 K값이 증가하면 수행시간과 계산량이 증가한다.

71. 매개변수 최적화 기법 중 하나인 모멘텀(Momentum)에 대한 설명이다.

72. 그림의 화살표는 최적점(전역 최솟값)을 찾기 위한 학습률(Leaning Rate)을 의미한다. 학습률은 최적점에 도달할 수 있는 너무 크지도 작지도 않은 적절한 값으로 설정해야 한다.

② Iteration은 epoch를 나누어 실행하는 횟수이다. 예를들어 500개의 데이터를 100개씩 5개의 미니 배치로 나누었을 때, 1-epoch를 위해서는 5-itertation이 필요하고, 5번의 파라미터 업데이트가 진행된다.

③ Epoch는 전체 데이터셋이 신경망을 통해 학습을 완료한 횟수로 10-Epoch의 경우 전체 데이터셋을 10번 학습 완료한 것을 의미한다.

④ Batch Size는 전체 데이터셋을 작은 그룹으로 나누었을 때 한 그룹의 batch(mini-batch)마다 주어지는 샘플 데이터의 수를 의미한다.

73. 히스토그램은 수치형 자료 표현에 사용된다.

74. 홀드아웃(Hold-Out)은 데이터를 학습 데이터, 검증 데이터, 평가 데이터로 나누어 교차 검증하는 방법이다.

75. 히트맵은 비교 시각화 유형에 속한다. 등치지역도, 도트 플롯맵, 버블 플롯맵은 공간 시각화 유형에 속한다.

76. 인포그래픽의 목적은 최대한 많은 정보를 제공하는 것이 아니라, 중요한 정보를 쉽게 전달하는 것이다.

77. 혼동행렬 값은 다음과 같다. 따라서 FN은 실젯값이 Positive이지만 예측값이 Negative인 값을 의미한다.

		예측값	
		Predicted Positive	Predicted Negative
실젯값	Actual Positive	True Positive (TP)	False Negative (FN)
	Actual Negative	False Positive (FP)	True Negative (TN)

78. 분석 업무 프로세스가 내재화되면 분석을 자동으로 실행하게 된다.

79. p-value(유의확률)가 유의수준보다 작으면 귀무가설을 기각하고 대립가설을 채택한다.

80. 분석 모형 리모델링은 특별한 이슈사항이 없는 경우에는 주기적으로 수행하지 않는다.

■ 5회(2022년 10월 1일) 기출 복원문제 정답 및 해설

1	①	2	③	3	④	4	③	5	①	6	②	7	①	8	③	9	③	10	②
11	①	12	②	13	①	14	③	15	③	16	③	17	①	18	②	19	②	20	④
21	④	22	①	23	②	24	①	25	①	26	④	27	②	28	①	29	④	30	④
31	①	32	③	33	③	34	②	35	③	36	②	37	③	38	②	39	①	40	④
41	④	42	③	43	④	44	①	45	②	46	④	47	①	48	④	49	②	50	④
51	②	52	④	53	③	54	①	55	④	56	①	57	③	58	①	59	④	60	③
61	③	62	①	63	④	64	③	65	①	66	②	67	④	68	②	69	①	70	②
71	②	72	④	73	①	74	②	75	①	76	③	77	②	78	①	79	④	80	②

1과목　빅데이터 분석 기획

1. 작업 분할 구조도(WBS: Work Breakdown Structure)는 프로젝트 정의 및 계획 수립 단계에서 작성된다.

2. CRISP-DM 분석 방법론 단계는 비즈니스 이해 → 데이터 이해 → 데이터 준비 → 모델링 → 평가 → 전개 순이다.

3. 인공지능, 딥러닝, 머신러닝의 관계는 인공지능 ⊃ 머신러닝 ⊃ 딥러닝이다.

4. 기업의 데이터를 정형 데이터베이스에서 Hadoop 기반 비정형 데이터베이스로 이관하려고 할 때 이관 프로세스 정립, 모니터링, 테스트를 주도하는 직군은 데이터 아키텍트(Data Architect)에 대한 설명이다.

5. 범주화는 데이터의 값을 해당 데이터 그룹의 대푯값 또는 구간값으로 변환하는 개인정보 비식별 조치 기법이다.

6. 데이터 품질 진단 절차에서 데이터를 측정하고 분석하여 수치를 산출하는 단계는 데이터 품질 측정 단계이다.

7. 데이터 3법의 개정으로 가명정보주체자의 동의 없이도 정보 활용이 가능하다.

8. 값과 형식에서 일관성을 가지지 않지만 메타 데이터나 데이터 스키마 정보를 포함하는 데이터는 반정형 데이터에 대한 설명이다.

9. 총계처리는 개인정보에 통곗값을 적용하여 개인을 특정할 수 없도록 하는 개인정보 비식별화 기술이다.

10. ① 브레인스토밍은 말을 할 수 있는 편안한 분위기를 만들어 회의 참석자들이 제안하는 다양한 아이디어들을 비판 없이 수용하는 회의 방법이다.

③ 인터뷰는 이해관계자와 직접 대화하여 정보를 수집하는 방법이다.

④ 스캠퍼는 사고의 영역을 7개의 키워드로 정하고, 이에 맞는 새로운 아이디어를 생성한 후 실행 가능한 최적의 대안을 고르는 방법이다.

11. 여러 이벤트 소스로부터 발생한 실시간 이벤트 수집기술은 CEP(Complex Event Processing)이다. RSS(Really Simple Syndication, Rich Site Summary)는 업데이트 가 자주 일어나는 뉴스, 블로그 사이트에서 게시된 새로운 정보를 수집하여 공유하는 방법이다.

12. Z-점수 정규화(Z-Score Normalization)에 대한 설명이다.

13. Raw 데이터를 이해하고 수집하는 단계는 데이터 준비 단계이다. 빅데이터 분석 방법론 분석 절 차는 다음과 같다.

> - 분석 기획 : 비즈니스 이해 및 범위 설정, 프로젝트 정의, 프로젝트 수행계획 수립, 프로젝트 위험계획 수립
> - 데이터 준비 : 분석 데이터 정의, 데이터 저장 구조 설계, 데이터 수집 및 정합성 검증
> - 데이터 분석 : 분석 데이터 준비, 텍스트 분석, 탐색적 분석(EDA), 모델링, 모델 평가 및 검증, 모델 적용 및 운영 방안 수립
> - 시스템 구현 : 설계 및 구현, 시스템 테스트 및 운영
> - 평가 및 전개 : 모델 발전 계획 수립, 프로젝트 평가 보고

14. 데이터 플랫폼 계층 구조는 소프트웨어 계층, 플랫폼 계층, 인프라스트럭처 계층으로 구성된다. 소프트웨어 계층은 빅데이터 처리 및 분석과 이를 위한 데이터 수집 및 정제 등을 수행한다. 플랫 폼 계층은 빅데이터를 응용하는 기반을 제공하며, 데이터 처리 및 분석과 이를 위한 데이터 수집 및 정제 등을 수행한다. 인프라스트럭처 계층은 빅데이터 처리 및 분석에 필요한 자원을 제공한다.

15. 데이터베이스에서는 데이터 중복을 최소화해야 한다.

16. 빅데이터 분석을 통해 수익 예측 분석 등이 가능하지만, 빅데이터 분석 결과가 항상 경제적인 이 득을 수반하는 것은 아니다.

17. 데이터 변환 기술 중 평활화는 데이터의 노이즈를 구간과 군집화 등으로 다듬는 기법이다.

18. 데이터 수집 기술인 ETL(Extract Trans-form Load)에 대한 설명이다.

① CEP는 여러 이벤트를 저장 전에 지속적으로 처리하여 미리 정의된 규칙에 따라 유의미한 이 벤트를 식별해낼 수 있는 기술이다.

③ EAI(Enterprise Application Integration)는 전사적 응용 프로그램 통합으로 기업, 기관, 단 체 등에서 사용하는 모든 응용 프로그램을 상호 연계하여 통합하는 것을 말한다.

④ RDB는 관계형 데이터베이스이다.

19. 빅데이터 분석 방법론 분석 절차 중 분석 기획 단계에서는 비즈니스 이해 및 범위 설정, 프로젝트 정의, 프로젝트 수행계획 수립, 프로젝트 위험계획 수립을 한다.

20. 텍스트 마이닝은 비정형 텍스트 데이터를 정형화하여 분석 후 유의미한 정보를 추출하는 기술이다.

2과목 빅데이터 탐색

21. 주어진 시간 혹은 영역에서 발생한 특정 사건의 수를 표현하는 확률분포는 푸아송 분포이다.

베르누이 분포	특정 실험의 결과가 성공 또는 실패로 두 가지 중 하나의 결과를 얻는 확률분포
지수 분포	지정된 시점으로부터 어떤 사건이 일어날 때까지 걸리는 시간을 측정하는 확률분포
정규 분포	모평균이 μ이고, 모분산 σ^2일 때 종모양의 분포

22. 모분산이 알려져 있지 않고, 표본의 크기가 30 이상인 경우 신뢰구간 수식은 다음과 같다.

$$\overline{X} - Z_{\frac{\alpha}{2}}\frac{s}{\sqrt{n}} \leq \mu \leq \overline{X} + Z_{\frac{\alpha}{2}}\frac{s}{\sqrt{n}}$$

($\overline{X}$: 표본평균, s : 표본표준편차, n : 표본수, μ : 모평균, $Z_{\frac{\alpha}{2}}$: 유의수준이 $\frac{\alpha}{2}$인 Z-분포)

신뢰구간이 95%인 경우 α는 0.05가 되고, $\frac{\alpha}{2}$는 0.025가 된다. $Z_{\frac{\alpha}{2}}$값은 정규분포표에서 확률이 0.975(1−0.025)에 해당하는 Z값이므로 $Z_{\frac{\alpha}{2}}$는 1.96이 된다. 따라서 신뢰구간은 다음과 같이 연산된다.

$$33 - 1.96\frac{12}{\sqrt{144}} < \mu < 33 - 1.96\frac{12}{\sqrt{144}} \Rightarrow 31.04 < \mu < 34.96$$

23. 가설 검정을 할 때, 실험 전후의 집단이 동일한 경우 대응 표본을 사용한다. 또한 신약에 대한 효과가 있는지를 검정하기 때문에 단측 검정을 활용한다.

대응 표본	비슷한 성질의 두 집단을 비교하는 경우 **예** 당뇨약 복용 전과 후의 혈당 감소 효과 비교
독립 표본	성질이 다른 두 집단을 비교하는 경우 **예** 소화제를 복용한 그룹과 해열제를 복용한 그룹의 진통 효과 비교
단측 검정	• 표본 분포의 한쪽에 관심을 가지고 시행하는 검정 방법으로 대립가설의 주장이 방향성을 갖는 경우 • 가설을 검정하는데 있어서 한쪽 측면을 검정 기준으로 기각 영역을 설정하여 검정함
양측 검정	• 대립가설의 주장이 방향성을 갖지 않는 경우 • 검정량이 기각치 이하이거나 이상이면 귀무가설을 기각하는 검정 방법

24. 두 확률변수 X, Y가 독립이면 공분산 $Cov(X, Y)$는 0이지만, 두 확률변수의 공분산 $Cov(X, Y)$이 0이라고 해서 두 확률변수 X, Y가 항상 상호 독립적인 것은 아니다.

25. 불균형 데이터 처리 기법으로는 과소표집, 과대표집, 임곗값 이동, 앙상블 기법, 가중치 균형이 있다. 정규화는 데이터를 정해진 구간(0~1)으로 전환하는 기법으로 데이터 변환 기술 중 하나이다.

26. 주어진 산점도 그래프는 강한 음(−)의 상관관계 형태를 띠고 있으므로 적절한 상관계수는 −0.8이다.

27. 한쪽으로 치우친 변수를 변환하여 분석 모형을 적합하게 만드는 방법은 단순 기능변환으로 사용 예시로는 지수/로그 변환, 루트 변환이 있다.
① 비닝은 데이터 값을 몇 개의 Bin으로 분할하여 계산하는 방법으로 구조화, 연속형 변수를 특정 구간으로 나누어 범주형 또는 순위형 변수로 변환하는 방법이다.
③ 최소−최대 정규화는 데이터 값을 0~1 사이의 값으로 변환하는 정규화 방법 중 하나이다.
④ RobustScaler는 입력된 데이터를 평균이 0이고, 분산이 1인 표준 정규 분포로 변환하는 방법인 표준화 방법 중 하나이다.

28. 그래프와 같이 각 클래스의 불균형이 심한 경우 클래스 불균형 처리를 먼저 수행하고, 데이터 분석을 진행한다.

29. 두 변수가 같이 커지거나 같이 작아지는 경향이 있으면 상관계수가 높다고 분석한다. 주어진 피어슨 상관계수 행렬표의 상관계수는 다음과 같다. 이 경우 A, C가 가장 강한 음의 상관계수(−0.8477)를 갖고 있으므로 둘 중 하나의 데이터를 제거한다.

비교 군집	상관계수
A, B	0.6415
A, C	**−0.8477**
C, D	0.6138
B, D	−0.8165

30. 모집단이 정규분포라는 정도만 알고, 모표준편차를 모르는 경우 평균의 차이에 대한 검정을 수행하기 위해 사용되는 분포는 T−분포이고, 이때의 자유도는 $n-1$이다.

31. 복원추출, 비복원추출 모두 데이터 크기가 커지면 중심극한 정리를 만족한다. 표준 오차는 $\frac{\sigma}{\sqrt{n}}$이므로 표본 데이터의 개수(n)가 많아질수록 표준오차는 줄어든다.

32. 원−핫 인코딩은 표현하고 싶은 데이터를 1값으로, 그렇지 않은 데이터를 0값으로 표현하는 방식이다.

33. 제1주성분은 변동을 최대로 설명해주는 방향에 대한 변수들의 선형 결합식으로 분산이 가장 큰 요인으로 설정한다.

34. IQR은 사분위수 범위로 Q_3-Q_1으로 연산된다.

35. 회귀 분석의 종속변수 개수는 1개이다.

36. 범주형 변수는 주어진 데이터의 순서가 없는 명목형 변수와 순서가 있는 순서형 변수로 나뉜다.

37. 관계 시각화 유형 중 하나인 산점도이다.

38. 데이터의 분포가 고르지 않은 경우 이상치에 영향을 받지 않는 중위수(중앙값)로 결측값을 대체한다.

39. 수염은 Q_1, Q_3로부터 IQR의 1.5배 내에 있는 가장 멀리 떨어진 데이터까지 이어진 선이다.

40. 연속확률 분포에는 정규 분포, 감마 분포, 지수 분포, 카이제곱 분포가 있고, 이산확률 분포에는 푸아송 분포, 베르누이 분포, 이항 분포, 초기하 분포가 있다.

3과목   빅데이터 모델링

41. 벡터화 방법에는 Bag of Words, TF-IDF, One-hot encoding, Word Embedding (LSA, Word2Vec, FastText, GloVe) 이 있다. POS-Tagging(Part-Of-Speech tagging)은 문장 내 단어들의 품사를 식별하여 태그를 붙여주는 기술을 말한다.

42. 변수 선택을 위한 알고리즘 유형에는 전진 선택법, 후진 소거법, 단계적 방법이 있다.

43. 시계열 분석은 시간의 흐름에 따라 관측된 과거 데이터를 분석하여 미래의 데이터를 예측하는 분석 기법으로 기온 예측, 가격 예측 등에 사용된다.

44. 요인분석의 요인(Factor)은 상관계수가 높은 변수들끼리 모아서 작은 수의 변수집단으로 구분한 것이다.

45. 복잡한 모형이 항상 단순한 모형에 비해 성능이 우수하다고 할 수 없다. 설명력은 학습된 모델을 얼마나 쉽게 해석할 수 있는지에 대한 정도이고, 예측력은 모델 학습을 통해 얼마나 좋은 예측 결과를 나타내는지에 대한 정도이다. 알고리즘의 복잡도가 증가할수록 예측도는 증가하고, 설명력은 감소한다.

46. A상품을 구입했을 때 B상품도 구입하는 지표는 신뢰도이다. 지지도는 전체 거래 중 항목 A와 B를 동시에 포함하는 거래의 비율이고, 향상도는 규칙이 우연히 발생한 것인지 판단하기 위해 연관성의 정도를 측정하는 척도이다.

47. 덴드로그램에서 적합한 그룹의 개수는 기준 데이터($y=4$)를 직선으로 연결했을 때, 그 직선을 지나는 선의 개수이다. 따라서 $y=4$인 경우 그룹의 개수는 2개가 된다.

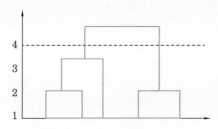

48. 주어진 데이터의 생존율은 다음과 같다.

구분\약	조기	말기	전체
A	$\dfrac{14}{14+18}=63\%$	$\dfrac{6}{12+6}=33\%$	$\dfrac{20}{20+20}=50\%$
B	$\dfrac{7}{7+3}=70\%$	$\dfrac{9}{9+21}=30\%$	$\dfrac{16}{16+24}=40\%$

49. 로지스틱 회귀 분석은 반응 변수가 범주형인 경우 사용되는 분석 방법이다. 반응 변수를 로짓으로 변환할 때 오즈(Odds)를 사용한다. 로짓 변환 후에 반응 변수는 $-\infty \sim \infty$ 사이의 값을 갖는다.

50. 백색잡음 모형 ARIMA(0, 0, 0)은 대표적인 정상 시계열로서 독립적이고 동일한 분산을 갖는다.

51. 전이 학습(Transfer Learning)은 하나의 작업을 위해 훈련된 모델을 유사 작업 수행 모델의 시작점으로 활용하는 딥러닝 학습 방법이다. 예를 들어 고양이를 인식하기 위해 학습하는 동안 얻은 지식을 호랑이를 인식하려고 할 때 적용할 수 있다.

52. 가지치기는 의사결정나무에서 과대적합을 방지하기 위한 기법이다. 인공신경망 과대접합 방지 방법으로는 데이터 증강, 모델의 복잡도 감소, 가중치 규제 적용, 드롭아웃이 있다.

53. 인공신경망에서 Dropout은 과적합 방지 기술 중 하나이다. 보기에서 과적합 방지를 위한 방안은 은닉층 수 감소가 적합하다.

54. 공분산 분석(ANCOVA)은 종속변수가 연속형이고, 독립변수가 범주형일 때 사용하는 분석 방법이다.

55. 기울기 클리핑은 기울기 폭발을 막기 위해 일정 임곗값을 넘지 못하도록 기울기 값을 자르는 방법이다. LSTM은 RNN의 장기의존성 문제를 보완하기 위한 알고리즘으로 입력 게이트, 망각 게이트, 업데이트 게이트, 출력 게이트로 구성된다.

56. 피어슨 상관계수는 모수 통계 검정 방법이다. 비모수 통계 검정 방법에는 부호 검정, 윌콕슨 부호 순위 검정, 만-위트니 U 검정, 윌콕슨 순위합 검정, 크루스칼 왈리스 검정, 런 검정이 있다.

57. 순환신경망(RNN)은 언어 데이터, 시계열 데이터 등과 같이 연속적인 데이터 분석에 특화된 알고리즘이고, 합성곱신경망(CNN)은 시각적 이미지 분석에 주로 사용된다.

58. 데이터 분석 결과 산출물에는 EDA 보고서, 분석 계획서, 변수 정의서, 분석 결과 보고서, 분석 모델 등이 존재한다.

59. 의사결정나무에서는 순수도를 증가시키고, 불순도를 감소시키는 방향으로 노드가 분리된다. 이러한 의사결정나무에서 변별력 있는 변수가 없을 경우 더 이상의 노드 분리가 되지 않아 뿌리 노드만 남게 된다.

60. 설명 변수들 사이에 선형적 관계가 존재할 경우 다중공선성 문제가 발생한다. 다중회귀 모형에서 통계적 유의성을 확인하는 방법은 F-통계량이다. 회귀 모형의 변수 선택 방법에는 전진 선택법, 후진 소거법, 단계적 방법이 있다.

4과목　빅데이터 결과 해석

61. ROC 곡선의 x축은 거짓 긍정률(1-특이도)이고, y축은 참 긍정률(재현율, 민감도)이다.

62. 교차 검증에서 훈련 데이터는 검증, 테스트 데이터보다 많은 비율을 차지한다. 예를들어 훈련 데이터 6, 검증 데이터 2, 테스트 데이터 2와 같이 검증할 수 있다.

63. 표본의 충분성은 분석 모델 개발 단계에서 고려되는 평가 기준이다.

64. 비교 시각화 유형 중 하나인 히트맵이다.

65. 혼동행렬의 요소인 재현율, 특이도가 ROC 곡선의 축을 이루지만, ROC 곡선 자체로는 혼동행렬을 구할 수 없다.

66. 평균제곱근오차(MSE)의 수식은 $\dfrac{1}{n}\sum\limits_{i=1}^{n}(y_i-\hat{y_i})^2$이다.

67. 가정된 확률이 정해져 있지 않은 경우에 수행하는 정규성 검정 방법에는 샤피로-윌크 검정(Shapiro-Wilk Test), 콜모고로프-스미르노프 적합성 검정(Kolmogorov-Smirnov Goodness of Fit Test, K-S 검정), Q-Q plot이 있다. 카이제곱 검정(Chi-Squared Test)은 가정된 확률이 정해져 있는 경우에 수행하는 검정 방법으로 어떤 그룹이 서로 서로 독립인지 아닌지 확인하는 방법이다.

68. 데이터 시각화 단계에서는 모델링 작업을 수행하지 않고, 이미 모델링된 분석 결과를 바탕으로 데이터를 시각화하여 표현하는 단계이다.

69. 비교 시각화 유형에는 플로팅 바 차트, 히트맵, 체르노프페이스, 스타차트, 평행좌표그래프가 있다. 히스토그램은 관계 시각화 유형에 속한다.

70. 관계 시각화 산점도, 산점도 행렬, 버블차트, 히스토그램, 네트워크그래프가 있다. 누적막대그래프는 분포 시각화 유형에 속한다.

71. F1-Score의 수식은 $2\times\dfrac{\text{정밀도(Precision)}\times\text{재현율(Recall)}}{\text{정밀도(Precision)}+\text{재현율(Recall)}}$이다.

따라서 F1-Score는 $2\times\dfrac{0.4\times0.6}{0.4+0.6}=0.48$이다.

72. 부스팅은 오답에 더 높은 가중치를 적용하여 모델의 성능을 높이는 방법이다.

73. 기울기 소실 문제를 해결하기 위해 은닉층의 활성화 함수로 ReLU 함수, Leaky ReLU 함수 등을 사용한다. ③, ④는 모두 기울기 폭주 문제에 대한 설명이다.

74. 의사결정나무의 해석은 쉽고, 해석이 쉬운 이유는 계산 결과가 의사결정나무에 직접적으로 나타나기 때문이다.

75. 재현율은 실제 긍정 범주 중 긍정의 비율을 나타내고, $\dfrac{TP}{(TP+FN)}$과 같이 연산된다.

76. 인포그래픽의 목적은 데이터를 쉽고 빠르게 전달할 수 있도록 텍스트와 그래픽을 적절히 조합하여 표현하는 시각화 기법이다. 표현하고자 하는 데이터가 전문 분야라고 하여도 데이터 사용자가 쉽게 이해할 수 있도록 표현해야 한다.

77. 특정 기준에 따라 회귀계수에 벌점을 부여하여 모형의 복잡도를 낮추는 분석 기법은 벌점화 회귀이다.

78. 과대적합은 선형 모형보다 비선형 모형에서 발생 가능성이 높다.

79. 데이터 시각화 절차는 구조화 → 시각화 → 시각표현 순이다.

80. AUC(Area Under the ROC Curve)는 진단의 정확도를 측정할 때 사용하는 것으로 ROC 곡선 아래의 면적을 모형의 평가 지표로 삼는다. AUC 값은 항상 0.5~1의 값을 가지며, 1에 가까울수록 좋은 모형이라고 평가한다. 따라서 가장 설명력이 좋은 곡선은 AUC : 0.88이다.

■ 6회(2023년 4월 8일) 기출 복원문제 정답 및 해설

1	②	2	④	3	②	4	③	5	②	6	④	7	①	8	③	9	②	10	④
11	③	12	②	13	③	14	④	15	④	16	③	17	②	18	④	19	②	20	④
21	①	22	③	23	④	24	①	25	②	26	③	27	②	28	④	29	②	30	②
31	②	32	①	33	②	34	④	35	④	36	②	37	③	38	①	39	②	40	④
41	③	42	②	43	④	44	①	45	④	46	③	47	③	48	③	49	②	50	①
51	①	52	③	53	①	54	③	55	②	56	④	57	③	58	③	59	③	60	④
61	②	62	③	63	③	64	④	65	②	66	②	67	③	68	④	69	①	70	②
71	④	72	②	73	③	74	②	75	③	76	②	77	①	78	④	79	③	80	④

1과목 빅데이터 분석 기획

1. 맵리듀스 디자인 패턴에는 요약 패턴, 필터링 패턴, 데이터 조직화 패턴, 조인 패턴, 메타 패턴, 입출력 패턴이 있고, 이 중 다른 데이터와 연결하여 분석하는 패턴은 조인 패턴이다.

2. 데이터 탐색은 수집한 데이터를 분석하기 전에 통계적인 방법을 이용하여 다양한 각도에서 데이터의 특징을 파악하는 분석 방법이다. 모형 해석은 데이터 탐색을 통해 모델링한 후에 진행된다.

3. 외부 데이터는 수집하려는 데이터가 외부 저장소에 저장된 것으로 주로 수집이 어려운 비정형 데이터 형태이나, 제공되는 데이터의 범위가 넓다는 특징이 있다. ①, ③, ④는 내부 데이터에 대한 설명이다.

4. 빅데이터 시대의 위기 요인으로는 사생활 침해, 책임 원칙 훼손, 데이터 오용이 있다. M2M(Machine to Machine)은 네트워크를 통한 사물간의 통신을 의미한다.

5. 탐색적 데이터 분석(EDA)은 수집된 데이터를 다양한 방법을 활용하여 분석하여 데이터의 특징을 정확하게 파악하는 것으로 개별 변수 탐색, 다차원 데이터 탐색 등으로 데이터의 구조를 파악할 수 있다. 탐색적 데이터 분석으로 데이터를 시각화할 수 있다(현시성). 범주형 데이터의 시각화는 주로 막대그래프를 활용하고, 수치형 데이터의 시각화는 주로 박스플롯 또는 히스토그램을 사용한다.

6. 데이터 전처리 과정에서는 데이터를 정제하고, 분석 변수를 처리한다. 이 과정에서 결측값, 이상값을 처리하며, 차원을 축소하고 변수를 변환한다. 데이터 시각화 및 적합도 검정은 빅데이터 결과 해석 과정에서 수행되고, 모델링은 빅데이터 모델링 과정에서 수행된다.

7. 데이터 사이언스는 분석 방법, 도메인 전문성 및 기술의 융합을 통해 데이터에서 패턴을 찾고, 추출하고, 표면화하는 다학문적인 접근 방식이다. 데이터 사이언스에 활용되는 기술은 대부분 대규모 데이터이고, 딥러닝 기술이 활용된다. 데이터 사이언스에 필요한 기술에는 비즈니스 기술, 분석 기술, IT 기술이 있다.

8. 분석 결과 활용은 분석 성숙도 진단 척도이다. 분석 성숙도 진단 단계에는 도입, 활용, 확산, 최적화가 있다.

9. 혈액형은 범주형 변수로서 이름으로 범주를 구분한다. 범주형 변수에는 성별(남/여), 지역(서울, 경기, 강원, 제주) 등이 있다. 연속형 변수는 연속적인 수로 수량화 가능한 자료이다.

10. 데이터는 저장 위치에 따라 내부 데이터와 외부 데이터로 나눌 수 있고, 데이터의 형태에 따라 정형, 비정형, 반정형 데이터로 나뉜다.

11. 데이터셋의 noise를 제거하거나 최소화하기 위한 알고리즘은 데이터 변환 기술 중 하나인 평활화(smoothing)이다.

12. 집중 구조는 전사의 분석 업무를 별도의 분석 전담 조직에서 담당하는 구조로서 일반 업무 부서의 분석 업무와 중복 혹은 이원화될 가능성이 높다.

13. 데이터 거버넌스의 3요소는 원칙, 조직, 프로세스이다.

14. 네트워크를 기반으로 파일의 수집 및 공유가 가능한 시스템은 분산 파일 시스템(DFS)이다. 정형 데이터는 관계형 데이터베이스(RDBMS), 반정형 데이터는 비관계형 데이터베이스(NoSQL), 비정형 데이터는 분산 파일 시스템(DFS)에 저장된다.

15. 데이터 분석 영역에서 데이터 분석 수행을 위한 현황 파악 및 분석을 통한 문제를 정의하는 단계는 도메인 이슈 도출이다.

16. 전략적 중요도, 비즈니스 성과 및 ROI, 분석 과제의 실행 용이성을 고려하여 적용 우선순위를 설정하고, 업무 내재화 적용 수준, 분석 데이터 적용 수준, 기술 적용 수준을 고려하여 분석 로드맵을 수립한다. 과제 우선순위 평가기준 시급성에는 전략적 중요도, 목표가치가 포함되고, 난이도에는 데이터 획득/저장/가공비용, 분석 적용 비용, 분석 수준이 포함된다.

17. 정착형은 준비도는 낮으나 조직, 인력, 분석 업무, 분석 기법 등을 기업 내부에서 제한적으로 사용하고 있어 분석의 정착이 필요한 유형이다.

18. 변수를 결합하여 새로운 변수를 정의하는 방법은 변수 결합 방법이다.

19. 데이터 정제 방법에는 삭제, 대체, 예측값 삽입이 있다.

20. 데이터 마스킹은 민감 정보 일부를 *와 같은 기호로 표기하는 방법이다.

2과목 빅데이터 탐색

21. 주성분 분석(PCA)은 행과 열의 크기가 같은 정방 행렬에서만 사용된다.

22. 다중대치법에 대한 설명이다. ①, ②, ④는 단순확률대치법에 속한다.

23. 표현하고 싶은 데이터를 1값으로, 그렇지 않은 데이터를 0값으로 표현하는 인코딩 방식은 원-핫 인코딩이다.

① 레이블 인코딩은 범주형 변수의 문자열 데이터를 수치형으로 변환하는 방식이다.

② 대상 인코딩은 범주형 데이터의 값들을 목표하는 데이터 값으로 바꿔주는 방식이다.

③ 카운트 인코딩은 각 범주의 데이터 개수를 총합하여 그 개수의 수치값을 인코딩하는 방식이다.

24. 데이터 일관성 유지를 위한 방법에는 변환(Transform), 파싱(Parsing), 보강(Enhancement)이 있다.

25. 평균값은 이상값에 영향을 받기 때문에 이상값에 영향을 받지 않는 중앙값으로 이상값을 대체한다.

26. 평균은 모든 데이터를 더하여 그 데이터 수에 나눈 값이다. 표본집단의 분산 수식은 다음과 같다.

$$s^2 = \frac{\sum_{i=1}^{n} (X_i - \overline{X})^2}{n-1}$$

따라서 평균은 $\dfrac{2+4+6+8+10}{5}=6$이고,

표본 분산은 $\dfrac{(2-6)^2+(4-6)^2+(6-6)^2+(8-6)^2+(10-6)^2}{4}=\dfrac{10}{4}=10$이 된다.

27. 데이터 정제의 목적은 데이터를 정제하여 데이터의 신뢰도를 높이는 것이다. 데이터를 이해하기 쉽게 표현하는 것은 데이터 시각화의 목적에 해당한다.

28. 변동계수는 표준편차를 평균으로 나눈 값이다.

29. 푸아송 분포에 대한 내용이다.

30. 그림은 상자수염그림(Box-plot)을 나타낸다.

31. 시간 시각화 자료 중 일정 기간 동안 측정된 데이터들의 경향성을 보여주는 직선 또는 곡선은 추세선이다. 점그래프는 축에 따른 축 값을 점으로 나타낸 그래프로 시간의 흐름에 따른 값의 변화를 확인할 수 있는 시간 시각화 유형 중 하나이다. 이 점들을 선으로 연결하여 표현한 그래프가 (꺾은)선그래프이다.

32. 중심 극한 정리는 데이터의 크기가 커지면 데이터의 표본분포는 최종적으로 정규분포의 형태를 따른다는 것이다.

33. 불균형 데이터 처리 방법에는 불균형 데이터 처리 기법으로는 과소표집, 과대표집, 임겟값 이동, 앙상블 기법, 가중치 균형이 있다. 가중치 균형은 학습 데이터셋의 각 데이터에서 손실(loss)을 계산할 때 특정 클래스의 데이터에 더 큰 손실(loss) 값을 갖도록 하는 방법이다.

34. 사분위수(Quartile)는 모든 데이터 값을 순서대로 배열했을 때 4등분한 지점에 있는 값이다. 3 사분위수에서 1사분위수를 뺀 값은 사분위수 범위(IQR)이다.

35. 파생변수 생성 방법에는 단위 변환, 표현방식 변환, 요약 통계량 변환, 정보추출, 변수 결합, 조건문 이용이 있다. ①은 변수를 결합하여 새로운 변수를 정의하는 변수 결합 방법이고, ②는 표현 방식을 단순화하는 표현방식 변환 방법이다. ④는 하나의 정보에서 새로운 정보를 추출하는 정부 추출 방법이다. ③은 분기별 매출 자료들을 전체 매출로 합계를 낸 것으로 파생변수 생성 예시로 적합하지 않다.

36. 측정된 데이터들을 x축과 y축을 기반으로 점으로 표시한 그래프로, 측정된 데이터의 분포를 통해 변수간의 관계 파악이 가능한 그래프는 산점도이다.

37. 단순히 데이터가 많고 고차원이라고 하여 모델의 정확도가 높은 것은 아니다. 오히려 필요 이상의 데이터와 차원은 모델의 성능을 저하시키는 요인이 된다. 다변량의 신호를 통계적으로 독립적인 하부 성분으로 분리하여 차원을 축소하는 기법은 독립성분 분석(ICA)이다. 선형판별 분석(LDA)은 데이터를 특정한 직선(축)에 사영(projection)하여 두 범주를 잘 구분할 수 있는 직선을 찾는 기법이다. 주성분 분석(PCA)은 기존 변수들을 조합하여 서로 연관성이 없는 새로운 변수(주성분, PC)를 생성하는 방법으로 행과 열의 크기가 같은 정방 행렬에서만 사용한다. 행과 열의 크기가 다른 임의의 M×N 차원의 행렬에서 특이값을 추출하여 효율적으로 차원을 축소하는 기법은 특이값 분해(SVD)에 대한 설명이다.

38. 최소–최대 정규화는 데이터의 최솟값을 0으로, 최댓값을 1로 설정하고, 중간값을 다음의 수식에 맞게 연산한다.

$$X = \frac{X_i - X_{min}}{X_{max} - X_{min}}$$

(X_i : 정규화 대상 i번째 데이터, X_{max} : 정규화 대상 최대 데이터, X_{min} : 정규화 대상 최소 데이터)

따라서 데이터의 최솟값인 60점은 0이 되고, 최댓값인 80점은 1이 되면 중간값인 70은 $\frac{70-60}{80-60} = \frac{10}{20} = 0.5$가 되어 세 학생 성적의 합은 1.5가 된다.

39. 회귀 분석의 가정은 다음과 같다. 회귀 분석 가정 중 선형성은 잔차와 관련이 없다.

가정	설명
선형성	독립변수 변화에 따라 종속변수도 선형적인 일정 크기로 변화한다.
독립성	잔차와 독립변수의 값이 서로 독립적이어야 한다.
등분산성	잔차의 분산이 독립변수와 무관하게 일정해야 한다.
정상성(정규성)	잔차항이 평균 0인 정규분포 형태를 이뤄야 한다.

40. 비관계형 데이터베이스(NoSQL)에 대한 설명이다. RDBMS는 정형 데이터를 저장하는 관계형 데이터베이스를 의미하고, DFS는 비정형 데이터를 저장하는 분산 파일 시스템을 의미한다. SQL은 관계형 데이터베이스에 정보를 저장하고 처리하기 위한 프로그래밍 언어이다.

3과목 빅데이터 모델링

41. Causality Analysis는 인과관계 분석으로 독립변수와 종속변수 간의 인과관계를 분석하는 방법이다. ①은 회귀 분석, ②는 상관 분석, ④는 분산 분석에 대한 설명이다.

42. 다중공선성 진단을 위해서 분산팽창지수(VIF)가 활용된다. 분산팽창지수는 결정계수를 활용하여 독립변수들 간의 상호 연관성을 수치로 분석한다. 분산팽창지수가 10 이상인 경우 해당 독립변수는 독립적인 변수로 역할을 하기 어렵다고 판단한다.

43. 교차 검증 방법 중 N개 데이터 중 1개만 평가 데이터로 사용하고, 나머지 N−1개는 훈련 데이터로 사용하는 과정을 N번 반복하는 검증 방법은 LOOCV(Leave-One-Out Cross Validation)이다.

44. 딥러닝은 머신러닝의 일부이고, 머신러닝은 인공지능의 일부이다.

45. 오즈비(Odds Ratio)는 특정 사건이 발생할 확률(p)과 그 사건이 발생하지 않을 확률($1-p$)의 비를 의미한다. 다음과 같은 확률 분할표가 있는 경우 오즈비는

$$오즈비 = \frac{A집단\ 사건\ 발생\ 확률}{B집단\ 사건\ 발생\ 확률} = \frac{ad}{bc}$$

와 같이 연산된다. 따라서 흡연 여부에 따른 폐암 발생률에 대한 오즈비는 $\frac{6 \times 10}{5 \times 2} = \frac{60}{10} = 6$이다.

구분	사건 발생	사건 미발생	합계
A집단	a	b	a+b
B집단	c	d	c+d
합계	a+c	b+d	a+b+c+d

46. 분석 모형 구축 절차는 '분석요건 확정 → 유의변수 도출 → 비즈니스 영향도 평가 → 운영시스템 적용' 이다. 분석요건 확정은 요건 정의에 해당되고, 유의변수 도출은 모델링에 해당된다. 비즈니스 영향도 평가는 검증 및 테스트에 해당되고, 운영시스템 적용은 적용에 해당된다.

47. 시계열 데이터의 장기 의존성 문제에 대한 해결책인 LSTM(장단기 메모리기법)의 복잡한 연산 구조를 보완한 방법은 게이트 순환 유닛(GRU: Gated Recurrent Unit)이다. GRU는 LSTM의 장기 의존성 문제에 대한 해결책은 유지하면서 은닉 상태를 업데이트하는 계산량을 줄였다.
① SMOTE는 과대표집 기법 중 하나이다.
② LOF(Local Outlier Factor)는 전체 데이터 분포에서 지역적인 밀집도(density)를 고려하여 이상값을 확인하는 방법이다.
③ SEMMA는 분석 솔루션 업체 SAS사가 주도한 통계중심의 분석 방법론이다.

48. 배깅(Bagging)은 사이즈가 작거나 결측값이 있는 경우에 사용하기 유리하고, 성능 향상에 효과적인 특징이 있다.

49. 기계학습 역시 결과물에 대한 수식을 도출할 수 있다.

50. 데이터가 충분하지 않은 경우에는 학습 데이터와 평가 데이터로만 분할하여 분석하기도 한다.

51. 과적합 방지 방법에는 데이터 증강, 모델의 복잡도 감소, 가중치 규제 적용, 드롭아웃이 있다. 가중치 규제를 위한 종류에는 라쏘(LASSO), 릿지(Ridge), 엘라스틱 넷(Elastic Net)이 있다.

52. 랜덤 포레스트는 의사결정나무 기반 앙상블 알고리즘으로 모든 속성(feature)들에서 임의로 일부를 선택하고, 그 중 정보 획득량이 가장 높은 것을 기준으로 데이터를 분할한다.

53. 독립변수(X)와 같은 표현은 설명변수, 원인변수, 예측변수, 실험변수, 회귀변수, 통제변수, 조작변수, 노출변수이고, 종속변수(Y)와 같은 표현은 반응변수, 결과변수, 목표변수, 준거변수이다.

54. 다중선형 회귀 분석을 포함하는 회귀 분석은 독립변수가 연속형 혹은 범주형이고, 종속변수가 연속형일 때 사용된다.

55. 회귀 모형 평가 지표에는 평균절대오차(MAE), 평균제곱오차(MSE), 평균제곱근오차(RMSE), 평균절대백분율오차(MAPE), 결정계수(R^2)가 있다. ①, ③, ④는 분류 모형 평가 지표에 해당된다.

56. 시계열 데이터의 공분산 기법은 자기상관(autocorrelation)이다. 상관계수가 두 변수 사이의 선형 관계의 크기를 측정하는 것과 같이 자기상관은 시계열 데이터의 시차값(logged values) 사이의 선형관계를 측정한다.

57. 지수평활법은 최근 값에 많은 가중치를 두어 미래를 예측하는 방법이다.

58. 그림의 의사결정나무의 값을 연산하면 B(X1)은 최종적으로 6≤X1<7의 범위를 갖게 되어 6이 되고, D(X2)는 최종적으로 2≤X2<3의 범위를 갖게 되어 2가 된다.

59. ReLU 함수의 뉴런이 죽는 현상(Dying ReLU)을 해결한 활성화 함수는 Leaky ReLU 함수이다.

60. 이항 로지스틱 회귀 분석에 대한 설명이다.

4과목　빅데이터 결과 해석

61. K-fold 교차 검증은 데이터를 K개의 fold로 나누어 (K-1)개는 학습에, 나머지 하나는 검증에 사용하는 방법이다.

62. 시간 시각화 자료는 일반적으로 x축은 시간을, y축은 데이터 값(value)을 나타내고, 시계열 데이터를 통한 데이터의 경향성과 흐름을 파악하는 것이 목적이다.

63. 밀도 기반 군집 분석(DBSCAN: Density-based spatial clustering of applications with noise)에 대한 설명이다.

64. 베이지안 최적화(Bayesian Optimization)는 초매개변수 최적화 방법이다. 초매개변수 최적화 방법으로는 매뉴얼 탐색, 그리드 탐색, 랜덤 탐색, 베이지안 최적화가 있다.

65. ROC 곡선은 분류 모형 평가 지표이다.

66. F1-Score는 $2 \times \dfrac{\text{정밀도(Precision)} \times \text{재현율(Recall)}}{\text{정밀도(Precision)} + \text{재현율(Recall)}}$와 같이 연산된다.

67. 특정 사건 혹은 주제에 대한 정보를 이야기를 들려주듯이 표현하는 인포그래픽은 스토리텔링형 이다.

68. 역사적 사건이나 특정 주제와 관련된 히스토리를 시간 순서 형식으로 표현한 것으로 기업의 발전 과정을 표현할 때 사용되는 인포그래픽 유형은 타임라인(Timeline) 이다.

69. 스타차트의 중요도는 별의 개수가 아닌 중심점에서 축까지 이어진 변수들의 값을 연결한 영역을 통해 확인할 수 있다.

70. 평균제곱근오차(RMSE)는 모델의 실젯값과 예측값 차이를 제곱하여 평균한 값에 제곱근을 씌운 값으로 $\sqrt{\dfrac{1}{n}\sum\limits_{i=1}^{n}(y_i - \hat{y_i})^2}$와 같이 연산된다.
따라서 주어진 데이터를 연산할 경우 평균제곱근오차는
$$\sqrt{\frac{(10-8)^2+(20-18)^2+(15-13)^2+(8-6)^2}{4}}=\sqrt{\frac{16}{4}}=2$$와 같다.

71. ㉠ 편향, ㉡ 분산에 대한 설명이다.

72. 정밀도(Precision)는 예측 '긍정' 범주 중 '긍정'의 비율이다. 주어진 혼동행렬에서 정밀도를 연산할 경우 $\dfrac{50}{50+60}=0.45$와 같이 연산된다.

73. 투자회수기간(PP)은 누적투자금액과 매출금액의 합이 같아지는 기간으로 투자에 소요되는 모든 비용을 회수하는 데 걸리는 기간으로 보통 연(year) 단위로 기록한다.

74. 시간 시각화의 유형에는 막대그래프, 누적막대그래프, 점그래프, 선그래프, 영역차트, 계단식 그래프, 추세선이 있다.

75. F1-Score는 $2 \times \dfrac{\text{정밀도(Precision)} \times \text{재현율(Recall)}}{\text{정밀도(Precision)} + \text{재현율(Recall)}}$와 같이 연산된다. 따라서 주어진 데이터를 활용하여 연산한 경우 F1-Score는 $2 \times \dfrac{0.8 \times 0.9}{0.8+0.9}=84.7\%$와 같이 연산된다.

76. 실젯값과 가장 오차가 작은 가설 함수를 도출하기 위해 사용되는 함수는 비용 함수이다.

77. Hold-Out 교차 검증은 가장 보편적으로 랜덤추출을 통해 데이터를 분할하는 방법으로 학습 데이터와 검증 데이터가 60~80%이고, 테스트 데이터가 20~40%이다.

78. CNN 알고리즘의 Feature Map은 $\left(\dfrac{n+2p-f}{s}+1, \dfrac{n+2p-f}{s}+1\right)$와 같이 연산된다. 따라서 주어진 정보에 대한 Feature Map을 계산하는 경우 $\left(\dfrac{3+4-5}{2}+1, \dfrac{3+4-5}{2}+1\right)=(2, 2)$와 같다.

79. 일반화 오류(Generalization Error)에 대한 설명이다.

80. 드롭아웃(Dropout)은 신경망 학습 시에 사용하고, 예측 시에는 사용하지 않는다.

빅데이터분석기사 `필기`

2024년 1월 10일 인쇄
2024년 1월 15일 발행

저자 : 장은진
펴낸이 : 이정일

펴낸곳 : 도서출판 **일진사**
www.iljinsa.com

(우)04317 서울시 용산구 효창원로 64길 6
대표전화 : 704-1616, 팩스 : 715-3536
이메일 : webmaster@iljinsa.com
등록번호 : 제1979-000009호(1979.4.2)

값 28,000원

ISBN : 978-89-429-1900-0